郭豫斌◎主編

圖解世界史【近代卷】上

啟蒙與革命

—— 西元1501年 至 西元1793年的世界故事 ——

好讀出版

目　錄

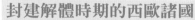

英國憲政革命

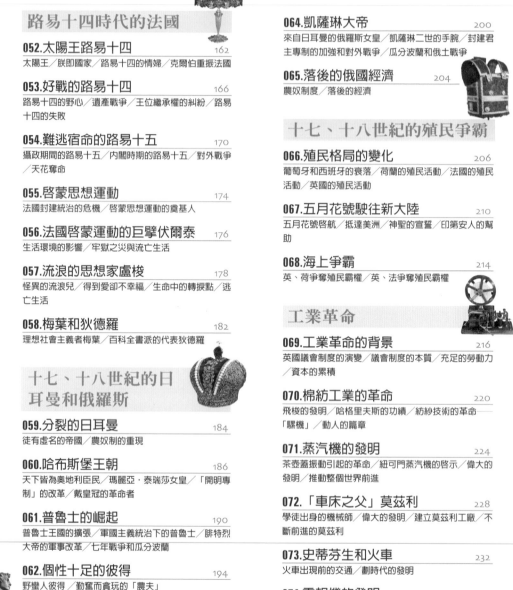

放眼全球歷史的浪漫人文之旅

如何閱讀本書

閱讀導言

歷史對於整個人類，就像記憶對於我們每個人一樣，它說明我們現在做的是什麼，為什麼我們這樣做，以及我們過去是怎樣做的。因此誰要想瞭解世界，就必須知道它的歷史。

《圖解世界史》是這樣的一本書，我們希望透過一些通俗的語言和故事體裁，對世界歷史做一個概述。它只講其中最重要的事件、人物和對關鍵階段的描述，選擇了一種最易認識整個世界面貌的簡明形式。一本生動的書，總能多吸引一位讀者，對文化傳承的意義更大。這本書可以作為歷史專著的補充讀物。你可以用非常休閒的方式去閱讀它，讀讀停停，我們相信在歷史人文的浪漫風景中，你不會感到乏味。

舒適的版面安排

現代人讀書，比起以往的讀者更能夠享受多樣的人性化空間，這是時代的進步，也是閱讀革命和讀圖時代給閱讀者的饋贈。充滿美學的版式設計，使閱讀者毫不疲倦地從每一單元中，輕鬆獲得豐富的資訊。

關於圖片

「讀圖」是我們這個時代的閱讀時尚，因而被冠以「讀圖時代」的雅名。其實這只是人類視覺元素的進化，文字是符號，圖片也是符號，兩者相得益彰。本書在詮釋圖片時，盡可能提供一種嶄新的角度，使其和故事呼應補充。細心的讀者也許會發現，其實在圖片中還隱藏了許多用文字無法表述清楚的故事，這就是圖片的神奇魅力。我們相信每位讀者都能讀出自己的故事。

提綱式的閱讀指南

我們在每一篇故事前特別安排了提要的文字，對於急切吸收內容的讀者，這足以讓他記住這個故事。在每篇故事下還設置了小標題，盡可能地幫助讀者理清楚內容的脈絡。

關於「人文歷史百科」

這是為故事的背景和關聯知識提供的一個櫥窗。透過「人文歷史百科」，你不會為自己對某些知識或枯燥的數字，存在模糊的印象而感到不安。「人文歷史百科」和每個主題故事巧妙地融合在一起，讓你感受到閱讀的精采。

對表格的利用

有些故事牽涉的項目十分複雜，我們盡可能採用表格的形式，使之一目了然。這些表格對知識的歸納和記憶，定能發揮相當作用。

排列故事序號，便於索引資料。

027.伊麗莎白時期

當議會代表團再次懇求伊麗莎白女王結婚……那就是英國。」

從囚徒到女王

1558年11月17日，住在哈特菲爾德宮的伊麗莎白，都鐸像往日一樣，在瑪麗女王耳目的監視下小心翼翼地行事。這時一位遞送快信的信差急馳而入，稟告伊麗莎白──她已經是英格蘭女王了，瑪麗女王已於當天拂曉駕崩。

11月19日，英格蘭所有重族、貴婦以及議員，均前往倫敦哈特菲爾德宮宣誓效忠。11月20麗莎白莊嚴地發表演說，她高貴讓每一個傾聽的人都願意為她追隨。

「諸位爵士：瑪麗女王的去世到無限悲傷，她不僅是你們的女王是我的王姐。落在我肩上的責任到惶恐，但由於我乃上帝所創，服從祂的決定，所以我決心承擔，

伊麗莎白的服飾 〔人文歷史百科〕
伊麗莎白喜歡穿昂貴的衣服，幾乎每要更換一套，據說她去世時留下了珍衣服。她還在頭上、手臂、手腕、脖衣服等處戴上珠寶，當一個主教責愛華服時，她則警告說：「別再提事，否則你有早登天堂之虞。」

84

故事小標題，提示故事內容。

故事名稱。

提綱式導讀：概括故事內容，提示故事精華。

圖片文字說明：提供一種嶄新的角度，使圖片和文字故事呼應補充。

- 伊麗莎白女王的肖像

結婚戒指，並說：「我已經獻身於一需丈夫……

任。雖然我順應上帝的旨意成為統治者，但也只是個普通的人，因而我希望你們諸位，特別是貴族們，應據你們的地位與力量來協助我。

朕職司統治，卿戮力為國服務，如此方可在全能的上帝前有良好的表現，並在世上給予後代些許福澤。」

11月28日，伊麗莎白穿著華麗的紫色絲袍，擺開龐大的儀仗隊，騎馬穿過四年前因禁待死的那個倫敦塔。倫敦塔依舊矗立在那，但多了節日的氣氛，這座森嚴的皇家監獄略微惶恐帶點不安。

沿途的人群向伊麗莎白歡呼歡迎，齊聲歌頌她的光榮，孩子們向她朗誦爛熟於心的致敬詞：「禮砲發出的響聲前所未有，人民也將迎來前所未有的時代。」

伊麗莎白享受著人們的歌頌，優雅地向歡迎她的群眾致意，清秀的臉龐後面已透露出一代帝王的氣質。這一刻曾多次在她的夢中出現，但當這一刻來臨時又有恍如隔世之感。因為就在瑪麗女王去世以前，她仍被軟禁著；更早一些時候，她則被囚禁在倫敦塔裡；再向前追溯，母親以不貞的罪名被處死在她向未懂事的年代裡……

伊麗莎白的成長

1533年9月7日，伊麗莎白在格林尼治宮出生，她的母親是亨利八世的第二位夫人安娜‧波琳。亨利八世希望安娜‧波琳能給他生個兒子，但遺憾的是伊麗莎白來到了這個世界。安娜‧波琳立即失去了亨利八世的寵愛，並且成了他另結新歡的障礙。1536年，安娜‧波琳被亨利八世以不貞罪處死，而此時的伊麗莎白年僅三歲。她不僅失去了王位繼承權，而且面臨著「非法子女」的尷尬。

亨利八世再娶後，第一個兒子愛德華被立為太子。伊麗莎白幼年境遇淒涼，十一歲時，因太子身體虛弱她才恢復公主身分。亨利八世在遺囑中規定：愛德華如無嗣就由瑪麗即位，瑪麗若無嗣則由伊麗莎白即位。

1547年亨利八世去世後太子即位，史稱愛德華六世，由其舅舅西摩攝政。西摩的弟弟湯瑪斯為了控制朝政大權，企圖要伊麗莎白以竊取王位，但事敗被殺。十四歲的伊麗莎白被捲入宮廷鬥

都鐸王朝歷代君主	
君主	在位時間
亨利七世	西元 1485～1509年
亨利八世	西元 1509～1547年
愛德華六世	西元 1547～1553年
瑪麗一世	西元 1553～1558年
伊麗莎白一世	西元 1558～1603年

爭，受到嚴密審問。1553年，愛德華六世早亡，伊麗莎白同父異母的姐姐瑪麗即位，為瑪麗一世。

瑪麗是狂熱的天主教徒，大肆迫害新教徒，對信奉新教的伊麗莎白心懷嫉恨。雖然伊麗莎白被迫放棄信仰，但1554年瑪麗根據叛亂新教貴族的誣告，仍將她囚禁在倫敦塔裡，不久又軟禁在倫敦西部的一座王宮，兩年後才解除軟禁，送往倫敦北部的一所莊園。

1558年11月17日瑪麗去世，伊麗莎白在經歷了生死磨難後，終於登上了英國王位。在前去加冕經過倫敦城時，她

瑪麗女王，1554年油畫作品，收藏於馬德里
瑪麗女王五年的統治，打斷了英國宗教改革的進程。她恢復天主教，燒死了約三百名新教徒，被稱為「血腥瑪麗」。對外她則徹底親教皇和西班牙，按照丈夫西班牙國王腓力二世的要求對法國作戰，結果失敗，喪失英國在大陸的據點加萊，引起朝野憤慨。

封建解體時期的西歐諸國

85

人文歷史百科：為故事的背景和關聯知識提供的精采櫥窗。

表格形式：幫助讀者對知識的歸納和記憶。

圖片：補充表現故事的形象，展現圖片中隱藏的故事。

7

西元1501年至西元1793年的世界故事
啓蒙與革命

挑戰上帝的文藝復興

>> 文藝復興產生於十四至十六世紀的義大利，它以資本主義經濟萌芽爲前提，以反對封建和教會控制爲主要內容，是人類歷史空前的一次偉大變革。

>> 文藝復興表現在文哲藝術、教育和自然科學等方面的思想內容，通稱爲「人文主義」。但丁、佩脫拉克、薄伽丘等，皆是讓文藝復興之號角長鳴不絕的人物，被稱爲文藝復興的前三傑。

>> 布魯尼是首位人文主義史學家，也是新興人本教育思想的創始人，其代表作《佛羅倫斯史》爲人文主義歷史編纂提供了榜樣。此時期另一位重要史學家爲羅倫佐・瓦拉，他憑恃己身史學知識，揭穿君士坦丁贈禮的謊言，並發現《使徒信經》非耶穌的十二門徒所寫。若非那不勒斯國王的干預，他差點就被宗教審判所送上斷頭臺。

>> 十四世紀至十五世紀，全歐洲被燒死的「女巫」在五萬人以上，她們或因天生所具魅力不容於世而被誣爲「女巫」。文藝復興的藝術家們則開始挑戰禁欲主義，他們以宗教故事爲題材，描刻出充滿人性的作品，如喬托、多那太羅、馬薩其奧、達文西、米開朗基羅、拉斐爾、波提且利、吉奧喬尼和提香等，都是至今受人敬仰的一代巨匠。

>> 在文藝復興時期，關於理想社會的議題不斷被拋出。馬基維利的《君王論》、康帕內拉的《太陽城》，描繪出了兩個截然不同的世界。馬基維利被奉爲近代政治學鼻祖，被西方學者尊稱爲「政治學之父」；康帕內拉則爲理想社會主義的先驅者。

>> 日耳曼藝術最具個性化，歌德認爲日耳曼藝術裡「情感就是一切」，在他們看來沒有情感即非藝術。杜勒被稱爲「自畫像之父」，他一生創作甚豐，油畫、版畫在當時都臻於最高水準，被視爲西方最偉大的版畫家之一。

>> 十五世紀初，油畫已在歐洲各國風行，但英國的油畫領域還是一塊未開墾的處女地。1532年，小霍爾班移居英國，喚醒了沉睡中的英國畫壇，油畫益趨流行。

>> 尼德蘭的文藝復興大師有人文主義先驅伊拉斯謨斯、宗教畫家康賓、油畫發

明者范・艾克兄弟和「農民畫家」布勒哲爾。

>> 十五世紀末,法國文藝復興運動興起。其實早在十五世紀下半葉,一些人就在為復興運動做準備了。到十六世紀初,致力於古典作品研究的一代人取得了輝煌的成就。

>> 早期的殖民活動使經濟落後的西班牙成為歐洲舞臺上的要角,文藝復興運動也由此獲得了巨大的推動力。當時出了一個大文學家,後來成為西班牙的象徵,他就是塑造唐吉訶德形象的塞凡提斯。

>> 英國文藝復興有些姍姍來遲,在十六世紀末至十七世紀初才達到人文主義運動的高潮。而「英國詩歌之父」喬叟為此做出了不少貢獻。理想社會主義者莫爾的《烏托邦》名垂青史。世界級大師莎士比亞更使英國的文藝復興達到了高潮。

近代科學的形成和發展

>> 文藝復興運動引發了近代自然科學的興起,動物學、植物學、氣象學、天文學、地理學等都開始迅速發展。

>> 在蒙昧的中世紀,人們渾然不知星空的真面貌,終於有一天,一把「利劍」刺向雲天,所有的一切逐漸明朗——那就是哥白尼「太陽中心論」的出現。然而,堅持真理的布魯諾被羅馬宗教裁判所關押而受刑。克卜勒、伽利略……他們雖未在空中刻下自己的名字,但仍與日月同輝。

>> 培根在科學方法的研究方面做出了巨大的貢獻,其中以實驗定性和歸納法為主。笛卡爾說:「我思,故我在」,可是他一思考,便成了解析幾何學之父和偉大的哲學家,真是令人刮目相看。他十七世紀前期的成就,一直影響著今天。

>> 黑格爾說:「要達到史賓諾莎的哲學成就實非易事,而要達到史賓諾莎的人格是不可能的。」但史賓諾莎生前卻一直受到教會迫害,他的無神論也不被世人接受。直到十八世紀末至十九世紀初日耳曼的啓蒙運動中,史賓諾莎的哲學經萊辛、赫爾德、歌德等人的宣揚,才為世人重視。

>> 為了追求真理與科學,有許多人被當時的宗教審判所處死。其中塞爾維特因反對「占星術」而被教會逐出巴黎,1553年,他完成了《基督教的復活》一書,闡明了人體的結構和功能,將矛頭直指神學和當時的神學家喀爾文,結果遭火刑炙死。

封建解體時期的西歐諸國

>>後人這般評價亨利七世的功績：他造就了一個蛻變的英格蘭──更加富有而穩固，更徹底的民族化，其形象更現代化。亨利七世曾以中產階級和封建貴族調停人的身分出現，但為了加強中央集權，而實行君主專制。他還建造了第一艘軍艦，為英國以後在海上爭霸奠定了基礎。

>>亨利八世曾經深受文藝復興新思潮的影響，任用《烏托邦》的作者莫爾為親信大臣，支持克倫威爾的改革。但當新興中產階級思想的傳播使下層人民覺醒時，他卻變成一個專制暴君，殺害了主張改革的克倫威爾。

>>1558年11月17日，伊麗莎白在經歷了生死磨難後，登上英國王位。她以堅定的意志、豐富的政治經驗，把瑪麗女王遺留下來財力匱乏、軍事軟弱的英國帶進了一個被英國人稱之為「光榮的時代」──伊麗莎白時代。在伊麗莎白的默許和鼓勵之下，英國的海盜和奴隸貿易飛速發展。英國海盜不僅牽制了西班牙的海外擴張，還逐漸成長為英國海軍的高級將領。

>>十六世紀時，海上的霸主是西班牙。但海盜頭目德雷克、霍金斯等人組織的海盜團夥的海上襲擊，令「無敵艦隊」防不勝防，最後竟讓西班牙的「無敵艦隊」灰飛煙滅。

>>路易十一是法國統一的奠基人，被譽稱為法國最有作為的君王。他十六歲時便想用武力把父親趕下臺，多虧虎毒不食子，查理七世沒有殺了他，使他在父親死後繼承了王位。他的名言是「朕即法蘭西」，為了統一法國，他多次與封建領主交鋒，最後成就了一番霸業。

>>1515年，法蘭西斯即位，成為法國君王，稱法蘭西斯一世。他上臺後，繼續推行以前的對外政策，即入侵義大利。在1521至1544年，法蘭西斯一世與神聖羅馬帝國皇帝查理五世進行了四次交鋒，卻沒有得到什麼好處。不過他的政策卻促進了法國文藝復興運動，且成為達文西的好友。

>>亨利四世是法國波旁王朝的奠基人，在他的統治下，滿目瘡痍的法國僅費十年光陰，就搖身一變成為歐洲經濟強國。他經常深入社會底層，向生活在疾苦中的農民噓寒問暖，甚至許諾讓「每個農民星期日罐子裡有隻燉雞吃」。

>>1610年5月4日，亨利四世遇刺身亡，年僅九歲的太子路易十三即位，暫由母后瑪麗·梅迪奇攝政，但實權卻掌握在瑪麗的寵臣義大利人康錫尼手中。康錫尼只知貪圖享樂，不顧百姓死活，以至於國庫枯竭，民怨沸騰。法國內外交困的局面持續了很長時間，直到利希留執政後才得到改觀，並且在一場宗教引發的戰爭中打擊了奧國，使法國迅速崛起。

>>西班牙榨乾了尼德蘭人民的血汗，最終也榨出了他們的血性。1520年代初，路德教傳入尼德蘭，在下層群眾中廣為流傳。在西班牙統治者對新教的血腥迫害下，革命運動一觸即發。1566年8月中旬，一場聲勢浩大的人民起義爆發了。這次起義是尼德蘭獨立戰爭的開端。

>>尼德蘭革命是人類歷史上初次成功的中產階級革命，也是反對西班牙統治的民族戰爭。尼德蘭北方的革命勝利使1648年出現了獨立的荷蘭國。尼德蘭南方後來則形成了比利時和盧森堡。

>>革命勝利後的荷蘭是一個聯邦國家，首都設在海牙。荷蘭的造船業最為發達，占當時世界首位。荷蘭商船遍航世界各地，被稱為「海上馬車夫」。

>>三十年戰爭是歐洲第一次大規模的國際戰爭，主戰場在德國，後來西歐和北歐的一些主要國家相繼捲入，戰爭斷斷續續地打了三十年。這場戰爭使法國成為歐洲霸主，神聖羅馬帝國則陷入極度窮困與分崩離析的境地。

英國憲政革命

>>湯瑪斯‧莫爾說：「綿羊本來是那麼馴服，吃一點點就滿足，現在據說變得很貪婪很凶蠻，甚至要把人吃掉！」這羊吃人的圈地運動，正是英國憲政革命的開始。十六至十七世紀初期，英國資本主義的發展已取得很大成就。

>>早在十六世紀中期，英國就實行了宗教改革，改革後的英國教會稱為「英國國教」。它取消了羅馬教皇的統治權，宣布英國國王為教會首腦，封閉了許多修道院，把教會的財產收歸國有。

>>十六世紀末，「不信從國教」者提出要徹底清除英國國教中的天主教殘餘因素，持有這種看法的人被稱為「清教徒」。清教徒分為長老派和獨立派，這兩派都反應了新興中產階級的願望和要求，因此又有人把英國十七世紀的中產階級的革命稱為「清教徒革命」。

>>斯圖亞特家族的詹姆斯六世於1603年繼承英國王位，是為英王詹姆斯一世，英國進入了斯圖亞特王朝。為了權利，國王和議會進行著一場沒有硝煙的戰鬥，國王有權而少錢，議會有錢卻少權……為此，議會向國王提交了一份《權利請願書》，於是由此引出了一場革命。

>>1689年2月6日，議會通過決議，宣布威廉和瑪麗為英王和英后，共同統治英國。此外，議會還通過了一個《權利宣言》，明確了國王和議會的權利。從此，英國確立了君主立憲體制，由於這次改朝換代沒有經過任何流血，一直被英國中產階級津津樂道，被稱為「光榮革命」，這同時也標誌著英國憲

政革命的結束。

路易十四時代的法國

>>法蘭西國王路易十四史稱路易大帝，在位七十二年，是世界上在位時間最長的國王之一。他曾在十五歲時演出《夜之頌》中的主角太陽神，因演出成功被尊稱為「太陽王」。他的人生格言是「朕即國家」，將法國的專制制度達到鼎盛，並使法國成為歐洲一流的軍事強國。

>>路易十四執政期間，有三十二年是在打仗中度過的。而他發動的第一次戰爭卻不太光彩，只是想爭奪老丈人的一點遺產，便對西班牙動了武。「遺產戰爭」後，他後來又捲入了西班牙王位繼承戰，結果卻不盡人意，大敗而歸。

>>路易十五是路易十四的曾孫，他的父母與哥哥都因為天花死去，然而他卻逃過一劫。1715年8月26日，得了壞疽病的路易十四把只有五歲的曾孫路易叫到床前。一生不斷對外征戰的太陽王說：「我的孩子，你將成為一位了不起的國王。千萬不要像我一樣喜歡戰爭和建築……」六天後，路易十四離開人世，年僅五歲的路易十五成為法國皇帝。

>>由於路易十五尚年幼，所以國事暫由奧爾良公爵腓力二世料理。不甘聽從擺布的路易十五長大後罷免了奧爾良公爵，然後任命自己的老師弗勒里擔任首相。弗勒里忠於職守，把法國治得和平而興旺。

>>國家富裕後，路易十五也沾染了路易十四的毛病，便是縱欲與好戰。然而他最終還是沒有躲過天花的威脅，1774年他因患天花死於凡爾賽宮殿。他的孫子登上王位，史稱路易十六。

>>奧爾良公爵攝政及路易十五以後的開明，使啟蒙思想蓬勃發展起來。伏爾泰曾寫詩諷刺奧爾良公爵與女兒的亂倫行為，卻沒有被砍頭，如果在俄國肯定就沒有這麼幸運了，儘管凱薩琳二世一直是伏爾泰的通信朋友。正是在這種背景下，孟德斯鳩、伏爾泰、盧梭、狄德羅等啟蒙大師應運而出。

十七、十八世紀的日耳曼和俄羅斯

>>十七、十八世紀的日耳曼不是一個統一的國家，只能說是一個地理概念。其範圍包括現在的德國、奧地利的全境，以及波蘭、捷克、斯洛伐克和南斯拉夫的一部分地區。當時的德意志諸邦林立，雖然有一頂神聖羅馬帝國的皇冠，但很難把諸邦團結起來。

>>德意志諸邦中，最大的邦國便是奧地利，這個邦國的國王長期擁有神聖羅馬

帝國的皇冠，所以一直希望能夠一統諸邦。此外，普魯士也是一個不小的邦國，因其強大的軍事力量而野心勃勃。

>> 普、奧兩國在爭霸賽中，雙方的君王都表現出色。普魯士的威廉一世與腓特烈大帝使他的軍隊成為當時歐洲最好的軍隊；奧地利的泰瑞莎女皇與約瑟夫二世的開明改革，則使國家更加富強。

>> 在十七世紀中葉，俄羅斯還是一個貧窮落後的內陸國家，但彼得大帝的出現改變了俄羅斯的命運，他的改革與軍事擴張，使俄羅斯步入歐洲強國。

>> 繼彼得大帝之後，俄國又出現了凱薩琳二世，這個日耳曼公主兩手空空地來到了俄國，卻為俄國贏得了克里米亞和波蘭，打通了黑海出海口，使俄國的版圖從一六四二萬平方公里擴大到一七〇五萬平方公里。

十七、十八世紀的殖民爭霸

>> 十六世紀前期，葡萄牙和西班牙仍然是世界上最強大的殖民帝國，其殖民地遍及世界。但到了十六世紀末期，葡萄牙已被西班牙鯨吞。但隨後尼德蘭便爆發了革命，荷蘭取得了獨立，西班牙開始式微。

>> 到了十七世紀，英國開始參與海上爭霸。西班牙的「無敵艦隊」被英國海盜船擊敗後，便更加落魄。到了十八世紀初的王位繼承戰中，西班牙拱手讓出許多領地，徹底失去了強國的地位。

>> 在十七世紀，獨立的荷蘭脫穎而出。憑藉其強大的海軍，在東印度與西印度建立了兩個大公司，在非洲也有一小塊地盤。

>> 十七世紀法國的殖民地主要是美洲的聖路易斯安那。當時法國人在這裡用玻璃從印第安人那裡換取了不少羊毛和金銀，一時成為美談。另外，法國在非洲與印度也建有殖民地。

>> 英國在十七、十八世紀極其強大，它的殖民地最多最廣。到十八世紀後期，印度全部成為英國的殖民地，北美洲有十三個州屬於英國。

>> 「五月花號」是英國移民駛往北美的第一艘船，《五月花號公約》奠定了新英格蘭諸州自治政府的基礎。1620年11月11日，「五月花號」上的人們終於登陸北美。在印第安人的幫助下，英國人在這片陌生的土地上生存下來，於是這裡形成了後來的麻州。美國的感恩節，便是起源於這一日子。

>> 為了爭奪海上霸權，英國進行了一百多年的戰爭，最終豎起了「日不落」殖民帝國的大旗，成為十八世紀世界最強盛的國家。

工業革命

>>英國的圈地運動使大批農民變成無產階級。1733年，一個變成無產階級的農民成功地研製出了的飛梭，使紡織效率提高了一倍，然而卻使不少工人失去了工作。飛梭的發明者約翰・凱伊在工人的圍攻下，不得不逃往法國，客死他鄉。

>>在飛梭之後，一個叫哈格里夫斯的木匠發明了「珍妮紡紗機」，使工作效率提高了一百倍。身兼木匠與織工的哈格里夫斯因為這項專利而大發了一筆，於是，機器的發明便開始蓬勃發展。在1769年，理髮匠兼鐘錶匠阿克萊特又發明了更先進的「騾機」。直到1803年，卡特萊特製造出世界上第一臺鐵製織布機後，英國紡織工業開始出現空前的繁榮景象。

>>蒸汽機的發明據說是從壺蓋震動得到的啟發，他的發明者是瓦特。他總結了許多前人的經驗和發明成果，不斷對蒸汽機進行改進，到1819年他去世時，蒸汽機已經差不多影響了英國的所有工業。

>>在 1794年，莫茲利發明了車床上的移動刀架，這一簡單的發明是機械技術史上的重大創造，它標誌著機器製造業進入到了一個嶄新的階段。

>>史蒂芬生很了不起，他在 1814年發明了一個龐然大物——蒸汽火車。它被命名為「布魯克」。這個大玩意有三十多噸重，帶八節車廂，聲音很大，震動得很厲害，速度也不快。但從此以後，人類的運輸方式開始改頭換面。

>>撒母耳・摩斯是美國十九世紀中葉非常有名的畫家，後來卻不再創作了，而是一心研究磁與電，發明電報機。他的成功，使人類通信走上了新時代。

>>英國工業革命是一次重大的技術革命。繼英國之後，法、美、德等國也在十八世紀末與十九世紀初先後開始了工業革命，並且在此基礎上進一步發展，使工農業走上機器化生產之路。

>>工業革命的蓬勃發展，與先進的科學知識是分不開的，尤其是被稱為力學之父的牛頓更是功不可沒，他是世界歷史上對人類文明做出劃時代貢獻的少數科學家之一。

美國獨立戰爭

>>從十七世紀開始，英國開始在北美開拓殖民地。第一批定居美洲的英國清教徒移民，和當地的印第安人度過一段和平相處的日子。此後許多軍官、傳教士受英國政府派遣或貿易公司的雇用，也來到北美這塊「處女地」。他們一手捧著聖經，一手拿著火槍，開始在北美搶占地盤。

>>到十八世紀中葉，英國人在大西洋沿岸擁有了十三塊大大小小的殖民地。由於蘇格蘭、愛爾蘭、日耳曼等地區移民以及非洲黑奴陸續加入，使北美成了一個大熔爐。隨著後代的降生，英國移民雖然仍將英國視爲祖國，但概念已一天天渺茫起來。這裡的人們對英國的殖民政策漸生不滿。

>>從十八世紀中葉以後，北美出現了反抗英國高壓政策的運動。反對「印花稅」的抗爭、波士頓流血慘案及波士頓傾茶事件，把反抗運動推向了高潮。

>>1774年7月17日，北美十三州代表召開了第一屆大陸會議，向英國政府的高壓政策提出抗議。英國爲了維護北美殖民地的統治，開始增派大批駐軍。

>>在1775年4月的一天，列克星敦的槍聲響了，拉開了美國獨立戰爭的序幕。一年後發表的《獨立宣言》更是表明了北美人民的心聲。

>>1777年10月的薩拉托加大捷，徹底粉碎了英軍欲奪取哈德遜流域的計畫。從此，英軍無法再控制美國，美國人民已看到獨立的曙光。

>>薩拉托加大捷使法國、西班牙、荷蘭等國也看清了形勢，紛紛投入到反英戰爭中。歐洲志願軍的加入，使英軍左突右絀，窮於應對。1783年9月3日，美、英兩國在巴黎簽訂和約，英國被迫承認美國獨立，並且還將阿帕拉契山脈以西、密西西比河以東的土地劃給了美國。

>>獨立戰爭勝利後，美國在1787年5月25日至9月17日召開了爲期近四個月的制憲會議，制定出了「最美妙的作品」——美國憲法。這部憲法是人類社會第一部有系統的成文憲法，成爲今後世界各國制定憲法的重要藍本。

>>獨立後的美國開始巧取豪奪，逐步擴張領土。它在1803年以每平方公里地價十二·七美元的價格購買到路易斯安那，折合每英畝是五美分。隨後，美國連占帶「買」挖去半個墨西哥。後來從俄國買進阿拉斯加，每平方公里只花四·八美元，每英畝只要兩美分。

法國大革命

>>路易十六絲毫沒有祖上的遺風，他既不喜歡當國王，也不喜歡女人，只喜歡修鎖與打獵。可是當路易十五在1774年5月去世後，他也只得硬著頭皮繼承了王位。

>>路易十五給繼承者留下了一個千瘡百孔的爛攤子。朝中官員腐化，百姓貧富懸殊，財政赤字龐大，這些使路易十六窮於應對。尤其是他支持了美國那場「光榮的戰爭」後，國家更是瀕臨破產的邊緣。爲了增加稅收，路易十六不得不求助於三級會議。

＞＞路易十六本想透過第三階級解決稅收問題，令他始料不及的是，第三階級迫切需要的卻是美國式的議會。

＞＞1789年5月5日，三級會議如期在凡爾賽召開。可是第三階級代表們並沒有討論稅收問題，而是想擁有政治上的權利，他們要制定憲法，把法國變成君主立憲制國家。國王急忙調來軍隊想保住王權，卻因此引發了一場大革命。

＞＞1789年7月12日，巴黎街頭到處是遊行示威的人群，其中也有軍人和學生。第二天，他們攻占了退役軍人的醫院，得到了大批槍支與彈藥。14日，這支人民武裝隊伍攻克巴士底監獄，拉開了大革命的序幕。

＞＞巴黎革命運動很快帶動了全國，迫使第三階級組建的制憲議會不得不討論農民問題，於是發佈了「八月法令」與《人權宣言》。

＞＞路易十六始料不及的是，三級會議最終變為制憲會議，使他成為一個立憲制的虛君。1791年6月，不甘心失去權力的國王悄悄出逃，結果卻被抓了回來，被巴黎人民監視起來。

＞＞法國的革命運動驚動了奧地利，因為法國王后原是奧地利的公主，於是奧國國王與普魯士聯合起來，屯兵法國邊境。對此，法國立法議會在1792年4月20日向奧宣戰。在這種情況下，巴黎群眾衝進王宮，逮捕了國王一家。吉倫特派從此開始掌握國家大權。

＞＞1792年9月22日，法國正式成立了法蘭西第一共和國。法軍與反法同盟的激戰也獲得了很大成功。可是與吉倫特派敵對的雅各賓黨卻要求以「判國罪」處決國王。

＞＞1793年1月21日，年僅三十九歲的路易十六被送上斷頭臺。可是隨之而來的，卻是反法聯盟的擴大。吉倫特派無法在戰爭中取勝，在雅各賓黨人發動的政變下交出了手中的權力。

＞＞以羅伯斯比為首的雅各賓黨掌握了權力後，便開始對吉倫特派進行絞殺，並實行紅色恐怖統治。到了1794年春，這種恐怖統治竟使法軍成功地打退了反法聯軍，國內也平息了叛亂。

＞＞面對革命的成功，羅伯斯比仍然實行恐怖統治，並且對雅各賓黨內的人員也大開殺戒。於是在1794年7月26日，羅伯斯比手下的劊子手與其他黨派聯合發動熱月政變，逮捕了羅伯斯比，並在第二天將其處死，建立了熱月黨人執政的督政府。

西元1501年　**近代世界**　西元1793年

挑戰上帝的文藝復興／近代科學的形成和發展／封建解體時期的西歐諸國／
英國憲政革命／路易十四時代的法國／十七、十八世紀的日耳曼和俄羅斯／
十七、十八世紀的殖民爭霸／工業革命／美國獨立戰爭／法國大革命

早期的莫茲利車床

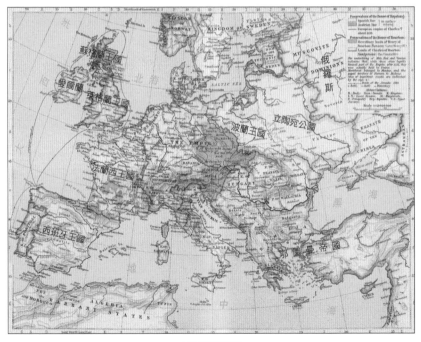

1560年的歐洲

001.文藝復興的產生

文藝復興的產生以資本主義經濟萌芽為前提，以反封建和教會控制為主，是人類歷史空前的偉大變革。

文藝復興的搖籃

文藝復興（Renaissance）的概念，在十四至十六世紀時被義大利的人文主義作家和學者使用。當時人們認為，文藝在希臘、羅馬古典時代曾高度繁榮，但在中世紀「黑暗時代」卻衰敗湮沒，直到十四世紀以後才獲得「再生」與「復興」。因此，文藝復興著重新文化以古典為師的一面，但它並非單純的古典復興，實為一種針對中古封建閉鎖的新文化創造。

↑ 文藝復興時期大教堂
這座大教堂位於義大利北部具有「絲綢之城」美譽的利摩，建造於十四世紀文藝復興時期。

義大利商業的蓬勃和資本主義的萌芽，為文藝復興提供了經濟條件。義大利的佛羅倫斯、威尼斯、熱那亞、米蘭、波倫亞、羅馬等城市，是西歐和東方貿易的樞紐，工商業俱發達。佛羅倫斯是當時義大利最大的手工業中心，銀行業和絲織業為全歐之冠；水上城市威尼斯，十五世紀時擁有十噸以上的大小船隻三千多艘，水手近四萬人，它的商船和艦隊縱橫於地中海上，轉運東西方商品，與西歐、拜占庭、北非等地進行著頻繁的貿易。

在義大利一部分發達的城市中，隨著資本主義經濟的發展，出現了中產階級和雇傭工人反封建貴族的抗爭，結果部分城市政權為中產階級上層人物所把持，如佛羅倫斯、威尼斯等就組織了「城市共和國」，城市政權歸行會所有，而行會的當家就是大銀行家、工廠業主、大商人等新興資產家。這類性質的政權對資產家抗衡封建和教會給予了支持，也對文藝復興活動提供了不同程度的保護。

另外，希臘、羅馬古典文化的傳統

↓十五世紀義大利修道院的側景

於中世紀的義大利保存下來。義大利的不少學者很早就對古代用羊皮紙和草紙記錄的手稿、古蹟和遺物做過研究，羅馬教皇建立的梵蒂岡圖書館在十五世紀末收藏的古希臘文和拉丁文的稿本，多達三千六百五十冊。這些因素促使義大利成爲文藝復興的搖籃。

人文主義

文藝復興時期表現在哲學、文學、藝術、教育和自然科學等方面的思想內容，通稱爲「人文主義」。人文主義是新興資產家的思想體系，代表新興資產家的思想家則被稱爲「人文主義者」。

人文主義者歌頌世俗，攻擊禁欲主義，主張以人爲中心，認爲人是生活的創造者和主人，要求把人從神學的束縛下解放出來。提倡「人道」，反對神道；提倡「個性自由」，反對封建階級制度。

人文主義思想強調以人爲中心，主

【人文歷史百科】

文藝復興的內容

文藝復興宣揚個性解放、尊重人、愛人等人文主義思想，用「人道」反對中古封建社會的「神道」，主張人性對抗基督教會的禁欲主義，在科學、文學和藝術的表現普遍高漲。文藝復興的主要中心最初在義大利，十六世紀擴及日耳曼、尼德蘭、英國、法國和西班牙等地。

張發展個性，表達人的情感，發揮個人的「才智」和自我奮鬥精神，讚揚英雄史觀；充分肯定現實世界和現世生活，追求名利、享樂和致富，反對悲觀、禁欲、遁世和虛僞造作；否定對教皇和教會的絕對服從，嘲笑僧侶的愚昧，蔑視貴族的世家出身，反對封建特權和階級制；提倡理性，追求知識和技術，重視科學實驗，反對先驗論，主張探索自然，推崇新文化的各種表現形式。

人文主義者雖反對封建教會，卻不反對宗教和上帝，更從未否定過基督教教義。他們的思想、觀點以及作品的題材和內容仍受到宗教的束縛。因此文藝復興仍具有著明顯的時代過渡性質。

←**雅典學派**

十五世紀初期，經過戰爭的洗禮，人文主義代而興起，學者、藝術家們開始追求積極、愉悅、自由及多元的意識形態。拉斐爾在《雅典學派》中將古希臘羅馬到當代義大利五十多位哲學家、藝術家、科學家等集中到一個畫面上，並生動描述他們各自的特色，讚揚人類的智慧，體現了強烈的人文主義精神。

承前啓後的詩人

但丁是義大利文藝復興運動的奠基人，是中世紀最後、也是新時代最初的一位詩人。

1265年5月，但丁在佛羅倫斯誕生。其父因家道中落，長期經商。當時該城有支持羅馬教皇的基白林黨（貴族）和支持神聖羅馬帝國皇帝的貴爾夫黨（資產階級），但丁的父親擁戴後者，但丁後來則成爲該黨的領袖之一。

但丁少年時生活清苦，把全部精力皆傾注在學習上。早年曾師從著名學者布魯內托‧拉蒂尼，學習拉丁文、修辭學、詩學和古典文學，並對羅馬大詩人

↑壁畫中的但丁
該壁畫是義大利奧維多一所小教堂中的一幅，約作於1499至1502年。

維吉爾推崇備至。但丁廣泛涉獵中古神學，在繪畫、音樂等各個領域皆有精深造詣。

少年時代的但丁有過一段刻骨銘心的愛情，那是在隨父親參加的聚會上，遇到一位名叫貝婭特麗絲的少女，並對她一見鍾情。遺憾的是貝婭特麗絲後來遵從父命嫁給他人，婚後不久即因病去世。悲痛不已的但丁，將自己多年來陸續寫給她的三十一首抒情詩以散文相連綴，取名《新生》集結出版，寄託自己在她去世後的哀思。此詩歌清新自然，語言純樸優美，開文藝復興抒情詩的先河。

青年時期，但丁以激昂的政治熱情支持貴爾夫黨。貴爾夫黨擊敗基白林黨在佛羅倫斯掌權後，但丁擔任了佛羅倫斯市最高行政會議行政官。後來該黨分裂爲黑、白兩黨，但丁屬黑黨。1302年，但丁出使羅馬，代表教皇和貴族利益的黑黨奪取政權。因但丁堅決反對教皇干涉內政，黑黨以「貪汙、反對教皇」的罪名革除其公職，並處以巨額罰款。但丁拒不認罪，被判終生流放。

↓但丁的故居
佛羅倫斯是義大利文藝復興時期詩歌和繪畫的搖籃，偉大詩人但丁就出生在這裡。至今，佛羅倫斯仍保存著但丁故居，許多遊人慕名前來參觀。

永恆傳唱的《神曲》

但丁度過了近二十年的流放生活，《神曲》就是他流放初年開始動筆譜寫的，全詩長14,233行，由《地獄》、《煉獄》和《天堂》三部分構成，描述了但丁幻遊三界的神奇經歷。

詩人自敘在三十五歲那年迷失於一個黑暗的森林，唯一的出口又被象徵淫欲、強暴和貪婪的母豹、雄獅和母狼攔住。危急關頭，羅馬大詩人維吉爾出現，他受天使——但丁精神上的戀人貝婭特麗絲之托，救但丁脫離險境，並引導

↓手持《神曲》的但丁

↓《但丁和維吉爾共渡冥河》，油畫，德拉克洛瓦作品
《神曲》故事中，站在船中央的但丁被維吉爾引導乘著卡隆的渡船，穿過地獄湖的情景。

【人文歷史百科】

神聖的喜劇《神曲》
《神曲》是但丁於流放期間歷時十四年完成的長篇詩作，原名為《喜劇》（comedy）。中世紀時，人們對「喜劇」的解釋與今人不同，其意為結局令人喜悅的故事。1555年後，人們在原書名前加上修飾語「神聖的」（divine），既表示對詩人的崇敬，也暗指此詩主題之莊嚴深奧，意境之巍峨崇高。

但丁遊歷了地獄和煉獄。

地獄的形狀像一個大漏斗，共分九層，罪人的靈魂按生前罪孽的大小，在各層裡接受嚴酷刑罰。賣國賊和背棄主人者被放在第九層，凍在冰湖裡，受酷刑折磨，從冰湖之底穿過地球中心就可以到達煉獄。煉獄是大海中的一座孤山，也分九層，住著生前犯有罪過但可得到寬恕的靈魂。

但丁遊歷完地獄和煉獄後，來到頂層的地上樂園。在繽紛的花雨中，貝婭特麗絲緩緩降臨。她指點但丁進入「忘川」，使但丁忘卻了往昔的痛苦。隨後她又帶但丁進入了天堂。經過九重天後，但丁來到了上帝面前。

但丁在《神曲》中熱情歌頌了現世生活的價值。他強調以人為本，人賦有「自由意志」，這是上帝「最偉大的傑作」。這可說與中世紀一切歸於神的觀念，以及教會宣揚的來世主義、禁欲主義針鋒相對。

二十年的流放生涯使但丁目睹了義大利動亂的現實和平民階層困苦的生

挑戰上帝的文藝復興

活。晚年時，但丁拒絕了佛羅倫斯統治者提出要他宣誓懺悔，以取得赦免、重返家園的要求。1321年9月14日，一代詩人但丁在拉文納去世。

「人文主義之父」佩脫拉克

佩脫拉克率先提出「人學」和「神學」的對立，因而被稱為「人文主義之父」。1304年7月20日他在佛羅倫斯的一個律師家庭出生，後來搬遷到法國南部的亞維農。少年時代，佩脫拉克便展現出對文學、修辭的高度熱誠，但在父親的要求下，他先後到法國和義大利學習法律。父親去世後，佩脫拉克放棄法學，開始專心從事文學活動。

佩脫拉克熱愛生活、大自然，常和友人周遊名勝，寫下了許多著名的詩作，讚美純真的愛情，歌頌美麗的祖國義大利。很快地，佩脫拉克的名聲就傳開了。1341年4月8日，在羅馬卡匹托山上，主持人鄭重宣布授予佩脫拉克「桂冠詩人」的光榮稱號，佩脫拉克從此成為享譽整個歐洲的著名作家。

佩脫拉克一生創作豐富，以《歌集》、《阿非利加》、《義大利頌》等著稱於世。相傳詩人1327年見到美麗少女蘿拉後陸續寫下三百多首十四行詩，1347年蘿拉死後，詩人為表達哀思又寫了一些抒情詩，這些詩結集命名為《歌集》。佩脫拉克繼承了傳統的十四行詩形式，並使它達到更完美的境界，對歐洲詩歌產生了深遠的影響。《阿非利加》描述第二次布匿戰爭，詩中充滿了對義大利民族的讚美，可惜最終沒能完成。《義大利頌》表達了反對封建割據、渴望祖國統一的強烈願望。

佩脫拉克一生大部分都在四處遊歷，足跡遍及西歐，結識了不少學者名

←佩脫拉克和家中門徒
此為佩脫拉克1365年所撰《財富的補償》中的插圖，現珍藏於薩克森國家圖書館。

流。他不辭辛勞地搜集古老的拉丁文殘稿、希臘作品以及古羅馬遺物，對挖掘古典文化做出了卓越的貢獻。

晚年的佩脫拉克在小村阿克瓦定居，村中的人們常常看到這位老人房間的燈光亮到深夜。1374年7月19日，當人們走進他的小屋時，發現伏在桌前的佩脫拉克埋首在古羅馬著名詩人維吉爾的手稿中，已悄然去世。

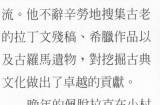

←《十日談》故事中的十名男女
薄伽丘在《十日談》中以豐富的生活知識和藝術創造力，刻畫了數百個來自不同背景、具有鮮明性格的人物形象，展示出義大利社會生活畫面，抒發了文藝復興初期的自由思想。

薄伽丘與《十日談》

喬凡尼・薄伽丘是文藝復興早期的人文主義者、傑出的短篇小說家。1313年他出生於佛羅倫斯附近的契塔爾多，父親是有名的富商。薄伽丘童年時在佛羅倫斯城接受了良好的教育，青年時代先後在那不勒斯學習商業和法律。他在那不勒斯待過一段時間，有機會參加宮廷的社交活動。於是，從小在商人和市民的圈子中長大的薄伽丘又接觸了貴族、騎士和學者，開闢了一個新的生活天地，擴大了他的藝術視野，使他與人文主義者有了廣泛交流的機會。

1340年，薄伽丘回到佛羅倫斯，堅定地站在共和政權一邊，反對封建專制，並多次受共和政權委託，出使法國和其他城邦。1353年薄伽丘寫成《十日談》，1471年在威尼斯出版後曾再版上百次。

《十日談》敘述了1348年佛羅倫斯黑死病肆虐時，三男七女十名俊美而有教養的青年避居郊外一棟別墅，藉歡宴歌舞和講故事消遣時光，每人每天講一個故事，十天下來共講出了一百個故事。

人文主義思想貫穿了《十日談》的始末。作者把抨擊的矛頭指向宗教神學和教會，揭露教規是僧侶們奸詐偽善的惡因，辛辣地嘲諷教廷的駐地羅馬是「容納一切罪惡的大熔爐」。愛情故事在《十日談》中占有重要的地位。作者認為，禁欲主義是違背人性的，人有權享受愛情和現世幸福。《十日談》中既有歐洲中古傳說，也有東方故事，作者把當時義大利的現實內容融入進去，以大故事套小故事的結構方式，運用靈活、幽默的語言，開創了歐洲近代短篇小說的先河。

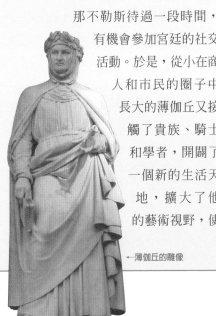

←薄伽丘的雕像

GIOVANNI BOCCACCIO

挑戰上帝的文藝復興

古代希臘、羅馬的史學名著重見天日後，人文主義史學家使這些寶藏為人們所熟知。

第一位人文主義史學家
布魯尼

↑布魯尼像
布魯尼的《佛羅倫斯史》從建城寫起，以政治、軍事為主線，模仿古典風格，充滿強烈的城邦愛國主義情懷，對後世影響頗鉅。

　　文藝復興運動興起時，大批的希臘古籍從潮濕角落和陰暗地窖中翻了出來，書稿的研究、比較、收集、解釋等工作迫在眉睫。由於這些工作需要熟稔希臘文知識，由義大利為首，接著法國、英國和日耳曼等皆開始四處召請希臘文教師。文藝復興時代的義大利所印行的第一部希臘文作品便是希臘文法。正在學習法律的布魯尼立即改學希臘文，他說：「我對那些古籍充滿了好奇，我急切想讓世人瞭解這些重見天日的寶藏。」

　　列奧納多·布魯尼是第一位人文主義史學家，也是新興人文主義教育思想的創始人。他是佛羅倫斯人，曾任四位教皇的祕書並當過佛羅倫斯市長。1427到1444年擔任佛羅倫斯領袖團的祕書時，將幾段柏拉圖的《對話錄》譯成了拉丁文，文筆絕佳，使柏拉圖的華麗文體初次呈現在義大利人面前。他還翻譯過亞里斯多德和普魯塔克的著作，並寫過《但丁傳記》和《佩脫拉克傳記》。布魯尼的代表作是《佛羅倫斯史》，共和國還因這部書免除了他子女的稅金。

　　布魯尼的《佛羅倫斯史》為人文主義歷史編纂提供了榜樣，這部著作飽含其多年心血。他認為歷史是經驗教訓的寶庫，先人的嘉德懿行值得緬懷、效仿，而先人的過失罪衍必須提防、避免，歷史既包括一個長篇敘述、對每一個特殊事件的原因分析，同時也要對某些問題作適當的判斷。佛羅倫斯過去的豐功偉績迄今已為人忽略，「因此，我決定寫下該

布魯尼的追隨者

布魯尼的追隨者中有兩位是佛羅倫斯政府祕書處的工作人員：波基奧·布拉喬利尼和巴托羅梅奧·德拉·斯卡拉。波基奧是位偉大的人文主義學者，他的《佛羅倫斯史》是布魯尼著作的續編，但範圍狹窄一些，關注的主要是十四世紀中期的軍事和外交事務。斯卡拉的著作不那麼成功，他從起源開始寫，但到他去世時還未寫到十四世紀。

←布魯尼的墳墓

城的歷史，不僅是我自己時代的歷史，也包括資料所允許的更早時代的歷史。」基於此，他便從建城下筆，以佛羅倫斯的崛起、共和自由的獲得、城邦的軍事成功作為書的主題。

布魯尼去世時，羅塞利諾為他設計了高貴而華麗的墳墓，人們還在他的胸前放了一本《佛羅倫斯史》。

揭穿教皇謊言的
羅倫佐‧瓦拉

君士坦丁大帝於西元337年去世，但在九世紀時，有關君士坦丁贈禮的書卻突然在基督教教義中出現。據說君士坦丁留下遺囑將整個西羅馬帝國，包括羅馬，贈給了當時的教皇西爾維斯特一世，理由是為了感謝他治癒君士坦丁城的痲瘋病。到十一世紀時，教皇們不斷援引君士坦丁贈禮來證明他們不僅是基督教會的傳教士，而且是義大利中部政權的統治者。在整個中世紀，人們都認

↑ 君士坦丁的拱門

↖ 羅倫佐‧瓦拉
由於羅倫佐‧瓦拉的出現，使得羅馬天主教會再也沒有藉口堅持以君士坦丁贈禮為理由，統治歐洲各國。

為贈禮之事真實無疑。

1440年，那不勒斯人羅倫佐‧瓦拉發表了一篇《論君士坦丁大帝贈賜的偽書》，揭露了這個彌天大謊。瓦拉是傑出的歷史學家，精通古代語言文字，但脾氣暴躁，慣於批評，是個傲慢自大散發著書卷氣的雄辯家，被同時代的人攻擊為褻瀆神靈、粗魯放肆。經過研究他發現，所謂「君士坦丁大帝的贈賜」純是八世紀時的偽造。因為這批檔案的拉丁語語法完全不同於君士坦丁時代的語法，而是西元756年法蘭克王國時代的語法。試想一個四世紀的人能用八世紀的語法寫遺囑嗎？瓦拉的辨偽澄清了歷史公案，從此教皇國土地來源的「根據」檔被推翻，羅馬教廷威信一落千丈。

瓦拉揭穿教皇騙人的把戲後，對基督教進行了更深入的研究。他更下結論說《使徒信經》從語法角度上講不可能是由十二使徒所寫之後，宗教裁判所宣布他為異教徒，並要對他處以極刑。幸虧那不勒斯國王的干預，他才免於被送上斷頭臺。

挑戰上帝的文藝復興

挑戰禁欲主義

中世紀基督教盛行，羅馬天主教主宰社會，基督教的婚姻觀念和性觀念統治著當時歐洲與性有關的一切活動。在禁欲主義思想指導下，中世紀的教會利用所掌握的權力，強制推行教士獨身制和苦修制，教徒們禁絕性行為，甚至發展到反對婚姻。在教會的壓力下，夫妻性生活必須在夜深人靜之時匆匆了事。那些與生育脫離的性活動則受到十分殘酷的懲罰，甚至被施以火刑。宗教禁欲主義也為統治階級利用，因為否定了對今世幸福和快樂的追求，民眾就會安分守己，不會奮起反對壓迫和剝削了。

早期文藝復興的藝術，就是在反抗封建僵化中形成和發展起來的。它反映了資本主義興起所帶來的初期社會變革，具有現實主義的特色。文藝復興時期，藝術的革命意義就在於它透過現實觀點，以人文主義思想為準則，推翻鄙視生活、詛咒肉體、幻想天堂的禁欲主義，大膽地肯定人的作用，讚美人的智慧和創造力，反映人的現實生活，表現了人的意志和願望。

文藝復興時期的藝術，在繪畫、雕刻方面有卓越的成就，尤其是義大利的藝術家，大都是學徒出身，更容易接近平民生活，因此在否定舊觀點、表達新思想方面最徹底。他們的藝術傑作來自民間藝術傳統、從群眾日常中吸取養料、不斷充實自己創作實踐的結果。

「歐洲繪畫之父」喬托

喬托·迪·邦多納是義大利文藝復興時期最早的畫家、雕塑家，近代現實主義繪畫的先驅，被譽為「近代美術的奠基人」、「歐洲繪畫之父」，他使義大利繪畫擺脫拜占庭畫風，走入現實，是與但丁齊名的藝術家。

喬托出生在佛羅倫斯北郊維斯巴那諾村一個農民家庭，從小一邊牧羊，一邊用石頭或小木棍在地上畫畫。有一天，大畫家契馬布埃路過此地，見他地上的畫後，發覺他天賦不凡，便帶他到佛

▼ 反映禁欲主義現象的繪畫
文藝復興以前的藝術，受到教會牢牢控制，脫離現實生活。它以制式化的偶像和醜陋僵死的怪影，宣傳宗教迷信、引導人們虔信上帝，背對俗世。

↑《猶大之吻》，喬托畫作
此為喬托的代表作品之一。十三世紀的義大利正處於文藝復興的萌芽時期，文學方面有詩人但丁、佩脫拉克和小說家薄伽丘作為代表，喬托則是繪畫方面的代表人物。

羅倫斯跟著自己學畫。喬托在老師的指導下，很快地從古今名人佳作中汲取養分，突破中世紀繪畫缺乏藝術生命力的缺陷，創作出許多具有生活氣息的宗教畫。

1305年至1308年，喬托為巴多瓦阿累那教堂的左、中、右三面牆一共繪製了三十八幅連環畫，描繪聖母及基督的生平事蹟。這些壁畫被譽為「十四世紀義大利藝術的重要紀念碑」，至今保存完好，其中最著名的四幅是《金門相會》、《聖家族逃往埃及》、《猶大之吻》和《哀悼基督》。

1334年6月，喬托被任命為佛羅倫斯大教堂工程的總負責人，他設計了教堂的鐘樓及部分浮雕。為此，佛羅倫斯共和國政府授予他「藝術大師」稱號，連薄伽丘的《十日談》內也說喬托「生而

具有超群的想像力」。

喬托最主要的雕塑作品是反映打鐵、紡織、製藥等生活內容的連續浮雕《人民生活圖景》。

喬托為人正直，在權貴面前不善於奉承。某個炎熱的夏季，他正在揮汗作畫，那不勒斯國王來到他跟前說：「如果我是你，這樣熱的日子我就不工作了。」喬托聽後笑道：「如果我是國王，的確就不工作了。」

近代現實主義雕塑的奠基人

多那太羅是近代現實主義雕塑的奠基人，米開朗基羅說：「由這樣一個直爽的人傳布福音，想拒絕接受是不可能的。」多那太羅從事過屍體解剖，通曉人體結構，擅長透視學、建築學，代表作有《大衛像》、《聖喬治像》、《加塔梅拉塔騎馬像》等。

多那太羅出生於佛羅倫斯的紡紗工家庭，年輕時從師於吉貝爾蒂。他只有少部分時間在吉貝爾蒂的畫室學藝，很快就發揮了自己的天才，從吉貝爾蒂鏤畫的女性優雅轉向環狀的雄壯雕像。他並不採納和追求古典的方法和目標，而是毫不妥協地忠於自然，表現自己原有個性和形式的粗魯力量。他二十二歲雕刻的《聖彼得像》，可與吉貝爾蒂分庭抗禮；二十七歲的傑作——健壯、單純而真誠的《聖馬可像》，超過了吉貝爾蒂。

《聖喬治像》是多那太羅二十九歲時

挑戰上帝的文藝復興

27

完成的作品，他按對立方式保持軀體均衡的表現手法，塑造了一位充滿自信心和自豪感的青年英雄形象。《聖喬治像》問世後，多那太羅名揚佛羅倫斯。他隨後又為喬托大師設計建造的獨立式鐘樓製作四個先知雕像。在製作時，他有時高叫「你說話呀，你真該死」，把雕像當活人一樣與其對話。

多那太羅四十五歲時旅行至羅馬，對古代藝術作深入的考察研究，相繼創作了《大衛像》等名作。在這裡他還為一個商人雕刻了胸像，但商人抱怨說：「你只不過是個藝術家，而且還用了一個月的時間完成這個雕像，這樣的索價卻未免太高了。」多那太羅把胸像擊得粉碎：「你這種人只配在買豆子的時候討價還價罷了！」

五十七歲時，多那太羅來到帕多瓦城，塑造了名作《加塔梅拉塔騎馬像》。六十八歲回到家鄉，創作出體現他思想感情和藝術觀念轉變的名作《抹大拉》。

多那太羅是一個獨立的靈魂，他的

→加塔梅拉塔騎馬像，雕塑，多那太羅作品

多那太羅晚期的創作特色，是特意追求形式上的誇張和變形，脫離古典雕像的理想美和華麗莊嚴氣概，強調激情，醜陋和痛苦成為他後期創作的內涵。

作品中融入了強烈的個性化表現，像他雕的《大衛像》一樣強韌，像他的《聖喬治像》一樣大膽。

英年早逝的馬薩其奧

馬薩其奧是文藝復興時期義大利佛羅倫斯的知名畫家，原名是托馬索·德·喬凡尼·迪·西莫尼·圭迪，馬薩其奧是個綽號。他與當時佛羅倫斯的建築家布魯內萊斯基、雕塑家多那太羅齊名，是文藝復興繪畫革新的奠基人。他的繪畫注重寫實，敢於破除陳規，為義大利新的繪畫風格奠定了基礎。

馬薩其奧出生在佛羅倫斯，父親在他五歲時去世了，母親改嫁後，他和弟弟喬瓦尼堅持住在自己家裡。馬薩其奧對藝術著迷，對其他則漠不關心，鬆鬆散散，為此人們給他起了個綽號叫「馬薩其奧」，意思是不高明的畫家。保存下

大衛的故事

西元前十世紀，非利士人興兵入侵以色列，有個武士叫哥利亞，身高八尺，手持巨戟，出陣四十天，以色列人不敢迎戰。一日，少年大衛去看望在軍中服役的兄長，聽說哥利亞如此飛揚跋扈，堅決要求出陣殺死哥利亞以雪以色列人的恥辱。大衛出陣後，大吼一聲，隨即用甩石機擊中哥利亞的頭，使之昏倒在地，隨後迅速拔出利劍割下哥利亞的頭。多那太羅雕塑的少年大衛正是表現這一情節。

↑ 《獻金》，壁畫，馬薩其奧作品

來最早的馬薩其奧創作是西元1420年前後，他爲聖阿姆布羅基奧教堂畫的一幅畫——《聖母同聖嬰與聖安娜在一起》。

　　馬薩其奧一生的主要作品是布蘭卡奇小教堂的壁畫。布蘭卡奇的小教堂後來成了許多畫家的學校，達文西就曾到這裡求學。1427年左右，馬薩其奧完成了《失樂園》和《迪納里的奇蹟》這兩幅畫，它們在當年是開創繪畫新時代的傑作。而《聖三位一體》、《獻金》等壁畫則顯示了現實主義表現手法與人文主義精神內容的統一。1428年，年僅二十七歲的馬薩其奧前往羅馬，但不久就傳來了他的死訊。

　　馬薩其奧的藝術創作表達生活情趣，使佛羅倫斯在十五世紀義大利著名畫派中處於領先地位。達文西評價說：「馬薩其奧以完美的作品顯示，凡是不以自然——至高的女主人——爲嚮導的人，

都會在徒勞的苦工裡耗盡生命。」

↑ 《聖三位一體》，壁畫，馬薩其奧作品
這是馬薩其奧的名畫。畫面的樸實無華，人物的沉著堅定，充分顯示出文藝復興美術的基本特徵：現實主義的表現手法與人文主義的精神內容相得益彰。

挑戰上帝的文藝復興

29

「達文西的逝世是每一個人的損失……大自然沒有能力重造這樣一位偉人。」

達文西成名前的故事

達文西畫雞蛋的故事，恐怕無人不知。老師那句意味深長的話，帶給他極大震撼：「畫雞蛋雖然簡單，但世上根本沒有完全相同的兩個雞蛋。即使同一個雞蛋，如果變換一下觀察角度，或者調節一下光線，它的形狀也各不相同。」

這位老師名叫韋羅基奧，是達文西父親的好友。因為達文西自幼便表現出極高的繪畫天賦，所以父親就把他送到好友、名畫家兼雕刻家韋羅基奧的畫坊當學徒。韋羅基奧為了培養達文西的觀察力，一開始就讓他不停地畫雞蛋。1476年，韋羅基奧承擔製作《基督受洗圖》這幅畫，達文西擔當他的助手。主要人物由韋羅基奧繪製，達文西僅在畫面一角畫了一個天使，然這個天使栩栩如生，充滿了生命力，使畫中的其他人物黯然失色。很明顯地，達文西的畫技已超越了韋羅基奧，此時達文西年僅二十四歲。

達文西1452年4月15日出生於義大利佛羅倫斯城附近的文西鎮上。鄉村的石子小路鍛煉了他強健的身體，山頂的陽光使他的靈魂一塵不染。在很小的時候，他就學會了吹笛子。他的歌聲美妙動聽，而且當他唱歌的時候，又總是即興賦詞作曲，使得他父親的客人們大為驚奇。他不僅充滿了才氣，甚至孩提時代的美麗都使人眩目。他長著金黃的頭髮，身披玫瑰色的斗篷，看上去就像一個從雲端降落下來的天使。後來他的同行瓦薩里曾經這樣稱讚他：「他個子高大，風度翩翩，體格健壯。」

不朽的晚餐和永恆的微笑

達文西一生在繪畫這塊沃土上孜孜不倦地耕耘，為後人留下了許多不朽的傑作，成為人類藝術史上的豐碑。其中

▷《基督受洗圖》，達文西、韋羅基奧畫作
這是達文西與老師韋羅基奧合畫的一幅畫，雖然此時達文西畫的天使只占據了畫面一角，但他的不凡才華終使其成為整個畫壇的主角。

最出名的便是《最後的晚餐》和《蒙娜麗莎的微笑》。

《最後的晚餐》是一幅壁畫，是達文西為米蘭一所修道院的食堂所創作的。該畫取材於《聖經》，描繪的就是當耶穌在晚餐上說出「你們之中有一個人出賣了我」之後，他的十二個門徒各不相同的神態。精采的瞬間在達文西的筆下被表現得淋漓盡致。為突出中心人物，達文西將耶穌放在畫面的中間，門徒分列左右，一字排開。耶穌的表情莊嚴肅穆，背後明亮的窗戶襯托出他的光明磊落。叛徒猶大處在整幅畫面最陰暗處，神色慌張，暗喻他的卑鄙與醜惡，與耶穌形成鮮明對比。

為了刻畫猶大，達文西付出巨大的心血，他到各種場合觀察罪犯、流氓和賭徒，反復揣摩，並畫了大量的速寫，直到畫中的形象讓自己感到滿意為止。正是憑藉這種精神，《最後的晚餐》才得以完成並成為藝術名作。

《蒙娜麗莎的微笑》一直被譽為世界美術作品之冠，畫中人的笑充滿了神祕。蒙娜麗莎並不是十分漂亮，她的手甚至顯得臃腫，但她迷人的笑卻征服了一代又一代人。從她的笑容裡可以感受到溫暖，也可以感受到嘲諷。據說為了完美刻畫出她的「微笑」，達文西還特別請來琴師和歌手為模特兒

↓《蒙娜麗莎的微笑》油畫，達文西作品
蒙娜麗莎神祕的微笑，曾讓多少人流連忘返、魂牽夢繞……

挑戰上帝的文藝復興

表演。達文西細心地揣摩著，終於把畫筆定格爲蒙娜麗莎初綻的笑容，使她瞬間的微笑化成了永恆。

全面發展的代表

僅藉《最後的晚餐》與《蒙娜麗莎的微笑》就足以讓達文西流芳千古，但這還不足以體現他的偉大。繪畫或許只稱得上是他的副業之一，因爲他在多個領域內取得的成就難以估量。

達文西在自然科學方面有許多超前見解，早在哥白尼之前他就已經發現，太陽並非繞地球旋轉，地球只是「像月亮一樣的星星」。早在伽利略之前他就曾說過，物體下墜隨著距離而加速，並建議用「巨型放大鏡」觀察月亮表面。他在樞機主教波吉亞的手下擔任軍事工程師時，構思出坦克車、機關槍和潛水艇。更讓人不可思議的是，他還設計了較原始的滑翔機、降落傘和直升機。

達文西自認必須對人體構造有精確的認識，他偷偷地弄到許多屍體，透過親自解剖畫出了精確如藝術品的解剖圖，至今仍有許多張被收藏在溫莎宮內。達文西是最先繪出正確子宮剖面圖的人，他還在裡面加了一個胚胎。同時他也是製造人腦內部蠟模的第一人。

在生理學方面，達文西一樣遠遠走

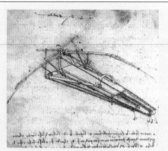

↑達文西設計的飛行器草圖
達文西的飛行器是他在對鳥翼飛翔原理長期研究的基礎上設計的。這位天才的發明有時潛藏著巨大的危險。在一次實驗中，飛行器墜毀，差點要了達文西一名僕人的性命。

在了時代的前端。他用水的循環來比喻血的運行：水由山流到河，由河流到海，再由海變成雲，由雲成爲雨而回到山上。在哈維將血液循環理論系統化之前一個多世紀，達文西似乎已掌握了血液循環的一般原理。

達文西還是一位哲學家。他崇尚解放、熱愛自由，幾乎完全擺脫了神學的成見；偶然論及神學時，他也對教會制度中的惡俗與不合理處加以攻擊。

偉大天才的逝去

達文西於1500年出遊曼圖亞和威尼斯等地，1506年回到佛羅倫斯開始創作《聖母、聖嬰和聖安娜》和《蒙娜麗莎的

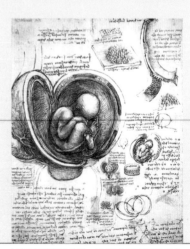

↑達文西繪製的胚胎　達文西繪出正確的子宮剖面圖，並在裡面加了一個胚胎。

微笑》，還著手爲市政廳繪製壁畫。1507年再去米蘭，並服務於法國宮廷。1513年移居羅馬，三年後又到法國，最後定居昂布瓦斯。

達文西晚年極少作畫，潛心研究科學。從他遺留下的筆記手稿中可發現，其內容從物理、數學到生物解剖，幾乎無所不包。已被發現的筆記手稿足有七千多頁，可惜並未被整理發表，許多先進思想和天才的預見因而遭到埋沒，未能及時發揮作用。達文西一生不知記了多少筆記，這些筆記雖顯雜亂無章，但其上所記載的東西十分珍貴。達文西在科學方面的眾多成就乃有目共睹，雖未有專著記載，但因他是王公政客的朋友，也認識不少學界的人物，他的許多「想法」便被這些人保留了下來。

達文西晚年時家業並不豐厚，但他長期擁有許多僕人和馬匹，以養馬爲

← 《岩窟中的聖母》，達文西作品

1482年達文西來到米蘭，應聖弗朗切斯科教堂的邀請繪製祭壇畫《岩窟中的聖母》。雖然仍是傳統題材，但人物形象的塑造和岩窟幽深的刻畫及山岩間花草逼真的描繪，證明他使用的煙霧狀筆法，已在寫實和藝術加工方面達到了新的水平。

樂。他的傳記作者瓦薩里告訴我們：他喜歡各種鳥獸，對鳥獸撫愛備至，體貼入微。據說每當他從鳥市經過的時候，總要把鳥從籠中取出放掉，恢復牠們失去的自由，然後再按賣主的索價付錢。

當生命逐漸走向終點時，達文西像一個疲倦的孩子已準備安息。他這樣寫道：「就像過得很好的一天會帶來香甜的睡眠一樣，過得很好的一生會帶來幸福的長眠。」

1519年5月2日，達文西在法國去世，享年六十七歲。達文西舉行葬禮的時候，只有一些僕人跟在靈柩後面痛哭。另外還有一些雇來的貧苦村民，他們例行地爲一個素不相識的人唱起輓歌。對於達文西的成就，當時或許僅有一個人能看得到，那就是他的學生弗朗塞斯科·梅爾茲，他說：「達文西的逝世是每一個人的損失……大自然沒有能力重造這樣一位偉大天才。」

達文西對科學實驗的認識

雖然弗蘭西斯·培根著述專門解釋了實驗方法，伽利略也不遺餘力地實行這種方法，然其實在一個世紀之前，達文西便已有效運用過這種方法了。從達文西的札記裡，我們可以找到他對這個問題的見解，他寫道：「科學如果不是從實驗中產生並以一種清晰的實驗結束，便是毫無用處、充滿謬誤的，因爲實驗乃是一切事實之母。」

【人文歷史百科】

挑戰上帝的文藝復興

「把靈魂歸給上帝，身體留給塵土，財物送給他最親近的親戚」。

認真的米開朗基羅

繼達文西之後，佛羅倫斯又誕生了一位偉大的藝術家，他就是集雕刻家、畫家、建築家和詩人於一身的米開朗基羅。1475年3月6日，米開朗基羅出生於佛羅倫斯附近的卡普雷塞。對繪畫產生濃厚興趣的米開朗基羅，不顧家人的反對，十七歲進入了佛羅倫斯畫家基爾蘭達約的工作室學習，在那裡他臨摹了許多老畫師的作品，以至於基爾蘭達約都難辨真假。

1490至1492年間，米開朗基羅完成了第一批雕塑作品——兩座大理石浮雕《梯旁聖母》和《半人半馬者的搏鬥》。這兩座浮雕粗樸壯實、沉靜莊重，深得古典風格的真髓，表明他一開始就追求強烈運動中的人體表現。1494至1499年，米開朗基羅遊學威尼斯、羅馬時所作的《酒神像》、《哀悼基督》，更顯露其卓越才華，以至整個羅馬藝壇都難以相信這些傑作是出自他手。

米開朗基羅在雕刻的時候是極其認真的。天剛亮他就起來工作，中間很少休息。半夜突然醒來的時候，他就爬起來啃口麵包，點燃蠟燭繼續工作。可是，燭光實在太暗了，蠟燭又只能固定在一點上，他根本看不清楚。米開朗基羅靈機一動，便想出一個妙招：他用硬紙做了一個錐形的帽子，在帽子的頂上插上一根蠟燭，這樣就可以繼續工作了；但沒過多久，蠟油流了下來，滴得他滿頭滿臉都是。這時恰好有一個朋友從他窗前走過，看到了屋裡還亮著燈，便進來看一下，只見米開朗基羅臉上道道凝固的蠟油，有些一直流到了衣服上，看起來狼狽至極！

繪畫藝術的高峰

1501至1505年，米開朗基羅主要生活在佛羅倫斯，這時期他完成了雕像《大衛》和市政廳壁畫《凱西納之戰》、《聖家族》等不朽之作。1505年米開朗基羅應邀前往

← 《哀悼基督》，雕塑，米開朗基羅
《哀悼基督》像取材於聖經故事中，基督耶穌被猶太總督抓住並釘死在十字架上之後，聖母馬利亞抱著基督身體痛哭的情景。聖母的表情靜默而複雜，不僅傾洩了無聲的哀痛，她充滿哀思的祈禱更超出了基督教信仰內涵，洋溢著人性最崇高而聖潔的母愛。

羅馬，爲教皇尤里烏斯二世設計和製作陵墓雕刻。但因計畫時有更改，致使米開朗基羅斷斷續續工作近四十年仍未完成，這成爲他終身一大憾事。

1508年，米開朗基羅應教皇召請從佛羅倫斯趕往羅馬，爲西斯汀小教堂的天頂繪製壁畫。爲了忠於自己思想，順利完成這項浩大工程，他從教皇那裡爭取到了充分的創作自由，連教皇也不得干涉其創作。在長達四年的繪製過程中，米開朗基羅拒絕助手協助，一切親自動手。揭幕之時，這五百多平方公尺的壁畫被公認爲空前之作，是文藝復興盛期最完美的藝術畫作。

1527年5月7日，義大利上空烏雲密布，神聖羅馬帝國查理五世的軍隊進入羅馬，城市被洗劫一空，成千上萬人被殺害。爲了保衛佛羅倫斯，米開朗基羅領導修建了城市碉堡。但由於眾寡懸殊，佛羅倫斯於1530年8月12日淪陷。

1534年，米開朗基羅再次來到羅馬，從此再也沒有回到佛羅倫斯。1535年，米開朗基羅被教皇任命爲梵蒂岡首席

米開朗基羅的《大衛像》
《大衛像》是米開朗基羅的成名作。米開朗基羅創作的大衛是一個健壯的青年，面容剛毅，眼睛炯炯有神，微微低著頭，側目怒視前方，左手握著搭在肩頭的「甩石帶」，隨時準備打擊敵人。雕像傳神地表現了一位正義戰士的無畏與力量。此作原計劃置於大教堂作爲裝飾雕塑，但因塑造極爲成功，政府決定將其安放在市政廳大門前，作爲城市的象徵；後爲保護原作而移至佛羅倫斯美術博物館。

建築師、雕刻師及畫師。9月，這位六十歲的老人著手創作《最後的審判》。這幅畫最初引來頗多非議，因爲畫面上從基督到十二門徒幾乎都一絲不掛，保羅三世的典禮官甚至認爲用它來裝飾酒店要比放在教堂合適。由於反對者呼聲甚高，而米開朗基羅又堅持不做改動，畫匠丹尼爾被任命在引人注目的部位添上褲子，這位可憐的藝術家便因此被羅馬人叫做「褲子的裁縫師」。

1564年2月，米開朗基羅的身體一天比一天虛弱，大部分時間只能睡在舊椅子上。他這樣說道：「我這麼老了，死神往往拉著我的肩衣，要我跟他走。」2月18日，米開朗基羅去世，遺體被運回佛羅倫斯。他沒留下遺囑，只是「把靈魂歸給上帝，身體留給塵土，財物送給他最親近的親戚」。

← 《大衛像》，雕塑，米開朗基羅
《大衛像》淨高 4.1公尺，以完全裸體表現傳說中猶太少年英雄大衛戰勝敵人哥利亞的故事。大衛體態壯偉，有堅如鋼鐵之意，寓意力抗強權、捍衛祖國的佛羅倫斯人。

天之驕子

拉斐爾與達文西、米開朗基羅齊名，被稱爲「文藝復興三傑」。拉斐爾的生命短暫，相比米開朗基羅近九十歲的高齡，他僅僅走過了三十七年的光陰。天妒英才，這或許是最好的例證。

1483年4月6日，拉斐爾·桑蒂在義大利的烏爾比諾鎭出生。父親喬瓦尼·桑蒂是烏爾比諾大公的御用畫師，但僅僅陪伴了拉斐爾十一年就去世了。拉斐爾成了孤兒，因爲他在七歲時就失去了母親。幸運的是，拉斐爾被大公好心的

妻子艾麗薩維塔·貢薩戈收養了。

1500年拉斐爾來到皮埃特羅·彼魯吉諾的畫室學習，深受其藝術中濃厚抒情色彩的影響。他在二十一歲時畫的《聖母的婚禮》展現彼魯吉諾的藝術精華，且青出於藍；尤其是畫面的平衡，背景的描繪，聖母瑪利亞形象的端莊、文雅，均爲前輩畫家作品中所罕見。

1504年，已小有名氣的拉斐爾前往佛羅倫斯，希望闖出一片廣闊天地。那裡一度恢復的共和政治、民主精神和人文主義思想影響了他，各畫派大師的作品更讓他大開眼界。曾自詡爲「大師」的拉斐爾看了達文西和米開朗基羅的作品之後，羞愧難當，他終於明白什麼才是眞正的「大師」。他開始靜下心來揣摩各派大師的藝術特點，博採眾長，特別傾心學習達文西的構圖技法和米開朗基羅的人體表現及雄強風格，使其獨具古典精神的秀美風格日趨成熟，迅速到達

←《聖母的婚禮》，油畫，1504年拉斐爾作品

和達文西、米開朗基羅鼎足而立的地位。

巨星隕落

1508年，經主持修建聖彼得大教堂的建築師布拉曼特的推薦，年僅二十五歲的拉斐爾被教皇召到羅馬，為美化羅馬而工作。拉斐爾來到梵蒂岡和米開朗基羅一起工作。不久，除拉斐爾和米開朗基羅之外，其餘的畫家全被辭退。或許教皇認為美化羅馬的工作，只要有他們倆便已足夠了。

也許是天性，也許是因為幼年的磨礪，拉斐爾異常地溫順，而這種溫順正是當時的藝術大師所缺乏的。達文西也曾經強迫自己成為溫順的奴僕，但當忍耐力達到極限時，就會爆發出不可遏制的力量；米開朗基羅更是一頭叢林裡的雄師，根本無法馴服。拉斐爾以己身才

←《西斯汀聖母》，油畫，拉斐爾作品
拉斐爾的藝術風格在他所「寵愛」的聖母像中得到了極佳體現。這些畫富有詩意、形象生動、結構明快，唯美色彩濃厚。其中著名的作品有《格蘭杜卡聖母》、《德拉‧塞吉婭聖母》及梵蒂岡的《西斯汀聖母》。特別是《西斯汀聖母》成為拉斐爾「聖母像」中的代表，甜美、悠然的抒情風格獨樹一幟。

華加上絕對的順服來取悅教皇和貴族，博得了教皇和貴族的喜愛。但他的溫順也非無底洞，一次兩位紅衣主教指責他的作品道：「耶穌的兩個弟子，聖彼得和聖保羅的臉畫得太紅了。」拉斐爾聽後立即反擊道：「我是故意畫得這麼紅的，主教大人。他們在天堂裡看到是你們這些人在治理他們的教會，所以感到臉紅！」

1509年後，拉斐爾被羅馬教皇尤里烏斯二世邀去繪製梵蒂岡皇宮壁畫，這期間所作的《雅典學派》、《埃利奧多羅被逐出神殿》、《波爾申納的彌撒》、《波爾戈的火警》和《嘉拉提亞的凱旋》等作品，在形象塑造和光色運用方面都達到了新的境界，被譽為古今壁畫藝術登峰之作。

1520年春，拉斐爾被教皇從羅馬近郊招到梵蒂岡，由於日夜的勞頓，他病倒了。4月6日，也就是拉斐爾誕生的那一天，他手握畫筆，在未完成的《聖母升天》前離開了人世。

挑戰上帝的文藝復興

↑波爾戈的火警，壁畫，拉斐爾約作於 1515年，梵蒂岡博物館藏

梅迪奇家族的「小桶子」

文藝復興時期，佛羅倫斯還有一位與達文西同時代的著名畫家，那就是桑德羅‧波提且利。實際上「波提且利」只是綽號，他的本名是亞歷山大德羅‧代‧菲力倍皮，1444年生於皮革商人家庭。「波提且利」意為「小桶子」，是他哥哥店鋪上的商標名稱，人們把這個名字送給了畫家，以至於他的真實姓名反倒被人們遺忘了。

酷愛繪畫的波提且利十五歲到菲力浦‧利比的畫室學習。後來他的學生小利比，即利比的兒子曾這樣描繪他：深邃的眼睛，高突的鼻子，敏感多肉的嘴唇，濃密的頭髮，戴著紫色的帽子，身披紅色的斗篷，繫著綠色的皮帶。

波提且利深受利比繪畫風格的影響，也由於利比的關係，波提且利的大部分作品皆是為梅迪奇所作。波提且利為羅倫佐‧梅迪奇畫了一幅《春》，作品描繪的是維納斯王國，維納斯代表著美、愛情和快樂，然而這幅作品卻籠罩著一種淡淡的詩意感傷。

波提且利《維納斯的誕生》畫得更加漂亮。端莊的裸體維納斯乘著貝殼從海上升起，她長長的金髮是手邊唯一的

↓《維納斯的誕生》，油畫，1485年波提且利作品
在這幅畫中，波提且利延續了《春》的浪漫風格，並將其推向極致，達到了完美的境界。

波提且利的代表作之一，蛋黃塗料，約作於1495年，收藏於佛羅倫斯烏菲茲美術館。

遮掩；微風將貝殼吹送到海岸邊，一位美麗的少女穿著帶花的白袍，準備為她披上斗篷。維納斯是波提且利塑造的女性形象中最迷人的一個，那凝視著遠方的眼睛，誇大了比例而顯得更加迷人的身體，都把女性的溫柔、優雅和迷人表現得淋漓盡致。

晚景淒涼

　　波提且利為人正直、無私、慷慨大度，自己卻過著苦行僧般的生活。他沒有積蓄和產業，甚至一生都沒有娶妻成家，畢生的精力都獻給了藝術事業。所以，他所表現的一些聖徒往往就是他自己的寫照。在他的宗教畫中，最有欣賞價值的是《持石榴的聖母》和《華美的聖母》，他把聖母瑪利亞表現得像維納斯一樣年輕貌美。

對他而言，生命和藝術是緊緊交織在一起的。當人文主義思潮在他的心中占據上風時，他創作出了《春》和《維納斯的誕生》等經典作品。而當神祕主義充斥其生命晚期時，其作品就叛離了文藝復興的基本思潮。雖然他還是用優美的線條營造一種出色的裝飾效果，但整幅畫面失去了那種洋溢的生命力，除了頎長的人體和散發著香氣的花朵外，似乎再也找不出什麼了。

　　晚年的波提且利也在努力創作，《誹謗》、《聖多明尼克》、《聖耶列米》、兩幅《入殮》和一套《聖齊諾維的一生》都是這時期的作品。但他年事已高，行動不便，走路還得拄著雙拐。他的藝術創作盛期已過，「領袖」地位也逐漸為達文西與米開朗基羅取代。梅迪奇家族的衰落使得波提且利的生活愈發困窘，孤苦伶仃的波提且利在六十六歲時寂寞地離世。

如美神維納斯一樣貌美的聖母，別具一格的圓形構圖使這幅畫也成為永遠的經典。

挑戰上帝的文藝復興

放蕩不羈的吉奧喬尼

吉奧喬尼是文藝復興時期威尼斯畫派重要畫家、詩人，早年師從貝里尼，後深受達文西的影響，開闢了以色彩表現爲主要特點的威尼斯畫派。但英年早逝，僅僅度過了三十三個春秋。

吉奧喬尼流傳下來的作品並不多，但幅幅都是經典，《卡斯第佛朗哥聖母像》、《暴風雨》、《三位博士》均以風景陪襯人物，用遠山近水之高峻和清麗突顯人物的神態，山水與人物相得益彰，對威尼斯畫派產生了重要影響。

吉奧喬尼年輕時風流倜儻，能彈一手美妙的吉他。他放蕩不羈，喜歡酗酒，經常帶著師弟提香出入酒吧和舞廳。有一次甚至和提香在酒吧瘋了一夜後，醉醺醺地回到了畫室；他們的老師貝里尼怒不可遏，將二人趕出了師門。

被逐出師門的提香痛哭流涕，他當時才十五歲。比他大一歲的吉奧喬尼卻滿不在乎地說：「我們應該感謝上帝，上帝給了我們離開老鬼的機會。」提香悲哀地答道：「可是，現在我們連午飯都沒得吃了呀？」「等著瞧吧，總有一天，我們會給國王和王后畫像的。」兩人隨後借了一些錢，租了間房子，開始以畫謀生。

吉奧喬尼的肖像畫十分成功，除名作《蘿拉像》、《尤迪絲像》外，《沉睡的維納斯》最爲經典。吉奧喬尼將維納斯置於田園之中，女神完美的體態和恬靜的睡姿，與寧靜的田園風光相映成輝，予人無盡的美感。畫裡，中世紀的禁欲精神消失得無影無蹤，裸露的維納斯是靈與肉的完美結合，能激起欣賞者對美和純潔的幻想和愛戀。只是吉奧喬尼還沒來得及完成此畫就匆匆離開了人間，他的師弟提香補充田園背景完成了此畫。

「西方油畫之父」提香

提香·韋切利奧是吉奧喬尼的師弟，出生在威尼斯北部風景

↑《沉睡的維納斯》，布面油畫，吉奧喬尼約作於1510年

← 《神聖與世俗
之愛》，油畫，提香

酷愛畫畫的提香，年幼
時就來到威尼斯的貝里
尼畫室學習，此後一生
幾乎都未曾離開過威尼
斯。在畫室中，提香結
識了比他大一歲的吉奧
喬尼。吉奧喬尼開放的
思想行為、熟練的繪畫
技巧以及對色彩超常的
敏感和表現力，都深深
地影響了提香。

秀麗的小鎮卡多萊。吉奧喬尼去世後，提香獨立發展，成為威尼斯畫派的領袖。他在1510至1520年創作了《田野合奏》、《神聖與世俗之愛》、《酒神祭》、《聖母升天圖》、《維納斯的崇拜》等作品，畫中人物的強烈運動感、力量和雄偉的體魄，為威尼斯畫派開拓了全新的領域。此後創作的《查理五世騎馬像》，更是把這位政治人物的狡詐、頑強、殘忍、偽善的複雜性格表現得入木三分。在1556年以後的創作晚期階段，提香終於擺脫了威尼斯畫派著重線描的傳統，使藝術造型從物象理解為主轉變為靠光色構成的視覺印象為主，《歐羅巴的劫奪》、《基督戴荊冠》等作品實際上標誌著真正的西方近代油畫的完成，他因此被譽為「西方油畫之父」。

與英年早逝的吉奧喬尼和拉斐爾相比，提香是一個在生前享受了無數榮譽的畫家。他於1516年被威尼斯政府任命為官方畫家，1530年受到神聖羅馬皇帝查理五世的接見，後來又被封為伯爵，成為教皇和國王的座上賓。但是提香有著無窮無盡的創造力，他一次又一次地超越了自己。

也許是天意弄人，上帝賜予他出色才華的同時，也賦予了他致命弱點。提香貪得無饜，只要給錢他什麼都願意做，有人說他對權勢躬身下拜，在女人的懷抱中風情萬種。1576年，一場大瘟疫襲擊威尼斯，提香沒能躲過這場災難，在北部海岸的別墅中離開了人世。

↑ 1562年提香的自畫像

「政治學之父」馬基維利

→馬基維利
義大利文藝復興時期著名
的政治思想家、西方歷史哲
學的奠基人。1469年出生在佛
羅倫斯一個沒落的貴族家庭。佛羅
倫斯在1434年以前是一個共和國，之後到
1494年一直處於梅迪奇家族的統治之下。馬基維利也參加
了反對梅迪奇家族的起義。

馬基維利（1469～1527）是義大利文藝復興時期著名的政治思想家和歷史學家，被奉為近代政治學的鼻祖，西方學者尊稱其為「政治學之父」。

馬基維利出生在佛羅倫斯一個沒落的貴族家庭，他的父親是律師，母親頗具文學修養。在父母的薰陶下，馬基維利從小便閱讀大量書籍，養成了獨立思考的習慣。馬基維利富有政治才華，成年後投身政界，曾任佛羅倫斯共和國委員會的祕書，負責起草政府文件和佛羅倫斯防務，並出使義大利各國和法國、日耳曼等地。後來共和國被顛覆，君主制復辟，馬基維利遭到逮捕。獲釋後，

↓聖克羅斯教堂
馬基維利、米開朗基羅、但丁、伽利略最後安眠的地方。

馬基維利隱居鄉間，專心於《君王論》的創作。《君王論》還未來得及發表，佛羅倫斯再次發生起義，共和國得以光復。馬基維利想在新政府中謀得職位，卻遭到拒絕，他在極度失望與痛苦中憂鬱而死。

《君王論》是馬基維利對義大利數百年激烈革命的總結，也是他從政十多年經驗的結晶。面對義大利長期分裂所造成的內憂外患，馬基維利認為唯有建立起一個理想君王的集權統治，才能抵禦外辱、消除內亂。馬基維利崇尚共和制度，但他認為當時處於分裂、社會動亂的義大利，建立強有力的君主政權是實現國家統一、社會安寧的唯一出路。

《君王論》一經問世，便產生了重要

馬基維利主義

【人文歷史百科】

馬基維利所主張的「為達目的，不擇手段」的政治權術，為後世學者稱之為「馬基維利主義」。馬基維利主義在近代為一些反動派和法西斯分子所利用，作為實現獨裁統治的理論根據。因此，文藝復興時期馬基維利的政治思想和後來的「馬基維利主義」乃是有本質區別的。

← 康帕內拉的雕像

的影響。它被列為政治禁書之列，但又獲得了空前的聲譽——被西方譽為影響世界十大名著之一，是有史以來人類對政治之爭最獨到精闢的報告。

理想社會主義的先驅
康帕內拉

　　十七世紀初，在義大利南部一間陰暗、潮濕的牢房中，一位兩鬢斑白的老者正在凝思，稍後奮筆疾書寫道：「這是一個陽光明媚的地方。在這裡，沒有富人也沒有窮人，財富屬於每個人；在這裡，沒有暴力也沒有罪惡，人們過著和平安詳的生活——這就是太陽城。」這部獄中完成的著作後來被命名為《太陽城》，作者康帕內拉。

　　1568年9月5日，康帕內拉在義大利南方小鎮卡拉布里亞出生。他對哲學、宗教、文學有著濃厚的興趣，因發表反宗教著作三次被捕，先後坐牢六年。1597年12月，獲釋的康帕內拉被勒令返回故鄉。當時的義大利四分五裂，各小國相互對立，內戰不斷，成為西班牙等強國侵奪和競爭的場所。

　　1599年，三十一歲的康帕內拉組織義大利南部人民，準備舉行起義，推翻西班牙的統治。不料起義的消息洩露，康帕內拉被捕。康帕內拉度過了近三十年之久的牢獄生活，

面對殘酷的刑罰和血腥的拷打，他沒有屈服。在黑暗的牢房裡，康帕內拉經長久的思考，找到了自認得以解放人類的答案：私有財產是一切罪惡的根源！要真正解放人類，一定要廢除私有制，建立起一個沒有私產、沒有壓迫、人人平等的新社會。於是，康帕內拉奮筆疾書寫成了《太陽城》。

　　在《太陽城》中，康帕內拉假借一個遊歷者的身分，採用對話的形式，描繪出一個消滅私有制和剝削的美好世界，同時也有力地批判了義大利黑暗的社會現實。《太陽城》雖是一個理想的社會，卻對後來的社會主義思想產生了引導作用。

　　出獄後的康帕內拉繼續參與組織反西班牙起義，不幸又因叛徒告密而失敗，被迫逃亡法國。1639年，理想社會主義的先驅康帕內拉去世。

←康帕內拉的畫像
康帕內拉，是義大利文藝復興時期的理想社會主義哲學家。他的著作有《論最好的國家》、《感官哲學》、《論基督王國》、《神學》、《詩集》及《形而上學》等。

「自畫像之父」杜勒

1471年5月21日，杜勒在紐倫堡出生。他的父親從事金銀加工業，最初也想把杜勒培養成這方面的行家。但杜勒十三歲畫的一幅自畫像所表現出來的天賦，改變了父親的想法。在父親的大力支持下，杜勒十五歲時從師於紐倫堡藝術大師米・沃爾格姆特，向他學習版畫。三年學習期滿後，杜勒帶著父親的鼓勵，沿著萊茵河走訪周邊的城市。在四年的時間裡，他遊遍了日耳曼地區主要的工業城市。這段經歷孕育了他日後源源不斷的靈感，也影響其藝術風格和世界觀。

杜勒二十三歲時與故鄉一位音樂家的女兒結婚，並以首飾匠和畫家的身分開始獨立工作。此時的他，已是小有名氣的藝術家。

杜勒和達文西一樣也具有多方面的才能。他熱中於透視法和人體解剖學的研究，並把成果融入繪畫中，創作了許多反映社會現實的繪畫作品。他對建築學很感興趣，並創立了一種建築學體系。在美術理論方面，杜勒也取得了輝煌成就，他寫出的《繪畫概論》與《人體解剖學原理》一直被視為經典之作。

杜勒一生創作甚豐，油畫、版畫都達到了當時最高水準，被視為西方最偉大的版畫家之一。其代表作《三位一體的朝拜》、《四使徒》和許多自畫像、肖像畫，被認為是日耳曼寫實精神與義大利藝術典型塑造結合的成功之作。杜勒還支持宗教改革，同情農民戰爭，主動為宗教改革運動的領袖馬丁・路德的宣傳冊子繪製版畫插圖。

1528年4月，對十六世紀日耳曼和西歐美術影響甚鉅的杜勒因病去世。

→《四使徒》，油畫，杜勒作品

杜勒出遊威尼斯和尼德蘭，充分吸收了文藝復興美術的技藝和理論。他拜訪了威尼斯文藝復興的創始人貝里尼，還和他交換了畫筆。杜勒也曾與拉斐爾會面，並送給拉斐爾一幅水彩畫自畫像，拉斐爾回贈了自己的畫作答謝。

英國油畫的傳播者小霍爾班

十五世紀初，油畫已在歐洲各國風行，但英國的油畫領域仍是一塊未開墾的處女地。1532年，小霍爾班移居英國，喚醒了沉睡中的英國畫壇，油畫逐漸流行開來。

漢斯・小霍爾班1497年出生於日耳曼地區的奧格斯堡，父親是當地的畫家。小霍爾班自幼隨父親學畫，1514年前往瑞士巴塞爾，後又遊歷義大利，訪問米蘭。義大利文藝復興對他產生了重要影響，他還結識了人文主義學者伊拉斯謨斯，受到新思想的薰陶，畫藝大有長進。兩年後小霍爾班為新當選的巴塞爾市長邁爾夫婦畫像，一舉成名。

小霍爾班的主要成就是肖像畫。文藝復興時期的畫家大都擅長肖像畫，但很少有人在肖像畫上獲得大成就。小霍爾班畢其一生從事於肖像繪畫，終於成為這方面的泰斗。

小霍爾班的肖像畫注重人物性格的複雜性、矛盾性及獨具的精神氣質，其質感和空間感都給觀眾留下深刻的印象。小霍爾班尤其注重人物眼神的刻畫，其藝術效果可與今天的照片相媲美。照相機還未問世時，社會名流皆透過畫家把自己真實的影像留存下來，肖像畫大師小霍爾班自然備受青睞。在許多肖像畫中，最成功的是三幅《伊拉斯謨斯像》。

小霍爾班定居英國後，主要為王室和宮廷畫像，在寫實傳真方面又達到了新巔峰，唯表現的氣氛已略顯呆板。1543年，橫掃歐洲的鼠疫奪去了這位年輕大師的生命。

↓《伊拉斯謨斯像》，油畫，小霍爾班作於1523年
畫中的伊拉斯謨斯全神貫注，姿態表情與背景陳設和諧統一，散發出一種安詳文雅的氣息。畫面構圖緊而不亂，選色恰到好處，在日耳曼畫壇獨樹一幟，成為西方最有名的肖像畫之一。

挑戰上帝的文藝復興

【人文歷史百科】

日耳曼文藝復興運動的興起

日耳曼的文藝復興發端於十五世紀，上半期以建築為主，中期以後繪畫為重。日耳曼藝術最具個性化，在藝術創造中極重視情感的抒發。歌德認為日耳曼藝術裡「情感就是一切」，在他們看來沒有情感即非藝術。所以日耳曼的畫家對人物的個性具有敏銳的觀察力和深刻的表現力，他們追求內心的東西，著意於精神氣質的描繪。在肖像畫方面，日耳曼藝術家稱得上是大師。

45

人文主義先驅伊拉斯謨斯

1467年，德西得烏·伊拉斯謨斯在鹿特丹出生。伊拉斯謨斯年少時在一所教會學校就讀，學校的學生都是尚未皈依天主教的年輕人。伊拉斯謨斯在那裡接觸到了人文主義學說，文藝復興大師們提出的口號——「復興被遺忘的希臘、羅馬的古典文化」，深深打動了他。

十七歲時，黑死病在歐洲肆虐，他的父母相繼去世。令伊拉斯謨斯的生活雪上加霜的是，監護人侵吞了他的財產。伊拉斯謨斯最後進入了一家修道院謀生，但修道院的生活令他十分厭倦。於是，他偷偷閱讀古希臘、羅馬的著作，從中獲得了無數樂趣，然這些書都是教會禁止閱讀的。

1493年，伊拉斯謨斯離開修道院，成為了坎布雷主教的祕書。在伊拉斯謨斯的請求下，主教答應讓他前去巴黎深造。1495年，伊拉斯謨斯進入巴黎大學攻讀神學學士學位，在那裡結識了不少人文主義學者。

1499年，應蒙特喬爵士四世的邀請，伊拉斯謨斯前去英國訪問，並結識了理想社會主義者莫爾。莫爾感嘆於他的學識，鼓勵他多研究《聖經》。伊拉斯謨斯於是開始攻讀希臘語，準備對《聖經》進行新的拉丁語翻譯，這把他的研究方向引向了宗教改革。

1506年伊拉斯謨斯赴義大利，因對教會不滿，於1509年返回英國，發表《愚人頌》，強烈指責教會和貴族的腐敗，嘲笑經院哲學家和僧侶們愚昧無知的空談。

1511至1514年，伊拉斯謨斯在劍橋大學任教。1516年他發表《希臘語聖經新約批注》，在糾正教會通用本許多謬誤的同時，還深刻批判了當時的宗教理論，為人文主義者批判天主教的權威地位提供了有力的武器。

1559年，伊拉斯謨斯的全部著作被列為禁書，但這已無法阻擋改革宗教的大趨勢。

宗教畫家康賓

羅伯特·康賓是尼德蘭十四世紀後半葉的宗教畫家，出生於法隆西納。1406年，他在圖爾內

←伊拉斯謨斯的雕像
伊拉斯謨斯是十六世紀初歐洲人文主義運動的代表人物，他知識淵博，忠於教育事業，一生追求個人自由和人格尊嚴。

（今比利時境內）獲得佛蘭芒畫師稱號，以擅長祭壇畫而聞名。

人們對於康賓的生平知之甚少，甚至具體出生年分都有爭議：有人說是1378年，有人說是1379年。但康賓享譽當時的畫壇是眾所公認的，他與范‧艾克兄弟齊名。就是他的弟子也個個不凡，如羅吉爾‧凡‧德‧威登等畫家。

康賓的畫風與范‧艾克兄弟相近，但在人物形象刻畫上顯得更加細膩。康賓的畫有一項突出的特點：他往往忽視近處的事物，但在遠處的道具上精細有加。近處的事物予人模糊之感，而遠處的事物卻反讓人感覺清晰真實。這與人們的視覺定律相背。如祭壇畫《受胎告

←《授乳的聖母》
康賓掌握了尼德蘭細密畫的傳統技藝，但他思考的似乎是一種大和諧，因為他筆下的祭壇畫面總有一種不和諧之感。如《授乳的聖母》，畫面上聖母與耶穌的形象不太協調，但背景上的細節卻無絲毫馬虎。康賓畫上的事物不論遠近，都是可視的，至於焦點視差等似乎不在他的考慮範圍之內。

知》，近處的報喜天使目光游離不定，只顧閱讀聖書的瑪利亞似乎也無動於衷。瑪利亞的衣褶畫得像一塊多褶的硬板，看起來十分僵硬。再看其他細節則出人意料：窗框、壁爐架等道具是那麼細膩、勻整，桌上的蠟燭熄滅後散發出的一縷縷青煙似乎觸手可及，牆上的毛巾架、龕內的吊壺與天頂的護板等都清晰精確。雖然人物的處理有些欠佳，但道具的細節表現得淋漓盡致，使整幅畫的藝術效果異常突出。

油畫的發明者范‧艾克兄弟

范‧艾克兄弟出生在馬斯特里赫特附近的馬塞克，但出生日期不詳。1415年，哥哥胡伯特‧范‧艾克應日耳曼地區根特市市長之邀，前往

↓《受胎告知》，羅伯特‧康賓畫作，紐約大都會美術館藏
這幅畫是羅伯特‧康賓的祭壇畫代表作之一，曾為梅羅德所收藏，因此又稱作「梅羅德祭壇畫」。

挑戰上帝的文藝復興

47

該市的聖貝文教堂創作《根特祭壇畫》，不幸於1426年9月18日去世。弟弟揚·范·艾克接下了他的工作，於1433年創作完成《根特祭壇畫》。《根特祭壇畫》完整展現在世人面前時，范·艾克兄弟的名字立即響徹了尼德蘭和義大利半島。

范·艾克兄弟合作的《根特祭壇畫》取材於《聖經·啓示錄》，爲情節連環畫。畫中人物眾多，但描繪細緻，有條不紊。構圖和色彩沉著寧靜，作品空間的處理和光、色的表現十分出色。畫面以對人和自然的肯定和讚美爲內容，在尼德蘭繪畫史上具有里程碑的意義。

另外，揚·范·艾克在這幅畫上採用了一種新的油色畫法，即使用了含有樹脂的稀釋油。這樣顏色就易於調和，

運筆也更加自如，層層敷設後畫面更加透明鮮亮，表現力十分突出。這種畫法很快傳到了義大利，並被那裡的畫家所採用。從此以後，油畫就在歐洲各地傳播開了。揚·范·艾克是在木板上成功創作出油畫的第一人，在歐洲繪畫史上占有重要地位。

揚·范·艾克於1424年移居佛蘭德爾後同兄長一起工作，因其才華出眾，被勃艮第公爵招爲宮廷畫家。任職期間，他廣招門徒傳授畫藝，還曾到英國、西班牙和葡萄牙進行考察。1428年，揚·范·艾克以外交官的身分商談莫利普公爵和葉賽貝娜的聯姻，並爲葉賽貝娜畫了肖像。後來他定居布魯日，與上層的文藝界人士來往密切，迎來了自己創作生涯的鼎盛期。揚·范·艾克在後期創作了大量的肖像畫，爲近代肖像畫的發展奠定了基礎。1441年7月9日，揚·范·艾克與世長辭。

←《根特祭壇畫》，1432
年范·艾克作品，根
特聖·巴佛大教堂藏

1563年，布勒哲爾與師父庫克・凡・阿爾斯特的女兒結婚，移居布魯塞爾，並在那裡度過了晚年。當時的尼德蘭革命給他帶來了無盡靈感，他的藝術水平也臻於成熟，代表作有《農民婚禮》、《施洗者約翰布道》、《農民舞蹈》和《盲人》等。

「農民畫家」布勒哲爾

1525年，彼得・布勒哲爾在安特衛普東部的一個農家出生。他從事藝術創作後，在作品中大量揭露了異族的入侵和宗教法庭的殘酷，因善於表現尼德蘭農民的生活，被譽為「農民的布勒哲爾」，是歐洲美術史上第一位「農民畫家」。

布勒哲爾早年師從於庫克・凡・阿爾斯特，並從他妻子那裡學到了在細亞麻布上畫水彩的方法。阿爾斯特1550年

【人文歷史百科】

油畫的誕生

尼德蘭地勢低窪，空氣潮濕，而居主流的哥德式教堂窗戶又較多，因此不宜作壁畫。所以，在木板等平面材料上作畫在尼德蘭較為流行。這種畫被稱為「架上畫」，可以移動，在空間較小的地方優勢明顯。因畫面小製作精密，故而形成了細密精緻的畫風。這種細密畫最初採用膠粉畫法，畫家們為追求色彩表現又在膠粉底上罩以油彩，稱之為膠粉油彩畫。後來范・艾克兄弟對使用材料及技法作了改進，油畫便問世了。

去世後，布勒哲爾來到了科克的畫店工作。科克是一位風景畫家，有很高的鑑賞水平。布勒哲爾從此與他長期合作，並在這裡陸續出版了自己的作品。

1551年，已成為安特衛普畫家行會畫師的布勒哲爾，取道法國前往義大利進修。次年抵達義大利南部，來到了巴勒摩。義大利的文藝復興之風讓布勒哲爾受益匪淺，他忘情地從一個地方轉到另一個地方。義大利北部的鄉野和阿爾卑斯山脈豐富了布勒哲爾的畫筆，為他帶來了源源不斷的靈感。他早年的代表作品《風景素描》即是在義大利所作。

1554年春，布勒哲爾踏上歸途，次年開始製作版畫稿，為科克的畫店印行大幅風景組畫。1556年，布勒哲爾借鑑波希的創作技巧，採取幻想和寫實形象相結合的表現方法，創作帶有教育性和諷刺性的人物構圖。他的創作題材多從民間諺語和傳說中選取，主題嚴肅，且富諷刺性，表明了他對社會問題的關心。這類代表作品有《大魚吃小魚》、《狂歡節和四旬齋之間的爭鬥》等。

013.法國的文藝復興

法國文藝復興運動比歐洲其他國家慢了一拍，直到十五世紀中葉才蓬勃發展起來。

法國文藝復興運動的興起

當基督教會的神學及經院哲學主導歐洲時，法國也被壓迫得呼吸困難。隨著商品經濟的發展和資本主義經濟的萌芽，法國新興的中產階級急需擺脫這種束縛。為了尋求更廣闊的生存空間，他們開始在復興古典文化的大旗下傳播自己的理念，提升自我地位。

十五世紀末，法國文藝復興運動崛起。其實早在十五世紀下半葉，已有一些人為復興運動做準備；他們研究古典文化並加以廣泛傳播。十六世紀初，致力於古典作品研究的當代人獲得了輝煌成績，如布戴‧戴塔普爾‧皮埃爾等，他們成為法國第一代人文主義者。

法國的文藝復興運動興起後，義大利對它產生了不可估量的影響。在繪畫、建築、雕刻等藝術領域，法國對義

【人文歷史百科】

法國文藝復興的背景

1453年，英法百年戰爭最後以法國的勝利告終。戰爭的勝利使國王的威信大大提升，各地封侯不敢再輕舉妄動。1494年，法王查理八世率軍入侵義大利，接觸到了當地高度發展的文藝復興文化，史稱「義大利的發現」。從十五世紀末到十六世紀中葉，法國接連不斷地入侵義大利，並長期占領義大利北方大片領土。戰爭儼然成為文化交流的一種媒介，它將義大利文藝復興帶到了法國。

大利是一脈相承的。在文學思想領域，法國吸收外來血液的同時，還形成了自己的人文特色。北歐人文主義學者伊拉斯謨斯和一些義大利人文主義者都曾在法國遊歷、講學，促進了法國人文主義的發展。

在義大利戰爭中，法王和貴族從義大利帶回了大量人文主義作品、藝術珍品和古代作家手稿，深深影響了法國文化藝術界。法國把這些資源與自己的民族傳統文化進行融合，形成了法國自己的人文主義文化。如對古典文化的研究保持了博學的特點，在思想領域繼承和發展了懷疑主義思想，在文學表現手法上長於諷刺等。

▶法蘭西學院
法國人文主義文化的興起引起了基督教會的恐慌，被教會控制的巴黎大學也視它為眼中釘、肉中刺，想盡一切辦法進行扼殺。但進步的人文主義文化得到了王公貴族的支持。如國王法蘭西斯一世，他在1530年成立了以研究希臘語、拉丁語和希伯來語為主的王家學院（後改名為法蘭西學院），成為人文主義學者同巴黎大學對抗的基地。

「偉大的笑匠」拉伯雷

1494年，拉伯雷在法國中部希農城一個富裕的家庭出生。父親的大莊園裝滿了拉伯雷童年的歡笑，但到了十多歲時，父親安排他當上一名修士。

修道院裡死氣沉沉的氛圍令拉伯雷十分厭倦，他開始尋找解脫的方法。當時人文主義思潮已在法國湧動，雖然還未成氣勢，但以一種不可阻擋的姿態發展著。拉伯雷熱心鑽研古希臘、羅馬的作品，研究法語和法律，為人文主義思想吸引。

拉伯雷在學習希臘文期間，還與人文主義學者比代通過信，但被修道院發現。對於古典文化，修道院雖無直接斥責它為異端邪說，但卻禁止學習，學習希臘文也被視為是追求異端學說的舉止。所以修道院對拉伯雷發出了警告，並搜走他所有的相關書籍。

拉伯雷憤然離開了修道院，在普瓦提埃、波爾多、圖盧茲、巴黎等各大城市旅遊，遍訪高等學府。他也遊覽了文藝復興運動的發祥地義大利，拜訪了那裡的許多名人。經過這種方式的學習，拉伯雷在哲學、音韻、考古、天文等許多方面都小有成就。

1530年，拉伯雷到蒙佩里埃大學學醫，次年即開始在里昂行醫。在里昂生活期間，拉伯雷受民間傳奇故事啟發，以化名那西埃寫成《龐大固埃》，於1533年出版，此書成了他日後創作的《巨人傳》第二部。1564年，《巨人傳》全書面世。據說《巨人傳》出版後，兩個月的銷量就超過了《聖經》九年的銷量之和。《巨人傳》鞭撻了法國十六世紀的封建社會，具有濃厚的反封建思想和人文主義色彩。因此，每一部問世均遭追究或查禁。此書還有一個特點就是引人發笑，人人皆可盡情地、無所顧忌地笑，因此拉伯雷被人稱為「偉大的笑匠」。

1553年4月9日，拉伯雷藉著最後一口氣笑著說：「拉幕吧，戲做完了。」然後安詳離世。

←坐落在希農的拉伯雷雕像

挑戰上帝的文藝復興

51

014.西班牙的文藝復興

早期的殖民活動使經濟落後的西班牙成為歐洲舞臺上的重要角色，文藝復興運動也由此獲得了巨大的推動力。

塞凡提斯的潦倒人生

米蓋爾·德·塞凡提斯·薩阿維德拉，西班牙文藝復興時期偉大的現實主義作家。1547年10月9日生於卡斯提爾的阿爾卡拉德埃納雷斯鎮一個沒落貴族家庭，父親是位潦倒終生的外科醫生。而縱觀塞凡提斯的一生，也如他父親一樣。

由於家境貧困，塞凡提斯上學時間很短，然後就隨四處行醫的父親過著顛沛流離的生活，瓦爾亞多利、塞維利亞和馬德里等地都留下了他瘦弱的身影。

1569年，塞凡提斯充當一名紅衣主教的侍從前往義大利，遍遊羅馬、米蘭、威尼斯和那不勒斯等地。1570年，塞凡提斯成為西班牙駐義大利軍隊的士兵，於同年10月參加抗擊土耳其軍隊的勒班多海戰，但不幸身負重傷，左臂終身殘廢。

為了生存，塞凡提斯不得不繼續服役。1572年參加納瓦里諾海戰，1573年參與突尼斯戰役，並隨軍駐防那不勒斯。1575年他奉命回國，途中遭到土耳其海盜襲擊，被擄至阿爾及爾作為奴隸出賣。直到1580年11月，足足做滿五年奴隸的塞凡提斯才被贖回。

回到西班牙後，塞凡提斯開始從事文學創作，首部有影響的作品是田園牧歌體小說《伽拉苔亞》。他還做過一些小官吏，但因缺乏警惕，常常成為貪污案中的犧牲品。1593年在負責採購軍需物資時受人誣陷而被捕入獄；獲釋後改任稅吏，但又因儲存稅款的銀行倒閉再次入獄。塞凡提斯出獄後用十年時間遊遍祖國各地，目睹了社會不公和人民疾苦，為文學創作積累了大量生活素材。

1602年塞凡提斯開始寫作長篇小說《唐吉訶德》，第一卷出版後大獲成功，但不幸仍然伴隨著他。因家門前有人被刺，塞凡提斯涉嫌下獄，爾後為女兒陪嫁事出庭受審。1611年，就在法院責令他賠償十多年前所失稅款時，他的妻子去世。1616年4月23日，患有水腫病的塞凡提斯在馬德里的萊昂街寓所去世。

大俠唐吉訶德

唐吉訶德是位五十多歲的窮鄉紳，因嗜讀騎士小說，腦子裡充滿了冒險的荒唐念頭。他翻箱倒櫃

↑位於西班牙馬德里的唐吉訶德廣場

52

→唐吉訶德的哀愁
藝術上的成功，帶給塞凡提斯巨大聲響，但卻沒能改變他貧困的生活。出版商攫取了這部書的經濟收益，塞凡提斯則像那個被他描繪成面帶愁容、瘦長臉的唐吉訶德。

找出了祖先留下的一副盔甲，隨後跨上家裡那頭皮包骨的瘦馬，決定行俠仗義。他選定一位農村姑娘作爲意中的公主，並帶了一名叫桑丘的農夫隨行，從此開始去各地遊蕩。

在一片平原上，唐吉訶德認爲遠處聳立著的幾架風車是凶惡的巨人，便挺著長矛衝上前去。轉動的風車把唐吉訶德連人帶馬拋到了空中，但唐吉訶德仍然認爲是魔法師把巨人變成了風車。又有一天，主僕二人路見兩隊羊群，唐吉訶德認爲是兩支交戰的大軍，便衝上去攻打邪惡的一方，結果招致牧羊人的一頓石子，被打掉了門牙。還有一次，解差正押著一隊犯人行走，唐吉訶德告訴解差人生來是自由的，應該放掉他們。解差勸他不要生事，唐吉訶德便舉槍把解差打倒，解救了犯人。然後唐吉訶德命令這些犯人向他的公主報告功績，犯人大怒，將主僕二人打翻在地，並奪走了他們的衣服。

在做出了一連串「遊俠」事蹟之後，唐吉訶德被同村人裝扮的「白月騎士」打敗，只好乖乖回家，從此停止遊俠活動。唐吉訶德回家後一病不起，臨終時承認自己不是騎士唐吉訶德，而是善人吉哈諾。

《唐吉訶德》描繪了十六世紀末、十七世紀初西班牙社會的生活畫面，展示了封建統治的黑暗和腐朽，具有鮮明的人文主義傾向，表現出強烈的人道主義精神。它是歐洲最早的長篇現實主義小說之一，享譽世界。

↓唐吉訶德，大衛墨菲 1973年作

【人文歷史百科】

《唐吉訶德》

在《唐吉訶德》這部宏偉的小說裡，有農民、僧侶、理髮匠、牧師、僕從、牧民、囚犯、宮娥、妓女、江湖藝人、伯爵等約七百個人物。它使喜劇和悲劇、滑稽和崇高、可笑和可愛並存於同一人物身上，引發出一種「含淚」而發人深省的笑。

挑戰上帝的文藝復興

015.英國的文藝復興

英國文藝復興運動稍晚於西歐大陸，遲至十六世紀才開始，在十六世紀末至十七世紀初達到高潮，但取得的成就令世人矚目。

姍姍來遲的英國文藝復興

文藝復興運動在歐洲興起時，英國似乎還在沉睡。直到十六世紀牛津大學成為英國人文主義運動的中心，英國才在十六世紀末至十七世紀初達到此運動的高潮。牛津大學成立了一個著名的人文主義小組，宗師伊拉斯謨斯，初期研讀的主要是但丁、佩脫拉克、薄伽丘的作品。

約翰‧科雷特是牛津大學人文主義小組的核心人物，曾遊覽過義大利，學過希臘文、法律學和教皇的論述。他利用這些知識傳播人文主義思想，並在校內創辦了「保羅書簡」專題講座的課程。自1496年起，「保羅書簡」一直持續了六年，震驚英國學術界。科雷特從文獻學、語言學的角度深入講解聖書，而不僅僅局限於對字義、語法的解釋，使人們對「保羅書簡」有了一個全新的認識。

1508年，科雷特利用父親的遺產創辦了「聖保羅中等學校」，那裡成了他傳播人文主義思想的樂園和宗教改革的實驗天地。他可以無拘無束地演講，學生也可隨意發表自己的想法，甚至商討宗教改革的具體計畫。不用在意教會的脅迫，因為這所學校完全不受教會控制。

英國文藝復興雖然起步較晚，但極具特色。英國擊敗西班牙贏得海上霸權後，積極開拓海外市場與殖民地，達成資本主義的初步擴張。另外，英國的文藝復興還與宗教改革同步，它與教派鬥爭及都鐸王朝的主權之爭緊密相連。因此，英國文藝復興運動為資本主義的早期成長及宗教、政治鬥爭提供了強大的思想武器。

「英國詩歌之父」喬叟

大約在1340年，傑弗利‧喬叟出生在倫敦一個富裕的家庭裡。他的父親是倫敦聲名顯赫的酒商兼國王副司膳，這使喬叟在早年接受了良好的教育。喬叟精通多種語言，英語、法語、拉丁語、義大利語等都很出色。他是英國民族文學的奠基人，也是文

↑牛津大學校園

喬叟的詩篇

十四世紀下半期的英國，城市繁榮，商品經濟發達，市民階級成為社會中一支重要的力量。喬叟以人文主義觀點反映新的歷史潮流和趨勢，描繪了一幅幅十四世紀英國社會生活，刻畫出資本主義萌芽時期各階層人物的思想面貌。喬叟的詩篇富有喜劇性質，幽默和諷刺無處不在。他採用倫敦方言創作，奠定了英國文學語言的基礎。

↑西敏寺教堂，油畫
1380年代的喬叟命運多舛。1385年被任命為肯特郡治安官，次年以騎士身分出席議會；但理查二世在國內政變中被推翻後，喬叟的生活陷入了困境。1389年理查二世復位後，喬叟又受重用，被任命為皇家建築工程主事，負責維修倫敦塔和西敏寺教堂。西敏寺教堂是英國名人的聖殿，許多著名的科學家、政治家和詩人都葬於此。

藝復興時期活躍於文壇的一員驍將。在英國文學史上，喬叟被譽為「英國詩歌之父」。

1357年，喬叟的名字首次見於記載。當時他在宮廷裡當侍從，並接受宮廷式教育。後來他還擔任外交官和行政長官等職務，受到歷代英王的信任，愛德華三世、理查二世和亨利四世都對他尊敬有加。

1359年，喬叟隨愛德華三世遠征法國，但不幸被俘，國王花重金才將他贖回。1366年，與愛德華三世王后的侍女菲麗巴・羅埃特結婚。1369年左右完成了第一篇詩歌創作《公爵夫人之書》。這篇長詩達一千三百餘行，深受法國詩歌的影響，並有古羅馬詩人奧維德的風格，但還未形成喬叟自己的特色。

1370年代，喬叟接觸到了但丁、佩脫拉克和薄伽丘的作品，這些人文主義大師的思想深深地影響了他。喬叟這一時期的重要作品是《聲譽之堂》，此詩篇長達兩千多行，初具成熟時期作品的風格。

此後眾多名作如《百鳥會議》、《賢婦傳說》、《特洛伊羅斯與克麗西達》以及《坎特伯里故事集》等相繼完成。喬叟運用純淨的倫敦方言，並引進義大利和法國詩歌的形式，大大提高了英國詩歌的表現力。

1400年10月，喬叟與世長辭，遺體安放在他曾經負責維修的西敏寺教堂。

55

↑《坎特伯里故事集》中的插圖

016.理想社會主義者莫爾

莫爾是英國理想社會主義者，歐洲早期理想社會主義學說的創始人，憑《烏托邦》一書名垂青史。

堅守信仰的莫爾

1535年7月7日，倫敦橋上的大霧還未散去，一名士兵將一顆鮮血淋漓的頭顱掛在橋頭上。見慣這般場面的英國紳士仍大吃一驚，因為這是英王之下最顯要的人物——湯瑪斯·莫爾。

↑莫爾的肖像，小霍爾班約作於1527年，紐約福瑞克收藏館藏

1478年2月7日，莫爾出生於倫敦一個律師家庭裡。十三歲時莫爾到坎特伯里大主教、大法官莫頓家中作少年侍衛，十四歲入牛津大學，攻讀拉丁文和形式邏輯，後遵從父命改學法律，並於1496年2月進入林肯法律協會，五年後（1501）成為外席律師。

莫爾在律師界聲譽甚隆，在1502年出任倫敦市副執政官，兩年後當選為下議院議員。莫爾當上議員後依然保持秉公行事的作風，因得罪國王亨利七世被迫返回律師界。

1509年亨利八世即位後，莫爾迎來了政治上的春天。1529年莫爾當選為英王之下最顯要的人物——大法官。國王約他一同進餐，並與他一起研討學術問題。

但莫爾並未因為國王的推崇而違背自己的思想，耿直的莫爾與亨利八世之間終於出現了裂痕。亨利八世最初是反對宗教改革主張的，莫爾與其觀點一致，並幫助他撰寫了《保衛七項聖禮》的小冊子。後來亨利八世突然改變態度，支持宗教改革，並決定與現任皇后凱薩琳離婚。當時的宗教（羅馬天主教）是不允許國王私自離婚的。莫爾感到十分難過，他依舊篤信天主教，反對宗教改革。

→莫爾與妻子道別
亨利八世因欣賞莫爾的才學，把他召入宮廷。莫爾於1518年任樞密院顧問官和請願法庭法官，1521年擔任副財務大臣，1523年當選為下議院議長，1525年受命為蘭開斯特公爵領地大臣，1529年任英國大法官，成為英王之下最顯要的人物。然而就在莫爾政壇的事業正如日中天時，亨利八世又把他送上了斷頭臺。

1532年5月莫爾辭職，更在翌年拒絕參加亨利八世與安娜·波琳的婚禮。1534年，莫爾因拒絕承認《至尊法案》而被關進了倫敦塔。1535年7月7日，身背叛國罪名的莫爾被送上了斷頭臺。

精神家園《烏托邦》

莫爾的代表作是《烏托邦》，它闡述了理想社會主義的基本思想，是莫爾出使歐洲期間用拉丁語寫成的，於1516年出版。《烏托邦》共分兩部分，它虛構了某個航海家航行到一個奇鄉異國烏托邦的旅行見聞。「烏托邦」即「烏有之鄉」，是虛構、不存在的，首次被作者用來作為理想國家的代名詞。

在「烏托邦」中，人人平等，無論在經濟還是在政治方面，每個人都擁有相同的權力。這裡實行財產公有制，公民沒有私有財產，社會實行的是按需要分配的原則。人們的生活方式也很獨特，他們工作時穿統一的服裝，每人輪流到農村勞動兩年，每天只需工作六個小時就足夠。其餘的時間用來嬉鬧或研究學術，做自己想做的一切事情。公民都在公共餐廳裡就餐，每十年調換一次住房。這裡沒有商品貨幣體系，因此不會滋生腐敗，不會刺激官吏的貪欲。這裡的官吏乃是由投票選舉產生的，且不能世襲，以維護大眾的權利。

在《烏托邦》裡，莫爾將私有制視為萬惡之源。他指責私有制使「一切最好的東西都落到最壞的人手中，而其餘的人都窮困不堪」。因此「唯有完全廢除私有制，財富才得以平均公正的分配，人類才能有福利。」莫爾在世界史上首次提出理想社會主義的某些基本思想。

莫爾對「烏托邦」的讚美，實際上是對現實社會的批判。《烏托邦》揭露並抨擊了圈地運動所導致的「羊吃人」的不合理社會現象：「……不讓任何人在莊園上耕種，把整片地化作牧場，房屋城鎮都給毀掉了，只留下教堂當作羊圈……」。莫爾雖然批判了封建專制和財富分配不公帶給人民的苦難，但無法指出實現理想制度的真正途徑，因此僅能藉由「烏托邦」來寄託自己的夢想。

【人文歷史百科】

湯瑪斯·莫爾與國王的矛盾

當莫爾與亨利八世就宗教改革問題而產生分歧時，莫爾仍為大法官，在公開場合依舊以國王代言人的身分出現，但他深知自己和國王的矛盾是無法調和的。1530年英格蘭的貴族和高級教士聯名寫信給教皇，要求教皇宣布亨利八世與凱薩琳的婚姻無效之時，莫爾未在信上簽名。莫爾因堅持信仰，最後辭去大法官職位，並因此獻出了生命。

挑戰上帝的文藝復興

花衣小丑

↑莎士比亞像

在英國中部的瓦立克郡艾汶河畔,有個名叫史特拉福的小鎮。1564年4月23日,這個寧靜的小鎮降生了一個嬰兒,名叫威廉·莎士比亞。蘇聯作家柯切托夫後來曾這樣描述他:「有一個人出生、成長、謝世並被安葬在這裡。他的作品三個半世紀以來,一直激蕩著生活在這個星球上之人們的心靈與智慧。」

莎士比亞的父親叫約翰·莎士比亞,是經營羊毛、皮革製造及穀物生意的雜貨商,後來從政,並在1568年走到了仕途的頂點——當選爲市政委員執行官。

莎士比亞出生時家境不錯,因此受到了良好的教育。他七歲時進入了當地的聖十字文法學校,學習拉丁語、文學和修辭學。但不幸家道中落,1579年莎士比亞的父親由於債務纏身,不得不把妻子繼承的農莊抵押出賣。1582年,在家協助父親做生意的莎士比亞與大他八歲的鄰鄉姑娘結婚。當莎士比亞二十二歲時,即1586年,他的父親從市參議名冊上被除名。莎士比

・莎士比亞的故居

亞的家境一落千丈，爲了謀生，莎士比亞遂於次年前往倫敦。

初到倫敦的莎士比亞生活艱難，最初在一家劇院的門口當馬夫，專門侍候騎馬前來看戲的富人。據當時的演員相傳，莎士比亞初進劇團時地位很低微，後來當上了「雇傭演員」，通常扮演配角，充當一些臺詞不多的角色。因劇院需要經常變換節目，迫切需要劇本，莎士比亞在劇本編寫方面的天賦才逐漸顯露出來。莎士比亞後來也曾說過：「我確曾到處奔波，扮作花衣小丑供人開心。」

↑聖三一教堂
位於史特拉福鎮，莎士比亞長眠的地方。

新抖起來的烏鴉

1592年3月3日，倫敦玫瑰劇院開始上演莎士比亞編寫的《亨利六世》。同年，英國著名的劇作家羅伯特·格林曾撰文告誡劇作家們：「要提防那些改編他人劇本的演員，不要相信他們；其中有一隻新抖起來的烏鴉，用我們的羽毛裝扮自己，用一張演員皮包起他的虎狼之心。」羅伯特·格林文中的那隻「烏鴉」指的就是莎士比亞，不知他與莎士比亞結下了什麼恩怨，也許只是出於嫉妒的惡意攻擊，但藉此我們可以判斷當時莎翁已在戲劇上獲得了不小成就。

莎士比亞時代，尋找貴族充當庇護人是當時的社會風氣。爲了得到舉薦，莎士比亞曾寫了一首長詩呈獻給他的庇護人，同時附上了一封信：

「鈞座大人臺鑒：不揣冒昧，將拙詩呈奉閣下，選擇堅固如此之柱石以支撐脆弱如彼之贅物，不知天下人將如何罪我。若鈞座稍感快慰，我實大受獎賜，誓用餘暇以更佳勞作敬奉左右。但若創作之嘗試確屬畸形，我將因其有如此高貴之教父而深感遺憾，此後將永不耕種如此貧瘠之土地，深恐依然歉收之故也。請鈞座加以審處，並願大人心情愉快。我之心願將永遠符合大人心願及天下人之厚望。」

這封信對庇護人有溢美之詞，但對自身創作也滿具信心。莎士比亞得到庇護人的支持後，才華更得以充分發揮。1594年，莎士比亞在宮內大臣劇團工作。他的劇團除在天鵝劇場、環球劇場演出外，也到宮廷演出，夏季或瘟疫流行期間則到外省演出。後來莎士比亞得到伯爵的幫助，替父親申請並獲得了家徽，莎氏一家成爲世襲的鄉紳。

1597年莎士比亞在斯特拉福購置了房產，1599年成爲環球劇場擁有十分之一股分的股東。1610年莎士比亞賣出持

挑戰上帝的文藝復興

股，回鄉隱居，和女兒蘇珊娜和裘迪絲居住在一起，但仍給劇團編寫劇本。1616年4月23日，莎士比亞在家鄉病逝，葬於鎮上的聖三一教堂。

不朽之作

1623年，即莎士比亞去世七年後，曾與他共事的演員海明和康得爾收集其遺作，對其中的劇目按喜劇、歷史劇和悲劇三類進行編排，出版了第一部莎士比亞戲劇集。一般來說，莎士比亞的戲劇創作可分以下三個時期：第一時期（1590～1600）以歷史劇、喜劇為主；第二時期（1601～1607）以悲劇為主；第三時期（1608～1613）以神話劇（傳奇劇）為主。

莎士比亞創作的第一個時期為伊麗莎白女王統治時期，當時的英國經濟繁榮、社會安定，為文學發展提供了良好氛圍。此時期的代表作有《威尼斯商人》、《亨利四世》、《羅密歐與茱麗葉》等。這些作品有以愛情、友誼為主題的，也有以英國歷史上百餘年的動亂為題材的，莎士比亞對人文主義思想進行歌頌的同時，還洋溢著強烈的愛國主義熱情。

莎士比亞創作的第二個時期正值英國新舊王朝交替。四大悲劇《哈姆雷特》、《奧賽羅》、《李爾王》、《馬克白》表現了人文主義思想和現實之間不可調和的矛盾，充滿了時代悲劇性。儘管《終成眷屬》、《一報還一報》等仍可稱為「喜劇」，但背信棄義、爾虞我詐的罪惡也充斥在劇中，使其成為了「陰暗的喜劇」。

到了第三個時期時，莎士比亞感覺到自己的思想與現實之間的差距越來越遠，但沉重的社會責任感促使他不斷尋找實現理想的途徑。在《佩里克里斯》、《辛白林》、《冬天的故事》中，儘管作者仍然堅持人文主義思想、揭露現實的黑暗，但解決矛盾的方法已轉變為機緣巧合、魔法、幻想等偶然事件。

↑《羅密歐與茱麗葉》，油畫，布朗·福特麥道斯
1870年作品，伯明罕美術館藏

世界文學史上的豐碑

詩人亞歷山大·蒲伯在1725年出版的莎士比亞作品集的前言中寫下了這樣一句話：「他的心向著民眾。」這或許能反映出莎劇的魅力所在。

莎士比亞以人文主義爲思想武器，宣揚人的價值，讚美人的理性和力量，對現實中的黑暗進行了深刻的批判。莎劇最突出的特徵就是現實主義與浪漫主義融爲一體，閃爍著人文主義理想的光輝，而又不失社會現實的廣度和深度。

莎士比亞亦是一位善於繼承與革新的劇作家，經常對一些材料進行「點石成金」的改造。在人物塑造方面，莎劇爲我們建造了一個由近七百個人物組成的畫廊。莎士比亞塑造這些人物時從現實生活出發，使他們的形象鮮明飽滿，如耳熟能詳的鮑西婭、馬克白、羅密歐、茱麗葉、哈姆雷特、奧賽羅、李爾王等。

【人文歷史百科】

莎劇的語言特色

莎士比亞一生共寫了兩部長篇敘事詩，三十七個劇本，一百五十四首十四行詩和一些雜詩。莎士比亞駕馭語言的能力十分高超，莎氏語言豐富了人物形象，而劇中人物也展示了他語言的魅力。其中既有雍容典雅的上流社會語言，也有生動活潑的市井俚語；既有深奧的哲理性獨白，也有尖刻的俏皮話。文學語言和民間語言讓他巧妙地融合在一起，許多經典句子都成爲了英語世界中的格言。

從十七世紀開始，莎士比亞的戲劇相繼傳入日耳曼、法、義、俄、北歐等國，然後傳至美國乃至世界各地。浪漫派詩人歌德曾把莎士比亞比作「最美麗山峰上的明星」。1771年10月4日，歌德在法蘭克福舉行的莎士比亞命名日紀念會上演講說：「初次讀到莎翁著作的第一頁後，我的一生都屬於他了。當讀完他的第一部劇本時，彷彿像是個生來盲目的人，由於神手一指而突然獲見天光。」莎劇對各國戲劇發展產生了深遠的影響，並已成爲世界文化交流的重要紐帶。而莎士比亞本人亦如同莎劇一樣成爲不朽的傳奇。

挑戰上帝的文藝復興

← 皇家莎士比亞劇院

皇家莎士比亞劇院坐落在莎士比亞的故鄉艾汶河畔的史特拉福鎮，1879年在莎士比亞誕展開張首演。1926年毀於火災，1932年重建。觀衆廳呈扇形，樓高三層，可容觀衆千人。鏡框臺口寬9.1公尺，高8.1公尺，主臺深13.8公尺，寬16.8公尺，高19.8公尺。1976年的改建中，大抵拋棄了鏡框臺口的結構。1986年在後臺旁又建起新天鵝劇場，仿十六世紀伊麗莎白時代劇場的純木結構形制。

61

018.近代自然科學的興起

科學是人類歷史的重要生產力，它推動了社會的發展和人類的進步。

科學發展史上的偉大革命

隨著資本主義的出現和發展，手工工廠得到了飛速發展，勞動生產力顯著提高，不僅推動了技術的進步，同時也帶動了自然科學的發展。人們在生產過程中累積了大量寶貴的經驗，為科學的發展提供了充足的素材和依據。科學家在解決新技術應用所帶來的問題時，也促進了相關科學的發展。

↑1672年的溫度測量儀器

↑1684年的溫度測量儀器

另一方面，新航路的開闢為動物學、植物學、氣象學、天文學、地理學等的發展，提供了豐富的素材。麥哲倫環球航行的完成，不僅證實了地圓學說的正確性，也使人們逐漸擺脫傳統教會的荒謬偏見，開始正視大自然，這些都大大推動了自然科學的發展。

隨著生產的進步和科學的發展，新發明的工具越來越多，它拓寬了人們的視野。十七世紀初天文望遠鏡和顯微鏡出現，遙遠的天體一一被發現，微觀世界也漸進入人類的視野。十七世紀中葉，濕度計、水銀氣壓計等的發明，提供了進一步實驗和研究的條件。造紙術和印刷術的廣泛應用，更加快了知識的傳播速度。

近代自然科學在和教會的抗爭中逐漸發展壯大。宗教世界觀逐漸瓦解，人們逐漸認識到世界由物質所構成，而物質有自身的規律。科學家開始用觀察和實驗的方法探究自然規律，同時又十分重視對理論和規律的應用。

自然科學在文藝復興晚期得到前所未有的發展，它是文藝復興的重要內容與成就，更是人類科學發展史上的偉大革命。

早期的科學機構

十六至十八世紀近代自然科學迅速發展，科學巨匠不斷湧現，科學發明碩果累累。這一切的成就與西歐科學機構的建立是分不開的。

義大利是文藝復興運動的搖籃，也是近代自然科學發展的沃土。1560年，波爾塔創立「自然祕密研究會」，這是歷史上第一個自然科學的學術組織。但該研究會成立不久就被教會以「巫術團體」的罪名取締。波爾塔在一位貴族的資助下，1603年又在羅馬成立了「林琴學會」，伽利略也成為該學會的院士。另外，伽利略的學生托里拆利和衛維恩尼在梅迪奇家族的贊助下，1657年在佛羅倫斯成立了齊曼托學院。

↑ 自然哲學家工作的場景

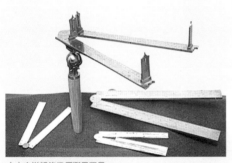

↑ 十六世紀的幾何測量工具

受培根思想的影響，建立一個科學殿堂成為英國實驗科學家共同的夢想。1640年代在約翰・威爾金斯的倡導下，一個學術團體自發組織起來，他們自稱「哲學學會」。內戰爆發後，學會的會員

威爾金斯、波義爾、雷恩等先後來到倫敦。1660年11月，著名建築師雷恩在格雷山姆學院組織召開會議，倡議建立一個新學院，以促進科學的發展。1662年查理二世批准成立皇家學會，並授命近臣布隆克爾勳爵擔任會長。

法國的科學家起初也是自發聚會，討論有關科學的問題。後來，近臣科爾培爾向路易十四建議成立科學團體來為國家服務，於是，巴黎科學院在1666年建成了。1672年，隸屬於巴黎科學院的巴黎天文臺建成，為天文學家提供了觀察和研究的場所。

德國著名哲學家、數學家萊布尼茲很早就構想建立一個科學機構。後來在自己的外交生涯中，萊布尼茲實地考察了英國皇家學會和巴黎科學院，進一步完善了他的構想。1700年柏林科學院正式成立，萊布尼茲出任院長。學院不僅研究數學物理，還研究德語和文學。

近代科學的形成與發展

63

《天體運行論》可說是「自然科學的獨立宣言」，劃破了人們長久以來的宇宙觀，進入另一番視野。

四十年的仰天觀察

在蒙昧的中世紀，人們對星空的真實面目渾然未知，他們根據想像編造一些美妙的故事來愉悅自己。傳說中的一切都是那麼美麗，教會和統治者用許多動人故事來矇騙無知的人們，他們在美好的暢想中安貧度日。直到某天，一把「利劍」刺向雲天，人類身處宇宙的面貌逐漸明朗。那就是「太陽中心說」的出現。

自然科學的發展以天文學革命為開端，尤以哥白尼的「太陽中心論」為標誌。此學說提出以後，教會的一些荒謬說法不攻自破，教會對人們的思想控制逐漸瓦解。

中世紀最流行的觀點是古希臘天文學家托勒密提出的「地球中心說」，他認為地球是不動的，是宇宙的中心，而太陽、月亮及其他星球皆圍繞地球旋轉。儘管有些天文學家發現這不能完滿解釋天象，但地心說恰巧與上帝造人等神話相吻合，因而成為中世紀教會的柱石，否認此學說就等於反對教會權威，所以沒人敢公開提出異議。

隨著航海事業的發展及對星空觀察的深入，托勒密的「地球中心說」漸漸失去了立腳之地。日耳曼地區的喬治·普爾巴赫及約翰·繆勒等人進行了實際觀察，進一步研究古代天文學家的著述，累積了大量的資料，為哥白尼的學說奠定基礎。五世紀非洲天文學家馬蒂安努·卡培拉也曾提出過不少獨到的見解。直到十六世紀，波蘭天文學家哥白尼經過四十年的研究，在分析大量古代的資料和長期觀測的基礎上，才於1543年臨終前出版了《天體運行論》一書，開創「太陽中心說」，推翻了「地球中心說」。

←正在進行實驗的哥白尼

哥白尼的「太陽中心論」衝破了中世紀的神學教條，徹底改變了人們的宇宙觀念，引爆了自然科學的一場大革命。天文學也因此率先跨進了近代科學的大門。

↑托勒密的地心體系

畢生的心血

1473年2月19日，哥白尼出生在波蘭托倫城的一個商人家庭。十歲那年，父親去世，由舅父撫養長大。哥白尼十八歲時進入克拉科夫大學學習。當時的克拉科夫是波蘭的首都，也是歐洲著名的文化中心。年輕的哥白尼在此學習豐富的基礎知識，掌握了希臘語、義大利語和拉丁語，同時大量搜集閱讀有關天文學的書籍，為他往後的研究發展奠定了基礎。

1496年，哥白尼在舅父的安排下前往義大利留學，先後在博洛尼亞大學、帕多瓦大學和費拉拉大學學習教會法規、法律和醫學。在義大利求學期間，曾師從天文學教授諾瓦拉。諾瓦拉深通古希臘著作，極讚賞畢達哥拉斯學派的宇宙和諧觀念，給予哥白尼深刻的影響。

哥白尼三十歲時返回故鄉波蘭，在當時已任大主教的舅父身邊當助手，但他主要的精力仍放在天文學研究上。1510年前後，哥白尼著手撰寫《天體運行論》，歷約二十年才完成了這部書的手稿。他大膽提出自己的觀點：太陽是宇宙的中心，所有行星都圍繞太陽運轉；地球不是宇宙的中心，而是繞太陽運轉的一顆普通行星。

哥白尼知道《天體運行論》一旦發表，必會招致教會的反對，他躊躇了多年，才下決心拿去印刷。1543年5月24日，在病榻上躺了一年多的哥白尼終於看見了傾注了自己一生心血的巨著。醫生把書放到哥白尼手上，哥白尼用手摸了摸書的封面，便安然離世。

哥白尼的太陽中心體系
「太陽中心論」又被稱為「日心地動說」。早在西元前三世紀，古希臘學者阿里斯塔克便提出過太陽位於宇宙的中心，與恆星一樣靜止不動，地球繞太陽運動，同時繞軸自轉的學說。但阿里斯塔克的學說並未得到重視，亦未能得到進一步發展。

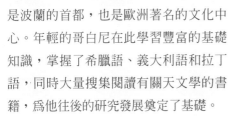

近代科學的形成與發展

↑ 哥白尼的雕像

不斷完善的科學

【人文歷史百科】

哥白尼的學說後來經證明是不完善的。他把太陽視為宇宙的中心，並沿用行星在圓形軌道上均速運動的舊觀念。哥白尼之後，義大利的布魯諾認為太陽並非宇宙的中心，大膽提出了宇宙無限且不存在中心的見解。後來德國的克卜勒徹底拋棄了托勒密地心體系，明確指出行星的運動軌道是橢圓形的，而太陽位於橢圓的一個焦點上，解決了行星運動速度不均的問題。

為真理獻身的布魯諾

西元1600年，羅馬宗教裁判所陰暗、潮濕的囚房裡，幾個穿著長袍、戴著高帽子的人圍在一個垂死的人面前。這個人被捆在板凳上，頭髮又長又髒，衣服已被撕成了碎片——他就是喬爾丹諾‧布魯諾。在布魯諾的腳下放著一口鍋，鍋裡是沸騰的油。穿黑長袍的一人彎腰舀了瓢滾燙的油，獰笑著澆在布魯諾的腳上。布魯諾抽搐了一下，發出了低微的呻吟聲。

「他在說什麼？」穿著紅色長袍的人問道。「他說即使高加索山上的冰川，也不能夠冷卻他心頭的火焰。」另一人答道。「真是跟魔鬼一樣頑固的人！」紅衣人詛咒著，手在胸前比劃了幾下，喃喃道：「主啊，讓他扔掉那些可怕的思想吧。」

布魯諾於1548年出生在義大利那不勒斯附近的一個小鎮上。年少時，哥白尼的《天體運行論》深深吸引他，他因此而寫了一篇短文《諾亞方舟》，公然向羅馬教廷發出挑戰。他立即遭控為「異端」，被迫逃離家園。但這並不影響布魯諾對自己理論的堅持：「宇宙是無限的，沒有一個絕對的中心。」他甚至借流亡之機把這個理論傳遍了歐洲各地。

一天，布魯諾的老友莫切尼正在自己的莊園裡陪妻子聊天，樞密官別爾良突然來訪，要求與莫切尼單獨談談。

別爾良低語數聲後，莫切尼顫抖著說：「我不能那樣做，更不能出賣朋友。」

「既然如此，這個美麗的莊園就只能換主人或者變成一堆廢墟，而那林蔭盡頭的青藤上掛著的也不再是花，而是您或夫人的頭……」別爾良用一種異常平靜的語調回答道。

1591年2月，布魯諾接到莫切尼的信。這個貴族熱情邀請布魯諾回去，並且承諾保證他的安全。然當眷戀著祖國的布魯諾踏上故鄉土地時，立即被關進了監獄。

←布魯諾的雕像

1600年4月17日，羅馬教廷以傳播「異端」罪名，將布魯諾燒死在羅馬的鮮花廣場上。被火焰吞沒的布魯諾留下了最後一句話：「火焰不能征服我，未來的世界會瞭解我。」

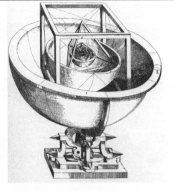

「天空的立法者」克卜勒

1630年11月，時值嚴冬，一位衣著單薄的老人步履蹣跚地走在去雷根斯堡的路上。到達目的地後，老人病倒了。他摸了摸口袋裡僅剩的幾塊硬幣，找了一家最差的客棧住了下來。1630年11月15日，當客棧裡的夥計打掃房間時，發現老人已病死在房間裡。這位命運悲慘的老人，即是被後人譽為「天空立法者」的克卜勒。

1571年12月27日，克卜勒出生於日耳曼地區的魏爾。祖父曾任魏爾市市長，父親多次參加外國雇傭軍，於1588年棄家一去不返。克卜勒是個早產兒，從小體弱多病，還患有高度的近視。但病魔沒有擊倒克卜勒，他變得更加頑強。1587年克卜勒進入蒂賓根大學學習，在學校中他認識了祕密宣傳哥白尼學說的教授麥斯特林。在教授的影響下，克卜勒立刻成為哥白尼學說的崇拜者。

火星軌道是克卜勒研究天體運動的起點。克卜勒先後發現了第一定律——「火星沿著橢圓軌道繞太陽運行，太陽處於焦點之一的位置」和第二定律——「行星和太陽的連線在相等的時間內掃過相等的面積」，並指出這兩條定律同樣適用於其他行星和月球的運動。

1612年，克卜勒的保護人魯道夫二世被迫退位，克卜勒也因此自布拉格被放逐，到奧地利的林茨擔任地方數學家，這段期間他發現了行星運動的第三條定律。

因為得不到支持，克卜勒的研究經費短缺，生活也漸漸陷入困境。當時的神聖羅馬帝國皇室揮霍無度，長期拖欠克卜勒的工資。1630年，波希米亞的斐迪南三世在雷根斯堡召開選侯會議。將

近代科學的形成與發展

←風華正茂的克卜勒
1600年克卜勒到布拉格拜訪第谷，不久攜全家前往，他成了第谷的助手和合作者。翌年10月第谷去世，他繼任第谷皇家數學家的職務。1604年他觀測發現了出現在蛇夫座的一顆新星，此星現在被命名為「克卜勒新星」。

67

近六十歲的克卜勒趕往那裡索要工資，不幸病死在客棧裡。

「天空的哥倫布」伽利略

　　1564年2月15日，科學史上的巨星伽利略在比薩出生。伽利略十歲那年，全家遷往佛羅倫斯，十七歲時遵照父命進入比薩大學學醫。在大學裡，伽利略對歐幾里得幾何學和阿基米德靜力學產生了濃厚的興趣。1585年伽利略因家境貧困而退學，做了家庭教師，但仍堅持自學。

　　1589年，小有名氣的伽利略受聘比薩大學，講授幾何學與天文學。當時比薩大學使用的教材均是由亞里斯多德學派的學者所撰寫，充滿了神學教條。伽

↑伽利略製造的望遠鏡

利略對此表達強烈不滿，並因此受到該學派的排擠。1592年，伽利略離開比薩大學前往帕多瓦大學任教。遠離羅馬的帕多瓦屬威尼斯公國，學術思想較為自由，這給了伽利略足夠的發展空間。

　　1609年7月，伽利略聽說荷蘭一個眼鏡工人發明了供人玩賞的望遠鏡。他雖未見過實物，但在思考了幾天之後，竟用風琴管和凸、凹透鏡製成了一架倍率為三的望遠鏡。參議員受邀到樓頂用它觀看遠景，無不大開眼界。不久，伽利略又神奇地將倍率提高到三十三倍。

　　伽利略用自製的望遠鏡揭開了宇宙的神祕面紗：無數的星體聚成銀河；水星的周圍有四顆衛星；金星也有圓缺；太陽有斑點，斑點的移動說明太陽的自轉，週期為二十八天；月亮上也有高山和深谷。伽利略的這些發現與「聖經」裡描述的情況有天壤之別，揭穿了教會的說法，同時也予以哥白尼學說有力的支援，開闢了天文學的新天地。

←比薩斜塔
據傳1590年伽利略在比薩斜塔上做過自由落體實驗，推翻了亞里斯多德所提不同重量的落體速度不同的理論。雖然許多學者對此傳說不置可否，比薩斜塔卻因此名揚世界，各地遊客紛至遝來，爭相一睹斜塔風采。

1610年3月，伽利略出版了《星際使者》一書，震撼了全歐洲。人們稱「哥倫布發現了新大陸，伽利略發現了新宇宙」。因此，伽利略被譽為「天空的哥倫布」。

←《伽利略的半身像》
伽利略是近代自然科學之父，他為牛頓理論體系奠定了基礎，使科學從中古歐洲受亞里斯多德思想支配的經院哲學中徹底解脫出來。

出書受審

1610年春，伽利略辭去大學教師的職務，接受托斯卡尼大公的邀請，擔任宮廷首席數學家和哲學家。在此期間，伽利略觀察到了太陽黑子及其運動，論證了它確實存在於太陽表面。1613年，伽利略發表了三篇有關太陽黑子問題的通信稿。1615年，教會中的敵人聯合起來攻擊伽利略，控告他在為哥白尼學說辯護。次年教皇保羅五世下達「禁令」，禁止他以口頭或文字的形式傳授或捍衛太陽中心論。

此後，伽利略花費六年時間完成《關於托勒密和哥白尼兩大世界體系對話》一書，但直到1630年才取得了該書的「出版許可證」。該書表面上保持中立，但實際上仍在為哥白尼的學說辯護，出版六個月後就被羅馬教廷封禁。

1632年底，教皇烏爾班八世命令伽利略到羅馬宗教裁判所受審。此時的伽利略已是病魔纏身，醫院開出的證明是「病重，若從佛羅倫斯到羅馬很有可能病逝途中」。但教廷棄之不顧，發出命令：「將他抓起來，鎖上鐵鏈，押到羅馬。」

寒冬時節，年近七旬的伽利略被迫帶病前往羅馬受審。1633年6月22日在聖馬利亞修道院的大廳上，十名主教聯席宣判伽利略違背《1616年禁令》和聖經教義。他們強迫伽利略跪在冰冷的石板上，在寫好的「悔過書」上簽字。伽利略被判處終身監禁，因他體弱多病又改為在家軟禁。

軟禁期間，伽利略將自己最成熟的科學思想和科學研究成果撰寫成《關於兩門新科學的對話與數學對話集》，由友人攜至荷蘭萊頓出版。臨終前一年，伽利略雙目失明。1642年1月8日伽利略病逝，一百年後他的遺骨才遷到家鄉的比薩大教堂。

【人文歷史百科】
伽利略為何在「悔過書」上簽字？
伽利略是勤奮的科學家，深信科學家的任務是探索自然規律；但同時又是虔誠的教徒，相信教會有管理人們靈魂的職能。所以受審之前他不想逃脫，受審之時也不公開反抗，而是始終如一地服從。另外，布魯諾被活活燒死，康帕內拉被長期囚禁，也在某種程度上影響了伽利略。

近代科學的形成與發展

021.唯物主義哲學家培根

弗蘭西斯·培根，可謂英國唯物主義和整個現代實驗科學的真正始祖。

跌宕起伏的宦海生涯

1561年1月22日，弗蘭西斯·培根出生於倫敦新貴族家庭。父親尼古拉·培根是伊麗莎白女王的掌璽大臣，畢業於劍橋大學法律系；母親安妮是位才女，熟稔希臘文和拉丁文，信仰喀爾文教。良好的家教使培根在各方面都表現出色，十二歲時即被送入劍橋大學深造。在校期間，他對當時教會奉爲圭臬的亞氏哲學深爲不滿，認爲它流於空論，對人生無所實益。

1576年，培根到巴黎任英國駐法大使隨員。1579年父親突然病逝，培根無憂無慮的生活宣告結束；回國奔喪完畢後，他住進了葛萊法學院攻讀法律，同時四處求職謀生。1582年，培根取得律師資格，兩年後當選爲國會議員。1589年，培根成爲法院候缺的書記，不幸的是，培根一等就是二十年。在此期間，培根爲生活四處奔波，卻未謀得任何職位。

1602年伊麗莎白女王去世，詹姆斯一世繼位，培根迎來了政治上的春天；因他曾極力主張蘇格蘭與英格蘭合併，受到詹姆斯的讚賞。1602年培根受封爲爵士，隔年任首席檢察官；1617年被提升爲掌璽大臣，次年晉升爲英格蘭大法官，並受封爲男爵；1621年又受封爲子爵。三次晉爵，六次升官，由普通律師一路升到子爵，著實讓培根受寵若驚。正當培根春風得意之時，平步青雲的仕途戛然而止。1621年培根遭議會指控貪污受賄，被判處以罰金四萬磅，並監禁於倫敦塔，再也不得任官。後來儘管豁免了罰金和監禁，但培根已身敗名裂。自此歸隱田園，專心從事理論著述。

1626年3月底，培根坐車路過倫敦北郊。當車經過一片雪地時，突然冒出的

←培根像
培根提出了「知識就是力量」這個口號，他用自己的潛心著述證明了這個口號的合理性。

培根以知識論作為自己哲學的中心問題，把改造人類知識、實現科學的「偉大復興」，建立一個能促進生產發展和技術進步的新哲學，當作自己理論活動的目的。

一個想法驅使他走下車。風寒趁虛而入，誘發了他的氣管炎。1626年4月9日清晨，培根在病痛折磨中永遠地闔上了眼。

培根的哲學思想

培根一生的仕途可說大起大落，值得欣慰的是，他的主要理論著述都是在任官期間完成的。培根主張發展生產，渴望探究自然，倡言發展科學。當時流行的經院哲學阻礙了科學的發展。培根提出了著名的「四假相說」，指出經院哲學家利用四種假相來抹煞眞理、製造謬誤，無異給予經院哲學沉重的打擊。

培根繼承了物質乃萬物本源的古典思想，從唯物論立場出發，指出科學的任務在於認識自然界及其規律。但由於所處時代的局限，培根的世界觀仍帶有原始唯物論和形而上學的色彩。

1597年，培根發表了處女作《論文集》。在書中，培根將自己對社會的認識和思考以及人生感悟濃縮成名言警句，受到廣大讀者的歡迎。1605年，培根完成了《學術進步論》。這是一本以知識為研究對象的著作，在書中培根猛烈抨擊中世紀的蒙昧主義，論證知識的巨大作用，提示了補救知識發展現況的辦法。1609年培根出版了第三本著作《論古人的智慧》，他認爲遠古時代存在著人類最古老的智慧，透過對古代寓言故事的研究，可發現那失去的古老智慧。

培根在科學方法的研究方面做出了巨大的貢獻，尤以實驗定性和歸納法為著。培根本打算撰寫一部六卷本百科全書式的著作《偉大的復興》，對人類知識加以重整和改造；但培根只完成了此書的前兩部分，1620年出版的《新工具論》即爲該書的第二部分。儘管如此，已足以讓他成爲「哲學和科學史上劃時代的人物」。

【人文歷史百科】

培根在科學史上的地位
弗蘭西斯・培根是近代哲學史上首先提出經驗論的哲學家。他重視經驗和歸納在認識中的作用，開創了以經驗為手段、研究感性自然的經驗哲學新時代，對近代科學的建立發揮了推動作用，對人類哲學和科學皆貢獻卓越。為此，羅素尊稱培根為「為科學研究方法進行邏輯組織化的先驅」。

近代科學的形成與發展

022.二元論的創立者笛卡爾

「我思，故我在」。──笛卡爾

解析幾何學之父

1596年3月31日，笛卡爾出生在法國拉哈耶的一個貴族家庭。他自幼喪母，由父親撫養長大。因體弱多病，笛卡爾八歲才入學，並獲得早晨在床上讀書的特權，由此他漸漸地養成了喜於安靜的習性。

1612年，笛卡爾進入普瓦捷大學攻讀法律，四年後獲博士學位。當時法國社會流行著一種風氣：有志之士若非致力於宗教，便是獻身軍事。笛卡爾因此於1618年前往荷蘭從軍；服役期間，他沉醉於數學王國中。某日休息，笛卡爾在街上散步時看到一張荷蘭文招貼，他不懂荷蘭文，於是請身邊人翻譯；原來

這是數學家下的一張「戰書」，徵求上列難題的答案。笛卡爾揭榜應戰，在數小時內即解出答案，令人對他數學方面的才賦刮目相看。

1621年笛卡爾服役期滿，恰逢國內戰亂，於是便前往丹麥、日耳曼、義大利等地遊覽。1625年回國，專心研究數學。1628年移居荷蘭，並透過年少時認識的梅森，與歐洲著名學者保持密切聯繫。笛卡爾將代數的方法應用於幾何學，創立了「解析幾何學」，在數學史上具有劃時代意義。

除數學之外，笛卡爾對哲學、天文學也頗有研究。他的著作大都是在荷蘭完成。1628年《指導哲理之原則》完成，以哥白尼學說為基礎的《論世界》也在1634年完成，也許是受伽利略受迫害的影響，此書並未出版。1637年6月8日《方法論》在萊頓匿名出版。

←闡述自己主張的笛卡爾（右二）
笛卡爾將其體系分為三部分：「形而上學」，即認識論和本體論；「物理學」，即自然哲學；各門具體科學，主要為醫學、力學和倫理學。他將「形而上學」比作樹根，「物理學」比作樹幹，將各門科學比作樹枝，表明哲學的重要性，但同時指出果實是樹枝上結出的，作為科學的定位。

↑笛卡爾
笛卡爾是十七世紀法國科學家，西方近代哲學的奠基人之一，解析幾何的創始人。

1649年冬，笛卡爾應邀到斯德哥爾摩為瑞典女皇授課，次年因肺炎在瑞典病逝。

偉大的哲學家

十七世紀前期經院哲學走到了窮途末路，經院哲學家們敵視科學思想，瘋狂地用火刑和監獄對付走在時代前端的科學家。摧毀經院哲學以建立新哲學，成為先進思想家的共同任務。笛卡爾和培根一樣，揭起了新哲學的大旗。

笛卡爾留下一句「我思，故我在」的名言，正是他懷疑式哲學的體現。笛卡爾想告訴世人──我們不能盲從，已存在的觀念和論斷有很多是極其可疑的；為了追求真理，必須對一切都盡可能地懷疑，唯有如此才能接近它。

這種懷疑與否定一切知識的不可知論有著根本的區別，笛卡爾強調的是以懷疑為手段，把真理從謬誤中解救出來，達到去偽存真的目的，故被稱為「方法論的懷疑」。這裡的懷疑是種積極的理性活動，理性成為權威。「我思，故我在」的懷疑式哲學，沉重打擊了經院哲學一派。

當時歐洲的思想界呈現一片生機勃勃的景象，認識論得到前所未有的發展。培根開創的經驗論向傳統的經院哲學提出了挑戰，笛卡爾開創的唯理論則給予經院派致命一擊。笛卡爾認為，凡是在理性看來清楚明白的即為真實。看不明白的複雜事物，應將它盡可能地分成簡單的部分，直到理性可以看清其真偽為止。這就是笛卡爾的真理標準，即唯理論。作為十七世紀唯理論的創始人，笛卡爾未完全排斥經驗在認識中的作用，但認為單純的經驗不能作為真理之標準。

近代科學的形成與發展

二元論

【人文歷史百科】

笛卡爾別出心裁地將唯物主義與唯心主義熔為一爐，提出「二元論」哲學觀點。認為世界的本源有兩個，即物質和心靈。物質的根本屬性是廣延性（即占有空間），心靈的根本屬性是思維，兩者互相獨立存在，皆受上帝支配。笛卡爾將哲學劃分為「形而上學」和「物理學」兩部分，在「形而上學」中論證心靈與上帝，在「物理學」中則完全摒棄心靈與上帝，把物質當作唯一實體。

猶太教的叛逆者

劇院旁邊的一條陰暗的小巷裡，一個學者模樣的人正靜靜地走著。突然，一個黑影竄了出來，拿著亮晃晃的尖刀朝那人的脖子上刺去。那人大吃一驚，急忙往旁邊躲閃，但脖子仍被刺得鮮血淋漓。刺客見一擊不成，立即逃跑了。

這個學者模樣的人即是史賓諾莎，由於言論超格而被猶太教會開除了教籍。一些虔誠的教徒對他恨之入骨，這次刺殺便是那些虔誠的教徒所為。史賓諾莎到底是怎樣一個人物，即使遭到永遠革除教籍，仍難解猶太教會的心頭之恨？

←史賓諾莎的肖像
史賓諾莎是十七世紀荷蘭哲學家，亦為西方近代唯物論、無神論和唯理論的主要代表。

1632年11月24日，史賓諾莎在阿姆斯特丹一個猶太商人家庭出生。他早年在法國古典語言學者安頓創辦的學校裡就讀，提升拉丁文水平，也學習了希臘語，接觸到了唯理論哲學家笛卡爾的著作，同時深受安頓自由主義的影響。

在校期間，史賓諾莎結識並愛上了安頓的女兒，但因性格內向，所以一直未能表白。就在這時，史賓諾莎一位外向而富有的同學向這位姑娘求愛，兩個人結了婚。這是史賓諾莎唯一的一次愛情，還沒正式開始就結束了。

後來史賓諾莎年邁的父親去世了，他的姐夫尋找藉口企圖剝奪他的繼承權。史賓諾莎

←阿姆斯特丹，油畫，倫敦華萊士收藏館藏
這幅畫表現的是1670年代阿姆斯特丹的生活場景。1632年11月24日，史賓諾莎便在這裡誕生。

→史賓諾莎像

將姐夫告上了法庭，最後奪回屬於自己的遺產。令人瞠目結舌的是，史賓諾莎竟然將這筆財產輕蔑地擲給了那些企圖用卑鄙手段得到它的人，僅拿走了一張床和一條毯子。

史賓諾莎透過對宗教典籍、猶太思想家和笛卡爾著作的研究，漸與正統神學產生分歧。1656年7月，猶太公會給予他最嚴厲的處分：永遠革除教籍，並呈報市政當局。然被革除教籍的史賓諾莎仍被一些虔誠的猶太教徒視為異端，欲除之而後快，才因而遭到了暗殺襲擊。

史賓諾莎的影響

生命受到嚴重威脅的史賓諾莎只得搬到阿姆斯特丹南邊的一個村莊暫住，靠磨製光學鏡片維生。1660年，史賓諾莎從阿姆斯特丹遷到萊茵斯堡村。此時，史賓諾莎的生活困頓不堪，但他一生中的大部分著作便是在這時寫成的，如《簡論神・人和人的幸福》、《理智改進論》、《笛卡爾哲學原理》的大部分和《倫理學》的第一卷。

1663年6月，史賓諾莎移居靠近海牙的伏爾堡。在這裡，他繼續撰寫《倫理學》，於1675年完稿；但此書尚未出版就引來極大的爭議，各種不利於史賓諾莎

↑史賓諾莎塑像

的流言蜚語四處傳播，他只得放棄出版計畫。1670年時，史賓諾莎化名出版《神學政治論》，引起了社會極大的震撼。同年5月，他移居海牙，開始寫作《希伯來語法》，另一部未完成的著作《政治論》也是在這裡動筆。

史賓諾莎探討了當時哲學的各種問題，建立了一個完整的哲學體系，其中包括實體、屬性和形式的學說，唯理論的認識論和方法論、無神論，政治學說和倫理學等。在這些方面，他都為人類認知的發展和社會的進步做出了顯著貢獻。

但史賓諾莎的超前思想在當時並未引起普遍迴響，直至十七世紀末，法國的貝勒在《歷史批判辭典》中肯定了史賓諾莎哲學中的無神論體系。十八世紀末至十九世紀初日耳曼地區的啓蒙運動中，史賓諾莎的哲學經萊辛、赫爾德、歌德等人的宣揚，才為世人重視。史賓諾莎的實體論成為黑格爾哲學體系中的重要因素。費爾巴哈稱「史賓諾莎是現代無神論者和唯物主義者的摩西」。

1677年2月20日，年僅四十五歲的史賓諾莎去世。正如其人所言：「人類的心靈不會隨著肉體的消亡而完全消亡，它的某一部分仍將永存。」他短暫的生命為這句話做了最好的詮釋。

近代科學的形成與發展

024.塞爾維特和哈維

為了探索血液循環的規律，維薩里被趕跑了，塞爾維特被燒死了，哈維提起筆如此寫道：「現在我的賭注已經下定⋯⋯」

火刑柱上的塞爾維特

1553年的某日，一個名叫塞爾維特的中年男子被牢牢鎖在火刑柱上，神職人員點燃了一堆木柴，火焰剛好燒到他的腳下。兩個小時後，塞爾維特被活活燒死。他的著作也被教會付之一炬，僅有《基督教的復活》三本手抄本保存了下來。

1511年塞爾維特出生在西班牙的圖德拉。年輕時的塞爾維特很叛逆，寫了《論三位一體的錯誤》批判神學的荒謬，還差點因此被捕。1536年，塞爾維特進入巴黎醫學院，但時間不長便因反對「占星術」而被教會逐出巴黎。

塞爾維特更加認真地研究解剖學，完成了《論糖漿》等藥物學專著。1553年，塞爾維特又完成了《基督教的復活》一書；在書中，塞爾維特闡明了人體的結構和功能，說明了血液小循環的機制，並批判了蓋侖的靈氣說。蓋侖說：人體中只有一種靈氣，本存在於空氣中，吸入肺臟後與來自右心室的血液相遇，然後進入左心室，這時血液就帶上了靈氣，送至全身。

這本書的矛頭直指神學和當時的神學家喀爾文，塞爾維特因此被宗教

► 塞爾維特

茨威格在《異端的權利》中描述了塞爾維特被施以「文火火刑」的慘景：「當火焰在塞爾維特周圍騰起，他發出的叫聲駭人至極，許多旁觀者轉過臉去，不忍看那可憐的場面。濃煙立時籠罩那扭曲的身體，極度痛苦的叫聲越來越慘，終於變成一聲尖叫的哀求：『耶穌，永恆上帝之子，憐憫我吧！』與死亡的搏鬥，足足持續了半個小時。而後煙消火滅，在灼熱的灰燼上，靠近燒黑的火刑柱，留下一堆漆黑焦糊的膠體，早失去了人形。」

裁判所逮捕。被捕之後，塞爾維特巧妙越獄，宗教裁判所只得對他進行「缺席」審判，判處塞爾維特連同他的著作一起被「用文火慢慢燒成灰」。

塞爾維特越獄後不到四個月，就在日內瓦再次被捕。有人勸說宗教裁判所將火刑減輕為劍刑，或在火刑前將其先勒死。但神學家喀爾文咆哮著說：「用文火慢慢烤，直至烤成灰為止！」就這樣，年僅四十二歲的塞爾維特被烤死在了火刑柱上。

↑ 塞爾維特的著作

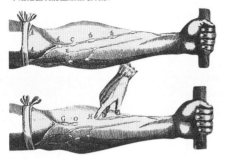

【人文歷史百科】

維薩里

維薩里1514年出生在布魯塞爾一個醫學世家。為了研究血液循環，維薩里多次到墓地偷盜屍體進行解剖，驗證出蓋倫理論的許多謬誤。1543年，維薩里出版了巨著《人體結構》，闡言男人和女人的肋骨一樣多。激怒了教會的維薩里被迫到遠方的耶路撒冷朝拜以贖罪，此後音訊全無。

近代生理學之父哈維

　　威廉·哈維，為英國牛津大學教授、實驗生理學的先驅，1578年4月1日，出生在福克斯頓的一個農民家庭，他自幼性好靜，思維敏捷。十六歲那年，哈維以優異的成績考入劍橋大學的岡維爾——凱厄斯學院，在校期間因成績優異而獲得了馬太·派克獎學金。1600年，哈維到了義大利帕多瓦大學繼續習醫。1602年，哈維獲得醫學博士學位，證書上寫道：「威廉·哈維以突出的學習成績和不平凡的才能引人注目，並獲得傑出教授的高度讚揚。」

　　此後哈維回國並在倫敦行醫，自1609年起任聖巴薩羅繆醫院醫生，1618至1647年任英王詹姆斯一世和查理一世的御醫。在此期間哈維發現：當用絲帶紮緊人的上臂時，絲帶下方

的靜脈膨脹起來，動脈卻變得扁平；而在絲帶上方的動脈膨脹，靜脈扁平。這表明動脈和靜脈中血液流動的方向相反：一個從心臟流向肢體末端，一個從肢體末端流回心臟。經過無數次的實驗和思考後，哈維認為血液在全身沿著一條閉合的路線作循環運動。哈維還預見，在動脈和靜脈的末端必定有一種微小的通道把二者聯結起來。1660年，義大利解剖學家馬爾比基發現了毛細血管，證實了哈維的先見。

　　1628年哈維出版的《心血運動論》一書，徹底推翻了主導醫學達一千四百多年之久的「蓋倫理論」，具有重大的研究價值和歷史意義。但此前在生理學的研究中說了真話的維薩里被趕跑了，塞爾維特被燒死了。哈維提起筆來如此寫道：「現在我的賭注已經下定，一切都寄託於愛真理的熱情和思想中。」

←哈維

當血液循環學說漸漸得到印證後，哈維也因此被譽為「近代生理學之父」，還曾當選為英國皇家醫學院院長。1657年6月3日哈維逝世，享年八十歲。

近代科學的形成與發展

025.亨利七世時期的英國

後人這般評價亨利七世的功績：他造就了一個蛻變的英格蘭——更加富有而穩固，更徹底的民族化，其形象更現代化。

都鐸王朝的建立

英國君主專制始於都鐸王朝。1485年，參與「玫瑰戰爭」的蘭開斯特家族的支裔、里士滿伯爵亨利·都鐸奪取王位，建立都鐸王朝，稱「亨利七世」。

亨利七世即位之初，英國的人口還不到三百萬，僅相當於法國的五分之一，領土面積也遠遠比不上法國與西班牙。此時的英國沒有常備軍，更缺乏對島國而言意義非凡的海軍。而三十年的玫瑰戰爭下來，造成社會秩序混亂、國庫空虛，財政機構也幾乎癱瘓，國王更是債臺高築，囊空如洗。封建貴族不顧內憂外患，為爭權奪勢而勾心鬥角，不僅在地方進行大規模混戰，在中央也透過諮議會和議會上院左右政局。封建割據勢力從未停止活動，推翻新王朝始終是其政治目的。

↑年輕的亨利七世

為鞏固王位，亨利七世曾以中產階級和封建貴族調停人的身分出現，他有時依靠中產階級去反對大領主，有時又依靠大領主來壓制新興的中產階級。為加強中央集權，亨利七世實行君主專制，僅在需要議會批准自己決定的法令或稅收時才召集開會。亨利七世還在御前會議所在的西敏寺宮的「星室」，設置了一個聽取臣民申訴、監察官吏並及時處理非常案件的機構，此機構後來發展成為權力甚大的「星室法院」。另外他還對地方割據勢力進行了強烈打擊，禁止貴族蓄養家臣、士兵，掃平貴族的城堡，使得鄉紳階層在地方上的政治勢力大為增長。

偉大的哈利號

亨利七世奠定下不列顛海軍的基礎，他建造了第一艘軍艦，名為「偉大的哈利號」。這的確是亨利七世一項重要的歷史功績。亨利鼓勵凡是建造出百順以上新船者，每順給付五先令的津貼，大大推動了英國造船業的發展。

←亨利七世
在亨利統治期間的前十年，英國境內掀起過三次大規模叛亂，聚眾最多時達三萬餘人，每次均得到外國勢力的奧援。因此，鞏固王位之爭幾乎貫穿了亨利七世整個統治時期。

王室實力的加強

為了改善王室的財政窘境，亨利七世不僅繼承了兩王族的地產，還奪回了王室十四世紀中期以後失去的地產。他在一次陳述中說道：「國王們——我的前輩們，用他們脆弱的財富治事，我絕不允許再出現這種情況。」為了增加王室財富，亨利七世可謂費盡心機，如設立「德稅」，即要求臣民酬答國王的庇護而獻納「貢款」。貢款起初可隨意獻呈，後來卻演變成一種定額的國稅，臣民稱它為「缺德稅」。

↑亨利七世的半身像

↓亨利七世禮拜堂
亨利七世禮拜堂位於西敏寺東端，為都鐸王朝建築物的傑作。美國作家歐文讚道：「在工匠純熟的雕工下，石頭似乎不再具有重量，神奇地懸在空中；精雕細琢的屋頂，卻有蛛網般的牢固結構。」

亨利七世巧立名目，聚斂了大量財富，據說他逝世時約留下兩百萬鎊的庫財，還不包括大批金銀珠寶。而這筆鉅款相當於當時十五年以上的財政收入，使王室可支配財產十分充盈。但亨利七世又愛財如命，是個吝嗇的君主。1509年當他自知不久於人世後，為了清除罪孽，請了很多僧侶為他進行兩千次的懺悔祈禱，可是每次祈禱僅付給僧職人員六便士，當時被人傳為笑談。

雖然亨利七世為鞏固王權採取了各種為人恥笑的方法，但他開創的都鐸王朝仍是「英國歷史上真正的黃金時代」，他更是整個都鐸「黃金時代」的奠基人。他採取重商主義政策，保護國內工業，鼓勵出口；大力支持航海業，開創了給建造大船者頒發津貼的先例。亨利還是幹練的外交家，他先後和丹麥、佛羅倫斯、尼德蘭簽訂商約，還於1492年和法國簽約，取得了外界對都鐸王朝的認同；1502年讓長女與蘇格蘭王詹姆斯四世訂婚，為後來不列顛的統一鋪下了基石。後人這般評價亨利七世：他造就了一個蛻變的英格蘭——更加富有而穩固，更徹底的民族化，其形象更現代化。

封建解體時期的西歐諸國

亨利八世初期的統治

亨利八世即位之初深受文藝復興新思潮的影響，如他親自拜訪《烏托邦》的作者湯瑪斯‧莫爾後，一直任用莫爾為親信大臣。他還支持維護英國司法權，反對羅馬教廷干涉，聲稱「在英國境內除了上帝，國王是最高權威」。他一手創建了皇家海軍，修建幾座海軍專用的船塢。1514年他還頒發特許狀給特里

尼蒂公司，令其專門經營航海業，並有權徵稅資助航海和設置燈塔。

封建貴族舊傳統對亨利八世的影響也很深，如他把大量時間花在比武、打獵、遊樂上，不願處理日常政務。他雖然反對羅馬教廷干涉英國內務，但卻標榜擁護羅馬教皇，維護天主教會正統教義，為此燒殺了大批英國下層平民中的教派「蘿拉德派」的信徒及各種「異端分子」。1521年，亨利八世發表《保衛七項聖禮》，反對馬丁‧路德的宗教改革，被教皇授予「信仰的保護者」稱號。

在對外關係上，亨利八世執行反對法國、聯合西班牙的外交政策。1513年，亨利八世以保護教皇為名，聯合西班牙大敗法軍及其同盟者蘇格蘭軍隊。就在此時，他發現了商人出身的教士渥爾塞的才能，當即加以重用。從1515年起，渥爾塞開始總攬內政外交大權，利用西班牙和法國的矛盾從中漁利；並以擁護羅馬教皇為號召，充當歐洲列強的仲裁者，擴張法國所占地盤。

1519年，西班牙國王查理一世當選為神聖羅馬皇帝，進而成為大半個西歐的主人後，英國的政策卻未能隨機應變，還從1522年起連年派兵入侵法國，並向查理五世提供軍費以求支援。巨大

↑亨利八世，布面油畫　1537年小霍爾班作品，利物浦沃克美術館藏

的支出耗盡了充裕的國庫儲備，英國國內反戰之聲高漲；而查理五世在大敗法軍並俘獲法王、進軍羅馬並控制教皇後，就把英國給拋到一邊了。

離婚風波

宗教改革思想傳入英國後，反天主教會的群眾情緒日加高漲，強烈要求革變；而亨利八世的離婚問題，則成為英國宗教改革運動爆發的導火線。

亨利七世時，執行婚姻外交政策。亨利八世即位後，曾繼續執行這種政策，他迎娶自己的寡嫂——西班牙公主凱薩琳，以維持英國與西班牙的關係。隨著兩國關係的惡化，再加上凱薩琳未誕下男嗣，亨利八世決定與她離婚。這時一位名叫安娜·波琳，傾向宗教改革的貴婦，吸引了亨利八世的視線，更堅定了他與凱薩琳離婚的決心。

按教會規定，國王的婚姻問題須由羅馬教皇批准，但此時的羅馬教皇克雷芒七世受制於神聖羅馬皇帝查理五世，而凱薩琳又是查理五世的姨母，所以教皇拒不批准亨利八世的離婚請求。國內的舊貴族和教會人士也反對兩人離婚。

此時身兼約克郡大主教、樞機主教和英格

蘭大法官的渥爾塞，內外政策均遭失敗，使英王大失人心。亨利八世企圖以自己的無嗣問題轉移焦點，從1527年起不斷提出與凱薩琳離婚，但並未得到教皇的允諾。他又請英國國教會裁決，也未得到受理。亨利八世於是遷怒於渥爾塞，於1529年10月剝奪了他的一切財產和權力。

1529年11月，亨利八世召開會議，決定實行宗教改革，決意要以王權對教權的絕對勝利來結束這場戰鬥。因為他瞭解到，議會中普遍存在著反對教會特權和外來干涉、要求國家獨立強大的情緒，他決定利用這些力量向教皇和教會施加壓力，以達到自己離婚的目的，於是便把各種重大問題提交議會來討論決定。

←亨利八世和他的六位妻子
正上方為首任王后凱薩琳，順時針方向依次為安娜·波琳、安娜·克里夫斯、凱薩琳·帕爾、凱薩琳·霍華德、珍·西摩。

英國的宗教改革

亨利八世發現商人、律師出身的湯瑪斯‧克倫威爾的傑出才幹後，從1532年到1540年，先後讓他掌握了行政、司法、財政、外交、宗教各方面大權，成為領導這場改革運動的中心人物。1533年他又提拔改革派的低級教士克蘭麥為坎特伯里大主教，領導英國教會，並重用了許多改革派人士執掌各個要職。

↑ 亨利八世 1546年時的畫像

議會從1529年到1536年，連開八屆會議，在克倫威爾等改革派策動下，通過一系列議會法案實行宗教改革。根據議會法案，亨利八世從教會勒取大筆罰金，並截留了獻給教皇的年貢，取得制定教規、任命主教的全權，擁有教會最高司法權，取代羅馬教皇成為英國教會最高首領，把主教年俸和什一稅歸為己有，解散所有修道院後將其巨額土地財產收歸王室。從此，英國脫離了羅馬天主教會體系，建立了由國家政權控制的、以國王為最高統治者的英國國教會。

1533年，英國教會法庭批准亨利八世與凱薩琳離婚。亨利八世隨後與安娜‧波琳結婚，並由議會法案確認了這項婚姻及其後裔繼承權的合法性。由於奪取教會財產，王室財政收入增加了兩倍左右，使亨利八世成為英國空前富有的國王。

宗教改革引起了國內外反改革勢力的強烈反對。教皇將亨利八世開除教籍，神聖羅馬帝國威脅要入侵和斷絕貿易。亨利八世審時度勢，進行反擊，他利用法國與西班牙的矛盾，獲得法王支持，並與一些信奉路德教派的日耳曼諸侯結盟；在國內則加強鎮壓反動派，1534年議會通過《叛逆法》，規定凡是用言論、文字、行動誣衊國王者，不承認國王為教會首領者，否認國王婚姻合法者，均為叛逆，罪當處死。依此法案，一大批反改革的教士遭害。

↑ 亨利八世時期的古城堡

君主專制的高峰

亨利八世實行宗教改革時，封建舊貴族仍有著強大的割據勢力，他們勾結教皇與西班牙反對改革，陰謀暴亂。亨利八世則依靠改革派的支持，鎮壓叛亂，大抵消滅了國內的封建割據勢力。

宗教改革中沒收的大批修道院地產，因王室出於財政或政治的需求，轉賣或贈送給新貴族和工商業資產家，使其成為宗教改革的受益者。他們趕走佃戶，造成大批農民流離失所。1531年和1536年議會通過法案，授權用血腥手段鎮壓流浪者；而管理地方行政司法事務的權力，則交由鄉紳出任的治安法官和教區職員，他們成為中央控制地方的政治工具。

在中央，克倫威爾等改革派對政府機構進行了改革，由大法官、財政大臣、樞密院長、掌璽大臣、國務祕書、警務大臣、會計官、御前大臣等專職大臣組成樞密院，成為中央政府核心。亨利八世有任免樞密大臣的全權，且是樞密院會議的名義主持者。這些改革造就出強

大的中央集權，亨利八世擁有空前的王權。但是亨利八世沒有常備軍和龐大的官僚機構，他的專制地位取決於封建貴族、鄉紳與中產階級之間的力量平衡，因此不得不對他們的某些要求讓步。

宗教改革後，新興中產階級思想的傳播和下層人民的覺醒，使亨利八世感到恐懼，認為進一步改革將危及他的統治。於是在反改革派挑唆下，他於1540年將克倫威爾處死，大肆迫害改革派。然而改革潮流勢不可擋，改革派並未屈服，亨利八世也深知不能再與羅馬教廷妥協，只得在改革派與反改革派之間搖擺。

←馬背上的亨利八世，1538年木板彩畫，阿姆斯特丹博物館藏

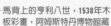

封建解體時期的西歐諸國

從囚徒到女王

1558年11月17日，住在哈特菲爾德宮的伊麗莎白‧都鐸像往日一樣，在瑪麗女王耳目的監視下小心翼翼地行事。這時一位遞送快信的信差急馳而入，稟告伊麗莎白——她已經是英格蘭女王，瑪麗女王已於當天拂曉駕崩。

11月19日，英格蘭所有重要的貴族、貴婦以及議員，均前往倫敦以北的哈特菲爾德宮宣誓效忠。11月20日，伊麗莎白莊嚴地發表演說，她高貴的氣質讓每一個傾聽的人都願意為她誓死跟隨。

「諸位爵士：瑪麗女王的去世讓我感到無限悲傷，她不僅是你們的女王，還是我的王姐。落在我肩上的責任使我感到惶恐，但由於我乃上帝所創，注定要服從祂的決定，所以我決心承擔這個重

↑年輕的伊麗莎白

任。雖然我順應上帝的旨意成為統治者，但也只是個普通的人，因而我希望你們諸位，特別是貴族們，應據你們的地位與力量來協助我。朕職司統治，卿戮力為國服務，如此方可在全能的上帝前有良好的表現，並在世上給予後代些許福澤。」

11月28日，伊麗莎白穿著華麗的紫色絲袍，擺開龐大的儀仗隊，騎馬穿過四年前囚禁待死的那個倫敦塔。倫敦塔依舊佇立在那，但多了節日的氣氛，這座森嚴的皇家監獄略微惶恐帶點不安。沿途的人群向伊麗莎白喝采歡呼，齊聲歌頌她的光榮，孩子們向她朗誦爛熟於心的致敬詞：「禮砲發出的響聲前所未有，人民也將迎來前所未有的時代。」

伊麗莎白享受著人們的歌頌，優雅地向歡迎她的群眾致意，清秀的臉龐後面已透露出一代帝王的氣質。這一刻曾多次在她的夢中出現，但當這一刻來臨時又有恍如隔世之感。因為就在瑪麗女王去世以前，她仍被軟禁著；更早一些時候，她則被囚禁在倫敦塔裡；再向前追溯，母親以不貞的罪名被處死在她尚未懂事的年代裡……

伊麗莎白的服飾

伊麗莎白喜歡穿昂貴的衣服，幾乎每天都要更換一套，據說她去世時留下了兩千套衣服。她還在頭上、手臂、手腕、耳朵及衣服等處戴上珠寶，當一個主教責備她太愛華服時，她則警告說：「別再提起此事，否則你有早登天堂之虞。」

【人文歷史百科】

伊麗莎白的成長

1533年9月7日，伊麗莎白在格林尼治宮出生，她的母親是亨利八世的第二位夫人安娜‧波琳。亨利八世希望安娜‧波琳能給他生個兒子，但遺憾的是伊麗莎白來到了這個世界。安娜‧波琳立即失去了亨利八世的寵愛，並且成了他另結新歡的障礙。1536年，安娜‧波琳被亨利八世以不貞罪處死，而此時的伊麗莎白年僅三歲。她不僅失去了王位繼承權，而且面臨著「非法子女」的尷尬。

亨利八世再娶後，第一個兒子愛德華被立為太子。伊麗莎白幼年境遇淒涼，十一歲時，因太子身體虛弱她才恢復公主身分。亨利八世在遺囑中規定：愛德華如無嗣就由瑪麗即位，瑪麗若無嗣則由伊麗莎白即位。

1547年亨利八世去世後太子即位，史稱愛德華六世，由其舅舅西摩攝政。西摩的弟弟湯瑪斯為了控制朝政大權，企圖娶伊麗莎白以竊取王位，但事敗被殺。十四歲的伊麗莎白被捲入宮廷鬥爭，受到嚴密審問。1553年，愛德華六世早亡，伊麗莎白同父異母的姐姐瑪麗即位，為瑪麗一世。

瑪麗是狂熱的天主教徒，大肆迫害新教徒，對信奉新教的伊麗莎白心懷嫉恨。雖然伊麗莎白被迫放棄信仰，但1554年瑪麗根據叛亂新教貴族的誣告，仍將她囚禁在倫敦塔裡，不久又軟禁在倫敦西部的一座王宮，兩年後才解除軟禁，送往倫敦北部的一所莊園。

1558年11月17日瑪麗去世，伊麗莎白在經歷了生死磨難後，終於登上了英國王位。在前去加冕經過倫敦城時，她

都鐸王朝歷代君主	
君主	在位時間
亨利七世	西元 1485～1509年
亨利八世	西元 1509～1547年
愛德華六世	西元 1547～1553年
瑪麗一世	西元 1553～1558年
伊麗莎白一世	西元 1558～1603年

↓瑪麗女王，1554年油畫作品，收藏於馬德里
瑪麗女王五年的統治，打斷了英國宗教改革的進程。她恢復天主教，燒死了約三百名新教徒，被稱為「血腥瑪麗」。對外她則追隨教皇和西班牙，按她丈夫西班牙國王腓力二世的要求對法國作戰，結果失敗，喪失英國在大陸的據點加來，引起朝野憤慨。

特意停留片刻，對夾道歡迎的人群作了簡短的演講。她激動地說：「是時間把我帶到這裡，並承認我為女王。」

光榮的時代

　　伊麗莎白即位時的英國境內，相互敵視的教派拿起武器作亂，使英國處於分裂的邊緣；空虛的國庫源於半世紀的偽幣盛行，國防方面的吝嗇造成許多堡壘沒有一兵一卒照看；而英國在歐洲大陸更是軟弱無力，夾在西班牙與法國之間隨人擺布。

　　這時的英國大權由伊麗莎白接管，她能把握好這個國家的命運嗎？

　　伊麗莎白受過良好的教育，其著名的家庭教師羅傑・阿謝姆稱：「她說法語及義大利語與英語一樣流利，而且隨時可用流利的拉丁語與我交談，希臘語也講得差強人意。」她的優點是不必透過翻譯和中間介入，即可直接用法語、義大利語或拉丁語與各國使節會商，高超的外交技巧讓各國使節都拜倒在她優雅的笑容裡。西班牙大使說：「這名婦

↑伊麗莎白一世
據弗蘭西斯・培根記載：「她慣於訓斥其大臣，說他們就像衣服一樣，初次穿上很緊身，但穿久便逐漸鬆了。」

人是十萬名魔鬼集於一體，但是她假裝自己是個活躍於寺院中的修女，每天由早到晚祈禱。」

　　為解決國內宗教危機，伊麗莎白即位後釋放了大批被關押的新教徒，並對英國清教徒加以壓制，力圖避免不同教派的教義爭論。1559年議會通過《至尊法令》，宣布女王為英國所有教會和僧侶團體的最高領導，神父和官吏必須宣誓接受她的領導，不得服從國外的權力。

　　為了增加英國資本，伊麗莎白廢除禁止圈地的

↑十六世紀英國的清教徒

法令，並把海上劫掠作爲充實國庫、打擊西班牙的重要手段。伊麗莎白還鼓勵英國商人建立各種類型的貿易壟斷公司，其中1600年成立的東印度公司，爲英國向東方的擴張打下了基礎。

舵手的離去

伊麗莎白以她堅定的意志、豐富的政治經驗，將瑪麗一世遺留下來的財力匱乏、軍事軟弱的英國，帶進了英國人譽爲「光榮時代」的伊麗莎白時代。

1559年拒絕西班牙國王腓力二世的求婚，顯示出她把握政治與私人感情的能力；1569年對英國北部天主教勢力的成功鎮壓，顯示出了她一代帝王的霸氣；1587年處死妄圖取代自己的蘇格蘭女王瑪麗，則顯示出她冷酷的一面；1588年對西班牙「無敵艦隊」的勝利，使「光榮的時代」達到極盛。但統治後十年不斷爆發的城鄉起義，及1601年寵臣埃塞克斯伯爵在倫敦鼓動的市民起義，則在她心中留下了痛苦的回憶。

1603年3月，伊麗莎白在英國的冬天下放鬆過度，以至於發了高燒。病魔折磨了她三個星期，幾乎耗盡了她的體力和活下去的勇氣。在這些日子裡，她仍然那麼任性。許多演奏者頻繁出入宮中，因爲她認爲醫囑遠遠比不上音樂動聽。她經常耗在椅子上或躺在軟墊上，而非聽醫囑咐躺到床上去。當大主教祈禱她能活得長久一些時，她反而大加斥責。但當大主教跪在床邊自認祈禱夠了想要起來時，她卻令他繼續祈禱，直到深夜她沉沉睡去。

第二天，也就是3月24日，伊麗莎白永遠睡在了自己的夢中。約翰·麥寧漢在日記中寫道：「今晨約三點鐘，女王陛下去世，軟綿綿的像隻小綿羊，安詳得像樹上落下的熟蘋果。」許多人意識到偉大的時代已經結束，一隻有力的手離開了船舵。伊麗莎白雖然繼續亨利八世的專制，但因其個人魅力而減少了許多專制色彩。她既無丈夫也無小孩，所以她把所有的母愛施與了英國。

↑伊麗莎白的離世，1828年布面油畫，法國羅浮宮藏

封建解體時期的西歐諸國

028.英國海外貿易的發展

英國海盜不僅牽制了西班牙的海外擴張，還逐漸成長為英國海軍的高級將領。

海外貿易繁榮的原因

都鐸王朝統治時期，歷代君主尊崇重商主義政策，大力發展工商業，鼓勵出口。因此，英國資本主義的原始資本像雪球一樣急劇膨脹，使海外貿易迅速發展。

爲了讓英國商人在與壟斷北歐貿易的日耳曼商人競爭中居利，亨利七世還特地向各貿易商人團體頒發經營特許狀，並透過外交談判，簽訂有利於英國海外貿易的商約。更直接的是，英國還開創了向製造大船或向國外購買大船者提供津貼的先例，以鼓勵遠航。

在對付當時的海上強國西班牙方面，伊麗莎白表現得最爲出色。當西班牙國王腓力二世向她求婚時，她並未一口拒絕，倒是藉此契機爲英國謀取利益。伊利莎白始終讓腓力二世存有幻想，讓他感覺到英國很快就會併入西班牙。爲了得到那只可贏得英倫的婚戒，腓力二世對英國的各種挑釁極力克制，導致了西班牙與其盟友的疏遠，而英國則逐漸強大。

自十六世紀以來，經過國王的特許，英國商人組建了許多享有海外貿易特權的團體——海外貿易公司，其中

↑與西班牙周旋的伊麗莎白一世

比較出名的有莫斯科公司、東印度公司等。他們壟斷某些地區的貿易，如莫斯科公司專營俄國和中亞一帶的貿易，東印度公司則控制好望角以東國家的貿易。英國海外貿易的發展，是與海盜、走私、販奴和殖民擴張等活動緊密聯繫在一起的，公司之名僅是擴張和掠奪的工具和保護傘。

奴隸販子霍金斯

在伊麗莎白的默許和鼓勵之下，英國的海盜和奴隸貿易飛速發展。約

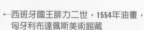

←西班牙國王腓力二世，1554年油畫，匈牙利布達佩斯美術館藏
教皇及神聖羅馬帝國皇帝或曾促使西班牙入侵英國，但腓力二世懷疑法國，憂心荷蘭，無法肯定在他與英國相持之下法國會否趁虛而入。儘管英國海盜與西班牙殖民者爲敵，但他一直與英國維持和平達三十年。

翰‧霍金斯是其中較出名的一位，他是英國十六世紀著名的航海家、海盜和奴隸販子。他出生在英國西南部的普利茅斯，其家族成員大都從事海外冒險活動，他從小就在家族船上經受磨練。

←霍金斯
1532年生於英國的普利茅斯，1595年病逝於海上。

1562年10月，霍金斯在岳父等人的資助下，率領三艘船組隊出海，初次踏上了貿易征程。在非洲的幾內亞海岸，他捕獲了三百名黑人，然後將這些「貨物」運送到美洲，賣給海地島上的西班牙殖民者，換回了大量的「獸皮、生薑、糖和珠寶」。

霍金斯的「罪惡貿易」引起了英國王室濃厚的興趣。1564年，霍金斯第二次出航，伊麗莎白將自己一艘七百噸的海船，折合為四千鎊股分投資他的船隊。這次與西班牙人的交易夾雜著武力威脅而進行。1565年9月，霍金斯再次滿載而歸，伊麗莎白授予他一枚上有黑人被綑綁圖飾的盾形紋章。

1567年10月2日，霍金斯再次出航。這次規模更大，共有六艘船隻參加，其中包括女王入股的「耶穌號」和「米尼昂號」。這次遠行沒有前兩次順利，經過激烈戰鬥，他們在幾內亞捕捉了約六百名黑人。霍金斯以每名一百六十英磅的價格出售給西班牙，獲得了價值約十萬英磅的贓物。船隊在返航途中遭颶風襲擊，被迫開往墨西哥灣的西班牙港口，並強占了港口外拋錨處的一座小島。這時一支由十三艘西班牙船隻組成的艦隊氣勢洶洶駛來，對霍金斯的船隊進行了猛烈攻擊。在這次戰鬥中，霍金斯船隊死傷及失蹤達三百人左右，除兩條小船外其餘全部被擊毀。

1569年，霍金斯歷盡千驚萬險回到英國，於三年後進入英國議會，後來成為英國海軍中的重要將領。

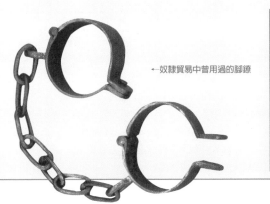

←奴隸貿易中曾用過的腳鐐

【人文歷史百科】

霍金斯戰勝西班牙「無敵艦隊」的貢獻
霍金斯在海軍中擔任要職以後，著手對海軍進行改革。在戰術上，他改變過去靠近敵船，登上甲板進行肉搏戰的傳統戰術，推行以砲戰為主的新法。為了加強軍艦的火力，一種更加輕便的新型大砲逐漸取代舊式大砲。另外，他還建造了一些快船。1588年西班牙「無敵艦隊」到來之前，英國海軍已擁有二十五艘載重百噸以上的戰船及十八艘快船。

走上海盜之路

德雷克出生在一個貧困的自耕農家庭。他的父親是一名新教徒，曾任傳道士四處傳道，後來在泰晤士河口的一艘廢船上安家。德雷克自小就在海上謀生，十三歲時在一條往來於北海各港口的小船上當學徒，後來老船長去世，他成爲了船主。德雷克聽說表兄霍金斯販賣黑奴獲得暴利後，於是變賣掉自己的小船，加入霍金斯的隊伍中。

1566年，在霍金斯的授命下，德雷克率領一支艦隊進行了一次販賣奴隸貿易。1568年左右，霍金斯的黑船遭到西班牙艦隊的襲擊。德雷克從那次劫難中倖存下來，但除了「勇敢」之名外已失去了一切，他決心向西班牙艦隊復仇。

德雷克在1570至1571年的西印度航行中，偵察到了敵人一條財寶運輸線：西班牙人將從祕魯等地掠奪來的黃金白銀運到巴拿馬，用騾馬將財物運到大西洋沿岸的諾夫雷·德·迪奧斯港裝船，再運送回國。

1572年，在獲得伊麗莎白女王正式許可後，德雷克帶領七十三名冒險家，分乘兩艘海盜船對迪奧斯港進行了攻擊。在那裡，他們發現了堆積如山的黃金、白銀，但還沒來得及動手就遭到西班牙人的反擊。德雷克也在戰鬥中受傷，不得不撤退；但他並未死心，耐心地等候雨季過去，以尋找機會襲擊穿過巴拿馬的敵人騾馬運輸隊。

在等待的過程中，德雷克以達里安灣爲基地，不斷進行海上劫掠活動，他的兩位弟弟也因此喪生。1573年春，德

↑ 德雷克的肖像

雷克糾集十八人，在巴拿馬伏擊西班牙的運輸隊，據說他們劫掠了價值十萬西班牙幣的財富。1573年8月9日，德雷克載著大量財富回到普利茅斯。

穿越麥哲倫海峽

德雷克回到英國之後，受到了英雄般的接待，但西班牙卻叫囂著要將他處死。無奈之下，德雷克不得不藏匿起來。

1576年11月4日，尼德蘭的經濟重鎮安特衛普遭到西班牙人的襲擊和劫掠，英國和尼德蘭的貿易受到重創。沉寂三年之後的德雷克打算繞過美洲大陸南端的麥哲倫海峽，襲擊太平洋沿岸的西班牙殖民地，為英國報仇。於是，德雷克初次覲見了伊麗莎白一世。女王鼓勵他說：「德雷克！如此朕可報西班牙國王多方侮辱之仇了！」

1577年11月，德雷克率領一百六十多人，乘三艘武裝海盜船和兩艘補給船，踏上了環球航行的征程。他們沿非洲西岸南行，穿過大西洋，於隔年4月到達巴西海岸。進入麥哲倫海之前，德雷克拋棄了那兩艘補給船。行至聖胡利安港時，有些人企圖阻止船隊繼續航行；德雷克為了穩定軍心，將這些反對者處決，並將自己所乘的僅一百噸的旗艦「塘鵝號」改為「金鹿號」。

1578年8月，德雷克率領船隊駛入麥哲倫海峽。經過十六天的艱苦奮戰之後，船隊終於成功地穿越了此海峽，成為麥哲倫之後的第二批穿越者。不幸的是，船隊遇到了可怕的颶風，其中一艘沉沒，一艘折回英國。「金鹿號」則被吹向東南方，德雷克因此發現了合恩角。風平浪靜之後，「金鹿號」沿智利海岸向北航行。這裡本是西班牙殖民者的天下，「金鹿號」的突然出現，使西班牙人大為惶恐。

←德雷克的船隊
1577年11月28日，五艘船在德雷克的率領下駛離普利茅斯港，向非洲海岸駛去，踏上了環球航行的征程。

封建解體時期的西歐諸國

第二次環球航行

　　德雷克的這次航行乃為復仇而來，他一路上伺機向敵人船隻發動襲擊，並不斷偷襲沿岸的西班牙港口。「金鹿號」裝滿了搶劫來的西班牙財物後，德雷克命令船隊離開南美洲，繼續向北航行。野心勃勃的德雷克企圖沿北美海岸，找到一條連接大西洋和太平洋的北方新航線，但逆風和嚴寒打亂了他的計畫，只得掉頭向南航行。德雷克的船隊在今日舊金山附近的一個港灣內停留了一個月，在那裡整修船隻，並以伊麗莎白女王之名，象徵性地占領了這塊土地。

　　1579年7月，「金鹿號」橫渡太平洋，朝菲律賓群島方向行駛，於11月抵達摩鹿加群島。在德那第島，德雷克利用當地土著對葡萄牙人的仇恨，與其首領達成一筆友好交易，讓船隊獲得數噸重的香料。船隊隨後繼續航行，穿越印度洋，繞過好望角。1580年9月26日，歷經將近三年的艱苦航行之後，「金鹿號」

載著五十六名倖存者和滿船財寶回到普利茅斯港，成功完成了史上第二次環球航行，全歐為之震撼。

　　據保守估計，德雷克此次航行所劫來的財物，價值五十萬英磅，相當於英國王室一年的收入。德雷克將二十七萬五千英磅的財物獻給了伊麗莎白女王，英國人則熱烈地歡迎這位當時被認為最偉大的航海者。伊麗莎白親自登上「金鹿號」，與德雷克共同進餐，授予其爵士稱號，並下令將這艘海盜船作為永久紀念保存起來。

打擊西班牙人的強將

　　藉著環球航行的春風，德雷克於1581年當上了普利茅斯的市長，後來又

↑金鹿號

成功當選爲國會議員。在德雷克成爲炙手可熱的政治人物時，英國與西班牙之間的矛盾也正不斷激化，他自然被推到了這波風浪上。

1585年，在女王的大力支持下，德雷克組建了一支由三十艘船隻組成的艦隊，對西班牙發動進攻。這支英國艦隊先強行進入西班牙西北部的維哥港，不但大肆搶劫財物，還剝下了聖母像的外衣。艦隊隨後駛往加那利及綠島群島，搶劫了其中最大的島；並再次橫渡大西洋，襲擊美洲的西班牙殖民地。德雷克的艦隊首先攻陷了西印度的聖多明各，搶走三萬英磅財物，接著劫掠了佛羅里達的聖奧古斯都城，並於1586年元月順利返回普利茅斯港。德雷克的這次出擊重創了西班牙，使這位海上霸主蒙受了巨大的差辱。

1587年4月，伊麗莎白女王得到情報：西班牙的「無敵艦隊」準備進攻英

↑ 德雷克的雕像

國。女王命令德雷克率領一支由皇家和海盜組成的聯合艦隊，對西班牙海岸進行先發制人的攻擊。德雷克於是率領艦隊突襲加的斯灣，擊沉一艘西班牙戰艦，同時還對西班牙的運輸及補給船進行襲擊，迫使「無敵艦隊」推遲出航的時間。

1588年7月，西班牙「無敵艦隊」與英國艦隊在英吉利海峽展開了對決。德雷克被委以重任，擔當英國艦隊的副統帥，成就了由海盜轉型爲英國海軍高級將領的例證。

→德雷克的第二任
妻子肖像

海上梟雄的離世

1595年8月，伊麗莎白女王讓德雷克與霍金斯雙強聯合，一起前往美洲進行海盜遠征。到達西印度後，年邁的霍金斯便去世了。德雷克進攻波多黎各爲西班牙人擊退，進攻迪奧斯港卻一無所獲，派往巴拿馬的隊伍則遭到了伏擊。更不幸的是，船員染上了可怕的熱帶傳染病，德雷克也一病不起，於1596年1月28日死在船上。

【人文歷史百科】

封建解體時期的西歐諸國

030.無敵艦隊的覆滅

英國擊敗西班牙「無敵艦隊」後，成為了新一代的海上霸主。

海上雙強的較量

十六世紀時，海上的霸主是西班牙。自哥倫布發現新大陸之後，西班牙的殖民者便蜂擁上岸掠奪黃金、白銀，大量的珠寶像翻滾的潮水般流入西班牙，使它迅速發展成為歐洲最富有的海上帝國。自1545年起的十五年光陰裡，西班牙海軍即從海外運回黃金五千五百公斤、白銀二十四萬餘公斤。十六世紀末，世界貴重金屬開採量的百分之八十三為西班牙所占有。為了保障自己的海上運輸線和海外利益，西班牙組建了一支由一百多艘戰艦、三千餘門大砲、數以萬計士兵組成的強大海上艦隊。在極盛時期，這支艦隊多達千餘艘，它耀武揚威地橫行於地中海和大西洋，自稱「無敵艦隊」。

當時的英國向處於資本主義萌芽階段，飛速發展的輕工業急於向海外尋找

市場，艦船製造和航海技術的革新，使英國奪取海外殖民地的野心急速膨脹，這些都是西班牙不願看到的。另外，英國在海上的海盜行徑，以及對美洲的虎視眈眈，都直接威脅到了西班牙的利益。西班牙國王腓力二世對此極為不滿，但他起初並不想使用武力，而是打算勾結英國天主教勢力將伊麗莎白趕下臺，將蘇格蘭女王瑪麗扶上英國王位。但西班牙人的陰謀很快就被伊麗莎白識破，她下令處死了蘇格蘭女王瑪麗。腓力二世見陰謀敗露，決定用武力征服英國。

當時，英國的海上實力仍難以與西班牙相抗衡，但德雷克、霍金斯等人率領的海盜團所發動的海上襲擊，卻令「無敵艦隊」防不勝防，成為一種有效的反制方式。

頂尖對決

1588年7月，西班牙的「無敵艦隊」

↑氣勢恢宏的無敵艦隊

在公爵梅迪納的統率下，自里斯本揚帆出航，直奔大不列顛而去。這支艦隊由一百三十四艘戰艦、八千多名船員和水手、兩千多名搖槳奴隸和兩萬餘名步兵組建而成。梅迪納打算採用傳統打法，利用強大的步兵優勢，衝撞敵艦，強行登艦後進行肉搏。

英國方面也做好了充分的準備，組建了一支由一百九十七艘戰艦、九千名船員和水手組成的新型艦隊。霍華德任統帥，海盜頭目德雷克任副統帥。英國的戰艦由霍金斯做了革新之後，具備了船體小、速度快、靈活性強的特點，且裝備有先進的火砲，既可躲開西班牙重型砲彈的射擊，又可遠距離打擊西班牙艦隊。

7月22日清晨，戰鬥打響了，西班牙戰艦的甲板太高，他們的砲火高高掠過英國戰艦，英國戰艦在砲火下快速行駛，他們的敏捷令西班牙人感到恐慌和無助。英軍正好處於上風位置，利用重砲猛轟西班牙後衛艦船。「無敵艦隊」陣腳大亂，以致節節敗退。23日拂曉，風向逆轉，「無敵艦隊」處於上風位置，重創英國最

↑ 英國艦隊統帥霍華德

↑ 無敵艦隊統帥梅迪納

大的軍艦「凱旋號」。

25日，在維特島附近，霍華德率領一支艦隊衝入「無敵艦隊」之中，雙方展開對射。英軍艦船的靈活及砲火的精準，徹底擊垮了敵陣士氣。雙方激戰幾小時後，彈藥幾已消耗殆盡。為了補給彈藥，西班牙艦隊向加來港前進，英國艦隊則轉向多維爾。英國艦隊可從附近的港口獲取彈藥，而「無敵艦隊」在到達加來港之前，毫無任何接濟。

26日黃昏，「無敵艦隊」到達加來

封建解體時期的西歐諸國

港港內停泊，英國艦隊尾隨追來。因為知道「無敵艦隊」還未補給彈藥，英國艦隊放心大膽地在對方射程內停泊，梅迪納則無可奈何。

最後決戰

西班牙艦隊在加來港灣內下錨停泊。1588年8月7日凌晨，霍華德在旗艦上召開緊急會議。會議經過各方分析，最後決定用火攻。英軍在會議結束的當天晚上便開始了「火攻」計畫。八艘兩百噸以下的小船隨即改裝成為引火船，船上裝滿易燃物。當時正值深夜，隨著司令官一聲令下，這八艘被點燃的小船順風衝向「無敵艦隊」。睡眠朦朧的西班牙人作夢也沒想到英國人會來這一招，個個呆若木雞。八條「火蛇」眨眼間竄入「無敵艦隊」之中，木製的大帆船遇上「火蛇」立刻燃燒起來。西班牙艦隊陷入一片火海，士兵被燒得焦頭爛額，

發出一陣陣慘叫，大小船隻一片混亂。梅迪納急忙命令各艦砍斷錨繩，避開大火。但慌亂之中，不少西班牙船隻只顧逃命而互相撞在一起，自相撞沉者不計其數。

火攻過後，梅迪納命令艦隊向加來港集中，但大多數船隻已將錨砍掉，無法停泊，遂向東北方向漂流而去。霍華德見西班牙艦隊雜亂無章地向敦克爾克方向行駛，便命令英國艦隊乘勝追擊。因數次激戰過後，英軍的彈藥不甚充足，霍華德命令艦隊盡量保證攻擊的準確度。此時的「無敵艦隊」已無招架之力，只能後退。

英軍哪裡肯放過他們，在後面窮追不捨。上午九時，雙方艦隊再次交火。英國艦隊步步緊逼，不成隊形的「無敵艦隊」顯得更加混亂。西班牙人儘管勇敢作戰，無奈戰艦在各方面都不占優勢。「無敵艦隊」三尺厚的木船殼被英軍的砲火

↑逃跑的西班牙船隻

所洞穿，四千多名西班牙人被殺，鮮血從甲板上流入大海中，染紅了大片海水。

海戰一直持續到下午六時，鑒於艦隊早失卻戰力，梅迪納命令全軍撤退。「無敵艦隊」至此名存實亡。

海上新霸主

「無敵艦隊」集中起殘餘船隻，從北面繞過不列顛群島向祖國駛去。英國艦隊雖勝，礙於一些艦隻受創，加之彈藥消耗過大，霍華德命令停止追擊。剩下的西班牙艦隻乘著風勢向北逃竄，但在抵達蘇格蘭西北岸的拉斯角時，遇到猛烈的大西洋風暴。大海咆哮，惡浪滔天，殘船怎經得起這般折騰，一些戰艦遂出現了漏水的狀況。船員亦被飢餓、病魔纏繞，無助地在海上隨巨浪漂泊。許多戰艦撞上了岩石後進水下沉，消失在浪濤之中。

在崎嶇難行的愛爾蘭岸邊，有十七艘船觸礁沉沒，數千人淹死。僅在斯來

↑1600年在布拉克弗賴爾遊行的伊麗莎白一世

哥一地，就有一千一百名西班牙人屍體被海水沖至海灘上。一些船員向當地的愛爾蘭人乞討食物及淡水，但遭到無情地拒絕。有幾百人軟弱得不堪一擊，竟然被岸邊的半野蠻人屠殺。

1588年10月，「無敵艦隊」僅剩四十三艘殘破船隻回到西班牙，近乎全軍覆沒。腓力二世望著僅存的四十三艘遍體鱗傷的戰艦，不禁百感交集。但是，他還是強裝出一副無所謂的樣子，為這些西班牙殘兵打氣。暗地裡，腓力二世將自己囚禁在皇宮密室裡，沒有人敢與他說話。

整個大海戰，英軍陣亡海員水手不過百人，而西班牙卻有兩萬多官兵葬身魚腹，近百艘戰艦遭到滅頂之災。英軍之所以能大獲全勝，乃因其採用了靈活多變的戰術，充分利用砲火對敵人進行遠距離攻擊。西班牙貌似強大，但保守僵化，仍以登上敵方艦隊進行肉搏戰為指標，失敗乃在所難免。此役過後，西班牙海軍一蹶不振，而英國海軍則迅速成為新的海上霸主。

封建解體時期的西歐諸國

97

031.路易十一時期的法國

法國的君主專制開始於路易十一時期，他曾對叛亂的封建領主說：「朕即法蘭西。」

不安分的路易王子

路易十一是法蘭西國土統一的奠基人，也是法國十五世紀最有作爲的國王。他出生於1423年7月3日，當時英法百年戰爭已接近尾聲。然而就在法國將要勝利時，國內各大領主私欲膨脹，企圖脫離王室獨立。領主們藉戰爭之機擴充的力量已不可小覷，此時王權衰落，一切都變得難以預測。

作爲法王查理七世的兒子，太子路易十一也有覬覦王位之心。路易十一自幼沉默寡言，但心計頗多。1436年，年幼的路易十一與蘇格蘭的瑪格麗特舉行了一場政治婚姻。1439年，路易十一受命指揮朗格多克保衛戰以抵禦英軍，並以全權代表國王的身分來到普瓦杜。查理七世本指望路易十一奮勇殺敵，誰知路易十一取得兵權後，立即起而反對查理七世，希望透過武力盡快登上王位。

1440年，路易十一領導反對國王的大領主發動叛亂，隨即遭到鎮壓，路易十一被押到了查理七世面前。查理七世最後赦免了這個寡言少語的兒子，並再次委以重任，讓他帶領大軍抗擊英軍。查理七世以父親的慈祥寬容了路易十

→查理七世
查理七世是法國瓦盧瓦王朝（Valois）第五任國王，被稱爲「勝利者查理」、「忠於職守者查理」。另外，風情萬種的艾格尼絲·索雷爾被認爲是法國史上「第一美人」，查理七世拜倒在她的石榴裙下，使她成爲首位被法國王室正式接納的「法蘭西情婦」。但索雷爾最後被謀殺，不少史學家推斷這與路易十一有很大關係。

一，卻未贏得他的眞心。

1446年，路易十一企圖煽動阿熱納起義，以逼迫查理七世交出王權。陰謀失敗後，路易十一苦心經營自己的領地，大有建立國中之國的意味。路易十一還祕密與薩伏依結盟，瓜分米蘭公爵領地。瑪格麗特死後，路易十一不顧父親反對，決定與薩伏依公爵之女夏洛特結婚。查理七世忍無可忍，決定剝奪路易十一的俸祿。失去經濟來

↑路易十一，油畫

源的路易十一並沒有向父親妥協，而是於1456年祕密投奔了勃艮第公爵善良腓力。1461年7月，查理七世去世，在外流浪五年的路易十一迫不急待地回國即位，而查理七世之死與他似乎也有關係。

朕即法蘭西

登上王位的路易十一有點忘乎所以了，他對叛亂的封建領主說：「朕即法蘭西。」完全一副唯我獨尊的模樣，並自詡是法蘭西民族意識的體現。為了統一法蘭西領土，路易十一與領主們進行了無數次的交鋒，最典型的就是他與勃艮第公爵「大膽查理」的較量。

大膽查理是善良腓力之子，路易十一曾於1456年投奔善良腓力尋求庇護，但路易十一上臺後迫使善良腓力將索姆河沿岸城市賣給了他。勃艮第是法蘭西王室成員的領地，歷任公爵都希望建立一個強大的王國，以求脫離法蘭西。傳至大膽查理這一代時，好戰的個性使他對未來充滿了希望，建立一個與法蘭西匹敵的王國成了他不斷追求的夢想。

為了消除大膽查理聯合國內敵對勢力的可能，路易十一決定先從身邊下手。那些對他統治政策不滿的臣民都遭到了各種打壓，查理七世時代的大臣因口吐怨言，大都被革職或關入監獄。清

理一批反對大臣後，路易十一開始從下層貴族和中產階級中選拔人才，表示效忠且有能力者都可獲得一官半職。雖然這些官員助長了路易十一的獨斷專行，但因打破了地位及出身的限制，仍算是給政府機構注入了一股新血。

在加強國內政權的同時，路易十一還暗中支持在勃艮第統轄下的列日城的反叛活動。大膽查理感覺時機成熟，便聯絡一些被路易十一限制獨立的安茹、不列塔尼、波旁等家族組成了「公益聯盟」，並擁立路易十一的胞弟查理為名義上的首領，將軍隊開赴到巴黎附近，要與路易十一進行決戰。

1465年，路易十一在戰爭中失敗，

10月簽訂了孔弗朗以及聖莫爾條約：把索姆河流域的城市還給勃艮第，把諾曼第讓給胞弟查理。

狡猾多變的路易十一

路易十一並不想遵守與「公益聯盟」簽訂的條約。僅僅過了兩個月，路易十一就利用弟弟查理與不列塔尼公爵發生衝突的機會奪回了諾曼第。大膽查理立即重組「公益聯盟」，聯合不列塔尼的法蘭西斯公爵和英格蘭的愛德華四世，再次討伐路易十一。

路易十一感覺事情不妙，立即驅兵直入不列塔尼，迫使法蘭西斯公爵退出聯盟。同時他還表示願意與大膽查理談判。大膽查理接受了路易十一的提議，迎接他到勃艮第佩洛納進行談判。在談判過程中，路易十一的密使在列日煽動叛亂，大膽查理聞言後十分惱火，立即扣押了路易十一，並迫使他簽訂了屈辱的條約：保證佛蘭爾德的自由，把香檳作爲封地授與他的弟弟查理，陪同大膽查理到列日去平定叛亂。

被羞辱一番的路易十一回國後立即撕毀條約，把弟弟查理打發到基恩，並支持英國被廢

的蘭開斯特家族亨利六世復辟，使其與約克家族的愛德華四世相抗衡。

大膽查理再次組成討伐路易十一的聯盟，並新增了阿曼涅克的約翰伯爵和阿朗松的約翰公爵兩名成員。來勢洶洶的第三次討伐使路易十一膽戰心驚，但1472年弟弟查理的去世使他再無後顧之憂。路易十一率兵迎敵，先後征服了阿曼涅克與阿朗松，兩位伯爵一個喪命，另一位則被關入監獄。1475年6月，英王愛德華四世在加來登陸，但兩個月後就被路易十

←大膽查理
查理公爵當政時期（1467～1477），勃艮第公國的勢力達到頂峰，並與法王爭雄。

一的錢財打發回國。

愛德華四世罷兵回國後，大膽查理只得孤軍奮戰。路易十一挑撥洛林、瑞士與勃艮第之間的矛盾，並向洛林和瑞士資助錢財。1477年，大膽查理與洛林公爵在南錫大戰，大膽查理戰敗身亡。路易十一掃清了主要反對者後，開始實行統一法蘭西的計畫。

↑路易十一的宮廷生活

「萬能蜘蛛」

路易十一有「萬能蜘蛛」之稱，機智而又老練。在統一領土的過程中，他很少動用手中的軍隊，經常是透過外交手段或利用繼承權來解決。大膽查理死後，路易十一迫切想得到勃艮第，但大膽查理的女兒瑪麗與奧地利王子馬克西米連的聯姻，使他不敢輕舉妄動。1482

年瑪麗去世，路易十一立即與馬克西米連簽署《阿拉斯條約》，收回了勃艮第公爵領地、皮卡迪和布洛納。隨後，路易十一又透過兒子與馬克西米連女兒的婚姻，獲得了豐厚的嫁妝——勃艮第伯爵領地和阿圖瓦。

路易十一還積極協助西班牙政府，幫它平定卡塔朗叛亂，而西班牙也給予他不菲的報酬——塞爾塔尼和魯西萊兩地。安茹伯爵去世後，路易十一捉準機會，強占了安茹、曼納和普羅旺斯。波旁和奧爾良兩塊領地亦相繼被路易十一控制，因為他把這兩塊領地的繼承人變成了自己的女婿。路易十一統治末年，法國大體上統一，僅剩不列塔尼公國未併入法國版圖，加來港及其附近地區仍在英國人手中。

路易十一統治期間，實施了一連串促進生產的政策。他修建公路，創辦郵局，開設印刷所，並招用義大利工人在里昂興辦第一個絲織業工廠。他還任用新興中產階級擔任政府官職，受到了市民的支持。1483年8月30日，路易十一因腦溢血在普列西·列·土爾城堡去世。

法蘭西斯一世的野心

法王路易十一於1483年去世，他爲法蘭西國土統一奠定了基礎，但西北部的不列塔尼公國還在國門之外。路易十一的兒子查理八世即位後繼續推行統一法國的政策，終將不列塔尼公國併入法國版圖，完成了法國統一大業。但不幸的是，年僅二十八歲的查理八世於1498年意外死亡。因查理八世沒有子嗣，與其遺孀安妮結婚的奧爾良公爵路易十二，獲得了王位繼承權。路易十二即位後勵精圖治，實施了一連串爲民著想的政策，被譽爲「人民之父」。1515年1月1日，路易十二去世。路易十二膝下也無子嗣，他的堂弟昂古萊姆公爵法蘭西斯於1515年即位，稱「法蘭西斯一世」。

↑1494年查理八世進軍義大利，1837年油畫

法蘭西斯一世上臺後，繼續推行以往的對外政策，即入侵義大利。這是法國爲了鞏固在地中海的地位而制定的政策，同時也滿足貴族們掠取財富的願望。查理八世在位期間，曾於1494年發動了入侵義大利的戰爭；路易十二也發動了入侵義大利的戰爭，但於1513年賠掉了米蘭。當時義大利境內各小國聯合起來奮勇抗敵，西班牙和神聖羅馬帝國也大力相助，共同阻擊法國的侵略步伐，迫使法國狼狽撤軍。

年僅二十歲的法蘭西斯一世血氣方剛，誓要奪回米蘭。他將國內事務交由母親管理，親率大軍跨過阿爾卑斯山脈，出擊米蘭。在馬里尼亞諾之戰中，法蘭西斯一世大獲全勝，奪回了米蘭。

1519年，西班牙國王查理一世當上了神聖羅馬帝國的皇帝，稱「查理五

→路易十二和安妮紀念碑，大理石雕成

硬幣上的路易十二

世」。查理五世控制了西班牙、尼德蘭和義大利南部，也雄心勃勃地要占領義大利。另外，法國的勃艮第在他眼中也是一塊肥肉。從地圖上不難看出，西班牙、義大利南部和尼德蘭對法國形成了三面包圍之勢，法國明顯處於劣勢地位。1521年，法蘭西斯一世與查理五世的矛盾，點燃了義大利境內的戰火。

▶ 查理五世

原西班牙國王查理一世，後成為神聖羅馬帝國皇帝查理五世。他統治期間對外連年戰爭，對內不斷鎮壓革命，使西班牙國力達到鼎盛。

一世聯合各路諸侯共同討伐查理五世，又奪回了勃艮第。第三次和第四次交鋒，分別發生在1536至1538年與1542至1544年，雙方都沒討到什麼便宜。

1529年雙方停戰後，查理五世積極推行基督教統治政策，企圖在全歐建立基督教統治。法蘭西斯一世立即與英王亨利八世，以及日耳曼的新教諸侯結成聯盟，以對抗查理五世的政權。1535年，法蘭西斯一世又與土耳其蘇丹蘇萊曼訂立同盟，法國獲得了極為有利的「治外法權」，在外交舞臺上扮演了日漸吃重的角色。

雙雄爭霸

1521至1544年，法蘭西斯一世與查理五世進行了四次交鋒。第一次交鋒是在1521至1525年。在這次交鋒中，法蘭西斯一世不僅丟了米蘭，還賠上了勃艮第，他本人也成了查理五世的俘虜。第二次交鋒是在1527至1529年，法蘭西斯

1544年，查理五世親征法蘭西斯一世，率大軍逼近巴黎。法蘭西斯一面鼓勵法國人民誓死抵抗，一面鼓動日耳曼境內新教諸侯起義，致使查理五世顧慮重重。此外，法蘭西斯一世還向盟友土耳其求援。土耳其軍隊在匈牙利境內活動後，嚴重威脅到維也納的安全。面對法國人民的奮勇抵抗，及法蘭西斯一世靈活的外交手段，查理五世最後放棄了進攻。同年，查理五世和法蘭西斯一世在克列比城簽訂和約，神聖羅馬帝國軍隊從法國境內退出。

↑ 法蘭西斯一世畫像，1525年，巴黎羅浮宮博物館藏

封建解體時期的西歐諸國

103

王權的加強

法蘭西斯一世在位期間，為加強王權做出了諸多努力。因戰爭頻急，金屬的需求大大增長，促進了採礦業的發展。為了保證物資運輸方便，法蘭西斯一世下令開鑿運河，修築公路橋樑，取消過多的關卡，保護商人的人身安全，使得法國境內市場有序和諧地發展，漸漸促進了度量衡的統一。同時他還實行貿易保護政策，透過關稅限制進口義大利、佛蘭德爾、西班牙等地的工業品，以保護國內工業的發展。另外他又和土耳其簽訂了「特惠條約」，使法國商人在土耳其利文特擁有壟斷貿易的特權。

經濟建設就緒，法蘭西斯一世頓擁強大的財富資源。國庫充盈，王室可支配的資金充足，王權的加強有了最基本的保障；這些也使法蘭西斯一世有能力建立起一支效忠於他的軍隊，進而加強對行政機關的控制。他向各郡派遣只聽命於國王的監督官，大大限制了各郡守的權力。階級代表制度已無法約束法蘭西斯一世，三級會議在他執政期間始終沒有召開，甚至地方三級會

← 教皇利奧十世
1516年，法蘭西斯一世與羅馬教皇利奧十世簽訂《波倫亞宗教協定》，獲得了自由任命法國高級神職人員的權力，使王權得到了進一步鞏固。

議有的也被取消。

法蘭西斯一世執政期間，教會的勢力也遭到大幅削弱。往日由教會法庭審理的民事訴訟，皆改由國王法庭審理，國王的司法權限因而高度擴張。法蘭西斯一世還把最高統治權力集中到御前會議，最高法院形同擺設。1527年，巴黎高等法院主席向出席會議的法蘭西斯一世宣稱：「您是在法律之上的，沒有一種權力可以強迫您去做什麼。」這番話

→ 《法蘭西斯一世的鹽罐》，黃金與琺瑯製品，
1540年切利尼作品，維也納美術史博物館藏
這個鹽罐以及承托鹽盒與胡椒瓶的圓形底座，都經過了精雕細刻，工藝精巧至極，體現作者矯飾主義的巴洛克藝術風格，也表現出法國宮廷生活的奢華和其裝飾的形式美。

滿足了法蘭西斯對權力的欲望，他在國王檔末尾署上了「此乃朕意」的話，這一說法成爲了歷代帝王詔書的習慣用語。

難掩的社會矛盾

爲了鞏固統治地位，法蘭西斯一世有點不擇手段了。在發行公債支付戰爭和宮廷費用的同時，法蘭西斯一世於1523年設置了一個專門出售官職的機構。巴黎市政府於1522年發行了第一次公債，但仍然無法解決財政問題；於是，法蘭西斯一世開始公開出售官職。爲了增加收入，他還設了不少新官職。官職的公開買賣致使貪賄成風，虛設的官職使龐大的國家機構變得更加臃腫。此外，法蘭西斯一世還推行了包徵間接稅制度，即包稅人先把規定的稅額向國庫一次交清，然後再向納稅人以更高的稅額收回。

這些措施的公布，使貴族和大資產家變得更加富有，而農民則越來越貧窮。包稅人都是社會上層人物，他們向國庫繳完稅後，便即瘋狂壓榨農民。生活在底層的農民、手工業者發起了各種反抗活動，社會衝突日漸尖銳。

法國另一潛在的危機是宗教分裂活動，它源於法蘭西斯一世殘忍的宗教政策。1535年，三百餘名新教徒遭逮捕，其中三十五人被燒死。1540年，法國建立了宗教裁判所，加大對新教徒的迫害程度。高壓政策使「異端」凝聚成了一種可怕的力量，地方貴族藉機利用這種力量與中央政權對抗，危及了十六世紀下半葉法國的君主專制根基。

1547年3月31日，得了熱病的法蘭西斯一世在拉波萊托去世。

【人文歷史百科】

法蘭西斯一世和法國文藝復興運動

法蘭西斯一世推行的政策不僅加強了王權，還推動了法國文藝復興運動。法蘭西斯一世與義大利文藝復興著名人物達文西、本維努托·傑里尼等人素有交往，曾邀請他們到巴黎訪問。他還給本國的人文主義者拉伯雷提供了有力保護，並於1530年創辦了法蘭西學院，學院裡滿是前衛的人文主義學者，成了傳播人文主義思想的聖殿。法蘭西斯一世對建築藝術也很感興趣，羅浮宮西南側以及尚波爾、楓丹白露、布洛瓦等城堡就是在他統治期間建造的。

封建解體時期的西歐諸國

↑法國羅浮宮，1546 年法蘭西斯一世對羅浮宮進行擴建

垂涎三尺的法國

義大利雖然長期處於分裂狀態，但仍是歐洲屈指可數的富裕之地。十五世紀末，各國終於為了這塊「肥肉」而大打出手。

1494年初，那不勒斯國王斐迪南一世去世。法王查理八世宣布有權占得斐迪南一世的領地，並於8月底率兵三萬餘人越過阿爾卑斯山脈向那不勒斯進軍。1494年年底，查理八世在遇到零星抵抗後即穿過羅馬全境；1495年元月，羅馬教皇宣布查理八世為那不勒斯國王。2月23日，查理八世占領那不勒斯。

法軍在那不勒斯橫行，貪婪地搜刮著當地的財富。為了驅趕法軍，威尼斯、米蘭和羅馬教皇等組成了「神聖同盟」。這時神聖羅馬帝國皇帝馬克西米連一世和西班牙國王斐迪南二世也加入了同盟，冀望戰勝法國後能分得一杯羹。

1495年7月6日，「神聖同盟」軍隊與法軍交戰於福爾諾沃，法軍大敗。

1496年底，勢單力孤的法軍狼狽撤出那不勒斯王國。

1499年，繼任查理八世的路易十二繼續遠征義大利，相繼占領了米蘭和倫巴底。西班牙此前參加了「神聖同盟」，但用意並不在對抗法軍，而是侵吞義大利。因此，西班牙與法國在1501至1502年簽訂了協約，共管那不勒斯王國。這種條約是建立在共同利益上的，一旦雙方發生利益衝突，條約也就失去了意義。

1503年春，法、西兩國因那不勒斯的利益分配問題爆發戰爭。12月29日，法軍在加里利亞諾河畔戰敗，那不勒斯完全淪為西班牙的領地。

1509年，路易十二派兵出擊威尼斯，占領了威尼斯在倫巴底的領地，並隨後擊潰了威尼斯大軍。法國在義大利北部迅速膨脹的勢力，引起了覬覦義大利的各國的不安。1511年10月，西班牙、英國、瑞士、羅馬教皇與威尼斯訂立「神聖同盟」，共同對付路易十二。

1512年，駐義法軍在拉文納戰役中擊潰西班牙軍隊，但因法軍中的雇傭軍紛紛投敵，路易十二只好下令撤退，於1512年年底放棄倫巴底。

←查理八世進入佛羅倫斯，1518年木板油畫，現收藏於佛羅倫斯
查理八世即位後，不斷對外征戰，尤其對義大利的垂涎，促使其大動干戈。

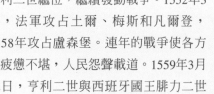

法蘭西斯的遠征

1515年，法蘭西斯一世登上王位，決定再征義大利。同年9月，法蘭西斯一世在馬里尼亞諾之戰獲勝，重新占領米蘭。次年，法蘭西斯一世與教皇簽訂了《博洛尼亞協定》，使法國教會成為專制王權的支柱。

1521年5月，神聖羅馬帝國皇帝查理五世與教皇締結同盟，共同對抗法國。查理五世與法蘭西斯一世於1521年進行了首次交鋒。在這一役中，法蘭西斯一世潰不成軍，米蘭於1522年4月被查理五世攻占。1523年，面對從北方入侵的聯軍，法國陸軍統帥波旁叛變，致使法蘭西斯一世手忙腳亂。1525年，法蘭西斯一世在巴費亞戰敗被俘，並被押送到馬德里。次年元月，查理五世逼迫法蘭西斯一世簽訂了《馬德里條約》：法國放

↑亨利二世像

棄對義大利及那不勒斯的領土，承認勃艮第、普羅旺斯和多飛內獨立，將諾曼第、安茹、加斯科涅和歧恩劃給英國。《馬德里條約》可說把法國給肢解了。

1527年義大利烽煙再起，至1529年才告一段落。1525年法蘭西斯一世戰敗回國後，立即命令高等法院否定《馬德里條約》。同時他還聯合威尼斯、佛羅倫斯、米蘭等國的諸侯，與反對查理五世的教皇克雷芒七世結盟，並力邀土耳其蘇丹作其後盾，於1527年向查理五世發出挑戰。面對法蘭西斯一世的強力攻勢，查理五世於1529年簽訂了《康布雷和約》，法國和威尼斯放棄在義大利的部分領地。

為了奪取義大利，法蘭西斯一世煽動反對查理五世的一切力量，妄圖推翻他的統治。但1544年查理五世率軍攻入法國，迫使法蘭西斯一世簽訂了《克雷皮和約》，並重申《康布雷和約》有效。

1547年法蘭西斯一世去世後，其子亨利二世繼位，繼續發動戰爭。1552年3月，法軍攻占土爾、梅斯和凡爾登，1558年攻占盧森堡。連年的戰爭使各方都疲憊不堪，人民怨聲載道。1559年3月12日，亨利二世與西班牙國王腓力二世簽訂《卡托──康布雷西和約》，義大利戰爭正式結束。

↑法蘭西斯一世像，1540年作品，烏菲茲美術館藏

107

法蘭西斯一世早上醒來，發現宣傳宗教改革的傳單竟然貼到了王宮的大門上！

宗教改革的開端

　　英法百年戰爭接近尾聲時，法國的勝勢已不可逆轉。戰場上的有利局面使法國王權得到了加強，開始干預領土內的大小事。1438年，為加強對教會的控制，查理七世頒布了《布魯日國事詔書》。詔書宣稱宗教會議的權力高於教皇，有權任命主教等高級神職人員及修道院長，可不向羅馬繳納上任年貢，上訴羅馬的宗教案件必須經過初審。《布魯日國事詔書》在一定程度上限制了教廷的人事、財政和司法權，為建立法國民族教會奠基。

　　1512年，法國人文主義者戴塔普爾提出「唯信稱義」思想，認為人只有靠信仰才能得救，而非依恃善功、聖禮和教士。但戴塔普爾並不完全否認教皇和教會的作用，他自己也是虔誠的天主教徒。

　　1516年，戴塔普爾與法賴爾、莫城主教威廉‧布利松涅等人在莫城組成了「莫城小組」。小組成員倡導人們用法語作禮拜，並宣講福音、撤去聖像，在莫城產生了重要影響。他們的活動還獲得法蘭西斯一世之妹瑪格麗特的支援，她不僅為莫城小組提供方便，還為他們提供庇護。戴塔普爾的許多弟子後來成了新教徒，成為宗教改革中的一支重要力量。同年，法王法蘭西斯一世與教皇利奧十世簽訂《博洛尼亞協定》，獲得了任命高級神職人員的權力，控制了法國教會的大部分財產，教會猶如國王手中的玩物。

　　1519年，馬丁‧路德的著作在巴黎公開出售。法蘭西斯一世十分贊同書中「政權高於教權」的思想，並公開支持日耳曼新教諸侯反對神聖羅馬帝國的統治。當法國新教徒蠢蠢欲動時，法蘭西斯一世立即慌了手腳。1534年10月，宣傳宗教改革的傳單竟然貼到了王宮的大門上，史稱「傳單事件」。法蘭西斯一世看到政權受到了挑戰，立即對國內新教徒採取鎮壓。

←坐在床上的喀爾文
喀爾文是瑞士宗教改革家，喀爾文教的創始人。1509年生於法國的皮卡迪，因積極倡導宗教改革，被教會視為異端。

→ 飯店中的法蘭西斯二世
法蘭西斯二世十五歲即位，但因健康因素致使
大權旁落，並由此引起了一場「胡格諾戰爭」。

喀爾文教派的活動

1545年，法蘭西斯一世屠殺了約三千名新教徒，其中包括不少婦孺。繼任的亨利二世變本加厲，設置了專門迫害新教徒的「火焰法庭」。1540年代起在法國境內流傳的喀爾文教，對中央政府的殘酷手段十分不滿。

喀爾文教立足於南方的普羅旺斯和朗格多克，吸收了有分立情緒的貴族和部分資產家。1550年後，各地的喀爾文派紛紛建立獨立組織，如巴黎、莫城、奧爾良、里昂等地。爲了擴大影響力，該派讓經過培訓的牧師潛回法國境內宣傳，不斷吸收新的信徒。

1559年5月，巴黎市郊的聖日耳曼聚集了大批喀爾文教徒。經喀爾文的倡議，法國喀爾文教徒舉行了首次代表大會，並成立法國新教會。這些新教徒又稱「胡格諾」，即「同盟者」之意。

1559年7月，亨利二世去世，十五歲的太子法蘭西斯二世即位。由於法蘭西斯二世體質文弱，大權旁落到兩位王叔手裡，即吉斯公爵、王國軍隊統帥法蘭西斯，與其胞弟洛林紅衣主教查理。

法蘭西斯和查理掌握大權後形成了「吉斯集團」，表示要捍衛天主教的地位。而波旁家族的納瓦爾國王安東莞與其弟孔德親王路易，以及夏蒂隆家族的海軍上將寇里尼，高舉著喀爾文教旗幟，組成了「胡格諾集團」，與吉斯集團公開對立。

1560年12月，十六歲的法蘭西斯二世去世，十歲的查理九世即位，太后凱薩琳攝政。凱薩琳爲了維護王權和君主專政，準備調解兩大集團的衝突，或拉攏一派消滅另一派。1561年，經凱薩琳倡議，新舊教神學家在普瓦西舉行了會議。次年元月，凱薩琳頒布敕令允許胡格諾白天在城外作禮拜。但凱薩琳的努力終究沒能化解這番信仰上的衝突，更何況矛盾實質本就不在信仰問題上，兩大集團最後爆發了史上著名的「胡格諾戰爭」。

【人文歷史百科】

宗教戰爭的實質

吉斯集團得到了東北部和中部貴族的支援，胡格諾集團在南方的勢力比較強大。與其說是爲信仰而戰，倒不如說是爲了各自集團的利益而戰。宗教劃分僅是形式，他們高舉宗教旗幟進行了一場實爲爭權奪利的內戰。兩大集團因其需求而改變宗教信仰之事屢見不鮮，也從側面說明了這場宗教戰爭的實質。

封建解體時期的西歐諸國

035.胡格諾戰爭

聖巴托羅繆節的屠殺使胡格諾教派的菁英喪失殆盡，但其首領最終登上了法國王位。

統治集團爭權奪利的戰爭

1562年3月1日，吉斯公爵在瓦西鎮襲擊了正在舉行禮拜的胡格諾教徒，使胡格諾教徒死傷二百餘人。事件發生不久，土爾、桑斯和圖魯茲等地也出現了屠殺胡格諾教徒事件。南方的胡格諾貴族集團聞訊大怒，立即調集兵馬準備與吉斯集團展開決戰。吉斯集團也排兵布陣，準備給對手來個迎頭痛擊。宗教戰爭的序幕終於被拉開了。

↑聖巴托羅繆之夜

1562年12月，兩大集團在巴黎附近的德勒展開激戰，吉斯集團在戰爭中遭到重創。此後不久，胡格諾集團的安東莞和吉斯集團的法蘭西斯相繼戰死。

1567年11月，孔德親王路易起兵包圍巴黎。他得到了日耳曼地區巴拉丁伯爵的援助，與吉斯集團在巴黎北郊的聖德尼斯展開血戰。經多方斡旋，交戰雙方一度達成停戰協定。但1569年3月戰端又起，兩大集團在雅爾納克殺得天昏地暗；結果胡格諾集團的路易戰死，寇里尼率殘部退回南方的朗格多克。凱薩琳再次出面調解，於1570年8月簽署《聖日耳曼和

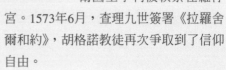

↑舉行禮拜的胡格諾教徒遭到屠殺

解敕令》，允許胡格諾信仰自由。同時她還將法王查理九世的妹妹瑪格麗特，許給納瓦爾王子亨利，以鞏固這種關係。

寇里尼因受到查理九世的信任進入宮闈，參與國家各種大事。但他打擊西班牙的外交政策，引起了凱薩琳太后的不滿。

1572年，納瓦爾王子亨利即位為納瓦爾國王，成為胡格諾集團新的領導人。同年8月，亨利前往巴黎與瑪格麗特公主完婚。但8月24日的聖巴托羅繆節發生了恐怖的流血事件，胡格諾教派的許多顯要人物被殺，納瓦爾國王亨利被軟禁在羅浮宮。1573年6月，查理九世簽署《拉羅舍爾和約》，胡格諾教徒再次爭取到了信仰自由。

三亨利之戰

　　1574年5月30日，查理九世去世，安茹公爵亨利三世擊敗胞弟阿朗松公爵後奪得王位。阿朗松公爵倒向胡格諾教派，與亨利三世爆發了內戰。1576年5月，在太后凱薩琳的調解下，亨利三世簽署了「王弟和約」，也稱《博利厄和約》。

　　因不滿對胡格諾教派的偏袒，吉斯集團的亨利・吉斯於1576年6月成立了「天主教聯盟」，為奪取王權做準備。同年，納瓦爾王亨利從羅浮宮逃回南方，繼續領導胡格諾集團作戰。

　　1577年9月，兩大集團簽訂了《貝熱拉克和約》，「天主教聯盟」解散，胡格諾戰爭結束。

　　1584年6月，阿朗松公爵去世，納瓦爾王亨利成了法國王位的唯一繼承人。1585年，亨利・吉斯重組天主教聯盟，聲稱也擁有王位繼承權。但新組建的天主教聯盟被亨利三世利用，不僅更名為「王家聯盟」，領導權也被亨利三世攫取。亨利・吉斯只得另立「巴黎聯盟」，續行奪取王權的爭鬥。

　　1586年7月，亨利三世頒布了《那慕爾敕令》，廢除納瓦爾王亨利的王位繼承權，並限令胡格諾六個月內改信天主教，否則將其逐出法國。亨利三世本想一箭雙鵰，既安撫亨利・吉斯，又打擊納瓦爾王亨利，但卻引發了「三亨利之戰」。

　　1587年10月，納瓦爾王亨利在庫特拉大敗亨利三世。1588年5月，亨利・吉斯迫使亨利三世出逃巴黎，他本人卻被亨利三世派人刺殺。亨利・吉斯死後，吉斯集團立即策動政變，推舉年邁的洛林紅衣主教查理為國王，稱為「查理十世」。走投無路的亨利三世只好與納瓦爾王亨利聯合，共同對抗吉斯集團，並承諾將王位繼承權交給他。

　　1589年8月1日，亨利三世遇刺，於次日死去。三亨利僅剩下納瓦爾王亨利，「三亨利之戰」至此結束。同年，納瓦爾王亨利登上法國王位，稱「亨利四世」，開創了波旁王朝。

【人文歷史百科】

聖巴托羅繆之夜

納瓦爾國王亨利前往巴黎與瑪格麗特公主舉行婚禮時，凱薩琳說服查理九世，聯合亨利・吉斯，殺盡除亨利和新孔德親王之外的所有胡格諾首領。8月24日的聖巴托羅繆節凌晨，埋伏好的士兵聽到鐘聲後，開始屠殺胡格諾教徒。一天之內有兩千多名胡格諾教徒遇害，其中包括寇里尼，史稱「聖巴托羅繆之夜」。在羅浮宮居住的亨利和新孔德親王宣布改宗天主教，保全了性命。隨後，莫城、奧爾良、魯昂、波爾多等地的胡格諾教徒也遭到了屠殺，總共有兩萬人喪生。

↑亨利四世像

封建解體時期的西歐諸國

在亨利四世的統治下，滿目瘡痍的法國僅用十年時間就變成了歐洲經濟強國。

波旁王朝的建立

亨利四世是法國波旁王朝的奠基人，他鞏固了法國的君主專政。但他即位之初，國內的局勢尚很混亂，天主教同盟不斷聲討作為胡格諾教徒的亨利四世。吉斯集團仍盯住王位不放，並伺機作亂。就在亨利四世讓國內的反動勢力搞得筋疲力盡時，西班牙天主教國王腓力二世乘虛而入，進犯巴黎，並與天主教同盟勾結，企圖推翻亨利四世的政權，確保天主教在法國的統治。

為了鞏固王權，亨利四世開始南征北戰。1589年，亨利四世在阿爾克戰役中取得大捷；隔年，亨利四世在伊伏利戰役中重創敵軍。信心倍增的亨利四世向巴黎進發，準備趕走那裡的入侵者。但信奉天主教的巴黎市民並不歡迎亨利四世，他們甚至認為異教徒沒有資格領導法國。亨利四世無法在短期內占領巴黎，而從尼德蘭星夜趕來的西班牙大軍

←波旁王朝
亨利四世雖使法國成為當時歐洲的經濟強國，但並未徹底解決胡格諾與天主教徒間的矛盾，這也為亨利之死埋下伏筆。

則迫使他放棄了巴黎。

戰亂導致的生產停滯使城鄉人民揭竿而起，法國各地發生了大規模的農民暴動，著名的有「克羅堪」農民起義。此時的巴黎並未落入西班牙國王腓力二世之手，但市內執政的委員會殘酷壓榨巴黎市民的同時，還把西班牙衛戍部隊引進了首都。腓力二世讓女兒伊麗莎白登上法國王位的企圖，遭到了巴黎市民的強烈反對。

1593年，亨利四世為爭取巴黎人民的支持，宣布改宗天主教。1594年2月，亨利四世在沙爾特接受加冕。3月，信奉天主教的巴黎市民大開城門，歡迎亨利四世入城。

得到巴黎市民的支持後，亨利四世大力整治天主教同盟、鎮壓農民起義，同時揮軍驅逐外敵。1595年，天主教同盟首領梅埃納被擊垮，「同盟」投降；

↑亨利四世進入巴黎

1596年，「克羅堪」農民起義遭到血腥鎮壓；1597年，腓力二世在亞眠戰役中慘敗，被迫講和。在三年的時間裡，亨利四世大抵掃清了嚴重危及其統治的武裝勢力。

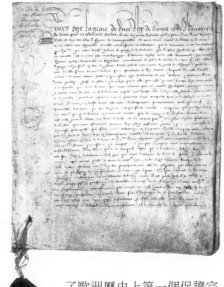

↓《南特詔令》影印本

《南特詔令》

胡格諾戰爭結束後，法國人民極度渴望安定的生活。但此時西班牙的軍隊並未全部撤走，連年的內戰幾乎挖空國庫。為了恢復生產發展、穩定社會秩序，必須加強政府的調控能力，而這又需要大批的資金。亨利四世只得加重稅收充實國庫，這又引起了群眾的不滿。更大的問題在於胡格諾教派勢力，亨利四世改宗天主教已引起他們的憤怒。1594年亨利四世進入巴黎後，胡格諾宣誓繼續忠於自己的信仰，並在斯蒂福召開大會商討對策。1595年，胡格諾舉行索米爾大會，要求享有與天主教徒平等的權利，否則就發動武裝抗爭。

為了解決國內複雜的矛盾，避免戰火重燃，亨利四世於1598年4月13日頒布

了歐洲歷史上第一個保證宗教寬容政策的文獻——《南特詔令》。對於胡格諾教徒，敕令承認他們信仰自由，有權建造教堂和召集教務會議。在法律上享有公民的一切權利；在審訊新教徒時組成新舊教法官聯合法庭；在政治上同天主教徒一樣，新教徒有權擔任各種官職和向國王進諫；在軍事上允許胡格諾教徒保留一百多座城堡，擁有軍隊和武器。為安撫天主教徒，敕令定天主教為法國國教。

然而，亨利四世賦予新教的權利，仍舊引起了天主教教徒強烈的不滿，他們無法忍受異教徒與自己平起平坐；高等法院也提出了抗議，讓新教教徒擔任

↑亨利四世簽署《南特詔令》

封建解體時期的西歐諸國

法官等同對其權威的蔑視。在亨利四世的強硬態度下，《南特詔令》才得以勉強實行。同年5月，亨利四世一併解決了法國與西班牙的疆界問題，西班牙的干涉正式結束。

加強君主專制

《南特詔令》雖未徹底解決兩派問題，但至少穩定了國內混亂的局勢。亨利四世一面忙於恢復生產，一面加強王權，打擊反對勢力。為了得到人民的支持並使其安居，他經常深入社會底層，向疾苦農民噓寒問暖，甚至許諾讓他們人人「星期日罐子裡有隻燉雞吃」。在取得人民信任後，他接著清除決策機構裡的大貴族反對派，處決了通敵叛國的比龍元帥。為了總攬全國大權，亨利四世選派了五名親信組成祕書處，決策國內外一切大事，他們實際上替亨利四世掌控了整個國家。

為了鞏固君主專政，重塑國家權威，亨利四世又動了一番腦筋。他向臣民們舉薦《論共和國》一書，大力宣揚書中思想。《論共和國》是論述專制制度理論的著作，作者為十六世紀著名的法學家、歷史學家讓·博丹，他認為君主是一切權力和權利

的源泉。亨利四世以此人理論為依據，大力推行君主專制。在亨利四世當政期間，高等法院形同擺設，三級會議也失去了對他的約束力。

為了讓官吏世代為國王效勞，亨利四世於1604年發布敕令，規定官員只需繳納收入的六十分之一作為年稅，官職即可世襲繼承。這不僅增進國庫收入，還維護了貴族的地位。但這番作法的危害是可預料的：行政機構變得尾大不掉，官員中的瀆職現象時有發生。

在打擊異己的同時，亨利四世還採取了安撫、收買等政策。他給予了天主教貴族種種特權以尋求他們的支持，對於犯上作亂的天主教徒也採取了克制的態度。亨利四世在處理國內外問題上顯示出了遠見卓識，法國在他的領導下，顯現出一派欣欣向榮之色。

↑英姿勃發的亨利四世

煥然一新的法國

穩定國內局勢使社會發展納入正軌後，亨利四世在法國政治、經濟體制上傾注了精力。由於財政體制得當，法國國家財政在1601年達到收支平衡，不僅償清了戰爭欠下的巨額債款，還使資金有了盈餘。

「農耕和畜牧是滋養法蘭西的雙乳，是真正的寶藏。」法國的財政總監這樣對亨利四世說。爲了發展農業、提高農民的積極性，亨利四世下令降低人頭稅，豁免農民積欠的稅款。禁止逼迫農民用牲畜和農具抵債的政策頒布後，保證了農業的永續發展。爲了提高土地收益，亨利四世引進桑樹、推廣玉米和甜菜種植，並從荷蘭請來水利專家教導農民。

→ **亨利四世騎馬像**
這座青銅雕像位於法國皇家廣場的中心，作爲一種權力的標誌。馬背上的亨利四世英氣逼人，雄心勃勃。

大力發展農業生產的同時，亨利四世並未忽視工商業。他設立「貿易委員會」，大力扶持手工工廠，鼓勵革新和發明。爲了保護本國的工商業利益，他設立關稅壁壘，限制進口外國商品，同時發放手工工廠津貼以保護民族工業。以絲織品爲例，法國過去必須從義大利進口絲織品，亨利四世爲了發展民族工業，除了鼓勵種桑養蠶，還禁止蠶絲等原料出口，進一步廢除國內關卡以加強各地的貿易流通，終於扶植了一批生產絲織品的民族工業，最後導致義大利絲織業瀕於破產。

在基礎建設上，亨利四世也不遺餘力。他成立了一個專門機構，負責河道疏通及公路、橋樑建設等。僅在巴黎一座城市，亨利四世就興建了蓬納夫大橋、聖·路易醫院、羅瓦亞勒廣場、拉弗萊什軍事學校，使巴黎面貌煥然一新。在亨利實施了一連串改革政策後，經受戰爭創傷的法國僅用十年光陰，便發展成了歐洲的經濟強國。

貴族出身的紅衣主教

1610年5月4日，亨利四世遇刺身亡，年僅九歲的太子路易十三即位，暫由母后瑪麗‧梅迪奇攝政，但實際的權力卻掌握在瑪麗的寵臣義大利人康錫尼手中。康錫尼只知貪圖享樂，不顧百姓死活，以至於國庫枯竭，民怨沸騰。天主教和胡格諾教派開始向王權發難，有勢力的大貴族也趁機興風作浪，國外敵對勢力更是加緊了顛覆活動。法國內外交困的局面持續了很長一段時間，直到利希留執政後才得到改觀。

利希留1585年9月9日出生於巴黎，父親是波亞都的一個貴族，受信於亨利三世和亨利四世。利希留早年在軍事學校學習，後在加爾維學院改習神學。1606年，才華出眾的利希留被亨利四世任命為呂宋主教，後來作為教士代表參加了1614年舉行的三級會議。這次會議成了他官宦生涯的起點。

利希留在三級會議中表現出對王權的支持，使他得到瑪麗‧梅迪奇的信任而留在巴黎。1616年，以善於和政府反對者談判聞名的利希留，被任命為國王的國務祕書。但利希留並不贊同政府制定的談判政策，他認為應動用軍隊嚴厲打擊反對派，而非用土地財物換取和平；對反對貴族實行溫和的政策，短暫的和解只會刺激他們更大的貪欲。在外交方面，利希留同樣表現出了強硬的態度，他反對向西班牙屈服的政策，認為那樣只會換來更大的欺凌。利希留的一番主張讓人看到了法國的希望，但路易十三的行動又讓局勢變得撲朔迷離。

1617年4月，路易十三在呂伊納公爵的支持下發動政變，康錫尼被殺，瑪麗‧梅迪奇被放逐到布洛瓦，深得瑪麗信任的利希留也被放逐到亞維農。在放逐期間，利希留寫成了《保衛天主教信仰的主要原理》一書，他因此被教皇格里高利

←瑪麗皇后在馬賽港登陸，布面油畫，魯本斯作品，慕尼黑美術館陳列館藏
這件作品描繪瑪麗的宮船剛抵進馬賽港，船頭上身著古羅馬戎裝的姑娘伸開雙臂，表示熱切歡迎。豪華的宮船下面，許多仙女拽著繩子的手還未鬆開。魯本斯以半神話浪漫主義的虛構手法，對法國攝政皇后瑪麗‧梅迪奇予以熱烈頌揚。

十五世紀於1622年擢升爲紅衣主教。

剷除胡格諾教派

　　瑪麗太后被放逐到布洛瓦後立即設法逃走，但其計畫被路易十三掌握。路易十三不願母親逃走，也不願採取過激手段，於是在1619年召回利希留，讓他勸說瑪麗太后。經利希留的勸解，瑪麗同意移居昂熱，並讓利希留擔任她的首席顧問。這年9月，路易十三與瑪麗太后和解，利希留擔任了關鍵推手，因而又取得了路易十三的信任。

　　1624年，利希留進入路易十三的內閣，直接擔任首相一職。利希留對於路易十三的重用感恩有加，在其著作《政治遺囑》中聲稱：「吾人首要目的是使國王崇高，第二目的是使王國榮耀。」利希留提出了摧毀胡格諾教派和貴族反對勢力以加強專制王權的對內政策，以及提高法國國際地位的對外政策。

　　在對內政策方面，利希留堅持主張打擊貴族敵對勢力，並決心徹底消滅胡格諾教派和叛亂貴族。早在1620年反動貴族欲聯絡

↑利希留，1637年布面油畫，倫敦國家美術館藏

胡格諾教派發動叛亂時，利希留就公開支持路易十三採取武裝鎮壓政策。路易十三最後出兵鎮壓，於1621年4月西征，攻占了羅亞爾河兩岸的許多胡格諾派城堡，予以沉重打擊。1622年10月，路易十三與胡格諾派達成和議，胡格諾派信仰自由，但不得舉行全國性的教徒會議。除拉‧羅舍爾和蒙托邦兩城之外，胡格諾派占據的其他城堡均收歸中央。此戰使胡格諾派元氣大傷，短期內難以形成威脅。

　　但這並沒有達到利希留的目的，他要徹底消滅胡格諾派。1628年，胡格諾派的拉‧羅舍爾城堡遭政府軍攻占。1629年8月29日，利希留攻占胡格諾派最後一個據點蒙托邦。儘管胡格諾教徒仍享有宗教信仰自由的權利，但部分人紛紛改宗天主教，胡格諾派已名存實亡。

利希留的目標

　　瓦解胡格諾教派後，利希留專心對

↑路易十三，1655年布面油畫，馬德里普拉多博物館藏

封建解體時期的西歐諸國

付貴族反動勢力。1626年，國王兄弟奧爾良公爵加斯東的叛亂陰謀被揭穿。為了防止叛亂，新法規於年底頒布：沒有政府法令，任何人不得籌集軍火或向人民徵稅；只要拿起武器反抗就被剝奪一切職務；法國公民不得與外國使節往來，即使教皇的使節亦不例外。

1630年，瑪麗·梅迪奇因反對利希留被流放到康邊。1631年，瑪麗·梅迪奇逃到尼德蘭，鼓動奧爾良公爵加斯東回國推翻利希留。1632年，反對利希留的勢力被粉碎，許多貴族遭到牽連，法國各地的封建割據勢力大受削弱。

雖然利希留處理貴族叛亂時毫不留情，但他仍把貴族階級視作專制王權的支柱。同時他還十分信賴中產階級，支援法國商人組織貿易公司在海外與荷蘭競爭，並運用外交手段為法國商人在土

耳其、伊朗、俄國等地謀求利益。

利希留為了實現首要目標「使國王崇高」，即加強王權，向每個省派遣一名欽差大臣以監督各地官員。這些欽差大臣聽命於中央，只對中央國務會議負責。這個職位隨時由中央任免，不得世襲或買賣。

為了實現第二目標「使王國榮耀」，即提高法國的國際地位，利希留對各國新教採取寬容態度，不把各國新教視為要敵。雖然他本人是天主教的高級僧侶，但他卻把信奉天主教的哈布斯堡王室列為頭號敵人，因為他們一直試圖顛覆法國政權。

法國的崛起

哈布斯堡王室勢力十分強大，神聖羅馬皇帝、西班牙國王都屬於此王室。

【人文歷史百科】

利希留對人民的態度

利希留對法國的王室可謂嘔心瀝血，為了加強王權他貢獻出所有的智慧；但在面對法國的勞動大眾時，卻表現出了殘酷的一面。他把法國人民比喻成驢子，認為他們忍辱負重是天經地義之事。內外戰爭期間所耗費的物資錢財，利希留毫不客氣地從轉嫁到人民身上。忍無可忍的法國人發動了起義，利希留雖採取血腥的鎮壓手段，卻阻遏不了接二連三的暴動起義。

↑利希留的一組畫像，1640年布面油畫，倫敦國家美術館藏

十七世紀初，神聖羅馬皇帝在西班牙國王和教皇的支持下，發動了消滅新教諸侯的戰爭。利希留不願坐視哈布斯堡王室一天天壯大，便採取了各種方法以阻擊其發展的勢頭。

在神聖羅馬皇帝聯合天主教諸侯發動消滅新教諸侯、統一日耳曼的戰爭時，法國國內的局勢還不穩定，內戰頻繁，中央政府疲於應付。於是，利希留決定展開外交攻勢，以阻遏日耳曼的統一。1625年，法國勸說丹麥、荷蘭和英國結成反神聖羅馬帝國同盟，並資助丹麥出兵日耳曼，以增強新教諸侯反抗神聖羅馬皇帝的力量。但丹麥於1626年戰敗，1629年退出了戰爭，利希留只得另尋對付神聖羅馬皇帝的勢力。

1629年9月，利希留調停打得激烈的瑞典和波蘭兩國，並鼓動瑞典出兵勢力

↑哈布斯堡宮廷

擴大到波羅的海的神聖羅馬皇帝。1631年1月13日，利希留與瑞典簽訂《巴瓦爾德條約》，法國以每年一百萬里佛爾的資助，換取瑞典出兵日耳曼。

1632年11月，瑞典軍隊與哈布斯堡王室的軍隊在呂岑展開激戰。雖然瑞典軍隊取得小勝，但國王阿道夫戰死。哈布斯堡王室趁敵方軍隊群龍無首時展開反擊，於1634年在內德林根擊潰瑞典軍隊。國內混亂的局勢及戰場上的失利，促使瑞典萌生退意。利希留看到瑞典無法阻擋哈布斯堡王室稱霸歐洲，於1635年4月與瑞典首相奧克森斯廷納簽訂《康邊條約》，要求雙方不得單獨與敵人媾和，並於5月向西班牙宣戰。

法軍的參戰使哈布斯堡王室遭到了重創。西班牙的魯西榮、加泰隆尼亞和義大利的都靈相繼為法軍攻占，荷蘭海軍也趁機殲滅了西班牙艦隊，喘過氣來的瑞典也連連大捷，哈布斯堡王室在利希留的全力打擊下走向了衰落，而法國則在利希留的掌舵下迅速崛起。

↑利希留紀念碑，大理石雕刻，巴黎索邦教堂藏
1642年，為法國殫精竭慮的利希留在巴黎逝世。

封建解體時期的西歐諸國

119

038.西班牙統治下的尼德蘭

西班牙榨乾了尼德蘭人的血汗，最後也逼出了他們的血性。

尼德蘭中產階級的形成

→馬克西米連
馬克西米連為神聖羅馬帝國皇帝，1459年生於維也納，1519年卒於奧地利。1477年與勃艮第公爵「大膽查理」之女瑪麗結婚，獲得了尼德蘭和法國東境勃艮第的大片領地。

　　英、法百年戰爭結束後，法國王權得到鞏固日益強大，狡猾的路易十一聯合英國和瑞士，向勃艮第公國宣戰。1477年元月南錫一仗，聯軍大勝，擊斃了勃艮第公爵「大膽查理」。法國乘機占據勃艮第公國的大部分地區，實現領土的初步統一。8月，查理之女瑪麗和神聖羅馬帝國皇帝腓特烈三世之子馬克西米連聯姻，遂使帝國軍隊與法軍發生正面衝突。1479年法軍落敗。1482年瑪麗死後，尼德蘭處於哈布斯堡王朝統治之下。十六世紀初，馬克西米連之孫繼承西班牙王位，並當選神聖羅馬帝國皇帝，稱查理五世，尼德蘭成為其大帝國的一部分。

　　萊茵河和須爾德河下游地區物產豐富，又是水陸交通的要衝，農牧業和工商業相當發達。新航路的開闢和歐洲國際貿易中心的西移，更促進了此地區經濟繁榮和資本主義的發展，也使階級關係發生了變化，少數貴族漸漸資產家化。尼德蘭大資產家和中產階級占優勢。手工工廠業主和經營國內貿易的商人起而反對西班牙的統治，他們與愛國貴族結成聯盟，以喀爾文教為旗幟，在革命中發揮領導作用。大商人，特別是經濟上與西班牙聯繫密切的南方商人，對西班牙統治不滿，卻不願與它完全割斷聯繫。農民、雇傭工人和平民受封建貴族、天主教會和大資產家的三重壓榨，成為日後革命的主要力量。

【人文歷史百科】

尼德蘭併入勃艮第

尼德蘭曾處於羅馬帝國和法蘭克王國的統治之下。十一至十四世紀分裂成許多狹小的封建領地，大多屬於神聖皇帝和法王。1369年，佛蘭德爾的女繼承人與勃艮第公爵菲力浦聯姻，勃艮第勢力開始滲入尼德蘭。十五世紀尼德蘭大部分地區屬於勃艮第公國。

←尼德蘭
尼德蘭意為低地，指中世紀歐洲西北部地區，包括今日的比利時、荷蘭、盧森堡和法國東北部地區。

北海

尼德蘭

德意志

西班牙的反動統治

1520年代初，路德教傳入尼德蘭，再洗禮派在下層群眾中廣為流傳。1540年代，尼德蘭僑民在倫敦成立喀爾文教組織，在埃姆登建立基地，祕密派人回國傳教。1559年，法國瘋狂迫害喀爾文教徒胡格諾，許多人被迫逃往尼德蘭南方，又成立一批喀爾文教組織。1561年，尼德蘭喀爾文教會擬定自己的信綱《比利時告白》，與日耳曼喀爾文派選侯巴拉丁伯爵制定的《海德堡教義問答》一同流傳。「告白」和「問答」重申喀爾文教的主張，在革命過程中發揮著重大作用。

西班牙對尼德蘭的統治，嚴重阻礙社會生產力的發展。天主教會與西班牙統治者一起瘋狂鎮壓尼德蘭人的反抗，橫徵暴斂使尼德蘭半數以上的財富流入西班牙國庫。尼德蘭的異端裁判所更殘

→查理五世的英姿
查理為與法國爭霸，把尼德蘭視作三面包圍法國的重要一環和戰略基地，日益加緊對它的控制。

酷迫害新教徒。1550年，查理五世頒布嚴厲懲治異端的「血腥法令」：凡與路德教或喀爾文教有接觸的人，男的殺頭，女的活埋，甚至處以火刑，財產收歸國庫，包庇者同罪。

查理五世退位後，其子腓力二世繼續強化對尼德蘭的統治，利用天主教會殘酷迫害革命者和對西班牙統治不滿的人，並重申1550年頒布的「血腥法令」無限期延長。腓力二世還一再宣布國家破產，拒付國債，使尼德蘭銀行家蒙受重大損失。1560年，他下令提高西班牙羊毛出口稅，輸往尼德蘭的羊毛頓減百分之四十。他還限制尼德蘭商人前往西班牙，禁止他們與英國和西班牙殖民地直接貿易。腓力二世的倒行逆施，造成尼德蘭許多工廠和銀行倒閉，成千上萬工人失業，民族經濟面臨破產的威脅。農民生活日益貧困，不滿情緒普遍高漲。階級壓迫和民族衝突急劇激化，革命一觸即發。

←腓力二世肖像
腓力二世登基時，西班牙是歐洲第一強國和最大的殖民帝國，統治著西班牙、美洲、菲律賓一部分、米蘭、那不勒斯、西西里和薩丁、尼德蘭、加那利群島。

「只要聽見城裡還有貓狗的叫聲，就不會投降。為了自由，每個人必要時都會吃掉左手來保衛右手。」

革命的爆發

面對瘋狂的屠殺和迫害，尼德蘭人民無所畏懼，與西班牙統治者展開了英勇對抗。從1560年代初開始，喀爾文派牧師即開始公開布道，大批群眾扶老攜幼，有的甚至自帶武器赴會。有些地方憤怒的群眾攻破監獄，拆除火刑柱，衝進修道院，營救受迫害的新教徒。奧蘭治親王威廉、埃格蒙特伯爵和荷恩將軍等知名大貴族，利用高漲的群眾運動，乘機要求西班牙撤軍，召回紅衣主教格蘭維爾。腓力二世表面答應，暗中密謀鎮壓。消息洩露後，群情激憤。1565年11月，威廉召集一批貴族在布雷達集會，成立「貴族同盟」，公開抨擊西班牙的統治。

1566年4月5日，「貴族同盟」派代表向尼德蘭女總督瑪格麗特遞交數百人簽名的請願書，要求廢除宗教裁判所，停止迫害新教徒，並立即召開三級會議作討論。但女總督遲遲未作答覆。有些政府官員嘲笑代表們衣著破爛，並稱之為「乞丐」。許多人接受了這個綽號，他們開始特地穿上像乞丐長衣的服裝，腰帶旁繫著一只討飯袋。他們還打造了一種專門的徽章，徽章的一面裝飾著腓力二世的浮雕像，另一面是兩隻緊緊握在一起的手和一只討飯袋——協會的標記。徽章上刻著這樣幾個字：「一切忠於國王，直到討飯袋。」

1566年8月中旬，一場聲勢浩大的人民起義爆發了。佛蘭德爾的市民首先行動，他們手持棍棒、錘子和繩索，衝進教堂和修道院，搗毀聖像、聖骨之類的「聖物」，打開監獄釋放被囚的新教徒，限制天主教僧侶的活動，允許新教徒信仰自由。有些地方的農民焚毀田契，建立武裝。8月底，運動波及尼德蘭十七省中的十二個，到10月底，西班牙在尼德蘭的統治陷於癱瘓。這次起義是尼德蘭革命和獨立戰爭的真正開端。

↑1566年8月20日喀爾文教徒破壞聖像運動，1588年銅版畫，倫敦大不列顛博物館藏

◄奧蘭治‧威廉親王，油畫，德國卡塞爾博物館藏

威廉‧奧蘭治生於日耳曼拿騷邦的狄倫堡，其家族在尼德蘭擁有許多領地。十一歲時成為奧蘭治親王。1551年7月，威廉與尼德蘭伯倫伯爵的繼承人安妮結婚。這起婚姻使他得到了尼德蘭幾處領地。威廉長期生活在尼德蘭，因家世淵源，對尼德蘭有深厚的感情。他曾說，他在尼德蘭不是外國人，尼德蘭是他的祖國。

信逃往日耳曼，繼續奮爭。原本轟轟烈烈的革命運動，在貴族和中產階級的動搖、背叛下，陷入嚴重的危機之中。

1567年春，安特衛普和瓦朗西安兩個最大的起義城市平靜下來後，女總督立刻宣布1566年8月的聲明無效，接著阿爾法公爵率領兩萬西班牙大軍開到尼德蘭，8月22日占領布魯塞爾，並在許多大城市和戰略要地布防，他猙獰地叫囂：「寧把一個貧窮的尼德蘭留給上帝，不把一個富庶的尼德蘭留給魔鬼。」9月，名叫「除暴委員會」的特別法庭成立，絞刑架、斷頭臺、火刑柱遍布全國，起義者被殺害八千餘人。1568年7月5日，連妥協的埃格蒙特伯爵和荷恩將軍也在布魯塞爾廣場被公開處死。逃往日耳曼的威廉，則以叛國罪缺席審判。「除暴委員會」被人們稱作為「流血委員會」。不久，阿爾法又宣布徵收新稅，重稅使工商企業紛紛倒閉，失業和飢餓又使幾十萬人逃往國外。尼德蘭革命暫時轉入了低潮。

西班牙當局的殘酷鎮壓

革命運動嚇壞了西班牙統治者，1566年8月23日，女總督瑪格麗特發表聲明，答應停止宗教裁判所的活動，允許新教徒在指定地點禮拜，特赦「貴族同盟」成員。革命運動也使貴族嚇破了膽，他們沒想到運動會如此激烈。埃格蒙特伯爵和荷恩上將接受了女總督的條件，宣布解散「貴族同盟」。喀爾文派中產階級則矢口否認事先知道起義的事，表示不同意武裝起義，紛紛退出運動，還號召人民停止暴動。威廉只好率領一批親

游擊戰爭

大膽而富有進取精神的尼德蘭人未被敵

封建解體時期的西歐諸國

氣焰嚇倒，農民、工人、手工業者和愛國的貴族資產家組成游擊隊，把軍事活動轉移到了廣闊的海面上，並自稱「海上乞丐」。海上乞丐的帽子上帶著一個半月形的銀徽章，上面刻著「天主教徒比土耳其人更壞」幾個字。也有一些人活躍在森林裡，自稱「森林乞丐」。

1570年12月，不拉奔商人蓋爾曼‧廖特率領一支二十四人的游擊隊，占領了廖維斯坦城。阿爾法調動三百名官軍反撲，游擊戰士英勇奮戰，寧死不屈，殺傷大量敵人後點燃火藥，與敵人同歸於盡。1571年3月，海上乞丐成功捕獲了一支三十艘船的西班牙商船隊，並對莫尼肯丹城進行了毀滅性的襲擊。海上乞丐利用英國港埠作為藏身之地和供應基地，當時英國正與西班牙為敵，因此時常庇護海上乞丐。

威廉在日耳曼新教諸侯和法國胡格諾的支援下，也不斷組織雇傭軍打回尼德蘭。1568年4月，威廉之弟路易指揮雇傭軍進攻哥羅寧根。由於雇傭軍不守紀律，路易的軍隊幾乎全軍覆沒。這時剛好「海上乞丐」緊急趕來，將路易及部分

隨從救了出去。10月，威廉親率三萬雇傭兵攻入尼德蘭南方，由於沒有聯合游擊隊共同行動，也沒有發動群眾起義，所以徘徊幾個月後，不得不退往法國。

人民群眾的反抗情緒一直很高漲。1572年4月1日，由讓‧拉‧馬克伯爵和柳默男爵率領的海上游擊隊，分乘二十四條船，攻占西蘭島上的布里爾城，並擊退了敵人的反撲。

北方起義

布里爾的勝利使海上游擊隊在尼德蘭本土有了一個易守難攻的根據地，吹

↑伯利恆嬰兒的虐殺，油畫，布勒哲爾作品，維也納美術館藏

響了北方起義的號角。弗里星根、恩克豪森、坎普菲爾等城相繼爆發起義回應。到夏天時，除阿姆斯特丹等幾個城市外，荷蘭、西蘭以至整個北方都脫離了西班牙統治。中產階級和愛國貴族積極組織軍隊，以奪取北方各地政權。

威廉發表聲明支持北方革命，不過，他把希望寄託在英、法和日耳曼新教徒的援助以及組織雇傭軍打回尼德蘭上。1572年5月24日，威廉的弟弟路易在法國胡格諾的支援下領兵攻占蒙斯。7月，威廉率軍攻入林堡，連陷距蒙斯不遠的盧文和梅克林，雙方會師在望。然而，9月11日夜，西班牙軍突襲威廉的指揮部，威廉隻身逃走。9月底，路易向阿爾法投降，蒙斯陷落。走投無路的威廉這時才去尼德蘭北方尋求支持。

1572年7月，荷蘭十二個城市的代表在多特勒支舉行會議，選舉威廉為荷蘭和西蘭總督，授予他最高軍政大權，還宣布信仰自由，並整頓立法、行政和訴訟程式，建議其他各省共舉威廉為尼德蘭攝政。信仰自由團結了一切可以團結的人，孤立了敵人。10月，威廉正式就任總督，改奉喀爾文教。

1572年底，西班牙調動大軍來鎮壓北方起義。阿爾法率軍先攻占了蘇特芬和那頓，屠光居民後放火燒城，接著包圍哈連姆和萊登。英勇的哈連姆婦女組成娘子軍與男子並肩戰鬥，他們從城上扔下一個裝有十一顆奸細腦袋的桶，說這是要繳的什一稅。敵人勸萊登人投降，萊登人堅定地回答：「只要聽見城裡還有貓狗的叫聲，就不會投降。為了自由，每個人必要時都會吃掉左手來保衛右手。」哈連姆和萊登的誓死抵抗，最後迫使阿爾法退兵。

↑奧蘭治·威廉，油畫，阿姆斯特丹國立博物館藏
奧蘭治·威廉親王即「沉默者威廉」。他在出使法國時，法王亨利二世講述了把基督教新教徒趕出尼德蘭的計畫，雖然威廉大為震驚，但卻緘口不提反對意見，因而獲得沉默者的綽號。威廉是荷蘭反對西班牙統治的英雄，也是歐洲最富有的貴族之一。

荷蘭「國菜」

【人文歷史百科】

1572年，萊登人民在威廉的指揮下決海堤十六處，水淹來犯的西班牙大軍，損失慘重的阿爾法不得不撤兵。長期被困而飢餓的人群擁向敵軍陣地，發現了大量殘留的馬鈴薯、洋蔥和胡蘿蔔，他們高興地燴熟大嚼起來。這種大雜燴，至今被荷蘭人稱作「國菜」。

【封建解體時期的西歐諸國】

《根特協定》

在北方勝利的鼓舞下，南方的革命也日益高漲。1576年9月4日，布魯塞爾在德・勃路耶爾等人指揮下發動起義。從此，革命中心轉移到南方。

10月，南、北方的代表在根特舉行三級會議。威廉從安特衛普不斷傳信到會議，他實際是會議的靈魂人物。他在信裡要求代表們「維護國家的古老權利，從西班牙人暴政下解放出來」，但卻仍然強調是西班牙國王的合法臣民。

11月4日，在三級會議的代表們進行冗長的爭辯時，暴動的西班牙雇傭兵從安特衛普的城砦中突圍出擊，占領了城市，進行駭人聽聞的破壞和搶劫。這些西班牙人殺害和折磨死了八千多個市民，燒毀了近千幢房屋。消息傳來後，三級會議於11月8日公布了《根特和解協

←聖巴夫大教堂
聖巴夫大教堂始建於十二世紀，十六世紀時完成。收藏有根特的至寶——由揚・范・艾克所作的《神祕的羔羊》。

定》，要求南北團結共同對抗西班牙，廢除反動法令，爭取尼德蘭獨立，但又名義上承認西班牙國王及其政權的合法性。

「協定」未觸及滅除封建土地制的問題，甚至同意南方恢復和保留天主教會的財產，還規定威廉的特權、尊號和財產不受侵犯。因此，《根特和解協定》一開始就成為無實質意義的一張廢紙。英國外交家威爾遜在評論當時尼德蘭的政治形勢時寫道：「這裡的情況變化無常，各處的人民都是既多疑又愛發牢騷，當局和貴族的威信低落。」

←佛蘭德爾伯爵城堡
佛蘭德爾伯爵城堡是根特的著名景點，1180年由佛蘭德爾伯爵菲力浦・達魯達斯所建。城堡周圍有護城河包圍，城牆堅固。但十四世紀時，這裡已失去了軍事機能，曾作為拷問室、監獄、奧德比爾格學校、伯爵領地造幣局以及法院等公共機關使用。修復後，現在對一般公眾開放，站在望臺上，可以一睹根特全景。

南北分裂

　　1577年2月12日，三級會議裡的大資產階級和貴族的代表與新總督、腓力二世的弟弟唐·約翰締結了《永久法令》，承認他是合法總督，但要求他必須承認《根特和解協定》，並於二十天內撤走軍隊。但威廉反對新總督和《永久法令》。11月12日，三級會議同意腓力二世表弟馬賽厄斯大公為尼德蘭總督，威廉也於翌年元月當任副總督。1578年1月31日，失去總督地位的約翰率領西班牙軍大敗三級會議軍，使未來的形勢變得撲朔迷離。

　　當此危急關頭，威廉仍不願依靠革命勢力，還寄希望於外國的援助上，派密使去倫敦和巴黎。英國不願與西班牙公開衝突，卻說服日耳曼新教諸侯巴拉丁伯爵出兵。

　　1578年5月和8月，法王之弟安茹公爵率法軍和巴拉丁的從軍先後開進尼德蘭。這些外國冒險家打著「把尼德蘭從西班牙統治下解救出來」的旗號，企圖趕走威廉。10月，阿多瓦和海諾爾貴族發動叛亂，自稱「不滿現狀者」，並在1579年1月6日成立「阿拉斯聯盟」，公開投降西班牙，南方形勢驟變。西班牙得到南方連

↑十六世紀織錦畫中的西班牙和地中海

成一片的地區為立足點，對革命力量發起了反擊。

　　「阿拉斯聯盟」公開破壞了《根特和解協定》，於是北方六省（荷蘭、西蘭、蓋爾德蘭、烏特勒支、弗里斯蘭和蘇特芬）和南方安特衛普、布魯塞爾和根特等城的代表，於1579年1月在烏特勒支集會，商定緊密團結，永不分裂，組成「烏特勒支同盟」。

　　「烏特勒支同盟」雖未宣布廢黜腓力二世，但規定各省代表組成的三級會議是同盟的最高權力機關，有權決定宣戰、媾和，制定統一的軍事、法律、外交、貨幣和度量衡。「烏特勒支同盟」奠定了聯省國家即荷蘭共和國的基礎。5月，威廉在盟約上簽字。

荷蘭、比利時和盧森堡國家形成

1580年6月15日，腓

↑1579年烏勒特支同盟集會地

封建解體時期的西歐諸國

力二世發布公告，稱威廉是「破壞和平的主犯」和「人類的公敵」，永遠剝奪他的公民權，懸巨賞兩萬五千金克朗緝拿。

1581年2月4日，威廉用多種文字公布辯護書，指出「為善良人爭取自由而被敵人無恥地剝奪公民權，自己異常欣悅，並願為祖國自由獻出自己的一切」。7月26日，威廉在海牙簽署《斷絕關係法令》，公開與西班牙決裂，他宣布：「如果君主未善盡職責，壓迫其臣民，踐踏他們的權利和自由，並待之如奴隸，那三級會議應依法廢黜他，而以他人代之。」於是，聯省共和國宣布正式獨立，威廉任國家的首任執政。惱羞成怒

↑戰馬上的腓力二世

的西班牙密謀暗殺威廉，1584年7月14日，威廉遭槍擊身亡，其子莫里斯繼任執政。

威廉去世後，西班牙派大軍集中鎮壓根特、布魯塞爾和安特衛普的革命。他們收買了根特革命的領導人，1584年9月占領根特。1585年3月又攻陷布魯塞爾。安特衛普的資產家狹隘自私，荷蘭和西蘭的掌權者視之為商業對手而拒絕援助。革命派抵抗一年多，1585年8月也被攻陷。至此，南方革命失敗，西班牙恢復統治，尼德蘭南北分裂大局已定。

1588年，西班牙「無敵艦隊」進攻英國遭到慘敗。1598年，西班牙被迫簽訂《韋爾芬條約》，退出所占法國土地。十六世紀末、十七世紀初，荷蘭執政莫里斯多次打敗西班牙，奪回許多地區。內外交困的西班牙當局被迫於1609年4月9日簽訂協定，承認聯省共和國的獨立。尼德蘭北方的革命至此勝利結束。1648

↓威廉親王墓
這座大理石加青銅墓碑約作於1614至1620年，高765公分，位於荷蘭的台夫特。1579年尼德蘭北部諸省宣布獨立，威廉被推選為世襲執政官。西班牙國王腓力二世即位後決定懸賞除掉這個「叛徒」，威廉於1584年遇刺身亡。

年的《西發里亞和約》，正式確認荷蘭獨立。尼德蘭南方後來則形成了比利時和盧森堡。

「海上的馬車夫」

革命勝利後的荷蘭是一個聯邦國家，首都設在海牙。三級會議是最高權力機關，每省只有一票表決權，重要問題須全體一致通過，其他問題則採少數服從多數。國務會議是三級會議的常設機關，有委員十二人，名額按每省納稅的多少決定。荷蘭和西蘭兩省納稅最多，有五名委員，把持國務會議。執政是國務會議的領導人，擁有最高軍政大權，由威廉‧奧蘭治家族世襲擔任。執政出缺，由荷蘭省長代理。

↓ 荷蘭東印度公司的商船
十七世紀荷蘭緊跟葡萄牙的腳步開拓海外貿易，1602年組建了荷蘭東印度公司。東印度公司共有一百五十艘武裝商船、四十艘戰船和一萬名士兵。

【人文歷史百科】

尼德蘭革命的意義
尼德蘭革命是歷史上第一次成功的中產階級革命，它在封建制度的歐洲打開一個缺口，建立了第一個共和國。尼德蘭革命是在中產階級領導下，依靠農民和平民的支持，才取得勝利的。但尼德蘭革命很不徹底，封建土地所有制未徹底廢除，僅在北方取得勝利，政權落在大資本家和貴族手裡，對後來荷蘭的發展產生不利影響。

荷蘭中產階級政權的建立，為資本主義經濟發展創造了條件。十七世紀的荷蘭，工商業和航運業突飛猛進。萊登的呢絨、哈連姆的亞麻布馳名歐洲。製糖、印刷、寶石加工、精密儀器的生產進步也很快。荷蘭經濟發展的特點是商業勝過工業，國際貿易勝過國內貿易，阿姆斯特丹是國內外貿易和工業生產的中心。荷蘭的造船業最為發達，居當時世界首位。荷蘭商船遍航世界各地，被稱為「海上馬車夫」。波羅的海地區的貿易及東方的香料貿易，大多控制在荷蘭商人手裡。

十七世紀初，荷蘭已開始血腥的殖民掠奪。1602年成立東印度公司，排擠葡萄牙在印尼的勢力，壟斷香料貿易。1621年成立西印度公司，壟斷西非和美洲的貿易。在北美建立新阿姆斯特丹城，後被英國占領，改名紐約。

封建解體時期的西歐諸國

三十年戰爭的導火線

十七世紀初年的日耳曼地區沒有統一，諸侯分裂割據，新教和天主教勢力幾乎相當。皇室哈布斯堡家族利用諸侯間的衝突，透過打壓新教以取得天主教的支持，企圖在歐洲建立獨尊地位。新教諸侯為了保護自己，成立了以巴拉丁選侯腓特烈為首的「新教聯盟」，並得到丹麥、瑞典、荷蘭、英國和法國的支持；天主教則成立了以巴伐利亞公爵馬克西米連為首的「天主教聯盟」，得到教皇、西班牙和波蘭的支持。其中丹麥、瑞典不和，荷蘭與西班牙處於矛盾，法國則決心打破哈布斯堡勢力的三面包圍，進而奪取歐洲霸權。

1618年5月，布拉格爆發反對哈布斯堡王朝的起義，成為三十年戰爭爆發的導火線。

1526年，本已獨立的捷克為對付土耳其的侵略，重新併入神聖羅馬帝國，國王由皇帝兼任，但仍保有自治權。1612年，皇帝馬蒂亞斯任命耶穌會士、施蒂里亞大公斐迪南為捷克國王，他下令禁止布拉格新教徒的宗教活動，同時拆毀他們的教堂，並宣布參加新教集會者為暴民。1618年5月初，捷克議會裡的新教徒集會，拒絕承認新國王，並向馬蒂亞斯提出抗議。馬蒂亞斯宣布捷克新教徒為暴民，要予以懲處。5月23日，當議會代表正與兩位欽差談判時，憤怒的布拉格群眾衝進王宮，把欽差從窗戶拋入濠溝。這就是著名的「拋窗事件」，它成為捷克獨立戰爭和三十年戰爭的開端。

「拋窗事件」發生後，捷克成立了以屠恩伯爵為首的三十人臨時政府。接著，奧地利和摩拉維亞也發生起義，直逼維也納，幾乎活捉斐迪南。1619年7月，捷克、西里西亞、摩拉維亞和奧地利的代表在布拉格舉行會議，重申罷黜斐迪南、捷克獨立，並於8月19日選舉日耳曼「新教聯盟」首領腓特烈為捷克國王。

↓拋窗事件

1618年5月23日，武裝群眾衝進王宮，將皇帝欽差從窗戶拋入壕溝，史稱「拋窗事件」，它成為三十年戰爭的開端。

丹麥入侵

1619年10月6日，神聖羅馬皇帝與巴伐利亞公爵馬克西米連簽訂《慕尼黑條約》，把巴拉丁的選侯資格轉讓給巴伐利亞，換得他出兵鎮壓起義。「新教聯盟」內部則衝突重重，薩克森選侯拒絕出席討論捷克事件的會議，更談不上出兵。與哈布斯堡族家衝突很深的薩伏依公爵派三千雇傭兵，由歐尼斯特‧馮‧曼斯費爾德伯爵率領前往捷克，駐防比爾森。

約翰‧蒂利伯爵率領兩萬四千人的「天主教聯盟」軍隊，與波蘭騎兵配合，於1620年11月8日在白山戰役中取勝，占領布拉格，捷克淪為奧地利的一省。腓特烈倉皇出逃海牙，被譏稱為「冬王」，意思是未到夏天就下臺了。同時，西班牙派兵三萬從尼德蘭攻入巴拉丁。1621年4月，「新教聯盟」

↑神聖羅馬帝國皇帝馬蒂斯

自動解散。曼斯費爾德伯爵被巴伐利亞公爵收買，離開捷克。接著，蒂利回師日耳曼收拾腓特烈的同黨，1622年5月6日在內卡河畔擊敗巴登——杜拉赫侯爵，9月攻陷巴拉丁的海德堡，11月占領曼海姆；1623年3月占領弗蘭肯塔爾，8月6日又在斯達德隆殲滅布倫瑞克公爵的

部隊。

這樣，巴伐利亞公爵不僅鎮壓了捷克起義，收拾一批日耳曼新教諸侯、取得選侯爵位，還把勢力擴展到北日耳曼，進入薩克森的勢力範圍。對此，以薩克森選侯為代表的北日耳曼新教諸侯及其國際支持者感到十分不安。英國的使節穿梭於丹麥、瑞典、荷蘭和薩伏依之間，緊急磋商。丹麥國王克莉絲汀四世得到英國出錢、出兵支持的許諾後，打著援助日耳曼新教徒的旗號，於1623年5月派兵侵入下薩克森的明登和盧特城。12月9日，英國與荷蘭、丹麥締結《海牙條約》，正式組成「反哈布斯堡同盟」，使原本日耳曼的內部衝突一下演變成一場內外勾結、由丹麥打頭陣的國際戰爭。三十年戰爭也由此進入一個新階段——丹麥入侵時期（1625～1630年）。

封建解體時期的西歐諸國

042.名將瓦倫斯坦

瓦倫斯坦為日耳曼鞠躬盡瘁，但最後卻被親自拯救出來的神聖羅馬皇帝所謀殺。

瓦倫斯坦的主張

丹麥大軍壓境時，神聖羅馬皇帝想起了名將瓦倫斯坦。

瓦倫斯坦生於波希米亞東北部，赫爾曼尼斯村一個新教徒家庭裡，十三歲進入西里西亞戈爾德堡文法學校，兩年後到紐倫堡的阿爾特多夫新教大學學習。1600年，他離開學校遍遊日耳曼、法國和義大利。1604年，瓦倫斯坦在一支哈布斯堡皇家的波希米亞部隊裡服務，因鎮壓匈牙利人有功升為軍官，並於兩年後改奉天主教，從此將己身命運與哈布斯堡家族緊緊聯繫在一起。1609

→瓦倫斯坦
神聖羅馬帝國統帥。1583年出生於波希米亞一個貴族家庭。

年，他與捷克富孀盧克麗霞·涅克索娃結婚，晉升大地主。後來任宮廷侍從，1618年起參與鎮壓捷克起義。他利用低價大量購進逃亡貴族土地和發行劣質貨幣，大發國難財。

瓦倫斯坦主張驅逐包括教皇在內的所有外國勢力，結束諸侯分裂局面，建立以皇帝為首的君主專制制度，進而實現日耳曼的統一。瓦倫斯坦稱教皇被「魔鬼和地獄之火迷住了心竅」。他痛恨諸侯割據，主張「應當消滅諸侯，不再需要他們。正如法國和西班牙只有一位國王，日耳曼也應只由一位皇帝統治」。他還主張帝位世襲，廢除選侯制度。

瓦倫斯坦的政治主張是合乎潮流的。弗蘭茨·梅林寫評價說：「瓦倫斯坦所追求的目的，是建立一個純粹

↑畫中的波希米亞
波希米亞位於捷克共和國的中西部，在歷史上是個多民族地區，吉普賽人的聚集地。

世俗的君主國，它將擺脫一切宗教衝突而使互相傾軋的諸侯處於其統治之下，緩和國內的衝突，集中全民族的力量一致對外。他有極為明確的目標，他的目的不僅可以達到，同時也符合歷史進程。」

抗擊丹麥

1525年初，受重用的瓦倫斯坦資助組建了一支數萬人的部隊。9月，他率軍北上，與渡威悉河北進的蒂利軍隊配合，共同反擊丹麥的入侵。

瓦倫斯坦採取「以戰養戰」的策略，即對被征服地區徵收特別稅的方法供養軍隊。這支軍隊訓練有素，十分注重戰略戰術，其軍官都是從精粹士兵中提拔出來的，加上瓦倫斯坦指揮有方，因此戰鬥力極強。1626年4月，瓦倫斯坦在德紹擊敗私通丹麥的曼斯費爾德，次年占領西里西亞。1627年8月，他與蒂利

↑ 蒂利（1559～1632），巴伐利亞著名將領。

軍隊配合，在盧特擊敗丹麥軍隊，使其退往易北河口。9月，兩軍直搗白德蘭半島的奧爾堡，丹麥國王嚇得逃到一座海島上。1628年，瓦倫斯坦攻占梅克倫堡、波美拉尼亞和要塞斯特拉爾松。

軍事勝利給瓦倫斯坦帶來一連串的榮譽。1628年4月，皇帝封他為梅克倫堡公爵，後來又封為北海和波羅的海大元帥，被譽為「皇冠上的第三顆寶石」。1629年7月7日，丹麥被迫簽訂《呂貝克和約》，賠款並退出所占日耳曼土地，保證不再干涉日耳曼事務，這才勉強保住領土和王位。

不幸的是，瓦倫斯坦與皇帝發生了分歧。1629年3月6日皇帝頒布了《歸還敕令》，敕令單方面要求歸還已被沒收達七十多年之久的天主教會財產。這是一個愚蠢的敕令，使新教諸侯與皇帝的衝突趨於激化，瓦倫斯坦堅決反對。而瓦倫斯坦加強皇權的努力，也遭到日耳曼諸侯的強烈反對。1630年7月，雷根斯堡選侯會議攻擊他擁有前人不曾擁有的權力，軍事苛捐雜稅與日俱增，甚至造謠說他想當選侯和皇帝，要求罷他的官。皇帝為使他的兒子能夠繼續當選，需要

神聖羅馬皇權的加強
在粉碎丹麥入侵的鬥爭中，神聖羅馬帝國皇權大大加強。皇帝可不經帝議會議同意，剝奪巴拉丁的選侯資格，轉送給巴伐利亞公爵，且可任命梅克倫堡公爵，甚至一位統率十餘萬大軍的大元帥，這在過去都是不可想像的。

封建解體時期的西歐諸國

133

取得選侯的支援。1630年8月13日,瓦倫斯坦被解除了一切職務。

瑞典侵入

在丹麥入侵之前,北歐強國瑞典就有統治整個波羅的海的野心。1617年,丹麥與俄國締結《斯托爾波夫和約》後,又進攻波蘭。瑞典不願看到瓦倫斯坦的軍事勝利和神聖羅馬皇權的加強,1628年公開與丹麥締結協定,干涉日耳曼內政。1630年7月6日,瑞典國王古斯塔夫·阿道夫帶兵一萬五千人在奧得河口的烏澤多姆島登陸,迅速占領什切青一帶,三十年戰爭進入另一個新階段——瑞典入侵時期(1630至1635年)。

阿道夫踏上日耳曼土地後,立即用拉丁、德、荷、英、法五種文字印發聲明,希望日耳曼新教徒支持,但應者寥寥。1631年4月,新教諸侯發表宣言保持中立。5月20日,蒂利軍隊攻陷馬格德堡後,薩克森和勃蘭登堡轉而支持瑞典。9月17日,阿道夫率「瑞典——薩克森」

↑古斯塔夫·阿道夫肖像
古斯塔夫·阿道夫(1594～1632),瑞典國王,著名統帥。為爭奪波羅的海霸權曾與丹麥、波蘭和俄國作戰。

聯軍近五萬人,在萊比錫以北全殲蒂利軍約四萬人,蒂利負傷南逃,驚動整個歐洲。

瑞典軍隊運用線式戰術布陣,充分發揮火器威力,克敵制勝,所向披靡。北日耳曼淪陷,南日耳曼岌岌可危。1631年冬,瑞典軍接連攻陷萊比錫、埃爾富特、美因茲,在美因茲度過了耶誕節。同時,薩克森軍攻陷了布拉格。1632年4至5月間,瑞典軍回師巴伐利亞,在萊茵河畔又擊傷七十三歲老將蒂利,相繼攻陷奧格斯堡、慕尼黑和紐倫堡。瑞典的盟友法王路易十三對瑞典的破竹之勢感到十分震驚,立即派兵沿萊茵河沿線布防。

134

↑古斯塔夫·阿道夫　戰爭過後的古斯塔夫為死難者祈禱。

復出的瓦倫斯坦

　　瑞典鐵騎的縱橫馳騁讓神聖羅馬皇帝略微清醒，他於1632年4月重新起用瓦倫斯坦。復出的瓦倫斯坦權力更勝以往，擁有軍權、政權和財權，皇帝和政府不得干預。瓦倫斯坦馬上重整軍隊，首先打擊瑞典幫凶薩克森，於5月22日攻占布拉格。9月，瓦倫斯坦又乘機進擊薩克森，切斷其供應線，迫使瑞典軍回援。11月16日晨，雙方在萊比錫以西遭遇。身患嚴重風濕病的瓦倫斯坦堅持乘車指揮，擊斃橫行一時的阿道夫。但威瑪公爵伯恩哈德接替瑞典軍指揮權後，斃傷瓦倫斯坦軍約六千人，使其撤離薩克森，退回捷克。

　　此戰過後，瓦倫斯坦的處境變得更加困難。巴伐利亞公爵重啓尖刻詞句攻擊他，皇帝也一天天質疑他的行動。後來，瓦倫斯坦和薩克森和瑞典進行祕密談判，謀求和解使外國軍隊撤走，但被皇帝視爲通敵。1634年初，表忠於瓦倫斯坦的元帥皮科洛米尼很快就被皇帝收

↑古斯塔夫‧阿道夫戰死的場景

買。1月24日，皇帝決定解除瓦倫斯坦的一切職務，密令皮科洛米尼執行。2月22日，瓦倫斯坦帶著少數隨從離開比爾森，前去投靠薩克森的埃格爾。2月25日，一代名將瓦倫斯坦竟被皇帝收買的刺客暗殺而死。

　　瓦倫斯坦死後，日耳曼形勢出現新轉機，薩克森拒絕參加於1633年4月與瑞典訂立的海爾布琅同盟會議，並開始與皇帝談判。1634年9月6日，皇帝在西班牙軍隊支援下，大敗瑞典軍於諾德林根，俘虜荷恩元帥等六千餘人。這次決戰以後，瑞典無力再戰，海爾布琅同盟瓦解。1635年5月30日，薩克森與皇帝簽訂《布拉格和約》，撤出一切外國武裝力量，取消一切聯盟和同盟。9月6日，勃蘭登堡宣布接受和約。

　　不幸的是，法國卻決定親自出馬，與瑞典一起繼續進行侵略戰爭。三十年戰爭進入最後階段，法國──瑞典時期（1636～1648年）。

封建解體時期的西歐諸國

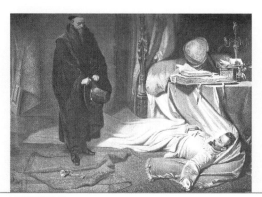

↑瓦倫斯坦遇刺

135

法國——瑞典入侵

1630年代前後,法國的利希留瓦解了胡格諾教派,並大抵肅清了反叛貴族,使法國君主專制得到空前加強。於是他由幕後資助走向臺前,公開支持瑞典入侵日耳曼。

1635年2月,法國與荷蘭簽訂盟約,進退與共;4月法國與瑞典簽訂條約,攻守同盟。5月19日,法國正式向西班牙宣戰。同時,法軍重占米蘭附近的瓦爾特林納要隘,切斷西班牙與日耳曼、尼德蘭的陸上聯繫。10月27日,法國與威瑪的伯恩哈德締結條約,介入日耳曼的戰爭。不久,荷蘭、曼圖亞、薩伏依和威尼斯相繼出兵對抗哈布斯堡王朝,「反哈布斯堡同盟」由法國領導。

1636年3月,神聖羅馬皇帝向法國宣戰。瑞典軍隊乘機捲土重來,控制了北日耳曼,並於1639年和1642年攻入波希米亞,在布賴滕爾德重創德軍。1643年5月,法軍採用集中兵力突擊一翼的戰術,在法國東北部的羅可魯瓦一舉殲滅西班牙精銳部隊一萬八千人。1645年,

↑三十年戰爭中的士兵

法軍和瑞典軍又分別在諾德林根和揚科夫取得勝利,掌控了戰爭主動權。1648年5月,法軍經美因茲攻入巴伐利亞,7月瑞典軍再破布拉格。神聖羅馬皇帝無力再戰,被迫求和。這時,瑞典軍中疾病流行,士氣低落。法國則對剛剛爆發的英國憲政革命深感不安,又與瑞典產生摩擦,因此就算打了勝仗,也同意停戰。

其實早在1640年9月的雷根斯堡帝國議會上,神聖羅馬帝國便發出和談建議。1641年,德皇與法國、瑞典的代表在漢堡開始接觸,協商和談地點。1644年和談開始。由於教皇和西班牙的代表堅持不與新教代表同坐開會,和談只好分別進行。皇帝、教皇、西班牙人與法國代表在明斯特談判,日耳曼天主教諸侯參加;皇帝與瑞典人之間的談判在奧斯納布呂克舉行,日耳曼新教諸侯參加。薩克森與瑞典(1645年9月)、巴伐利亞與法國(1647年3月)先後確定停戰或簽訂和約。1648年八、九月間,各方分別達成協議,10月24日,在明斯特正式簽字,這就是《西發里亞和約》。

《西發里亞和約》

《西發里亞和約》規定，法國得到除斯特拉斯堡以外的大部分亞爾薩斯，疆界到達萊茵河，有權在萊茵河自由航行；追認法國在1552年占領的梅斯、圖爾和凡爾登爲法國領土。法國實現了把疆界擴展到萊茵河的目的，一躍成爲歐洲霸主。

法國的盟友瑞典獲得了西波美拉尼亞、維斯馬、不來梅和費爾登，還獲得五百萬塔勒的賠款。瑞典奪得北日耳曼所有重要河口地區，置身於日耳曼諸侯之列，有權出席帝國議會，對日耳曼內部事務有發言權。瑞典國王名義上要對神聖羅馬帝皇宣誓效忠，但享有不受控告的特權。瑞典獲得北歐和波羅的海的霸權。

曾與法國、瑞典結盟的日耳曼新教

諸侯，也在和約中獲益頗豐。例如作爲放棄西波美拉尼亞的補償，勃蘭登堡得到了東波美拉尼亞以及哈爾勃斯塔特、卡明、明登等主教區，現任馬格德堡大主教死後，其轄區也轉歸勃蘭登堡。如此一來，勃蘭登堡成爲僅次於哈布斯堡家族的強大諸侯。

神聖羅馬帝國可謂兩手空空，和約規定神聖羅馬皇帝未經諸侯同意無權決定任何重大問題，如宣戰，媾和、課稅和徵兵等。另外和約承認瑞士和荷蘭的獨立，使哈布斯堡統一帝國的計畫徹底破滅，日耳曼分裂依舊。

封建解體時期的西歐諸國

← 簽訂《西發里亞和約》的場景

044.清教徒革命前夕的英國

「綿羊本來是那麼馴服，吃一點點就滿足，如今則變得貪婪而凶蠻，甚至要把人吃掉！」
——湯瑪斯·莫爾

「羊吃人」的圈地運動

中世紀，在東起烏拉山，南至庇里牛斯山脈和阿爾卑斯山脈，北達丹麥和瑞典南部的廣大平原上，莊園主人和教堂占有的私田、農民占有的份地大都盛行敞地制。實行敞地制的土地按慣例撤除了土地周邊的籬笆、柵欄等物，作為公共牧場。敞地以外的公有土地名義上是莊園主人的，但實際上屬農民共有。

十三世紀，英國莊園主根據《默頓法令》開始用設置籬笆、柵欄、壕溝等方式，圈占農民份地及公有土地，將其變成貴族私有的大牧場、大農場。到十四、十五世紀時，圈地運動愈演愈烈。

十五世紀末、十六世紀初，隨著新航路的開闢，英國的對外貿易迅速增長，紡織品成為重要的出口商品，需求量日增，大大刺激了英國羊毛出口業和毛織業的發展。隨著羊毛價格不斷上

中產階級革命的前提

十六至十七世紀初期，英國資本主義的發展有成。由於工業和城市的發展，農產品需求大增，東部及西南部地區的地主貴族掀起圈地狂潮，出現了許多農場。資本主義的發展，在封建專制制度下，受到諸如封建土地制度、行會制度、貿易獨占制度及各種苛捐雜稅的壓抑和束縛，引起了與其發展有切身利益之各階級的反對。

漲，養羊成為獲利豐厚的產業，十英畝牧場的收益往往超過二十英畝的耕地。

巨大的利潤促使英國圈地運動朝更加不合理的方向演化：地主貴族圈占了大多數小佃農的租地和自由農的份地；宗教改革中，國王又把從教會處沒收的大量土地賜給大臣。

根據當時的調查顯示：十六世紀中期，萊斯特郡圈地面積占該郡土地的百分之六十。圈地運動的主要受益者為鄉紳，他們逼迫農民出賣土地，使其生活陷於窘境。湯瑪斯·莫爾在《烏托邦》中寫道：「綿羊本來是那麼馴服，吃一點點就滿足，如今則變得貪婪而凶蠻，甚至要把人吃掉！……在他們的莊園內留寸土作為耕地，而把全部土地圈作牧場：拆除房屋，破壞城市，銷毀一切，只留寺院作為羊棚而已。」

←英國的圈地
背景上大而平整的圈地，與前景上小而狹窄的地塊形成鮮明對比。

反國教運動

英國憲政革命前夕，隨著中產階級力量的增長，代表中產階級要求和願望的思想也在英國國內迅速擴散。

和歐洲其他國家一樣，宗教在英國當時的精神生活中居主導地位，人們接受的教育、閱讀的書籍都透著宗教的色彩。當統治階級欲維護己身利益時，往往在宗教中尋求依據；同樣，當中產階級欲動手推翻舊統治時，也要拿宗教開刀。

早在十六世紀中期，英國就實行了宗教改革，改革後的英國教會稱為「英國國教」，它取消了羅馬教皇對英國教會的統治權，宣布英王為教會之主；並進而封閉了許多修道院，將教會財產收歸國有。這些措施將英國國教變為國王的統治工具，由國王任命、批准的主教等

↑圈地時築起的牆

神職人員成為變相的官吏，教會講壇更成了國王政令的宣布場所。

當英國國教和封建統治融合後，便連同其專制一起為人民所仇恨。因此，眾多反對封建專制的國教教徒，往往把「不信從國教」作為基本形式來表達自己的不滿。

十六世紀末，「不信從國教」者提出徹底清除國教中的天主教殘餘因子，持有此種看法的人被稱為「清教徒」。它是個非常廣泛的名稱，包括許多不同的集團，但都提出了與英國國教不同的新教義、儀式和組織原則。

當時，清教各集團主要分成兩派：長老派和獨立派。長老派要求廢除主教，以教徒選出的長老組成宗教會議來主持國教；獨立派則否定主教的權力，也否定了宗教會議這一解決方式，主張教內各團體完全自治，按照大多數教徒的意見進行管理。

清教兩派雖有分歧，但實質上都反映了新興中產階級的願望和要求。在未來的英國革命中，兩派都曾執掌大權，因此又有人把英國十七世紀的中產階級革命稱為「清教徒革命」。

↓出逃的清教徒
清教徒在英國曾經受到迫害，許多人因此流離失所，只好遠渡重洋，背井離鄉。

英國憲政革命

139

《權利請願書》

斯圖亞特家族的詹姆斯六世於1603年繼承英國王位，是爲英王詹姆斯一世，英國自此進入了斯圖亞特王朝。

詹姆斯一世生活奢侈，更因發動對西班牙的戰爭而耗費了大量財物，使得國家資金入不敷出。爲了緩解財政困難，他曾試圖採增加稅收、獨占貿易等方法，結果搞得國內怨聲一片。到其子查理一世即位時，衝突便浮現出來。

查理一世初上任，便發現國庫空空如也，要籌集足夠的財政資金，唯一的方法只有加稅。爲解決燃眉之急，查理一世先後召集了兩次議會討論徵稅，誰知議會提出：國王要想徵稅，必須承認此前執政的失誤，並處置寵臣白金漢公爵。

查理一世肖像
詹姆斯一世之子。爲了徵稅，1625年查理一世召開首屆議會，並和議會發生衝突。1628年，他被迫接受國會提出的《權利請願書》。

在幾次協調無效後，憤怒的查理一世解散了議會，決定用自身方法聚財。國王下令各州長向富人強制借債，如有拒絕則馬上逮捕。一時間，兩百多個鄉紳遭審訊，七十多個入獄。即使動用武力，查理一世搜刮的錢財仍顯不足。1628年3月26日，沮喪的國王召開了上任以來的第三屆議會，繼續商討稅收問題。

議會下院經過討論，拿出了一份名爲《權利請願書》的文件，明確規定國王不得隨意借債、徵稅、審判、逮捕，同時不得隨便動用軍隊，如果國王同意這份文件，下院將撥出三十五萬英磅作爲王室經費。查理一世如同乃父皆堅信「君權神授論」，根本無法容忍這份請願書挑戰國王權威。然而，三十五萬英磅確實很讓他心動。

6月2日，查理一世在議會聽取討論後，做出了一番似是而非的發言，沒有承認自己的過錯，也未對《權利請願書》做出明確的表態。下院議員們憤怒了，

↑《權利請願書》影印本（局部）

紛紛指責查理一世及白金漢公爵的所作所爲，並要求對公爵提出控訴。

屈服於財權，查理一世不得不改變自己對《權利請願書》的態度，於6月8日再次來到議會，正式批准《權利請願書》。

噸稅和磅稅之爭

通過《權利請願書》確立下院的權利後，議員們認爲有必要更具體對王權加以限制，他們決定以噸稅與磅稅爲突破點。根據《權利請願書》，下院議員要求國王停止徵收「兩稅」，查理一世給出的解釋是：《權利請願書》所指的徵稅是「內地稅」，噸稅和磅稅屬於關稅，誰也無權剝奪。

就在眾人爲「兩稅」爭得不可開交時，查理一世新任命的大主教勞德開始推行其宗教強制政策。勞德強調主教權威，他肆意逮捕清教徒並進行迫害。議會中的清教徒議員非常不滿，眾人在討論兩稅問題時，在決議中提出了「塵世國王讓位於天上國王」的觀點。

1628年3月2日，下院議員再次聚集

↑今日的英國議會大廈
議會（國會）是資本主義國家的代議機關。它起源於英國，從封建性質的階級會議演變而來，被視爲英國議會的開端；與近代所指議會在意義上有很大的差別。

在議會大廈。會議一開始，議員約翰‧義律提出繼續討論「兩稅」問題，未等別人發言，議長約翰‧芬奇爵士突然宣布：奉國王命令，本屆議會解散。眾議員對此毫無準備，紛紛提出抗辯，芬奇不理眾人，起身離開會場。就在芬奇走到門口時，幾名反應快的議員衝上前去，強制將他拉回座位，將議會大門關閉，在義律的主持下繼續進行討論。

當查理一世帶兵破門而入時，議會已通過決議：無論是誰，凡未經議會同意，徵收或繳納「兩稅」者，都是自由的叛逆；無論是誰，若以各種方式引入或推廣與傳統教旨不同信仰者，都是自由的叛逆。查理一世看到無法改變決議，惱羞成怒地逮捕了十名下院領袖，交給法庭進行審訊。

被捕的議員據理力爭，指出國王的舉動觸犯了《權利請願書》。遺憾的是，此時的國王已經不在乎名義上的約束

噸稅和磅稅
噸稅和磅稅是兩種關稅，噸稅是指對進口酒類按噸課稅，磅稅是指對出口羊毛按價抽稅。一般新王即位時，議會就授權國王終身徵收「兩稅」。查理一世即位時，議會爲了限制國王權利，只給予其一年的「兩稅」徵收權；但期滿以後，查理一世仍舊強制徵稅。

了。1629年秋天，查理一世以「下院的抗命行為」為由，在上院宣布議會正式解散。從此，英國進入長達十一年的無議會時期。

短期議會

議會解散之後，查理一世重用寵臣斯特拉福伯爵和大主教勞德，制定嚴苛的經濟政策，大肆迫害清教徒，使英格蘭頓時呈現一片看似安定的局面。

同屬查理一世統治的蘇格蘭亦執行驅逐清教徒的政策，與英格蘭不同，蘇格蘭的長老派勢力較為強大。1638年，在蘇格蘭議會占主導地位的長老派決定向查理一世開戰，迅速組織了一支軍隊越過兩國邊界。戰爭爆發後，倫敦商人拒絕向國王貸款，許多收稅人也被趕了回來，查理一世無法籌措到軍費，只得無奈與蘇格蘭人訂立停戰協定。

查理一世不甘失敗，就在這時，大臣呈上一封蘇格蘭人向法國求助的密信，這讓國王轉怒為喜，他認為這封信將使自己贏得更多支持。1640年4月13日，查理一世召集了停開十一年的議會。在會上，國王出示了所獲得的密信，決定以「討伐叛逆」的名義對蘇格蘭宣戰。不用說，下院要負擔的就是軍費問題。

這屆議會中的大多數議員都是國王的反對者，下院領袖約翰·皮姆做了兩個小時發言，歷數查理一世上任後的種種罪行，要求國王必須將權利交還議會。有的議員則公開提出：「國王指出的危險在遙遠之地，而在眼前，我們已面臨著危險……蘇格蘭人的入侵遠不及專制統治的可怕。」

一番討論後，下院做出決議：如果國王取消先前暴政，並懲辦近臣，議會便同意撥款。查理一世自然不接受議會開出的條件，退而求其次，希望議會允許他徵收三年的特種捐稅，這個要求再次遭拒絕。不久，議會決定對國王的政策進行深入討論，徹底觸怒了查理一世，5月5日，國王故計重施，再次解散了議會。由於這屆議會僅僅存在三個星期，歷史上稱它為「短期議會」。

↑約翰·皮姆肖像，雕版畫，愛德華作品

長期議會

　　短期議會解散後不久，蘇格蘭人再次起義，毫不費力地占領了紐卡斯爾等地區，並準備向約克城進軍。1640年10月，查理一世被迫再次簽訂停戰協定，由於國王沒有能力支付協定中的賠款，只得允許蘇格蘭軍隊暫時駐紮在占領區，並按日支付軍費。

　　消息傳到國內，英格蘭頓時大亂，農民紛紛起義，城市平民衝入法庭抗議，士兵上弒軍官示威遊行。查理一世心知若不召開議會便過不了眼前這一關，只得同意召開第五屆議會。國王的命令發布後，各地的競選活動如火如荼地展開，保王黨和反對派紛紛為自己拉選票，新議會召開時，五百名議員中有兩百九十多名是國王的反對派，原短期議會成員有五分之三重返議會。

↑ 英國下院

　　11月3日，議會在西敏寺大廈召開，下院議長是倫敦首席法官湯瑪斯爵士，此職位是按之前的慣例由國王所指派。會議剛開始，反對派的力量便即顯現，眾人不承認湯瑪斯為議長，重新選出反對派成員威廉·倫索來主持會議。開幕式才開始不久，查理一世就出現在會堂，不過國王並未受到想像中的歡迎局面，除了幾個貴族外，眾人臉上都露出了一種冷漠的表情。

　　查理一世也沒有了以前動輒解散議會的氣勢，在發言中，他以盡量平和的語氣說：「我只要求諸位一事，就是使此屆議會成為一個愉快的議會，最為不偏不倚的辦法是……彼此盡棄前嫌和所有的猜疑。」

　　查理一世仍然抱有一絲期望，不過，此時的議會已不同往昔，取得初步勝利的議員早已下決心將「一切弊政的根源連根鏟除」。由於這屆議會持續存在了十三年，被稱為「長期議會」，它的召開標誌著英國憲政革命的開端。

英國憲政革命

↑ 查理一世，1635年布面油畫，巴黎羅浮宮藏

143

斯特拉福之死

1640年11月11日，以約翰・皮姆爲首的下院三百餘名議員向上院遞交了彈劾草案：控告斯特拉福伯爵犯有叛國罪。斯特拉福伯爵爲查理一世的寵臣，負責國王大多數政策的施行，尤其在擔任英格蘭北方總督和愛爾蘭總督時，苛酷的統治比國王猶有過之。

1641年3月22日，對斯特拉福的審訊正式舉行。令人意外的是，斯特拉福並不緊張。他向議會指出：依照法律，國王即國家，自己的「叛國罪」並不成立。有著「議會之王」的皮姆當即回應：國王之所以存在，有賴於人民的辛勤勞動，對人民的叛逆就是對國王的叛逆。

皮姆的觀點十分符合現代民主的觀念，可惜不能據此給斯特拉福定罪，幸好議員小亨利・溫在樞密院會議紀錄上找到證據，原來斯特拉福在短期議會解散後曾對國王說：「在愛爾蘭，你有一

↑斯特拉福和他的祕書
斯特拉福伯爵爲查理一世的寵臣，爲加強君主的獨裁出謀劃策，最後落個身首異處的下場。

支軍隊可供傳喚，用來使你的王國聽命。」慫恿國王「自行其事」的罪證確鑿，這下斯特拉福難以脫身。

不料上院議員對斯特拉福抱有同情，即使罪名確定也遲遲不宣判。反對派領袖亞瑟・赫斯里格見狀，提出了《褫奪公權法》草案，只要草案通過，下院可逕行繞過上院判處斯特拉福死刑。

在下院投票時，法案以二百零四票對五十九票的優勢順利通過，不過到了上院又受到阻撓。5月5日，憤怒的倫敦群眾手持棍棒，圍住了正在開會的議會大廈，眾人高喊「制裁」，上院議員個個如坐針氈，再也無法死撐，最後以三十七票對十一票通過《褫奪公權法》。

看著法案通過，查理一世不甘失敗，多次組織武力營救被囚的斯特拉

【人文歷史百科】

褫奪公權法案

法案與彈劾不同：彈劾在下院提出後必須由上院受理才能定罪，而法案只要議會投票通過後，可直接按法執行。只要《褫奪公權法案》通過，下院可依照此法責令法院對斯特拉福執行死刑，這不是任何外界力量所能改變的。

福，都被群眾轟了回去。不滿的倫敦民眾開始遊行並包圍王宮，「處死特拉福德」的聲浪高漲。5月10日，自身難保的國王在法律生效書上無奈地簽下了名字。十天後，斯特拉福被處以絞刑。

議會《大諫章》

斯特拉福死後，勞德大主教也被捕入獄，議會接連取得了許多成果：通過了《三年法案》，規定至少每三年召開一次議會，且不得隨意休會；撤銷了星法院等王室特權機構；取消了查理一世的各項苛稅。

1641年夏，下院就是否保留主教制展開了討論，以約翰‧皮姆等人為首的激進派主張徹底廢除主教制，而以福爾克蘭為首的溫和集團只贊成改革，不同意廢除。皮姆等人為了聯合力量反對國王，未再堅持立場。不過，看似團結的議會此時已開始出現了分歧。

同年10月，愛爾蘭爆發叛變，查理一世四處發言，稱叛變阻止了某些人的「蠢事」，這讓議會不得不懷疑國王與愛爾蘭叛變的聯繫。尤其是激進派，為了徹底打倒國王，眾人草擬了一份《大諫章》，這份檔共二百零六條，列舉了查理一世即位以來的各種暴政，同時展望未來，建議對國家機構進行深入的改革。《大諫章》與其說是給國王提建議，倒不如說是讓英國人民看的。這份文件的提出，主要是激進派鑒於議會內部出現分歧，希望借助人民力量推動這次改革。

《大諫章》一提出便受到下院溫和派的強烈反彈，他們不贊成對國王權利過度設限，因為當時英國正爆發農民革命，《大諫章》將使群眾更加「肆無忌憚」。11月22日，下院決定對《大諫章》投票表決，結果是一百五十九票對一百四十八票，激進派以些微領先獲得勝利。

從此，英國政治舞臺上出現兩大黨派：激進派反對王權，多為清教徒，由於多留短髮，稱為「圓顱黨」（Round-

←查理一世的皇家橡樹
這是羅伯特‧沃惡所作的一幅雕版畫，此畫頗富寓意。查理一世對英格蘭和蘇格蘭的宗教和經濟事務管理不善，導致了內戰。這場內戰以查理一世被送上斷頭臺畫下句點。

英國憲政革命

heads）；溫和派在一定程度上擁護國王，常作騎士打扮，戴著象徵貴族身分的捲髮，稱爲「騎士黨」（Cavaliers）。

國王的失敗

《大諫章》通過後，查理一世非但不生氣，反倒有些高興起來，因爲《大諫章》僅以十一票的些微優勢通過，讓他見到議會內部並不團結。1642年1月3日，自認爲有機可乘的國王派出親信愛德華・赫伯特前往議會，宣布對以約翰・皮姆爲首的五名議員進行彈劾。讓國王失望的是，議會的分歧尚不到可被利用的地步，面對愛德華的挑釁，下院只答應予以考慮。

翌日，皮姆等人剛剛走入下院，就得到報告：國王正帶領一隊人馬趕往議會，明顯衝著下院而來。在議長的要求下，皮姆軍五名議員當即退席。眾人離

開議會不久，查理一世便帶領三百餘名騎士闖入大廳，在得知五人已離去後，只得空手而返。

當晚，下院爲了保護皮姆等議員，用馬車將眾人送到倫敦商業區，這是商人的聚集地，也是激進派的大本營。在那裡，學徒們組成巡邏隊，市民們也紛紛拿起武器防備保王黨的襲擊。

5日上午，查理一世再次來到議會，這次國王僅帶了幾名隨從，一改前日的威嚴，用和藹的語氣拉攏眾人，他宣布皮姆等人犯了「叛國罪」，希望下院能交出這些犯人。已有準備的議會並不太在乎國王的命令，只是虛與委蛇地應付著。下院的漠視讓國王有些惱火，四天後，政府貼出告示，宣布皮姆五人爲通緝犯，懸賞捉拿。

10日，在皮姆等人的發動下，倫敦市郊的腳夫、水手組成了一支聲勢浩大，高呼「保衛議會、保衛王國」的遊行隊伍走向市中心。到達倫敦後，部分人組成了倫敦防衛隊，每天守在議會大樓周圍，其他人則在街上遊行示威。

↓闖進下院的查理一世
查理一世帶領侍衛闖進下院後，準備逮捕以皮姆爲首的五個議員，但此時皮姆等人已提前離開。

↑ 聚集在諾丁漢的查理一世大軍

諾丁漢王旗的升起

在皮姆等人回到倫敦前，查理一世已經逃離王宮，北上尋求封建貴族的支持。在約克鎮，查理一世和部分大臣建立了臨時據地，與擁有八百名騎兵的王家衛隊。

國王出走後，議會曾多次派遣使者勸其返回倫敦，希望他能以立憲君主的身分統治英國。不具大權的身分根本不能吸引查理一世，國王堅決拒絕了議會的「美意」。這時，英國出現了十分有趣的局面：由於查理一世仍是名義上的國王，議會不得不把限制王權的法案向其彙報，而國王則全部拒絕批准。

1642年6月2日，議會通過了《十九項建議》，強調議會是全國最高會議，一切重大事務必須由議會決定。查理一世在回信中以輕蔑的口吻說：「你們認為我會做這個幻想中的國王嗎？」眼見和解無望，議會先後通過決議：譴責國王罪行；宣布一切幫助國王的人都將視為叛徒；任命埃塞克斯伯爵為總司令，組建議會軍隊。與此同時，查理一世也從約克鎮趕到諾丁漢古堡，在那裡緊急備戰。

8月下旬，查理一世站在一座雜草叢生的小山丘上向軍隊訓話，決定向議會軍宣戰。當時，國王擁有不到三千人的軍隊，短暫的儀式後，一名士兵將繡著王冠的王旗插在諾丁漢城堡的塔樓上。誰知當夜狂風大起，竟將掛在塔樓上的軍旗吹得不見蹤影。第二天重新升起軍旗後，查理一世為了驅走不祥的氣氛，親自進行授勳儀式，魯波特親王和威爾斯親王先後獲授最高勳位，他們將率領王軍和議會軍對戰。一番波折後，國王總算有了些體面。

王旗在諾丁漢的升起，標誌著英國內戰正式開始。

英國憲政革命

↓ 諾丁漢城堡

047.第一次內戰

第一次內戰的結束並沒有解決所有的問題，反讓更多的矛盾暴露在光天化日之下。

奇怪的開局

議會和國王兵戎相見後，工商業發達的地區多支持議會，農業為主的地區則多支持國王。內戰初期，王軍僅有兩千多人，而議會軍達六千人之多，就連皇家海軍也向議會倒戈。財力和兵力皆充裕，議會信心滿滿，下院議長威廉‧倫索曾很有信心地保證：「兩周內，國王就會向議會請求寬恕。」

1642年9月，議會軍總司令埃塞克斯領軍來到諾丁漢附近，他沒有繼續出擊，而是擺開陣勢等待國王的投降。查理一世見勢不妙，帶軍向西轉移，沿途發生了零星交戰。王軍一路下來被打得狼狽不堪，但仍苟延殘喘地到達牛津。這並非國王運氣好，而是每到即將取勝時，議會軍總會莫名地停止追擊。

牛津向為封建貴族的勢力範圍，查理一世在此站穩腳跟，開始反擊。11月，王軍大舉進攻倫敦，在打敗埃塞克斯的議會軍後，一路打到倫敦市郊的布

倫特福。危急時刻，倫敦四千多位城市民眾自發組成民兵，在市民的夾道歡送中開赴前線。畏於民兵隊伍的強大氣勢，查理一世當即撤兵。就在議會軍和民兵打算乘勝追擊時，埃塞克斯再次下令撤退。

進攻倫敦之役雖然失敗，但此後半年內，王軍在約克、多塞特、布里斯托等地接連勝利，1643年，查理一世乘勝再度進攻倫敦，議會軍很不爭氣地再次遭擊潰，幸在民兵的堅強堡壘下抵住了王軍一次次的攻擊。

內戰一開始，議會軍除了幾次小勝外，一直處於挨打的局面。從實力上看，議會軍處於優勢地位，然奇怪的是，議會軍總是對王軍圍而不殲，往往前面戰得激烈，最後卻網開一面，縱虎歸山。

1643年秋，王軍在詭譎的開局中奪回了全國四分之三的土地。

←埃塞克斯肖像
埃塞克斯城第三任伯爵，議會軍總司令。1591年在倫敦出生，1646年在倫敦去世。

縱橫英格蘭的鐵騎軍

議會軍在戰場上接連失利時，由劍橋、林肯、諾福克等郡組成的「東部聯盟」成為一個異數，這支由曼徹斯特伯爵統率的聯盟軍隊接連打了三場勝仗，成功將王軍趕出林肯郡。

在曼徹斯特伯爵麾下，有一位中將名叫奧利弗·克倫威爾，被稱為「聯盟的靈魂」。克倫威爾出身於清教徒的鄉紳家庭，曾參加過1628年的議會、短期議會和長期議會。內戰開始後，克倫威爾招募了一支騎兵中隊，加入東部聯盟，在戰鬥中表現出卓越的軍事才能。

1644年夏，長老派迫於國內的壓力，暫時放棄了和國王的和談。他們爭取到蘇格蘭軍隊的支持，決定與王軍展開對戰。7月2日，王軍在魯波特親王的率領下占領了約克城西的馬斯頓草原，率先擺好了陣勢。中午，議會軍也到達該地，在一個小山崗上布置好軍隊。

雙方互相注視著，誰也不發動攻

↑馬斯頓草原戰役場上的克倫威爾大軍

擊。到晚上七時，王軍不耐煩了，士兵們都以為當天將不開戰，開始準備晚餐。就在這時，議會軍發出了衝鋒命令。位於議會軍左翼的騎兵隊在克倫威爾的帶領下，快速衝破了王軍第一道防線，僅僅用了一個多小時，就將王軍右翼打得落花流水。不幸的是，議會軍的中軍和右翼接連失利，讓敵人逼得節節後退。

克倫威爾臨危不亂，冷靜分析形勢後，就地整頓了隊伍，從側翼繞到敵人後方，由北向南發動進攻。當王軍將領發現這情況時，馬上命令士兵回身迎戰，但為時已晚，晚上十時，遭到前後夾擊的王軍徹底潰敗，議會軍趁勢收復約克城。

馬斯頓草原戰役後，敵軍將領魯波特稱克倫威爾為「鐵人」，將其騎兵隊譽為「不可戰勝的鐵騎軍」，從此，克倫威爾和「鐵騎軍」傳遍了全國。

新模範軍的組建

馬斯頓草原戰役後，曼徹斯特伯爵奉命阻止王軍東進。1644年10月，雙方在牛津附近展開激戰。當克倫威爾等人從兩翼打敗王軍後，發現曼徹斯特伯爵的中軍按兵不動，直到暮色降臨時，才

↑馬斯頓草原戰役發生地

英國憲政革命

象徵性地去「追擊」王軍，這又是一場莫名的戰爭。

克倫威爾在議會軍會議上公開指責曼徹斯特伯爵貽誤戰機，曼徹斯特伯爵回應道：「我們就算將國王打敗九十九回，他仍然是國王；國王若打敗我們一次，我們面臨的將是絞刑，子孫也會永世淪為奴隸。」

既要作戰，又不允許取得勝利！克倫威爾感到十分氣憤，強硬地回應：「伯爵，那你認為，我們拿起武器還有何意義呢？」會後，克倫威爾將這情況向議會報告，加深了獨立派和長老派原本就存在的分歧。

12月19日，議會在經過激烈討論後決定重組軍隊。《自抑法》首先通過，規定國會議員不得擔任軍職。次年元月，議會制定了《新模範軍法》，決定建立一支兩萬一千餘人的新模範軍，統一指揮，齊一紀律。不久，著名將領費爾法克斯被任命為新模範軍司令。

↑克倫威爾的雕像，1762年大理石雕刻，倫敦維多利亞和亞伯特博物館藏

按照《自抑法》規定，克倫威爾也必須辭去軍職，但費爾法克斯和軍官們聯名寫信給下院，要求克倫威爾繼續指揮騎兵。議會瞭解克倫威爾的才能，同時衡量王軍的威脅，決定將其任命為新模範軍副司令兼騎兵指揮。

克倫威爾上任後，以「東部聯盟」軍隊為中堅，按照「鐵騎軍」的制度組建了新模範軍，並提拔了大批平民出身的優秀軍官。成形的新模範軍是英國第一支統一而集中的常備軍，在內戰中發揮了至為重要的作用。

↓費爾法克斯

【人文歷史百科】

「買回」查理一世

在內戰中，英格蘭議會為獲得蘇格蘭支持，承認了「長期議會」前查理一世答應過的軍餉，加上引渡查理一世的費用在內，共計七十萬英鎊。由於當時英格蘭經費拮据，決定先繳付部分軍費二十萬英鎊，其餘分兩年付清。

150

國王淪為階下囚

　　新模範軍組建完成後，議會軍主動出擊。當時，克倫威爾正在東部整頓軍隊，費爾法克斯急調他來助戰。1645年6月13日，在議會軍追擊王軍至諾桑普頓郡的納斯比時，克倫威爾率人馬與大軍會合。第二天，雙方在此地展開大戰。

　　納斯比是一個古老的山莊，村北有一片不大的草原。清晨，王軍和議會軍在草原兩側展開列陣。十時左右，王軍全線攻擊，親王魯波特率領右翼攻入議會軍左翼，議會軍將領艾爾頓不敵回撤。在調集部分軍隊配合進攻議會軍中路後，魯波特始進入納斯比村搶奪議會軍輜重。

　　克倫威爾右翼軍在一個山丘上，看到左翼的敗退後並未著急行動。他看準時機，借助地勢猛衝而下，將正在爬坡的左翼王軍打了個措手不及。擊潰這部王軍後，克倫威爾率主力進攻王軍中失去掩護的步兵側翼，坐陣的查理一世為了保命急令撤退。

　　此時，王軍主力正全力進攻費爾法克斯的中軍。克倫威爾急忙收縮兵力，組成一條面對王軍左翼的新戰線，傾全力救援費爾法克斯。在議會軍前後夾擊下，王軍被消滅在陣地前沿。搶奪輜重的魯波特發現局面已不可收拾，還沒等其騎兵隊站穩腳跟，克倫威爾和費爾法克斯便已衝了上來。經過三個小時的戰鬥，議會軍取得大捷。

　　納斯比戰役過後，王軍一蹶不振，走投無路的查理一世遂向蘇格蘭議會尋求奧援。蘇格蘭長老派希望國王在蘇、英兩國建立統一的長老派教會，但查理一世死都不肯放棄這個底線。於是，蘇格蘭長老派將固執的國王「禮貌」地囚禁起來了。

　　1647年2月1日，英格蘭在與蘇格蘭一番談判後，以二十萬英磅的代價引渡回查理一世，將他囚禁在納斯比附近的城堡中，自此宣告了英國第一次內戰的結束。

英國憲政革命

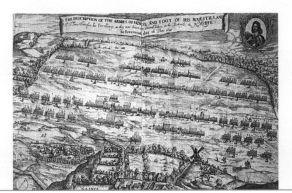

↑納斯比戰役兩軍對陣圖

048.第二次內戰的爆發

內戰結束後，議會中隱藏的衝突重新凸顯出來，他們開始為各自的利益而戰。

軍官的反抗

內戰結束後，各地武裝紛紛解散，唯新模範軍作為常備軍依然存在。由於新模範軍在人民心中有著極大威望，招致了議會內長老派的妒忌。

1647年2月，長老派以減輕財政負擔為由提出裁軍，除了在英格蘭和愛爾蘭保留部分駐軍外，其餘軍隊全部遣散。這般過河拆橋的舉動遭到官兵們的抵制，不滿情緒日益增長。身為軍隊領袖的克倫威爾處於兩難中，既同情士兵的遭遇，又須壓制士兵的無政府狀態。

5月，克倫威爾接受議會傳喚返回倫敦，向議會提出暫緩裁軍的報告。然而，長老派已下定決心解散新模範軍，不久即發布決議：軍隊必須在6月1日前解散，在此之前，新模範軍須撤至倫敦四十公里以外。為了防止軍隊造反，長老派重組倫敦民兵，並與法國和蘇格蘭密談，商討借兵防守的事宜。

議會的種種行動讓軍隊有所警惕，新模範

↑戰馬上的查理一世
曾經威風凜凜的查理一世，依然那麼不可一世，但如今已淪為了階下囚。作為舊勢力的表徵，註定要成為這場內戰中的犧牲品。

←克倫威爾
對於長老會的一意孤行，克倫威爾最後失去了耐心。他率領新模範軍進入倫敦，將長老派徹底逐出議會。

軍在塞利波洛召開集會，組建了全軍委員會，發表《軍隊宣言》，他們要求改變現行的議會體制，並提出進入倫敦、解散議會等要求。克倫威爾雖不滿議會之舉，卻更擔憂順從士兵的要求會使其失去控制，於是不停在雙方間忙著調解。

終究，克倫威爾的努力是徒勞的。7月26日，在長老會安排下，一群暴徒圍住了議會下院，強迫議會通過敦請國王回倫敦、重新組建民兵等決議。官兵們被徹底激怒了，忍無可忍的克倫威爾也公開在軍隊中發言：「兩天後，倫敦將是屬於我們的。」

8月6日，在費爾法克斯和克倫威爾帶領下，新模範軍浩浩蕩蕩進入倫敦，占領了議會，並通過一項關於反軍隊者的決議，將長老派徹底逐出議會，同時將查理一世移至倫敦。從此，獨立派軍官掌控住了議會。

普列斯敦戰役
1648年春，第二次內戰爆發，重新聯合起來的議會軍迅速擊敗保王黨軍。克倫威爾放棄了與國王妥協的主張，贊成成立最高法庭來審判查理一世。

第二次內戰

新模範軍進入倫敦後，以李爾本為首的軍官提出《人民公約》，組成了「平等派」。平等派與獨立派展開了激烈的爭論和鬥爭。

兩派相爭時，長老派趁亂重新控制了議會，並與被囚的查理一世談判，企圖讓國王復位。英格蘭各地殘存的保王黨見勢再次獨立，英格蘭內亂再起。緊急情況下，獨立派與平等派捐棄前嫌，團結對外，克倫威爾等人前往各地平亂，在各地廝殺的新模範軍忽略了囚在倫敦的查理一世，這個看似失勢的國王趁亂逃到維特島，與蘇格蘭長老派聯繫，進而得到蘇格蘭出兵的承諾。1648年7月，蘇格蘭軍在漢密爾頓等人的帶領下進犯英格蘭。當時，克倫威爾剛擊敗了威爾斯保王黨，聽聞消息後立刻揮師北上，與指揮官蘭伯會師。8月17日，雙方戰鬥在普列斯頓打響了。

普列斯頓戰役中，克倫威爾一改往日步兵居中、騎兵兩翼的布陣，率全軍插入敵軍，切斷其北去通路，蘇格蘭軍措手不及，不得不向南撤退。首戰告捷後，克倫威爾繼續衝殺，在溫威克再次大敗敵軍。這時，克倫威爾將追擊任務交予蘭伯，轉而追蹤另一支由門羅率領的蘇格蘭軍。8月25日，所有入侵的蘇格蘭軍隊都被趕出英格蘭，漢密爾頓被俘，英國第二次內戰結束。

戰爭結束後，頑固的查理一世和疲弱的長老派重新受人們關注，紛紛要求懲辦查理一世、譴責長老派的妥協行徑。在議會占多數的長老派拒絕接受任何意見，並再次提出解散軍隊的要求。然而，這時的軍隊已非當初那般好對付，新模範軍再次向倫敦進軍。

12月5日，議會進行表決，稱軍隊進入倫敦是擅自行動。與此同時，一批獨立派軍官也再度舉行會議，決定立即剷除議會敵人。

英國憲政革命

【人文歷史百科】

平等派的主張

平等派認為：人民是國家權力的源泉，下議院由人民選舉產生，上議院和國王都應取消。平等派主張建立一個民主共和體制的國家。由於支持平等派的多為一般士兵，因此他們與獨立派的衝突，又顯現為軍隊與議會的分歧。

查理一世被押上斷頭臺

1648年12月6日中午，一些議員準備進入議會，卻發現原來的崗哨已經撤換，新模範軍上校普萊德和獨立派議員格林站在門口。原來，議會早已落入軍隊之手。

→ 查理一世被押上斷頭臺
1649年1月30日，曾經手握大權、無限高貴的查理一世被送上了斷頭臺。國王被送上斷頭臺，這是史無前例的事，具有劃時代的意義。

普萊德命令眾人排隊進入議會大廈，格林在旁邊拿著一份名單，看到名列其上的人就碰一下普萊德的胳膊，這些人就被送到王室大樓下面一個叫「地獄」的旅店中。幾天下來，被送入「地獄」的議員多達一百多名，他們都被剝奪了議員的身分，這就是有名的「普萊德大肅清」。此後，議會中再也沒有了長老派議員。

議會問題解決後，如何處理被囚的國王成為焦點。1649年1月，下院通過了一項重大決議：鑑於國王反對議會，已經犯下「叛國罪」，決定立即組織法庭對其進行審判。這個決議遭到上院的頑強抵制，但下院通過決議宣布：下院的法案不需通過上院或國王承認。

1月20日下午兩點，查理一世的審判在西敏寺大廈內舉行。審判還沒開始，查理一世首先否認法庭的權威性，首席法官布蘭德肖嚴正回應道：法庭是依據英格蘭人民選舉組成的下院產生的。此後兩天，雙方一直圍繞這個問題進行辯論。

從24日開始，法庭決定不再糾纏於這個問題，推出了三十二位證人，以證實國王背棄談判、發動反議會戰爭的罪名。27日，布蘭德肖首先做了長篇的發言，一一列舉查理一世在位的暴政，最後公開宣布：判處國王斬首死刑。

1649年1月30日，最高法庭決定對查理一世執行死刑。此時的查理一世反倒十分平靜，中午梳洗完畢後，他吃了一片乾麵包，喝了半杯葡萄酒，然後被拉上了斷頭臺。

↓ 赴死的查理一世
查理一世以暴君、叛國者、殺人犯和人民公敵的罪名在白廳前遭斬首。

隨後，議會又先後通過取消上院和廢除君主制的決議。5月19日正式宣布英國爲共和國。

克倫威爾的遠征

查理一世被處死後，英國議會通過一連串決議，廢除王權，取消上院，並以下院爲主建立「單院制共和國」，克倫威爾等上層軍官掌握了共和國的大部分權力。手握大權的克倫威爾首先壓制平等派士兵，在鞏固己身於軍隊中的地位後，決定遠征愛爾蘭。當時愛爾蘭正發起了聲勢浩大的反英起義，許多保王黨混入其中，這也是克倫威爾決定遠征的主因。

1649年3月，長期議會任命克倫威爾爲遠征軍總司令兼愛爾蘭總督。經過數月的準備，克倫威爾率領一萬多名遠征軍從英格蘭出發。8月15日，克倫威爾在愛爾蘭的都柏林登陸，順利攻占了德羅赫達、韋克斯福德等地，開始向內陸進軍。

1650年，在愛爾蘭酣戰的克倫威爾得到消息：蘇格蘭擁戴查理一世之子爲國王，並領軍進攻英格蘭。議會爲了應付戰爭，急召克倫威爾回國。得到命令後，克倫威爾將指揮權交給了女婿艾爾頓，於當月返回英格蘭，很快被任命爲

↑克倫威爾在愛丁堡

遠征蘇格蘭軍總指揮。

7月初，克倫威爾率遠征軍到達蘇格蘭。然而，這卻成了遠征軍噩夢的開始。蘇格蘭軍司令大衛德·列斯用兵謹愼，不與英軍直接決戰，僅借助地勢用小股兵力騷擾，使英軍疲於奔命。8月時，英軍被困在愛丁堡附近的登巴爾，已損失了三分之一的兵力，士氣十分低落。

如果大衛德這樣圍困下去，也許其後的英國歷史將就此改變。但是蘇格蘭不懂軍事的長老派堅決要求大衛德分出部分兵力，對英軍根本無法利用的出海口進行堵防，使得蘇格蘭軍力量分散了許多。9月3日，克倫威爾抓住戰機，突然發動攻擊，殲滅蘇格蘭圍軍，進而占領了愛丁堡。

此後，英格蘭軍隊扭轉頹勢，經過一年的戰爭，於1651年9月3日在瓦塞斯特打敗了蘇格蘭最後一支反抗軍隊，不久便接受蘇格蘭的投降。

【人文歷史百科】

平等派起義

平等派對「單院制共和國」並不滿意，因爲下院的決議必須由上層軍官點頭才能通過，這與平等派要求的普選權等主張相去甚遠。克倫威爾爲防止平等派威脅其統治，先後將李爾本等人關入監獄，並決定把軍隊調往愛爾蘭，導致了平等派官兵的起義，後被鎮壓。

英國憲政革命

050.護國主克倫威爾

克倫威爾就任護國主後，集立法、行政及軍事大權於一身，使英國進入了半君主制的軍事專政時期。

長期議會的解散

征服蘇格蘭後，克倫威爾成為英國的英雄。此時克倫威爾的聲望凌駕於眾人之上，當刀劍收入鞘中後，他的主要精力便從戰場轉移到政治上頭。

1653年，對議會不滿的軍官提交了一份請願書，要求改革法制、消除弊政，並要求加緊制定新的議會選舉法案，這無疑是要促使現任議會的解體。克倫威爾也希望基層軍官能敦促議會進行改革，因而堅持要求議會接受請願書。

4月19日，感到形勢不妙的議會緊急制定了一項選舉法案，規定現任議員將不再改選，此後的新議員必須由議會組成的復審委員會來確定。一旦議會通過法案，情況將對軍隊十分不利，克倫威爾明白必須馬上採取措施。

第二天早上，克倫威爾來到議會接待室，希望與部分議員談判，然而等來的竟是議會準備表決的消息。克倫威爾來不及換裝，叫來隨身衛隊，身著便服就闖進議會。進入大廳後，克倫威爾不動聲色地坐在自己的位置上聽議員們爭論，直到議會要進行表決時，克倫威爾才開始發言。

克倫威爾首先讚揚了一番議會，接著話鋒一轉，開始痛斥議會的腐敗。議員溫斯特沃聽後起身反駁：「我從沒想到這令人意外的語言，竟然出自我們的公僕，出自……」

「夠了，夠了，中止你的廢話！」克倫威爾打斷了溫斯特沃的話，怒氣沖沖地走向大廳中央。一路上克倫威爾不時點名斥責某個議員是「賭鬼」、「叛徒」，站定後他開始吼道：「這不是對議會的語言？我同意！但是，你們不能從我這裡期待更好

↑ **克倫威爾的肖像**
一連串戰鬥的勝利，使克倫威爾成為全英國的英雄。隨著聲望的升高，克倫威爾手中的權力也越來越大。

↑ 克倫威爾解散議會，漫畫

【人文歷史百科】

爭奪海上霸權

英國建立共和國後，為了打破荷蘭商人對本國及海外殖民地的貿易壟斷，於1650年和1651年兩次頒布了《航海條例》。1652年，不肯承認《航海條例》的荷蘭，最後與英國展開決戰。英國獲勝後迫使荷蘭接受了《航海條例》，為其謀取海上霸權奠定了基礎。

→ 克倫威爾就任護國主

1653年12月，根據軍官會議提出的憲法草案，克倫威爾被宣布為集立法、行政與軍事大權於一身的護國主。護國主制實際上是一種半君主制的專政，共和國已名存實亡。

的語言。你們不是議會，我決定，取締你們！」

4月20日，在克倫威爾命令下，所有議員都被趕出議會，並將大門上鎖，長期議會就此解散，標誌著單院制共和國的結束。

就任護國主

長期議會解散後，克倫威爾在各地選拔了一百四十人，組成了一個「小議會」。克倫威爾希望小議會能順從自己，未料小議會議員的熱忱比原議會議員高得多，一上任就提出縮編軍隊、削減軍官薪金等要求，使軍隊憤怒不已。

1653年12月12日，部分對軍隊失望的小議會議員提出辭呈。克倫威爾一見操縱小議會的意圖失敗，索性不再找藉口，當即將小議會給解散了。

軍隊上層軍官並不希望把權利全集中到克倫威爾一人身上，幾經討論

↑ 1653年英荷為爭奪海上霸權之戰

後，制定了一個《統治文件》：承認克倫威爾為英格蘭、蘇格蘭和愛爾蘭共和國的終身護國主；給予護國主一定立法權，但要受到每三年改選一次的議會限制；護國主不可否決議會決議，但可透過反對促使其取消。克倫威爾並不滿足《統治文件》規定的有限權利，但鑒於國內外尚存有強大敵對勢力，他暫時不敢失去軍隊的支持，只得默認這項文件。

12月16日，克倫威爾身穿黑絲絨衣服，著黑色長袍和便鞋出現在西敏寺大廈的就任儀式上。儀式開始後，蘭伯少將宣讀了長篇祝詞，隨後幾個軍官宣讀了包括四十二項條款的《統治文件》。一切完畢後，克倫威爾高舉右手對天宣誓：效忠並遵守《統治文件》。接著，蘭伯獻上了象徵軍權的公民劍，待克倫威爾落座後，將王冠戴在其頭

英國憲政革命

157

上。當掌璽大臣把象徵王權的玉璽交到克倫威爾手上時，克倫威爾正式成為軍政合一的統治者。

←戰馬上的克倫威爾
戎馬一生的克倫威爾就任世襲護國主後，可謂志得意滿。

同一天，政府發布公告：新共和體制由護國主、國務會議和任期三年的單院制議會組成，「勳爵將軍」克倫威爾已經接受護國主稱號。從此，英國憲政革命進入了護國政體共和國時期。

皇帝之夢

1657年，護國政體時期的第二屆議會召開。2月23日，議員、大商人克里斯多弗·派克爵士向議會提交了一份名為《恭順的陳辭與規諫》的文件，提請由護國主接任國王的職位。這份文件掀起了軒然大波，倫敦的大商人和部分大資產家十分贊同這項提議，在他們眼裡，克倫威爾就是維持現存秩序的最佳人選。但傾向共和的議員則堅決反對。

克倫威爾本人十分渴求王權，但他

↓克倫威爾拒絕成為國王
克倫威爾雖拒絕國王的稱號，但他實際上已是英國的「無冕之王」。國王應有的權利，他幾乎都有了。

必須顧慮到軍隊的態度。派克的提議傳開後，官兵提出了強烈的抗議：普通士兵因受到共和思想的影響，並不擁護君主制；軍官們則純粹是不想看到克倫威爾凌駕於軍隊之上。就在這時，議會對派克的決議進行了投票表決，雖然反對派極力抗辯，議會還是以一百二十三票對六十二票，通過了《恭順的陳辭與規諫》。3月31日，議會將文件呈到克倫威爾面前。克倫威爾考慮了一個多月，最後決定接受王位。

5月6日，克倫威爾將自己的決定告訴了將領迪斯波羅。迪斯波羅表示，如果克倫威爾接受王位，他不再逐行反對，但會和蘭伯等人一起辭職，且絕不會支持國王。克倫威爾開始意識到問題的嚴重性，這些將領在軍中威望甚高，一旦辭職將引起許多效仿者跟隨。

兩天後，克倫威爾召開議會，公開表示「絕不以國王名義執政」。5月25日，議會對文件進行了修改，取消了國

王的稱號，改爲確認護國主有指定自己繼承人的權利。同時，議會決定恢復上院，上院人選由護國主確定。

6月28日，克倫威爾宣誓就任新的世襲護國主，實際上成爲英國的「無冕之王」。

克倫威爾的離世

對於克倫威爾來說，1658年是最不幸的一年。由於新成立的上院從下院抽掉了許多議員，下院補充的議員多爲共和派，因而議會下院重新提出了對護國主權力的質疑。

當時，廢王查理二世在國外四處活動，他聯合國內的保王黨，並爭取到西班牙等國的支持，針對克倫威爾組織了多次暗殺活動。2月3日，被國內外形勢攪得心煩意亂的克倫威爾做了一個惡夢，夢見議會要對他不利。第二天，他不顧眾人的阻攔，強行解散了議會。

支持者越來越少的克倫威爾還要面對國內的財政困難，到1657年時，英國財政赤字已達一百五十多萬英磅，國家財政面臨崩潰。就在克倫威爾心急如焚時，他最疼愛的女兒伊麗莎白也因病去世，這最後一根稻草壓垮了克倫威爾。一片愁雲慘霧中，克倫威爾患上了痛風、瘧疾等病，倒在了病榻上。

8月20日，牧師喬治·福克斯去看望克倫威爾，當時的護國主正在傾聽死神的召喚。克倫威爾反復詢問牧師，自己死後能否得到上帝的恩寵。在得到牧師肯定的答覆後，克倫威爾低聲說道：「這樣，我得救了！我希望盡快地離去！」從此，克倫威爾拒絕服藥，拒絕進食。

9月3日，曾是克倫威爾一生最輝煌的日子：克倫威爾曾在這天取得了登巴爾戰役勝利；也是在這天，他在瓦塞斯特打敗了蘇格蘭的最後抵抗力量；就任護國主後，他還特意將首屆議會安排在這天召開。然而，還是在這一天，克倫威爾陷入了重度昏迷中。下午三時，克倫威爾的心臟停止了跳動。

↓克倫威爾雕像
聳立在英國議會大廈前的克倫威爾雕像，本身就是對其人功績的一種肯定。

OLIVER CROMWELL 1599 1658

英國憲政革命

斯圖亞特王朝的復辟

克倫威爾去世後，其子理查繼任護國主。理查是個懦弱無能的人，根本無法管理父親留下的國家和一千軍官，不得不於翌年5月辭職。執政權不久便落到一批相互傾軋的高級軍官手中。他們毫不以人民福祉為念，導致各地農民揭竿而起。民主力量也開始活躍，企圖再次發動革命。而不甘失敗的保王黨分子也活動了起來，新的內戰危機一觸即發。

國內一片混亂時，英格蘭駐蘇格蘭軍司令官喬治·蒙克發揮了重大作用。蒙克是位未放棄忠君思想的舊軍官，在蘇格蘭期間曾與流亡的查理二世多次聯繫。克倫威爾死後，長老派建立了新議會，蒙克開始在新議會和查理二世之間聯繫。

為了籠絡英國議會，流亡荷蘭的查理二世發表了《布列達宣言》，宣稱一旦復位，保證不再追究往事。議會對查理二世的承諾較為滿意，畢竟對於急需穩定的英國來說，這位國王還擁有一定的威懾力。1600年5月8日，議會通過決議：重建革命前的君主政體，邀請查理二世復位。5月29日，查理二世正式進入白廳，斯圖亞特王朝在英國復辟。

查理二世登上王位之初還言之鑿鑿，但僅僅過了一年便開始清算舊帳。從1661年開始，查理二世以「弒君」罪名逮捕了大批曾參加過革命的軍官、民眾，輕則收監，重則斬首。對於已死的革命者，如克倫威爾、皮姆、布蘭德肖等人，則挖墓鞭屍。

查理二世打擊革命者的同時，也著手恢復國教在英國的統治地位。他解散了長老派議會，以保王黨為主組成新議會。從1662年開始，查理二世的寵臣克拉倫登連續頒布了一連串法案：不允許非國教教徒擔任官職，不信仰國教的教徒統統趕出教區，非國教教徒如果擅自集會將按刑事罪論處。

1685年，查理二世去世，其弟詹姆斯二世即位。這是位更加頑固的君主，他繼續推行前任定下的各種政策，英國人民的憤恨日漸積累。

160

↑查理二世閱兵　查理二世意志堅定，善於隨機應變，知人善任，面對複雜場面仍能操縱大局。

輝格黨和托利黨

查理二世去世後，他的私生子蒙默思公爵與詹姆斯二世爭奪王位。議會中的英國國教議員支持詹姆斯二世，被稱為「托利黨」（王黨）；長老派議員則支持蒙默思公爵，被稱為「輝格黨」（民黨）。十九世紀中葉，托利黨改稱「保守黨」，輝格黨改稱「工黨」。

←瑪麗二世像
英國女王，威廉三世的妻子，詹姆斯二世的女兒。詹姆斯二世去世後，英國中產階級為了防止信仰天主教的王后攝政，便從荷蘭「請」來了瑪麗和威廉。

光榮革命

1688年6月10日，詹姆斯二世喜得一子，王宮上下歡喜萬分。然而，議會中的托利黨和輝格黨卻十分擔憂。

按英國慣例，國王死後而子嗣未成年，將由王后攝政。當時的詹姆斯二世年近花甲，已時日不多，王后瑪麗必將代其子統治英國。瑪麗出身天主教，一旦取得政權，清教和國教在革命前從天主教處獲得的土地必將不保。在共同利益的驅使下，兩黨決定聯手對抗。

6月30日，英國軍、政、宗教以及上層貴族代表召開了一次祕密會議，決定邀請詹姆斯二世之女瑪麗和女婿威廉出兵英國。當時的威廉是荷蘭的執政官，在得到荷蘭議會同意後，威廉率軍向英國進發。11月5日，威廉在得文郡圖爾港登陸，受到英格蘭軍官和貴族的歡迎。自知無法挽回敗局的詹姆斯二世趁亂逃離王宮，誰知在肯特郡為警覺的漁民發現，被押解回倫敦。不過，威廉不忍殺害岳父，暗地裡派人將老國王送到法國避難。

取得政權後的英國議會對威廉並不完全信任，僅任命其為臨時元首，威廉見狀向議會提出返回荷蘭，不再插手英國事務。威廉的以退為進讓議會慌了手腳，當時的英國一刻也不能脫離威廉軍隊的保護。

1689年2月6日，議會通過決議，宣布威廉和瑪麗共同統治英國，稱「威廉三世」和「瑪麗二世」。此外，議會還通過了一項《權利宣言》，明確分際國王和議會的權利：若無議會同意，國王不得徵稅、徵兵、立法……《權利宣言》實際上確立了議會和法律制約下的君主統治，即君主立憲制。

2月23日，威廉和瑪麗舉行了隆重的加冕儀式。由於這次政權轉移未經過任何流血，一直被英國中產階級津津樂道，稱之為「光榮革命」，它也標誌著英國憲政革命的結束。

↑威廉三世像

161

052.太陽王路易十四

法王路易十四史稱「路易大帝」，在位七十二年，是世上在位時間最長的君王之一。

太陽王

「太陽王」是路易十四的尊稱，源於一場宮廷芭蕾舞劇《夜之頌》。宮廷芭蕾自十五世紀末開始發展，到路易十四時代發展到高峰。路易十四是個天生的舞蹈家，從小酷愛舞蹈，即使登基後每天也會抽出一些時間跟老師習舞。他在十五歲時出演《夜之頌》中的主角太陽神，因演出成功而被尊稱為「太陽王」。

1638年9月5日，路易十三喜得貴子，這個孩子就是路易十四，路易十三的長子。路易十四的母親安娜為西班牙公主，祖母瑪麗是義大利人，因此他的血液中只保有四分之一的法蘭西血統。

1643年，年僅五歲的路易十四繼位，其母安娜代理朝政，實權則掌握在首相馬薩林手中。當時以日耳曼為主戰場，幾乎席捲了歐洲所有大國的「三十年戰爭」已接近尾聲。法國也參加了

→首相馬薩林
馬薩林（1602～1661）是法國國王路易十四時期的宰相，樞機主教。早年入羅馬的耶穌會士學校，後入馬德里大學學習法律。1641年利希留提名馬薩林任樞機主教，並在臨終前將他推薦給路易十三。1642年馬薩林進入樞密院，任路易十四的宰相、教父，並得到太后的寵信。

這場戰爭，為維護戰爭支出的巨額軍費，法國政府不得不增加稅收；這使得民怨沸騰，而掌握實權且行專制統治的馬薩林，自然成了千夫所指的對象。

↑路易十四在《夜之頌》中的「太陽王」形象

當時巴黎高等法院是法國的中央政權機關，高等法院及一些貴族對馬薩林的專制統治心懷不滿。而英國議會反對查理一世的鬥爭節節勝利，大大鼓舞了高等法院以及法國王權的反對派，巴黎終於爆發了由法院貴族和中產階級領導的「投石黨之亂」。年幼無知的路易十四不得不逃離巴黎，後又遭到追捕，這成為路易十四日後制定加強王權、削弱高等法院權力和箝制貴族等政策的根源。

朕即國家

馬薩林當權期間，年輕的路易十四顯得無

所事事。1661年馬薩林死後，年滿二十三歲的路易十四立即宣布：今後「朕將是自己的首相」。路易十四親政五十五年期間，法國的專制制度達到鼎盛，也晉升歐洲一流的軍事強國。

　　為保護封建貴族的利益，建立起自己的專制統治，路易十四採取了各種措施。路易十四鼓吹「君權神授論」，他對王子說：「上帝要每一個生為臣民的人絕對服從」、「一切權力完全集中在唯一的國王手裡」；他還廢除首相制，建立了御前會議制，中央的權力都由幾種御前會議如軍事會議、司法會議等行使，而他則親自出席並主持會議，連最細小的國事文件，他都要親自過目後簽字。

　　路易十四心胸狹窄，一直對「投石黨之亂」耿耿於懷，因此剝奪了巴黎法院對國王敕令表示異議的權利。傳說，1668年路易十四來到法院，親手從議事錄裡撕下有關投石黨的頁面，然後趾高氣揚地對法官們說：「先生們，你們認為國家是你們的嗎？朕即國家。」

路易十四的魅力

路易十四只有五・五英呎高，但身材強健而優雅，騎術高明，瀟灑健談，舞又跳得好，是那種令女人注目並傾心的人物。聖西門曾這樣寫道：「即便是一介平民，他也有本事製造同樣多的戀愛事件。」

↑上帝為年輕的路易十四戴上王冠，布面油畫，1677年勒伯安作品，匈牙利布達佩斯藝術博物館藏
上帝正準備將王冠戴在路易十四的頭上，從上帝衣襟下飛出的天使向法國的敵人進攻：獅子代表荷蘭，老鷹代表神聖羅馬帝國。

　　路易十四愛聽奉承話，即使是極為荒唐的頌揚也能使他喜笑顏開。但路易十四的眼睛裡卻容不下一粒沙，誰要是說話「侮辱了陛下」就要被判死刑。當時，衛兵的權力特別大，路易十四為了排除異己，使用了臭名遠揚的「密札」：只要其上有他的簽名，即可予以逮捕，無限期地關押在巴士底獄裡。

路易十四的情婦

　　路易十四第一個鍾情的女人是馬薩林的侄女瑪麗。唯礙於政治原因，馬薩林於1660年安排路易十四與西班牙公主瑪利亞結婚。如果西班牙缺少了男嗣，那麼整個西班牙就會成為瑪利亞公主的嫁妝。

　　瑪利亞一心想做個母儀天下的皇后，儘管她贏得了宮廷的尊敬，卻使路

易十四感到無比乏味。就在他們結婚的那一年，路易十四把目光轉到了弟妹亨利艾塔身上。

亨利艾塔是英王查理一世之女，1661年嫁給了他的兄弟菲力普。亨利艾塔被稱爲「一切美之事物的裁判者」，路易十四與她在一起感到無比愉快。當時整個巴黎都認爲亨利艾塔將成爲路易十四的情婦，但他們之間只有相互尊敬。

亨利艾塔爲了消除她是國王情婦的閒話，故意將路易十四的目光往身邊的侍女路薏絲·拉瓦利身上牽引。路易十四果然被這位年僅十七歲、嬌弱得讓人心疼的女孩給吸引了。有一天當路薏絲在楓丹白露公園散步時，路易十四向她表達了愛意，從此路薏絲成了國王的情婦。1667年，路易十四在路薏絲

↑路易十四的家庭，1670年布面油畫

的產期時，看上了蒙特斯班夫人。路薏絲則穿上素衣溜出皇宮，在修道院中度過餘生。

蒙特斯班夫人被譽爲當時法國三大美女之一，她做了路易十四長達十七年的情婦。路易十四雖然愛她，仍時而與蘇比滋夫人共度良宵，時而與魯西耶小姐雲雨一夜。蒙特斯班夫人爲路易十四生了六個孩子，爲此她請了一位叫斯卡龍夫人當保姆。沒想到，這個保姆也成爲路易十四垂涎的獵物。

斯卡龍夫人二十五歲守寡，因侍奉蒙特斯班夫人而受到大量賞賜。她用那些錢在曼特農買了一片土地，因而又被稱爲「曼特農侯爵夫人」。她一直拒絕路易十四的求愛，除非結婚。1684年的某一天，四十七歲的路易十四娶了五十歲的斯卡龍夫人。但斯卡龍夫人及其子女無法繼承丈夫的爵位或財產，因爲這是一個不同階級的通婚，皇室與宮廷不願向一位保姆行大禮。

克爾伯重振法國

克爾伯出生在蘭斯的一個布商家

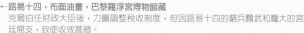

庭，從小就躊躇滿志，立志有所作爲。克爾伯在二十歲時參軍，進入陸軍部做了一名初級祕書，不久便被調到首相馬薩林手下掌管財富。憑藉自己的不懈努力和出色才華，1664年他成爲掌管建築、製造、商業與藝術的總監，隔年被提名爲財政總監，1669年成爲海軍部長以及宮廷大臣。

為了保護國內工業，克爾伯採取了關稅保護政策，並大規模興辦了在各方面都享有優惠政策的「王家」和「特權」工廠。爲避免白銀外流，克爾伯不僅提高了進口稅，還對進入法國港口的外國船隻課以重稅。爲擴大海外貿易，他努力在國外設立享有特權的貿易公司，如東印度公司、西印度公司等。這些措施

←克爾伯
克爾伯是法國政治家，路易十四時期的財政大臣。長期在宰相馬薩林手下任職，為他經營私產，獲得寵信。克爾伯還是法蘭西學院的院士，1663年他創辦了法國銘文和文藝學院，1666年建立法國科學院，1667年建立天文臺，1671年建立王家建築學院等。

使法國國內市場得到了極大發展。

克爾伯立志重振法國海軍的雄風，努力使海軍戰艦由二十艘增加至兩百七十艘。同時，克爾伯鼓勵海外探險，建立新的殖民地，擴大市場以引進原料和銷售本國貨品。當時法國人已在加拿大、西非與西印度群島建立起了殖民地，正準備進入馬達加斯加、印度與錫蘭。1672年拉薩爾發現了密西西比河，他乘一艘小舟順河而下，經過兩個月的漂流後到達墨西哥灣，並占領了密西西比流域，將其命名爲「路易斯安那」，法國從此控制了北美的心臟地帶。

改革活動貫穿了克爾伯的一生。改革難免對已形成的利益進行分解、組合，使其逐漸失去了民眾的愛戴；但這爲法國往後的發展建立出一個構架，也爲日後拿破崙的擴張打下了基礎。1683年9月6日克爾伯逝世，爲了避免被街頭憤恨的群眾侮辱，他的遺體不得不在夜裡發葬。

←路易十四，布面油畫，巴黎羅浮宮博物館藏
克爾伯任財政大臣後，力圖調整稅收制度，但因路易十四的窮兵黷武和龐大的宮廷開支，致使收效甚微。

路易十四時代的法國

053.好戰的路易十四

路易十四親政五十五年，其中有三十二年是在打仗中度過的。

路易十四的野心

路易十四統治時期，法國逐漸走向強盛，晉升軍事強國。路易十四的手下聚集了大批富有軍事才華的將領，勒泰利埃和魯佛瓦不僅大大改善了武器裝備，還爲法國建造了一支歐洲人數最多的常備軍。1672年法國陸軍人數達到十二萬，1690年就超過三十萬，相當於歐洲其他國家軍隊的總和。當時法國還出現了一位著名的軍事工程師——佛邦，他將法國許多城市修築成「佛邦式」的堡壘，防禦力大爲提升。這些都爲路易十四的征服活動做足準備。

當時的國際情勢也有利於法國：法國往日的強敵神聖羅馬帝國分裂成大大小小許多國家，根本無法與法國抗衡；義大利也處於分裂狀態；老牌強國西班牙及葡萄牙漸漸沒落；英國和荷蘭正爲

→路易十四十歲時的畫像
經馬薩林和克爾伯的努力，路易十四的野心被充分誘發出來。當他臉上的稚氣消失時，歐洲的目光不得不集中到他的身上。

爭奪海上霸權和海外殖民地而交戰，無暇顧及法國的擴張。路易十四的野心急劇膨脹，他夢想稱霸歐洲，建立一個歐洲帝國。

哈布斯堡王朝成爲路易十四攻擊的第一個目標。當時的西班牙國王和奧地利大公兼神聖羅馬皇帝都屬於哈布斯堡王室。西班牙的哈布斯堡王朝除西班牙本部外，在北面擁有南尼德蘭（即後來的比利時），在東面擁有弗蘭施——孔德，而義大利的一些小國亦屬西班牙。奧地利的哈布斯堡王朝除奧地利本部外，還擁有波希米亞王國（即捷克）及匈牙利。而法國東北部鄰近日耳曼的萊茵河流域，在形式上歸屬神聖羅馬皇帝。如此，法國形同處在哈布斯堡王朝的重重包圍之中。因此，一心想稱霸歐洲的路易十四決定首先切割哈布斯堡王朝的領土。

↑建造凡爾賽宮，布面油畫，1669年米倫作品，英國倫敦皇家藏

凡爾賽宮——人間豪華的豐碑

路易十四統治時期，為了裝點門面決定建造一座象徵法蘭西王國強盛的宮殿。不久，一座豪華的宮殿在巴黎附近的凡爾賽建成。這座宮殿耗資一億五千萬里弗，無數工人過勞而死。路易十四被一大群善於察言觀色的貴族簇擁著，即使是起床、就餐、就寢等小事都弄得很隆重，舉行複雜而煩瑣的儀式。

遺產戰爭

1667至1668年之間的「遺產戰爭」是路易十四發動的第一次對外戰爭。1665年西班牙國王菲力浦逝世，其女是路易十四的妻子，於是路易十四便以此為藉口要求西班牙把南尼德蘭作為嫁妝割讓給法國。西班牙斷然拒絕了這一無理要求，路易十四決定用武力解決問題。

1667年，法、西兩國開戰。戰爭開始後，法軍迅速占領了弗蘭施——孔德及佛蘭德爾（西班牙領土）一部分。荷蘭擔心法國征服南尼德蘭之後會直接威脅到自身安全，便加入對法戰爭，不久又和英國、瑞典結盟。法國處於孤立無援的境地，所以不得不在翌年停戰。

當時法、荷之間本就存在著激烈的競爭，為爭奪國際市場上的貿易份額和海外殖民地鬧

得不可開交。在這次對西班牙的戰爭中，荷蘭竟然將英國和瑞典拉入了戰團，讓路易十四難以忍受。同時他也意識到荷蘭勢將永遠反對法國占有南尼德蘭。因此，路易十四決心發動戰爭消滅荷蘭。

為了打贏戰爭，法國做了一系列精心的準備。法國首先與英國查理二世祕密訂立《多佛條約》，拆散英、荷之間的聯盟，並迫使英國和自己結盟。然後用金錢收買瑞典，使其退出反法聯盟。

1672年，法國大軍越過南尼德蘭進攻荷蘭，迅速深入到荷蘭腹地。堅強的荷蘭人並未屈服，他們在威廉的領導下進行殊死抵抗。不久，勃蘭登堡、奧地利、西班牙及日耳曼境內的其他國家都與荷蘭結盟。但占盡優勢的法軍屢戰屢勝，先後打敗了勃蘭登堡及奧地利軍隊。

就在法國取得節節勝利時，英國議會迫使查理二世參加反法聯盟，路易十四這才決定簽約停戰。在1679年簽訂的《尼姆威根條約》中，西班牙把弗蘭施—孔德及佛蘭德爾的部分要塞割讓給了法國。

王位繼承權的糾紛

「遺產戰爭」過後，歐洲出現了短暫的和平局面，但路易十四並不滿足，他專門成立了一個由法學家組成

↑1672年路易十四的軍隊橫越萊茵河，布面油畫，羅浮宮博物館藏

的「合併院」，為攫取日耳曼二十多個城市的統治權製造藉口。當時的歐洲列強根本無力抵禦法國的擴張，英王收受了路易十四的好處，神聖羅馬皇帝正忙於對土耳其進攻進行防禦。1681年法軍突然出兵占領斯特拉斯堡，歐洲列強竟無人敢問津。

法國勢力的不斷膨脹使歐洲各國的統治者深感不安。荷蘭的威廉展開一連串的外交活動，籠絡奧地利、西班牙、薩伏依及瑞典等國，成立了反法的「聖奧格斯堡同盟」。

為了對抗「聖奧格斯堡同盟」，路易十四決定採取先發制人的手段，於1688年派大軍入侵萊茵——巴拉丁。法國本以為能得到英國的幫助，但1688年的光

↑繼承西班牙王位的菲力浦

榮革命卻使荷蘭的威廉登上了英國王座。路易十四又陷入孤立的境地，只得再次求和。1697年法國在《里斯維克和約》上簽字，路易十四放棄了萊茵——巴拉丁。

西班牙王位繼承戰爭是路易十四在位時進行的最後一次戰爭。路易十四早就有吞併西班牙的野心，但苦無機會。直到1700年西班牙國王查理二世逝世，無子繼承王位。因為路易十四的妻子是查理二世的妹妹，路易十四便藉機提出由其孫菲力浦繼承西班牙王位。當時的西班牙已衰微至極，根本無力反抗，菲力浦堂而皇之地登上了西班牙王位。

奧地利大公兼神聖羅馬皇帝利奧波特一世也藉口自己的妻子是查理二世的妹妹，要求由其次子查理大公繼承西班牙王位。當時的英國想徹底擊敗勁敵法國，所以於1701年與奧地利成立「反法同盟」，對法宣戰。此後，荷蘭、普魯士、葡萄牙也相繼加入反法同盟。

路易十四的失敗

王位繼承戰打響之後，法軍節節順

↓路易十四
路易十四好大喜功，對外征戰是他的癖好之一。

【人文歷史百科】

《烏特勒支和約》

1713年，法、英、荷、普、西、葡等在烏特勒支召開會議，締結和約。和約承認路易十四之孫菲力浦為西班牙國王，但不允許他在路易十四死後繼承法國王位，以免法國吞併西班牙。奧地利和法國簽訂和約後，取得了西班牙屬南尼德蘭及西班牙在義大利的屬地──那不勒斯、薩丁尼亞、米蘭及托斯卡尼等部分土地。

利，先後占領了尼德蘭、義大利、西班牙及日耳曼的一些地區。但歐洲各國結成「反法同盟」以後，法國的進攻就顯得有些力不從心。而當時的反法聯軍是由英國名將馬爾波羅公爵指揮。

1704年法軍被趕出日耳曼地區；同年英軍占領了隸屬西班牙的直布羅陀；1706年法軍撤出義大利；1709年法軍被英軍趕出尼德蘭。戰場上的失利影響到了國內穩定，法國陷入危機之中。

就在這時，俄國軍隊突然殺出，趁亂擊敗瑞典軍隊，打亂了戰爭的步伐。俄國對歐洲大陸虎視眈眈，英國擔心它的進攻會破壞歐洲均勢，不利於自身的發展，便於1710年起對反法戰爭持消極態度。

1711年4月神聖羅馬皇帝約瑟夫逝世，無子繼承王位，由奧地利的查理大公繼任。如果反法盟軍擊敗法國，查理大公再繼承西班牙的

↑路易十四的肖像，布面油畫，1701年里各作品，巴黎羅浮宮博物館藏

王位，勢必會破壞歐洲均勢。為此英國痛下決心結束對法戰爭，法國則因此避免了一場滅頂之災。戰爭結束後，由於1713年的《烏特勒支和約》和1714年的《拉什塔特條約》的簽訂，法國的勢力遭到大幅削弱。

路易十四連年的對外征戰，和奢侈無度的宮廷生活，使法國的財力日趨枯竭。在他統治的後期，農業凋敝，工商業破產，生產力停滯不前，社會動盪不安。1715年，曾雄霸一時的路易大帝在人民的怨聲載道中死去。

←路易十四騎馬雕像，赤土陶器，高76公分，1670年貝里尼作品，羅馬博爾蓋塞畫廊藏
在路易十四的支持和資助下，法國古典主義的戲劇、美學、繪畫、雕塑和建築藝術皆獲得輝煌成就。路易十四把法國絕對君主制推到頂峰，但在他統治後期，國庫空虛，起義不斷，引起各階級的不滿，法國封建專制開始走向衰落。

路易十四時代的法國

054.難逃宿命的路易十五

路易十五年幼時身患天花，他的父母和兄長因此而喪命，他卻逃過一劫，但晚年他還是被天花奪去了性命。

攝政期間的路易十五

1715年8月26日，得了壞疽病的路易十四把自己最疼愛、僅五歲的曾孫路易喚到床前。一生不斷對外征戰、好大喜功的太陽王對他說：「我的孩子，你將成為一位了不起的國王。千萬不要像我一樣喜歡戰爭和建築。相反地，你一定要想辦法與鄰居和平相處。要聽從別人的好建議，設法消除人民的疾苦，而這正是我未能做到的。」路易十四留下了最後的忠告，六天後去世。路易立刻成為新的法王，是為路易十五。因感於太陽王臨終前的忠告，他親切稱其為「我親愛的國王爸爸」。

由於路易十五年幼無知，國事暫由奧爾良公爵腓力二世料理。路易十五被送到巴黎以東七公里的萬森納城堡中暫住。這是一片森林，空氣十分清新，這樣的環境被認為更有利於小國王的健康。之後不久，路易十五又被送到了靠近巴黎皇室的杜勒里伊宮。1717年，七歲的路易十五由緬因公爵、維勒魯瓦公爵、弗勒里主教和地理學家

→ 年幼的路易十五
路易年幼時染上天花，因此他對生活的環境要求較高。在未正式加冕之前，他的童年生活是其他帝王無可比擬的。

紀堯姆負責教育。其中，弗勒里神祕而又和藹可親，深得路易十五的信任。

腓力二世攝政期間為了取得貴族的支持，重新回復這些被除權貴族的參政權。1717年腓力二世解除了與英國的聯盟，因為該聯盟曾極力阻止腓力五世在路易十五死後繼承王位。

1722年 6月，路易十五回到凡爾賽，10月在蘭斯大教堂正式加冕。1723年2月15日路易年滿十三歲，巴黎最高法院宣告國王成年，攝政結束。腓力二世被任命為首相，但於同年去世。弗勒里於是建議路易十五任命波旁公爵取代已故的奧爾良公爵。

內閣時期的路易十五

路易十五加冕時，法國政府的實權操縱在波旁公爵的手裡，年輕的路易十五對政府的決定幾乎沒有任何影響力。當時路易十五和西班牙郡主訂婚，但與西班

↑ 奧爾良公爵腓力二世年幼時的肖像

→瑪麗・萊津斯卡，1740年布面油畫，巴黎羅浮宮博物館藏

萊津斯卡相貌平平，比路易十五大了將近十歲。結婚十年間，她一共為路易十五養育了十個孩子，但這仍無法贏得路易十五的寵愛。

牙敵視的波旁公爵並不贊同這門婚事。郡主因太年輕還不能生育，波旁公爵便以此為藉口將郡主送回西班牙，張羅著為國王挑選一位可以生育的公主。1725年9月，在波旁公爵的張羅下，路易十五和波蘭斯坦尼斯洛斯一世的女兒、二十五歲的瑪麗・萊津斯卡公主結婚。

1726年，波旁公爵領導的內閣政府大肆迫害新教徒，操控貨幣，增加新稅，造成了一連串的社會問題，經濟秩序混亂不堪。羽翼已豐的路易十五便乘機罷免了正準備與西班牙和奧地利作戰的波旁公爵，同時任命自己最敬佩的老師弗勒里擔任首相。

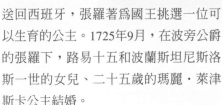

↓路易十五的家庭教師弗勒里

1726至1743年，弗勒里在路易十五的授意下治理法國。這段時間是路易十五統治時期最和平、興旺的時期。弗勒里的統治趨向和平與秩序，被史學家視為「恢復」時期。路易十四去世後留下了龐大的財庫虧空，弗勒里首先採取措施穩定貨幣，並設法平衡財政收支，之後他又將經濟發展作為國家發展的首要目標。

弗勒里也很注重基礎設施的建造，他建立起了一個國家公路網，四通八達的公路從巴黎延伸到遙遠的邊疆，典型的星型樣式至今仍是法國國道網路的主要部分。他還組織人力將瓦茲河和索姆河連在一起，建成聖昆廷運河，後又將運河延伸至埃斯考河和荷蘭。在對外關係上，弗勒里努力推行與英國結盟、與西班牙和解的和平政策，為法國的發展贏取了良好的國際環境。

1729年9月，王后第三次分娩終於產下一個男嬰，立即成為王位繼承人。繼承人的誕生適時緩解了法、西之間隱藏的戰爭風險。

路易十五的家庭

【人文歷史百科】

1710年2月15日，路易十五出生在極盡華奢的凡爾賽宮。不久，一場天花奪走了他的父母勃艮第公爵路易和瑪麗的生命，比他大三歲的哥哥也夭折了。小路易雖也被感染，但御醫挽救了他。

路易十四時代的法國

對外戰爭

　　儘管弗勒里的對外政策以爭取和平為主，但路易十五為恢復岳父在波蘭的王位，在外交部長的支持下於1733年出兵波蘭，干預波蘭境內戰爭。同時，法國也希望從洛林公爵手中奪取夢寐以求的洛林。當時洛林公爵將與神聖羅馬皇帝查理六世之女瑪麗亞結婚，如此奧國勢力便會壓近法國邊界。

　　法軍在東部波蘭戰場上陷入泥沼，卻在西部迅速占領了洛林。1738年11月

《維也納條約》簽訂，洛林公國答應將洛林割讓給路易的岳父作為其失去王位的補償，而在路易的岳父死後，洛林順理成章地由法王繼承。洛林公爵則成為托斯卡尼大公國的繼承人。法國在這次戰爭中花費很少，但收益頗豐。

　　贏得勝利之後的法國在外交方面也有了突破。在法國的斡旋下，1739年9月奧地利與土耳其間的戰火停息，簽訂《貝爾格萊德條約》，戰爭在對土耳其有利的情況下結束。其實早在十六世紀初期，土耳其就是法國反對哈布斯堡王朝的傳統盟友。在獲得了所有這些成功以後，路易十五在歐洲的聲望達到頂點。

　　1740年神聖羅馬皇帝查理六世去世，奧地利陷入連續內亂之中。老態龍鍾的弗勒里想反對戰爭但已是心有餘而力不足。1741年，法國與普魯士結盟，參與戰爭。戰爭持續了七年。弗勒里沒有看到戰爭的結束，因為開戰後的1743年元月他就去世了。路易

十五則仿效路易十四，取消首相制度，個人獨攬朝政。

天花奪命

1743年法國投入奧地利內戰，並獲得了勝利。但後來與英國進行的七年戰爭中，卻以失敗告終。1763年法國被迫簽訂《巴黎條約》，將印度、加拿大和密西西比河西岸的殖民地割予英國，成為法國史上最屈辱的事件之一。

路易十四統治末期所遺留下的財政問題，路易十五也沒能徹底解決。在凡爾賽，國王和貴族們過著糜爛的生活，充分顯示出末代王室的頹廢和君主制的衰落。反君主力量悄然興起，嚴重威脅

↑杜巴里夫人

到王家的統治。路易十五似乎也意識到了潛在的威脅，但他覺得無甚方法可阻止滅亡的命運。路易十五預言道：「我們之後，洪水將至。」

路易十四臨死前曾為愛孫留下最後忠告，路易十五似乎未辜負曾祖父的期望，做出了一番政績，深得人民的喜愛。但到了統治晚期，路易十五還是沒能逃出那個拖累：熱中戰爭，使得國勢日衰。路易十五年幼時雖然躲過了天花的劫難，但最終還是沒能逃出它的魔掌，因天花而亡。

路易十五的風流也是出了名的。王后瑪麗年輕漂亮時，路易與她還很恩愛，她也為路易十五生了許多孩子。但路易十五似乎繼承了太陽王的風流，漸漸地開始拈花惹草。路易十五有不少情婦，其中較為出名的有蓬巴杜夫人和妓女出身的杜巴里夫人，她們和國王一樣被世人熟知。路易十五同梅耶·尼斯爾五姐妹之間的風流韻事也被載入史冊。到了晚年，路易十五更喜歡年輕漂亮的女孩，他在著名的鹿苑裡同時包養了好幾個女孩。

1774年路易十五得了天花，逝於凡爾賽宮。其孫登上王位，即路易十六。

↑蓬巴杜夫人，1759年布面油畫，倫敦華萊士收藏館藏

路易十四時代的法國

法國封建統治的危機

路易十五統治時期，政府始終擺脫不了財政危機，只得增加第三階級的稅額，重擔最後落在了農民的肩上。農民在被地主敲骨吸髓之後實在難以承受加稅，而享有特權的第一、第二階級又不肯分擔國家賦稅，於是形成了愈貧窮者稅負愈重、愈富裕者愈不須納稅的局面。在非戰爭年代，國家稅收的三分之一皆支付給這些特權階層，即使為國王掌管尿壺的官員年薪也有兩萬里弗。

貴族漸漸養成了窮奢極欲的積習，

←路易十五的青銅雕像，高 69公分，巴黎羅浮宮藏

↓宮廷生活，布面油畫，1719年華鐸作品，愛丁堡蘇格蘭國立美術館藏

華鐸（1684～1721）是路易十五時代的宮廷畫家。他畫像舉一般的生活情景，一切事物看來都是令人愉快，紳士淑女們在林中嬉戲、野餐，人物表情優雅淡泊。

他們不事生產、揮金如土，致使本就沒有多少家產者更加入不敷出。十八世紀下半葉，貴族妄圖恢復封建捐稅和勞役，從農民身上榨取更多的財富。同時，法國貴族從來就不同於英國鄉紳那樣致力於土地經營和農業改進，因此法國的農業組織和技術長期落後，生產力極端低下。

法國對外戰爭的失敗更加重了統治危機。在十八世紀歐洲各國爭奪霸權和海外殖民地的戰爭中，法國居於劣勢，路易十四雄霸歐洲的時代一去不復返。

重重危機之下的統治集團更加腐敗無能。為了討得情婦的歡心，路易十五

賜予她們貴婦的封號。她們甚至可以左右朝政、影響官員的選派和政策的制定。在國王的帶動下，整個統治階級變得荒淫腐朽。爵爺們有自己的情婦，貴婦們也都有自己的情夫，色情文化在上流社會盛行。

法國陷入墮落的邊緣，一批有識之士開始覺醒，新思想逐漸產生並傳播，爲腐朽的封建統治敲響了喪鐘。這就是十八世紀法國啓蒙運動萌生的背景，代表人物有，伏爾泰、孟德斯鳩、盧梭和以狄德羅爲首的百科全書派。

啓蒙思想運動的奠基人

十八世紀的法國出現了這麼一個人，他不僅是法蘭西科學院院士、英國皇家學會的會員，還是柏林皇家科學院院士。爲了能夠專心創作，他放棄了法院院長的職務，此人便是孟德斯鳩。

1689年1月18日，孟德斯鳩出生在波爾多附近，十九歲獲法學學士學位，做了律師。1716年他的伯父去世，因而繼承了伯父波爾多法院院長職務，同時也繼承了男爵的封號。

路易十五即位時，孟德斯鳩剛剛步入仕途。當時國內階級問題嚴重，中產階級日益強大，英國憲政革命思想廣泛傳播，這些都對孟德斯鳩產生了影響。

→ 孟德斯鳩肖像
孟德斯鳩是三權分立學說的創始人，啓蒙思想先驅之一。他是一位百科全書派學者，在學術上成就卓著，享有至高的榮譽，曾任波爾多科學院院士、法國科學院院士、英國皇家學會會員、柏林皇家科學院院士。

1721年，孟德斯鳩化名爲「彼爾·馬多」，發表了名著《波斯人信札》。此書透過兩名波斯人漫遊法國的經歷，揭露了封建社會的醜惡，以諷刺的筆調勾勒出上流社會各色人物的嘴臉，表達出對「太陽王」的憎恨。此書一出版，便得到社會的普遍歡迎和重視，這使他聲名遠揚，同時卻也引起了統治階級和教會的不滿。

1728年，孟德斯鳩開始漫遊歐洲列國，實地考察各國的政治制度、風俗習慣等；其中居住最長、考察最多的是英國，他逗留英國達兩年之久。回到法國後，孟德斯鳩於1734年寫成《羅馬盛衰原因論》一書，利用古羅馬歷史來闡明其政治主張，認爲一國興衰乃是由政治制度和風俗的優劣決定。

1748年孟德斯鳩發表了《法意》。此書一出版便造成轟動，兩年中印刷二十二版。但這本名著卻受到統治階級，特別是教會的猛烈攻擊，被列入教皇的「禁書目錄」。在自己的許多著作中，孟德斯鳩以鬥士之姿，用辛辣又不失幽默的筆調，尖銳抨擊封建制度並揭露它的罪惡。

路易十四時代的法國

175

生活環境的影響

↑伏爾泰肖像

1694年11月21日伏爾泰生於巴黎，他的父親是位富裕的律師，擁有高明的理財技巧；母親則是英國議會官員的女兒，思想活躍且充滿智慧，把自家操持得像個小沙龍，但卻在伏爾泰七歲時不幸去世了。

伏爾泰十歲那年進入巴黎最好的學校——路易大帝耶穌會學院學習，在那裡的七年當中，他對古籍、文學，尤其是對戲劇產生了濃厚的興趣。十二歲時，伏爾泰便寫出了一部劇本。畢業後，伏爾泰打算投身自己所熱愛的文學，他的父親卻警告他那條路通向貧困，堅持他應該學習法律。就這樣，伏爾泰讀了三年的法律，但後來他憤恨地指出：「他們把一大堆無用的東西裝進

我的腦袋。我的座右銘是：把握重點。」

漸漸地，伏爾泰認識了一些崇尚享樂主義的貴族，其中有法國修道院的副院長、孔德王子、法爾侯爵、肖里厄等，他們收入容易、生活放蕩。肖里厄高唱「酒與女人乃是上帝賜給男人最愉快的禮物。」伏爾泰與這些行為不檢點的人混在一起，逐漸融入了這種生活。

1713年，伏爾泰以大使隨員的身分到了海牙，在這裡他愛上了奧蘭普，並開始寫詩歌追求她。大使告訴伏爾泰的父親說，他的兒子不適於外交這條路。父親將伏爾泰召喚回家，並剝奪了他的繼承權。這時，伏爾泰又給戀人並比提寫信說，如果她不來到他的身邊，他就自殺。並比提規勸伏爾泰最好與父親好好相處，做個好律師。伏爾泰的父親也應允，只要他肯好好做一名律師就原諒他。最後，並比提與一位伯爵結婚了，

←喬芙林夫人的文學沙龍，布面油畫，1812年勒蒙尼耶作品
巴黎的沙龍和倫敦的咖啡館是知識分子的搖籃。政治家、哲學家聚在沙龍討論哲學和政治，已成為一種傳承。喬芙林夫人的沙龍是其中較負盛名的，它聚集了當時社會上的名流，伏爾泰、狄德羅經常出沒其中。這幅油畫展示了一群社會名流在喬芙林夫人的文學沙龍中聚會的場景，中間即是伏爾泰的胸像。

這使伏爾泰徹底失去了對愛情的信心。

牢獄之災與流亡生活

　　伏爾泰是啓蒙運動的先鋒，他很早就創作作品揭露宮廷的淫亂，因此還於1717年被關進了巴士底獄，甚至沒來得及向當時的情婦蘇珊娜道別。後來，蘇珊娜與一位侯爵結婚。獄中的伏爾泰筆耕不輟，他以希臘神話中一個亂倫故事爲範本，寫出了悲劇《歐第伯》和一首歌頌亨利四世的長篇史詩。按規矩，犯人出獄後應作短期流放，伏爾泰於是寄居在貝杜納公爵在蘇里的別墅中。在蘇里，伏爾泰出言不遜頂撞了某位貴族子弟，因此遭到毆打，再入巴士底獄。幾天後，伏爾泰被放逐到了英國。

　　1729年回到巴黎後，伏爾泰創作了

↑伏爾泰雕像，1781年陶製雕像，法國蒙彼利埃—法布林博物館藏

↑卡拉事件

歌頌民主的歷史劇《布魯杜斯》和反對宗教狂熱的悲劇《采兒》，兩部劇上演即獲成功。伏爾泰投身於商業活動，漸漸積累了一筆財富，過著優裕的生活。1734年，伏爾泰出版《英國通訊集》。但書一出版就被法院列爲禁書，當眾焚毀。

　　1762年，法國土魯斯發生一起慘無人道的宗教迫害案。新教徒卡拉的兒子因欠債自殺，教會誣陷卡拉，說因死者打算改奉舊教而被父親謀害。法院立即逮捕卡拉全家，判處卡拉死刑。伏爾泰詳細調查此事後，滿懷義憤地爲卡拉鳴冤。整個歐洲爲之震動，法國政府被迫爲此案平反。伏爾泰作爲「卡拉的恩人」，受到法國人民的愛戴。

　　伏爾泰在民眾心目中的威望愈來愈高。1778年伏爾泰的新作《伊蘭納》在巴黎劇院首次上演，演員們在舞臺上抬出了伏爾泰的大理石半身像，爲它舉行加桂冠儀式。同年5月30日，一直處於興奮狀態的伏爾泰不幸逝世。

路易十四時代的法國

怪異的流浪兒

盧梭是十八世紀的作家和思想家中對後世影響最大的一位，他於1712年出生在日內瓦一個鐘錶匠家庭。盧梭出生不到一周，母親就患產褥熱而去世。在一個姑媽的悉心照料下，盧梭活了下來。1722年，他的父親與人爭吵，將人打傷，受到市政長官的傳訊。為逃脫牢獄之災，他的父親逃離日內瓦，將盧梭交由舅父收養。盧梭被送到一家由牧師管理的寄宿學校。

當時年僅十一歲的盧梭喜歡上了牧師年過三十的妹妹，並以一種怪異的方式暗戀著她。當盧梭犯了錯，被她鞭打時，他會從鞭笞的痛楚中獲得快感。這種喜歡被虐待的傾向一直保留到晚年。除了被鞭笞的快感外，鄉間優美的景色也讓他著迷。

不久盧梭成為一名雕刻匠的學徒，這個雕刻匠常因一點點小過錯而毒打

一眼神略帶憂鬱的盧梭過早失去母愛，盧梭的心變得異常纖細、脆弱；父親的逃離，則讓他猶如一個孤兒。年幼的盧梭孤獨地生活在這個世界上，他要面對所有的事情，做出一個個連自己也不知是否正確的決定。

他。1728年的一天，不到十六歲的小盧梭毅然選擇了離開。在一位教士的指引下，盧梭投奔華倫夫人。二十九歲的華倫夫人是位美麗大方、輕佻而迷人的貴婦。華倫夫人非常忙碌，所以她給了盧梭一點錢打發他去都靈的救濟院。沒過多久，盧梭帶著二十六法郎離開了救濟院，過上了流浪的生活。

1729年夏，盧梭懷著一顆熱切的心再次投奔華倫夫人。華倫夫人收留了他，他被華倫夫人迷得神魂顛倒。他偷偷地親吻她睡過的床鋪、坐過的椅子，甚至她走過的地板。他親切地稱她為「姆媽」。華倫夫人送盧梭到神學院就讀，到唱詩班學習音樂。華倫夫人不辭而別去了巴黎，盧梭淒涼而孤獨地在鄉間閒逛，他向「大自然」傾訴著自己的戀愛與夢想，到處流浪。

↑盧梭生活的村莊

得到愛卻不幸福

　　盧梭到處流浪，在他的心中，華倫夫人是永遠也放不下的思念。終於有一天，盧梭打聽到了華倫夫人的消息，聽說她在尚貝里，於是起身前去找她。華倫夫人為盧梭謀了個祕書職位。盧梭住在她的家裡，當他發現華倫夫人的經紀人阿內也是她的情人的時候，內心稍覺不快，對華倫夫人的熱情也有所減退，但他們三人之間仍然維持著一種多角戀情的浪漫。

　　盧梭對華倫夫人的愛，已超出了男女肉慾之情，更接近母子之情。盧梭如此寫道：「這一天，與其說是盼望的一天，不如說是可怕的一天，無論如何，我終於等到了。第一次，我覺察到自己躺在一位婦人的懷裡，而這位婦人正是我所敬愛的。我快樂嗎？沒有。我嘗到快感，但一種不可抗拒的悲愁把美妙的事破壞了。我頓覺自己正犯下亂倫的罪行。當我高興地將她緊摟在懷裡，我的淚水浸濕了她的乳房。而她呢，既非悲

←華倫夫人年輕時的肖像
華倫夫人是第一個走進盧梭心中的女人，盧梭對她既有兒子對母親的依戀，又有情人之間的愛意，這種複雜的情感幾乎折磨了盧梭一生。

傷，也非快樂，只是安靜地愛撫我。」

　　1740年，華倫夫人介紹盧梭到里昂市長馬布里家裡任家庭教師。1742年7月，在馬布里的推薦下，盧梭到巴黎謀生，他周旋在富有或有名望的巴黎人和妓女之間。一次，一幫朋友為盧梭舉行宴會，宴會中最出風頭的是美麗的妓女蘇麗旦。她請盧梭到房裡，隨即褪去身上衣物。「我非但未被慾火所吞噬，反而感到想嘔吐，頹然坐下，像小孩般地哭了起來。」蘇麗旦輕視地罵道：「別再理

【人文歷史百科】盧梭的孩子

當黛蕾絲懷孕時，盧梭「陷入了最大的困境」中。有些朋友告訴他，將不想要的孩子送進收容所。小孩一出生馬上被送走了。往後八年中，盧梭以同樣的方式處理掉四個小孩。有些持疑者認為盧梭在編造故事，藉以掩飾自己的性無能。

179

↑盧梭和華倫夫人曾經生活的地方

女人好了，去研究數學算了。」事後，盧梭如此解釋自己所表現出的無能，「因為這位婦人有半邊的乳房變形了。」

1745年，窮困潦倒的盧梭與旅館女傭黛蕾絲同居。

生命中的轉捩點

狄德羅可算是盧梭在巴黎認識的友人。1749年，盧梭的生命中出現了重大轉折。夏末的一天，盧梭去探望被關押的狄德羅，他從報紙上看到了第戎科學院《科學與藝術的復興是否有助於敦化風俗》的徵文題目，一時有感，便構思了自己的論點。出乎意料，該論文獲得了首獎，第戎學院授予盧梭一塊金牌和三百法郎。

1750年12月，盧梭患了嚴重的膀胱炎，臥床達半年之久。這使他的憂鬱加深，退隱的意願加強。1752年10月18日，盧梭的歌劇《鄉村法師》在楓丹白露的宮廷上演，獲得滿堂彩，盧梭再度聞名遐邇。

1755年初，盧梭發表《論人類不平等的起源》。這篇更勝以往的優秀應徵論文雖未獲獎，卻在學術界掀起軒然大波。盧梭成為艾皮奈夫人家的座上客後，她看出了盧梭的窘迫，有意資助他。1756年復活節那天，艾皮奈夫人遠赴巴黎，將盧梭、黛蕾絲和他的岳母一起接到了自己的一處莊園。黛蕾絲是個

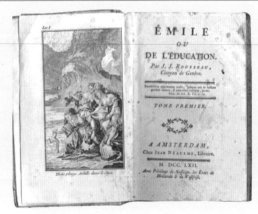

↑《愛彌兒》
《愛彌兒》論證教育的目的是培養自然人，抨擊造就王公貴族和達官顯宦的封建教育，對於當時以培養公民為教育理想的觀點，也予以抨擊。盧梭設想的愛彌兒即是自然人，以自然主義培育的新型人物。

忠實的家庭主婦，但卻不是心氣相投的伴侶，她對文章一竅不通。這時的盧梭受疾病的困擾，已無法履行丈夫應盡的義務。

1756年至1757年的冬天，盧梭開始創作小說《新哀洛綺絲》。這時，可憐的盧梭得了妄想症。1757年底，盧梭帶著妻子離開了艾皮奈夫人的莊園，將岳母送到了巴黎，搬到蒙墨朗西的一家別墅。1762年4月，盧梭的《社會契約論》出版，一個月後，小說《愛彌兒》問世。

若說《新哀洛綺絲》為盧梭獲得了極大聲譽，那麼《社會契約論》和《愛彌兒》可說帶給他巨大災難。法院發布了通緝令，《愛彌兒》被當眾焚毀，《社會契約論》也遭到了同樣的命運。

逃亡生活

　　《愛彌兒》出版以後，哲學家指責其背叛哲學，法國的大主教與一些地方長官譴責它叛離了基督教，當時與議會鬥爭的貴族院倡議逮捕盧梭。盧梭的一些貴族朋友聽說此事，立即通知盧梭馬上離開，免得遭受牢獄之災。1762年6月9日，在將妻子託付給鄰居盧森堡元帥及其夫人照顧後，盧梭離開了蒙墨朗西。

　　6月11日，盧梭來到了瑞士。他安頓好以後，便想讓妻子前來團聚，但對於她是否能來則無半點把握，因為他已覺察到「他們之間的愛情越來越淡了」。但黛蕾絲畢竟來了，迎接他們摻著淚水的

團聚，雖然彼此在一起的日子並不愉快。

　　盧梭在瑞士的生活不很安寧。一天深夜，盧梭和黛蕾絲被一陣石頭擊在牆上和窗戶玻璃破碎的聲音驚醒，原來是牧師和一些忠實的教徒在看了《愛彌兒》之後的過激行為。幾個朋友勸說盧梭再次離開。盧梭和妻子不得不離開自己所鍾愛的家，來到了聖彼得島，這裡幾乎與世隔絕。盧梭非常喜歡這裡的寧靜，但伯爾尼邦的驅逐令打破了他的夢想：「限二十四小時之內離開該島以及伯爾尼邦所有的領土。」

　　1765年10月22日，盧梭接到了大衛·休謨的邀請。1766年1月13日，盧梭抵達倫敦。貴族、作家、淑女和平民雲集到他在白金漢街的住處。盧梭厭惡這種殷勤，請求休謨為自己在離倫敦遠一點的地方找個房子。幸福的日子維持不多久，伏爾泰匿名出版了一封信，信中重提盧梭著作中對英國人民所作的不利敘述。後來，盧梭與休謨之間也漸起爭執。一時間謠傳四起。1767年5月，盧梭與妻子匆匆逃離英國，萌生了動筆寫《懺悔錄》的念頭。1770年，盧梭重返巴黎。直至臨終，他大抵只寫了一些自我辯護和回憶錄性質的作品。1778年5月，盧梭移居埃爾姆農維爾，7月2日逝世。

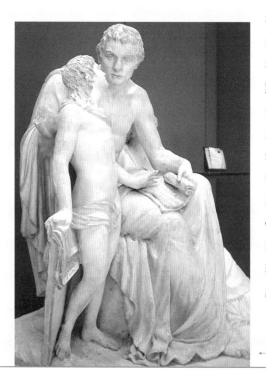

←盧梭組離，49×96×40公分，1799年法蘭西斯·馬森作品

路易十四時代的法國

理想社會主義者梅葉

↑讓·梅葉像

讓·梅葉是法國十八世紀理想社會主義的先驅，唯物論和無神論者。但不可思議的是，他還是一名神父。梅葉出生在法國香檳省馬澤爾尼村，1687年從宗教學校畢業後開始擔任教職，1689年在一個低級教區任駐地神父。馬澤爾尼村是個僅有一百五十戶居民的小村莊，直到逝世為止，梅葉在此地生活了四十年。梅葉生前一直認真地執行神父的職務，幾乎無人看出他是個革命思想家和無神論者。

梅葉也曾與現實產生過衝突。約在1711年左右，當地有一位領主對農民殘暴無道，梅葉便站出來反對，這個領主便與里姆的大主教聯合起來迫害梅葉。

到了晚年，梅葉逐漸喪失了視力，變得有點悲觀厭世。他寫給朋友的一封信中這樣說：「對於現在的我來說，生命的終點是最佳去處。」後來梅葉拒絕進食，以加速自己生命的滅亡。逝世前，梅葉曾說：作為一個正直的人，或許我不應該信仰上帝。梅葉於1729年5月撒手而去，享年六十五歲。

梅葉的《遺書》共九十九節。其中八十節用來揭露和批判宗教迷信，宣傳唯物論和無神論。其餘十九節用來批判社會不公和構想未來社會。梅葉堅持認識來源於感官對客觀事物的感覺，即意識是物質的產物。「砍去頭顱，意識也就隨之消失」。他同時指出，宗教是封建統治的精神支柱。宗教統治者和世俗統治者像兩個小偷一樣互相勾結。宗教支持最壞的政府，政府維護最荒謬的宗教。

百科全書派的代表狄德羅

德尼·狄德羅1713年10月5日出生於法國朗格爾，十九歲時獲巴黎大學文學碩士學位。1745年，出版商布雷東聘請他編纂《百科全書》。主持編輯《百科全書》的同時，1746年狄德羅匿名發表《哲學思想錄》。他在書中以隨感的形式挑戰天主教，公然指出：上帝並不存在，上帝創世說乃是一種妄想，祂只是想像中的東西。這些言論發表後，狄德

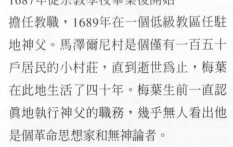

【人文歷史百科】

《遺書》的宗旨

《遺書》集中反映了梅葉的哲學、社會和政治思想。在此書的《序言》和末尾《告讀者》中，梅葉明確地闡明了自己寫此書的目的：「我的目的，是要盡我的力量使你們睜開眼睛（雖然晚了一點），看一看我們所有人的不幸和生活中的荒謬。」

羅立即上了政府的黑名單。巴黎法院判決將此書銷毀，巴黎警察局還專門爲狄德羅建檔立案。

狄德羅並未被嚇倒，繼續宣傳無神論思想，並於1747年寫成《懷疑論者的散步》，1749年發表《論盲人書簡》。狄德羅對唯心主義的無情抨擊觸怒了統治階級。1799年7月，狄德羅被關進萬森監獄，但三個月後被釋放。

狄德羅出獄後決心透過《百科全書》的編纂出版，改變人們的思想，掀起一場「人類精神上的革命」。爲此他集合了大批專家學者，熱情地爲共同目標奮鬥，使法國啓蒙思想運動達到高潮。狄

↓狄德羅
　十八世紀法國唯物主義哲學家、文學家，百科全書派代表人物。

德羅、達朗貝爾、孔狄亞克、愛爾維修、霍爾巴赫等人皆參與了《百科全書》的編寫，被稱爲「百科全書派」。

1758年《百科全書》第七卷出版，愛爾維修的《精神》一文受到巴黎議會譴責並遭焚毀。《百科全書》也因此正式被列爲危險書籍，禁止發行。狄德羅昔日的戰友紛紛離開。面對敵人的迫害和朋友的離棄，狄德羅毫不退縮，他勸出版商繼續悄悄出版。此後，艱巨的編纂重擔落在狄德羅一個人肩上。而出版商布雷東在校對審定的過程中，將最重要且精采的內容偷偷作了修改，甚至乾脆抽掉，更令他痛苦萬分。

《百科全書》的編纂是狄德羅一生中最傑出的貢獻。此外狄德羅還是當代法國重要的文學家，小說《修女》、《宿命論者雅克》和《拉摩的侄兒》是他一生中重要的作品。

1784年7月30日，狄德羅逝世。

路易十四時代的法國

183

059.分裂的日耳曼

神聖羅馬皇帝是個徒有其名的傀儡，帝國境內的封建諸侯各自為政，他們的領地實際上等於獨立的王國。

徒有虛名的帝國

十七、十八世紀的日耳曼不是個統一的國家，只能說是個地理概念。其範圍包括今日的德國、奧地利，以及波蘭、捷克斯洛伐克和南斯拉夫的部分地區。儘管名義上保持著神聖羅馬帝國的稱號，然此稱號形同虛設，中世紀的「羅馬帝國繼承者」已成為昨日黃花。

十七世紀初期，日耳曼地區爆發了三十年戰爭。當這場席捲全歐的戰爭結束後，根據《西發里亞和約》，神聖羅馬帝國境內的每位諸侯皆可享有自主權，宣戰媾和不須經皇帝首肯。如此一來，奧國皇權進一步地被削弱，日耳曼更加無法避免它分崩離析的命運了。從此，這片虔信天主的土地烽火連天，戰事不斷。到了十八世紀，波蘭王位繼承戰爭、奧地利王位繼承戰爭和七年戰爭相接不輟，長達三十年的掠奪與廝殺，使位處歐洲心臟的日耳曼備受蹂躪，地荒人絕，經濟倒退了近兩百年，猶如回到了農奴制的莊園時代。整個帝國分裂為三百多個邦國和一千多處騎士領地；邦國與騎士領地各自為政，神聖羅馬皇帝只剩授予貴族頭銜的權利。

在日耳曼眾多邦國中，最小的邦國僅有幾平方公里，守衛的士兵只有十二人。然而如果哪個大國入侵了這個小邦國，卻有可能引發一場新的歐洲大戰。此乃肇因於小邦國背後有大盟國作為依靠。日耳曼地區最大的邦國為奧地

↓十七世紀神聖羅馬帝國的疆域

	1640年的勃蘭登堡—普魯士領土
	1688年獲得的勃蘭登堡—普魯士領土
	1648年奧地利　哈布斯堡王朝的領土
	1699年奧地利　哈布斯堡王朝從土耳其獲得的土地
	1667年俄羅斯從波蘭—立陶宛獲得的領土
	1648年的瑞典領土
	1699年瑞典獲得的領土
	神聖羅馬帝國的邊界

利，國王身兼神聖羅馬帝國皇帝的稱號，時刻懷有稱霸歐洲的野心；但由於它受到歐洲保持均勢局面的猜忌與牽制，所以也很難如願以償。日耳曼的第二大邦國是普魯士，崇尚軍國主義，最後使日耳曼得到了統一；然而，這也已是十九世紀末期了。

總之，十七、十八世紀的日耳曼地區，雖然號稱神聖羅馬帝國，但卻既不「神聖」，也不「羅馬」，更不「帝國」。

農奴制的重現

中世紀的日耳曼地區是地中海通往歐洲的必經之道，而統馭此地的王朝無論軍事與經濟都是歐洲的老大。可是到了十五世紀，土耳其用強大的武力截斷了歐洲至東方的交通；接下來美洲的發現，使世界貿易航路從地中海轉移到了大西洋沿岸。日耳曼遠離了主要航路，經濟力日漸衰退。

三十年戰爭後，日耳曼地主們將荒蕪的土地收回，並收回了破產農民的部分份地。戰火中失去耕具、家畜、肥料及種子的農民，因無法還清領主的債務，只能夠出賣勞力在領主土地上勞動，漸漸淪爲沒有自由的農奴。他們白天全部時間都在領主的土地上勞作，僅能利用夜晚時間耕種自己的份地。地主的監工手執鞭子，監督著農奴勞動。農奴們失去了人身自由，不能學習手藝，也不能私自結婚；被出賣、出借或典當出去，以及在領主的賭場中作爲賭注，更是農奴普遍的命運。由於領主身兼地方法官或警長，農奴完全處於任人宰割的狀態中。儘管在日耳曼西側還生活有自由農民，但他們所受的剝削也是相當嚴重的。本來，農奴制在十三世紀末的日耳曼便已瓦解，此時又捲土重來，所以歷史上將其稱爲「農奴制的重現」。

在日耳曼三百多個諸侯國及一千多個騎士領地中，各地有一套自己的法律系統、度量衡制度、貨幣系統及邊界上的重重稅關——這些嚴重妨礙了商品的流通，影響了經濟的發展。

十七世紀末，日耳曼的資本主義工業才嶄露頭角。然而，直到十八世紀末，日耳曼經濟仍然遠遠落後於英、法兩國。

歷史上的農奴制

【人文歷史百科】

典型的農奴制產生於中世紀的歐洲。它是在羅馬奴隸制的陳跡上建立起來的，而直到十九世紀，俄國和印度仍保持著農奴制。這些地區的農奴與農村公社有著密切的聯繫。

→十七、十八世紀日耳曼騎士形象

060.哈布斯堡王朝

哈布斯堡王朝是日耳曼最輝煌的王朝，長期擁有「神聖羅馬帝國皇帝」的稱號，泰瑞莎女皇的改革更是炳耀史冊。

天下皆為奧地利臣民

日耳曼眾多邦國之間你爭我奪，廝殺不斷。在這場爭霸賽中，哈布斯堡家族逐漸強大起來，並以奧地利作為據點不斷向外擴張，最後成為一個泱泱大國。

1273年哈布斯堡家族出了件大喜事——魯道夫當選為神聖羅馬帝國的皇帝，結束了日耳曼十九年的空位期。從此，哈布斯堡王朝開始了長達六百四十年的統治。這位自封為奧地利大公的神聖羅馬皇帝，東征西伐，為諸子們奪取更多的領地。魯道夫一世去世後，哈布斯堡家族不再擁有皇帝的寶座，但繼續保有奧地利大公的爵位。歷任大公透過聯姻、征戰和條約等手段不斷擴大公國領地，經過兩百多年的奮鬥，統治了奧地利、波希米亞（捷克）、日耳曼、匈牙利等地，成為歐洲領土最大的國家之一。

1683年奧地利帝國向強大的土耳其宣戰，經過十六年的征戰，兼併了全部匈牙利和外西凡尼亞，並推進到克羅埃西亞和波士尼亞。1701至1714年，在西班牙王位戰爭中，奧地利帝國的領土又得到了進一步擴張，獲得了西屬尼德蘭（比利時）、倫巴底、那不勒斯等地。而後在十八世紀末又與普魯士、俄國瓜分了波蘭，版圖達到近五十八萬平方公里，晉升歐洲第二大國，國土面積僅次於俄國。

→魯道夫一世肖像
魯道夫一世是神聖羅馬帝國皇帝，奧地利哈布斯堡王朝創建人。在諸侯們的幫助下，魯道夫一世打敗波希米亞國王奧托卡二世，奪取了奧地利和施蒂利亞，這些領地為哈布斯堡王朝的強盛奠定了基礎。

瑪麗亞・泰瑞莎女皇

「瑪麗亞・泰瑞莎女皇萬歲！」在匈牙利及奧地利貴族的祝賀聲中，瑪麗亞・泰瑞莎於1740年登上了神聖羅馬帝

↑魯道夫一世

國的皇位。

　　瑪麗亞‧泰瑞莎1717年出生於維也納，她天資聰慧，能歌善舞，擅長騎術，受過良好的宮廷教育，學習過宗教史、世界史，能流利地使用德、法、義、捷克和拉丁語。她的父親查理六世膝下無子，為了避免皇權旁落，便在臨死前頒發詔書，宣布由瑪麗亞‧泰瑞莎公主繼承皇位。然而她的登基，卻引發了一場戰爭。

　　普魯士國王腓特烈二世為了奪取西里西亞，對瑪麗亞‧泰瑞莎率先發難。他提出應由巴伐利亞選侯繼承皇位，並於1740年底不宣而戰，帶兵入侵奧地利富庶的西里西亞。法國也趁機聯合普魯士、西班牙、巴伐利亞等國組成「反奧聯盟」，推選巴伐利亞選侯為神聖羅馬帝國皇帝，發動瓜分奧地利的戰爭。

　　面對強敵，年僅二十三歲的女皇莊嚴宣布：「雖然我是個可憐的女皇，卻同樣擁有一顆男人的心！」她迅速採取措施，緩和內部衝突，爭取外國援助，扭轉岌岌可危的國家。經過五年的努力，其地位終於得到日耳曼多數選侯的認可。由於神聖羅馬帝國的皇位必須由男性繼承，因此選侯們推選她的丈

↑瑪麗亞‧泰瑞莎女皇，1750年代布面油畫，布達佩斯美術博物館藏

夫來繼承。又過了三年，這場奧地利皇位繼承戰爭終於結束了。女皇雖然維護了自己的繼承權，但是工業最發達的西里西亞卻永遠歸屬了普魯士。

　　然而，她的格言卻是：「寧要中庸的和平，不要輝煌的戰爭。」這位養育了十六個子女的女君主從未違背自己的格言，他在國內推行了一連串促進商貿、改良機構、普及教育的政策，使走向衰落的奧地利出現了一度中興。

←腓特烈二世像

腓特烈二世是普魯士第三代國王，史稱「腓特烈大帝」。1740至1745年，他兩次對奧地利用兵，最後將西里西亞占為己有。

十七、十八世紀的日耳曼與俄羅斯

「開明專制」的改革

受啓蒙思想的影響，十八世紀歐洲的許多君主都進行了「開明專制」的社會改革。除俄國的凱薩琳二世、普魯士的腓特烈大帝之外，瑪麗亞‧泰瑞莎也是一位積極的改革者。當然，這與戰爭的失利有著密切關係。

在王位繼承戰爭中，她保住了皇位，但失去了土地。她對國家的種種弊端深有感觸，於是起用一批精明強幹、思想先進的大臣，全面推行改革。

政治上，她以加強中央集權制爲要，成立國務議會，將宮廷事務部、財務部、軍機處與最高司法處置於其下，削弱了邦議會和貴族領主的權力。

經濟上，她宣布減少農民的勞役，勞役固定爲每週三天，每天十小時；減少農民爲地主拉車運輸的義務；取消了皇室領地上的農奴制度。同時，她還統一了國內關稅、度量衡及貨幣，修河築路，大力提倡工商業，促使國內統一市場的迅速形成。

軍事上，她建立常備軍，並徵集「軍稅」作爲軍隊的開支；同時建立起軍官學校，廢除了中世紀貴族世襲軍官制，根據學歷與軍功提拔軍官，軍隊的戰鬥力因而大爲加強。

教育上，她建立了國家統一管理的學校。將教會控制下的維也納大學改爲世俗大學。成立「國家教育委員會」，規定「所有年滿六歲的男女兒童，不分貴賤，均應入學」，在奧地利首次推行了強迫義務教育。並且還建立了許多專門學校，如礦業學校、農業學校等等。

瑪麗亞‧泰瑞莎女皇在位四十年，她的改革讓奧地利搖身一變爲強大的中央集權國家，工商業和科學文化也有高度發展。當時的呢絨廠、毛紡廠等輕工業爲政府帶來高收入，並且還湧現出海頓、莫札特、貝多芬等音樂大師。奧地利人爲了紀念她的功績，將其稱爲「奧地利的國母」。

戴皇冠的革命者

約瑟夫二世被稱爲「戴皇冠的革命者」，他是瑪麗亞‧泰瑞莎女皇之

←瑪麗亞‧泰瑞莎和孩子們
瑪利亞‧泰瑞莎繼承哈布斯堡皇位後，採取「開明君主制」，在政治、經濟、軍事、外交、司法和教育等方面皆有顯著成效，奧地利人因此尊稱她為「奧地利的國母」。她也建立了一個幸福的家庭，十六個子女讓她享盡天倫之樂。

→約瑟夫二世騎馬像

竟然只是到處挖馬鈴薯吃，因此這場戰爭又稱為「馬鈴薯戰爭」。

1780年瑪麗亞‧泰瑞莎去世後，約瑟夫二世覺得「微小的改革無關宏旨，要全盤改革才會見成效」。於是他更加深入地加強了中央集權，更徹底地解放農奴並削弱教皇的權力。結果，貴族的特權沒有了，刑訊廢黜了，農奴制取消了，眾多的教堂變成了醫院和學校。

據說當約瑟夫把皇家園林開放給普通百姓時，一位侯爵不滿地說：「皇上，如果以後賤民都能到只有貴族才能來的地方，那我們這些人應該到哪裡去呢？」約瑟夫二世笑著說：「如果同等貴族才能聚在一起，看來我真要到皇家墓地裡去散步了。」皇帝的舉措深得民心，卻和教皇及貴族們結下了冤仇。

因此，在1790年約瑟夫去世之後，封建貴族們把這些改革都取消了。

子。約瑟夫青年時代深受啟蒙思想家的影響，當他的父親在1765年去世後，繼任神聖羅馬帝國皇帝的他更是開始了大刀闊斧的改革。

他宣稱「要讓啟蒙運動的政治學說成為帝國立法的基礎」。約瑟夫喜歡微服私訪，甚至扶犁耕地，與農民談心。有一則趣談描寫的便是約瑟夫微服私訪的事：當時他正在門口刮鬍子，這時有一位農婦問他是不是讓皇帝雇的，他便風趣地說：「是，我經常幫皇帝刮鬍子。」

約瑟夫皇帝為了得到巴伐利亞的土地，曾與腓特烈大帝發生了一次戰爭。1778年，普、奧兩軍對峙於波希米亞，但雙方只是演習卻不發動進攻。直到普魯士軍隊撤回西里西亞時，士兵的工作

→約瑟夫二世和他的妹妹
約瑟夫二世是泰瑞莎女皇的長子，他全面推行和發展母親的改革事業，致力建立奠基於優良軍隊和官吏的中央集權國家。他的主張和政策被稱為「約瑟夫主義」。

061.普魯士的崛起

普魯士由一個小邦國演變為日耳曼第二大國，軍國主義的統治使它的領土不斷擴張，最後與奧地利逐鹿中歐，分庭抗禮。

普魯士王國的擴張

十世紀初期，在瑞士北方的索倫山上有一個小城堡，霍亨斯陶芬家族就生活在這裡。經過兩百年的努力，這個家族又擁有了紐倫堡城，領地面積擴大到兩萬多平方公里。但直到1415年，此家族獲得了勃蘭登堡領地和選侯稱號之後，才逐漸走向強大。

勃蘭登堡位於日耳曼東北邊境，本來是南斯拉夫人的土地。日耳曼貴族在十二世紀向東侵略過程中，搶占了勃蘭登堡附近的土地，將它歸入神聖羅馬帝國的版圖。霍亨斯陶芬家族擁有勃蘭登堡後，與鄰近的斯拉夫人不時發生戰爭。歷經無數次戰火的洗禮，霍亨斯陶芬家族的軍隊變得勇猛強悍，他們占據的領地也越來越大。

日耳曼地區流入北海和波羅的海的河流，都要流經勃蘭登堡的領土，地理位置對經濟發展極為有利。因此，厚實的經濟實力與強大的軍事力量，成為霍亨斯陶芬家族擴充領地的先決條件。

在十六世紀進行的宗教改革中，勃蘭登堡選侯支持路德的新教，並沒收了天主教教會的土地財產，使勃蘭登堡成

為一個重要的新教國家。到了十七世紀初，勃蘭登堡選侯藉由聯姻得到了萊茵河下游的克列夫茲、馬爾克及拉文斯堡。1618年，選侯約翰·西吉斯蒙用錢買下了波蘭的附庸國——東普魯士，成為波蘭的普魯士公爵，而他仍具有勃蘭登堡選侯的身分；表面上成為波蘭的大臣，實際上卻使自身領地擴充了一倍。經過三十年戰爭，選侯腓特烈·威廉在1648年又兼併了東部波美拉尼亞。

神聖羅馬皇帝在1701年將普魯士由公國晉升為王國，首位普魯士國王即為「腓特烈一世」。此時普魯士王國的土地面積為十一萬二千餘平方公里。1740年繼位的普魯士王腓特烈二世，出兵奪取了奧地利的重要工業區西里西亞，接著又與俄國瓜分了波蘭，使普國的領土面積達到三十萬五千平方公里。

軍國主義統治下的普魯士

普魯士是個典型的軍國主義國家。霍亨斯陶芬家族自從擁有勃蘭登堡之

後，便不斷加強自身的軍事力量。到了腓特烈‧威廉一世，更是實行極端的軍國主義政策：他加重賦稅，把普魯士軍隊從四萬人增加至八萬人，推行嚴酷的軍事訓練，為普魯士日後的擴張奠定了基礎。

十分有趣的是，腓特烈‧威廉一世還建立了一個巨人擲彈兵團。他派人採取各種手段從歐洲各地網羅身材高大的巨人，編入特殊的擲彈兵團。全歐洲的巨人都有可能被他劫騙來了，連高個子女人也在所難免地被找來與這些巨人配對，以繁衍更多的巨人。1740年腓特烈‧威廉一世臨終彌留之際，聽到神父說「人赤裸地來，也將赤裸地離去」時，猛地從病榻上掙扎起身說：「怎麼

↓腓特烈‧威廉一世像
　腓特烈‧威廉一世（1688～1740）在位期間，實行極端的重商主義和軍國主義政策。他大大加重賦稅，把普魯士軍隊從四萬人增加至八萬人，並強迫農民當兵。

【人文歷史百科】

普魯士精神
普魯士的專制主義再加上軍國主義，便構成所謂的「普魯士精神」，這種精神主要表現為對上級的絕對服從、對下級的刁難，漸漸演變成極端的民族主義，以及對外的侵略成性。

能赤裸的，我的戎裝呢？我要穿上我的戎裝。」

普魯士軍隊的權力全掌握在地主貴族手中，擔任著各級軍官的地主貴族被稱為「容克」。容克手下的士兵多是窮苦的農奴，另外還有一些雇傭兵。容克可以任意鞭撻士兵，士兵對容克的命令必須絕對服從。德國文學家萊辛曾說：「普魯士是歐洲奴性最強的國家。」有時，一些士兵因為受不了容克的虐待而選擇了自殺。而腓特烈二世訓練士兵的信條是：要讓士兵認為長官的鞭子比敵人的子彈更厲害才行；他還認為士兵不需要思考，只需絕對服從。

腓特烈二世完全繼承了父親的遺志，他遵循「強權即公理」的原則，推行侵略性的外交政策，他侵占奧地利的西里西亞，三次瓜分波蘭，並使普魯士軍隊的人數增加到了二十萬人，占全國人口的百分之九點四。

腓特烈大帝的軍事改革

腓特烈二世史稱「腓特烈大帝」，他是個很有趣的人，經常騎著一匹阿拉伯

十七、十八世紀的日耳曼與俄羅斯

馬、戴一頂舊軍帽，鼻煙盒不離身。雖
然像他父親一樣其貌不揚，卻很有個
性。他是腓特烈·威廉一世的三公子，
兩位兄長因病夭折，因此當他在1712年
初降生於柏林時，他父親高興得差點沒
跌死，但這位父親熱烈的擁抱也差點把
兒子勒死。

青年時期的腓特烈住在寧靜的萊茵
斯堡，懷著強烈的求知欲，博覽哲學、
歷史、文學等方面的知識。二十六歲時
他狂熱崇拜伏爾泰，兩人常以散文和詩
的信件保持往來。腓特烈還喜歡吹橫
笛，甚至在日後的戎馬倥傯也帶著笛
子，隨時為大家吹上一段曲子。腓特烈
自己也以「誤生王家的藝術家」自居。

1740年5月，二十八歲的腓特烈二世
繼承了王位。他把軍隊看得高於一切，
把國民收入的五分之四用於軍費開支，
使每年的軍費開支達到一千三百萬塔
勒。他解散了父親的巨人擲彈兵團，僅
保留一中隊作為儀仗護衛。他採用新式
募兵制度，為以後推行義務兵役制打下
基礎。他的部隊訓練有素、紀律嚴明，
士兵對長官絕對服從，在戰場上更是視
死如歸，決不臨陣脫逃；普魯士軍隊享
有盛名，以至於其他國家也紛紛向腓特
烈二世學習，像他一樣管理和要求自己

的兵士。

腓特烈還對騎兵加以改編，以利於
速戰速決的戰術。他所創建的騎兵和砲
兵戰術，後來在拿破崙時代為各國廣泛
採用。腓特烈熱中於研究戰略，把「進
攻」作為普魯士軍隊所特有的精神。

腓特烈也鼓勵國內工商業的發展，
使普魯士王國走向空前的繁榮與昌盛。
他可說是十八世紀歐洲最具有影響力的
君王之一。

七年戰爭和瓜分波蘭

有人認為，由於腓特烈大帝言多有
失，將俄國伊麗莎白女皇、奧國泰瑞莎
女皇以及法國蓬巴杜夫人當作「歐洲三

大名妓」來大加議論，因而導致了七年戰爭。事實上這場戰爭的肇因乃是那塊富庶的西里西亞。

奧地利欲收復失去的西里西亞，英、法兩強互相敵視，俄國也隨時準備進攻普魯士。在這樣的背景下，各國都積極爭取盟國來孤立對手，展開錯綜複雜的外交戰。結果，歐洲形成了兩大軍事聯盟：一方以英國、普魯士為主；另一方則是奧地利、法國和俄國。腓特烈二世於1756年8月底親率九萬五千人的軍隊，對薩克森發動突襲，七年戰爭由此爆發。

普魯士軍隊首戰告捷，接著連連獲勝，但普軍卻在俄國面前連連敗北，使腓特烈二世對戰爭的前景產生了悲觀。就在普魯士大難臨頭之時，奇蹟發生了——俄國伊麗莎白女皇去世，彼得三世繼承了王位。這位新俄皇竟穿著普魯士軍裝，來到腓特烈面前說：「國王，我的主人，我願效犬馬之勞。」這真是有史以來最具戲劇性的情景。於是，奧法聯軍開始處於劣勢，1763年七年戰爭以

↑ 年輕的彼得三世
彼得三世即位後，羅曼諾夫王朝開始。他的妻子就是後來的凱薩琳二世。彼得三世一即位就停止了對俄國有利的七年戰爭。

簽訂《胡貝爾茨堡和約》告終。這個條約保障了普魯士在中歐的強權地位。

七年戰爭後，腓特烈二世用了十多年的時間，大力發展國民經濟。他頒布一連串利於農業發展的法令，復興普魯士的經濟。有了經濟後盾以後，腓特烈二世又對他國發動了侵略。

1772年，腓特烈二世聯合俄、奧，乘波蘭內政危機，開始了第一次對波蘭領土的瓜分。腓特烈分得西普魯士，波美拉尼亞與東普魯士地區連成一片。三個強國透過三次瓜分波蘭，使這個東歐大國自1795年後不復存在，直到第一次世界大戰才得以復國。

【人文歷史百科】

腓特烈二世時期經濟的發展

腓特烈二世統治期間，國家實行保護性關稅政策，並採取一連串重商主義措施。他建立了簡便而有條理的稅收制，減少對生活必需品糧食、肉類的稅收；分別設立國家和軍隊銀行，著名的柏林銀行便創建於此時。從1740至1786年，普魯士人口從二百二十萬增加到五百四十三萬，土地收入從三百萬塔勒增加到六百萬，稅收從三百萬塔勒增加到一千一百萬。

野蠻人彼得

彼得給人的印象總是很深刻。一張圓臉，大眼寬鼻，身高將近七英呎，棕色的捲髮垂到雙肩，似乎從沒有整修過。他表情冷峻威嚴，與襤褸的外衣、補綴的短褲及粗糙補過的皮靴很不相稱。他雖然處理國事有條不紊，卻不甚注意身邊的瑣碎細節，每到一處，總是弄得又髒又亂。他的禮節跟服飾一樣，所以有人覺得他像個農夫，但有人給他起了一個更合適的名字——野蠻人。

↑彼得大帝肖像
彼得大帝是俄國旭日東昇前的曙光，他用野蠻手段制服了俄國的野蠻。

這位「野蠻人」於1672年5月30日降生於莫斯科，是沙皇阿列克賽和其第二任妻子維塔利爾的獨生子。小彼得剛出生時可非野蠻人，而是國王寵愛的小王子，享受到精心的照顧。唯在他四歲這一年，父親離開了人世，小彼得上有十三個異母兄長與姐姐，王位的爭奪使他過早經歷了血腥與暴力。

因此，小彼得從小不愛學習，反熱中與小夥伴們組建兩個「遊戲兵團」，整天在綠樹環繞的村莊裡練習打殺。後來，他成功地用自己的兵團打敗了姐姐索菲婭，獨掌俄國大權。

他似乎很早就習慣於使用暴力了，以至於成為君王後仍無法保持君子風度。他與波蘭國王奧古斯塔夫相遇時，曾以扭彎銀盤的方式比試力量；他曾不止一次用有力的拳頭甚至是寶劍，痛打最親密的朋友；他強迫一個隨從把一隻活著的烏龜吃掉，並令另一個隨從喝掉一罐白醋；他還命令一位年輕女孩喝下大量的白蘭地；在柏林博物館參觀時，他竟然讓妻子凱薩琳親吻被陳列的男性陰莖。凱薩琳拒絕時，他便用砍頭威脅她。當他的情人要求獨身時，他竟拔下她的一顆牙，並警告如果再堅持獨身，就將她的牙齒拔光……

據說伏爾泰對他很感興趣，因為想知道「人類由野蠻過渡到文明的階段」。

勤奮而貪玩的「農夫」

彼得不單打扮得像個農夫，也像農夫一樣努力工作。唯一的區別在於，他

【人文歷史百科】

小氣的彼得

彼得像像農夫般小氣，是想把錢花在更有用的地方上。他剛一登基便裁減了宮僕和官員，並將皇家馬廠中的三千匹馬賣掉，遣散三百名廚師，甚至拖欠官員的薪水。當他的僕人抱怨薪水少時，他卻說，這個薪金已和砲兵待遇相等了，可是你們遠比不上砲兵有用。

不是在皮鞭下工作，而是自發地勞作不息。

他通常五點起床，然後工作將近十四個小時。除去吃飯與午睡時間，晚上只睡六個小時。這種作息幾乎與俄國境內的農奴一樣——看來彼得大帝是要做出表率的。這種起居生活在彼得堡的夏天是極容易做到的，因為那裡早上三點天就亮了，到了晚上十點天才會暗下去。但在冬天堅持這種作息就不容易了，因為大半工作時間都處於暗夜，那時白晝時間僅為上午九點至午後三點。

彼得有與農夫一樣的嗜好，便是喜歡一醉方休。他在巴黎曾下賭注說：「俄國神父可比法國的主教喝得更多，站得更穩。」於是進行了長達一小時的比賽。當俄國神父繞著桌子而旋轉時，他抱著神父，稱讚他保住了「俄國人的榮譽」。

彼得有時也會展示他的幽默感，不過這種幽默是喧囂而沒有節制的。他的皇宮內有許多小丑和侏儒，是彼得取樂的對像。而彼得自己往往也飾演丑角，自娛自樂。有時，他與一群小侏儒玩格列弗遊小人國的遊戲，由二十四位侏儒用頭頂著他走；有時，他讓巨人拿大麵包餵七十二個侏儒吃。彼得後來便將巨人當作禮物，送給了腓特烈大帝的父親；後者也送給彼得幾個黑人，彼得很看重他們，送他們到巴黎去接受教育。值得一提的是，有一位黑人後來成為俄國的將領，他就是俄國詩人普希金的曾祖父。

↓彼得堡的彼得大帝騎馬銅像

十七、十八世紀的日耳曼與俄羅斯

廉價的情人

彼得是非常吝嗇的，雖然他的生活中不能沒有女人，但他在女人身上也不肯多破費一分錢，他並不把這些看成生命中的重要事物。

他有性的需求，但不重美貌。雖然他有很多情婦，但大多出身卑微。他的這種需求曾受到腓特烈大帝的譏笑，但他卻不以為然，振振有辭道：「我的娼妓費開銷不多，因為我要把錢投資到更有用的地方。」

↓狩獵的彼得大帝
彼得大帝公認是俄國史上最傑出的沙皇。他制定的西化政策是俄國變為強國的主因。沒有了他，便沒有當時強大的俄國。

不過，他也不是只要有個女人就行，也有選擇，也會喜新厭舊。在十七歲時，他的母親給他娶了一個美麗的妻子羅普金娜。當他發現更動人的女人時，便用寶劍與牢獄威脅王后退位，到修道院去作修女。彼得把情人看得微不足道，但唯有一個女人例外，她就是後來的凱薩琳一世。

凱薩琳1685年出生於利沃尼亞的一個貧寒家庭，從小便失去了雙親，由馬爾堡地區的格呂克教士收養，他把她當成女僕般教育，因此凱薩琳既不會算術，也不會讀書識字。1702年雪米提夫將軍屬下的一支俄軍攻占馬爾堡，守衛司令計劃炸毀城堡，與敵軍同歸於盡。格呂克知道這個消息後，帶著家眷逃往俄軍營地。後來他前往莫斯科，把凱薩琳留下來慰勞士兵。雪米提夫後來把凱薩琳送給了梅尼希科夫，梅尼希科夫為

彼得一世對土耳其的戰爭

【人文歷史百科】

為了在黑海尋找出海口，1695年1月，彼得親率三萬大軍進攻土耳其，企圖占領亞速海。由於沒有海軍，這次遠征失敗了。1696年春天，彼得率領用一年時間建造的由三十艘俄艦組成的艦隊出現在亞速海上，土耳其戰敗求和，亞速海落到了俄國人手中。然而俄國並未打通南方出海口，因土耳其用它的強大海軍封鎖了通往黑海的刻赤海峽。

了向彼得表示忠誠，與沙皇一起分享這名女子。在遍地流血的戰爭時代，一個單薄女子要想活下來，必須獻上殷勤。有一段時間，她不得不同時侍奉兩個人。他們喜歡她，因為她雅緻可愛也懂事，不堅持只屬於一個人。

改變俄羅斯命運的改革

俄羅斯是個貧窮落後的內陸國，要想向歐洲擴張，必須有一個出海口。而要想奪取出海口，須有強大的海軍。彼得為了組建一支強大的海軍，在1679年組織了一個由兩百五十多人的「大使團」到西歐取經。彼得化名為彼得・米哈依洛夫，以下士的身分隨同前往。

彼得考察西歐各國的政治制度與經濟，學習西歐先進的科學技術與管理方法，並重點學習建設海軍方面的知識。荷蘭的造船業非常發達，他便在首都阿姆斯特丹最大的一家造船廠當徒工，做了四個多月，掌握了造船技術的全部流程。空閒的時候，彼得去參觀手工廠、博物館，訪問名學者與科學家，邀聘他們到俄國。在倫敦，他還出席了國會，甚至參加王宮的化裝舞會。彼得如飢似渴地向歐洲學習，最終的目的卻是要征服它。

1698年7月，正當彼得在維也納準備去威尼斯之際，從莫斯科傳來索菲婭再次利用射擊軍叛亂的消息。彼得聞訊後，火速趕回國內，殘酷地進行鎮壓，處死了一千多人。他強迫索菲婭當修女，還把一百九十五名叛軍的屍首吊在她的窗前。接著，這位俄羅斯帝國的奠基人開始進行一連串的大改革。

他先想辦法取消了貴族代表議會，另外成立了從屬於沙皇的國務院。他又把全國分為八省，直接分派省長替沙皇管理地方。他對教會進行改革，讓俄國東正教會成為沙皇統治的精神工具。此外，他還把軍權牢控在自己手裡。如此一來，彼得可稱得上是位「專制」的君王了。

彼得一世接著建造起艦隊，在陸軍方面也進行大規模建設，成立軍官學

↑ 向造船工人討教的彼得大帝

十七、十八世紀的日耳曼與俄羅斯

197

校，訓練新式軍事幹部，並成立兵工廠等。彼得一世還大力發展工業，積極儲備經濟實力。

剪掉俄羅斯人的大鬍子

彼得大帝不單在政治、經濟及軍事上進行變革，還徹底改革了俄國的社會習俗。他提倡西歐的服飾禮儀和生活方式，甚至採取強制手段，迫使俄國貴族接受西方的習俗。

1698年彼得大帝返國歸來，俄國貴族為了迎接彼得，組織了一個盛大的歡迎儀式。在歡迎會上，彼得大帝不許貴

↓彼得大帝
彼得大帝的改革引起了舊貴族的反對，也讓僧侶階層強烈不滿。雖然彼得的改革是在剝削農民和保存農奴制的情況下進行的，但在一定程度上改變了俄國在政治、軍事、經濟和文化方面的落後狀態，使俄國晉升歐洲強國之列。

族向他下跪，還做了件驚人之舉——吩咐隨從給他一把剪刀，然後親手剪除了這些貴族們的大鬍子。

在今天，剪掉鬍子是件平常事，但在當時的俄國，如同中國清朝剪辮一樣，是件令人感到恥辱的事情。因俄國東正教會向有崇拜鬍子的風尚。教會認為，鬍鬚是「上帝賜予的裝飾品」，是俄羅斯人引為自豪的珍品。而彼得剛一回國，便給了保守貴族這下馬威。

彼得一世鼓勵貴族們學習西方人的嗜好，鼓勵他們吸菸、喝咖啡，要他們頭戴撒了香粉的假髮，腳穿喇叭口的長統靴，帶著家人參加各種晚宴舞會，進行社交活動等。彼得還下令禁止人們穿俄羅斯長袍。在一個滑稽「醉鬼大會」上，彼得拿起剪刀親自剪去顯貴們的傳統長袍的寬袖子，邊剪還邊說著：「這玩意實在礙事，不是拂掉了玻璃杯，就是掉到湯裡去，剪下來的袖頭縫雙靴子都夠了。」

一般走進舞廳，多會被那優美和諧的氣氛所包圍，然彼得大帝時代的舞廳卻是充滿了血腥。彼得大帝用寶劍強迫貴族們帶著女眷來到舞廳，強迫女士坐在男士的懷裡，讓他們吸菸飲酒，強迫女士與男士跳舞。在封建保守的俄國，貴族們當時的尷尬處境可想而知。而不順從的貴族即有殺頭的危險，舞廳隨時都會成為刑罰的執行廳。不可不說，彼

得大帝用「野蠻」制服了俄國的野蠻。

奪得通向歐洲的門戶

俄國在彼得大帝的全面改革下富強起來後，又開始為奪取出海口而戰了。這一次，彼得把目標投向瑞典，要奪取波羅的海的出海口。

彼得大帝先和土耳其簽訂了為期三十年的停戰協議，然後與波蘭、薩克森和丹麥結成聯盟，向瑞典宣戰，這便是對俄羅斯帝國有著重要意義的「北方戰爭」。這一場戰爭前後打了二十一年。

1700年的秋天，彼得親率三萬大軍包圍了瑞典的納爾瓦城堡。但瑞典的少年國王查理十二世親率一萬多名瑞典軍隊，先是擊敗了俄國的盟友波蘭和丹麥，然後以閃電般的速度來到納爾瓦增援。結果這一仗下來，俄軍幾乎全軍覆沒，彼得僥倖逃離了戰場。一個外國人曾生動地描述俄國士兵「像貓一樣圍著熱飯打轉，誰也不想燙著自己的爪子。」

但是，彼得並未就此放棄他的侵略大計。為了向國外購買武器裝備，他把

↑波爾塔瓦戰役中的彼得大帝，1718年布面油畫，聖彼得堡藏

賦稅提高了四倍，還增加了各種新稅，如婦女的洗衣盆、死人的棺材、人臉上的鬍子，都得繳稅，甚至眼珠若非藍色者也要繳稅。於是在極短的時間內，一支二十萬人的陸軍便建立起來了，一支含四十餘艘大船和兩百餘隻小船的海軍艦隊——「波羅的海艦隊」也組建成功。

1709年，俄軍在波爾塔瓦大敗瑞典軍隊，粉碎了其在歐洲大陸的軍事優勢。1721年，雙方簽訂和約，俄國從瑞典手中奪得了芬蘭灣、里加灣沿岸的土地，達成北方出海口的目標。彼得因此被俄國樞密院尊稱為「全俄羅斯大帝」和「祖國之父」，俄國也正式改名為「俄羅斯帝國」。

十七、十八世紀的日耳曼與俄羅斯

來自日耳曼的俄羅斯女皇

凱薩琳二世在歷史上聲名顯赫，是沙俄第二大帝。她對外侵略土耳其、瑞典，三次參與瓜分波蘭的戰役，吞併立陶宛、白俄羅斯和西烏克蘭的大部分土地以及克里米亞，置喬治亞為保護國，使俄羅斯帝國版圖得到空前擴大。凱薩琳二世曾自負地說：「假若我能活到兩百歲，整個歐洲將全歸屬於俄羅斯帝國。」然而她只活了六十七歲。

這位女皇原名索菲亞·奧古斯特，美麗聰明的她是腓特烈大帝手下一位少將的女兒。據說她出生後，由於不是男

↑ 彼得三世和凱薩琳二世

孩而使她的母親哭了三天三夜。1745年的一場政治聯姻，索菲亞嫁給了她的表兄彼得·費多羅維奇，也就是後來的彼得三世。

婚後不久，索菲亞的母親在一場宮廷糾紛中被驅逐出宮，她也因此失寵，經常受到伊麗莎白女皇的奚落和丈夫的責罵。然而這種寄人籬下的生活，反而增強了她要成為女皇的決心。宮廷裡爾虞我詐、爭權奪利的氣氛，薰染著這位野心家，使她形成了虛偽狡詐和凶狠殘暴的性格。表面上，她委曲求全，讀書消愁；而實際上，她卻在研究彼得一世以來歷代沙皇成敗的祕訣，並積極尋找著屬於自己的機會。

1754年，索菲亞生下了保羅，即後來的保羅一世。孩子一出生便被伊麗莎白女皇帶走了，索菲亞因此得到了一筆十萬盧布的進款。她並沒有因失去孩子而傷心，反倒利用這筆錢收買人心，培植親信。她為了得到權力往往不擇手段，甚至出賣自己的肉體。因為她從書中悟出一個道理：要成為沙皇，必先取信於貴族。

當彼得三世於1761年底登基後，凱薩琳便透過情夫格·奧爾洛夫兄弟在近衛軍官兵裡暗中活動。半年後，凱薩琳

巧妙地利用貴族對彼得三世不滿的有利形勢，在情夫的幫助下，依靠近衛軍發動了宮廷政變。三十三歲的她踩著丈夫的屍體登上了俄皇寶座，成為凱薩琳二世。

← 戴著王冠的凱薩琳二世

凱薩琳二世的手腕

　　凱薩琳二世成為女皇後，面臨的卻是動盪不安的政治危機。然而，她卻憑著自己的政治手腕，扭轉了不利局面，鞏固政權。

　　當時，由於俄國參與了七年戰爭，國家的財政赤字每年達七百萬盧布，國債達一千七百萬盧布。彼得大帝苦心經營起來的波羅的海艦隊也因沒有財力修整而失去作戰能力。所以她暫停了侵歐的計畫，並與法國、奧地利等國修好，希望與歐洲各國保持和平。

　　凱薩琳宣布自己是俄國「頭號地主」，並把十五萬名農奴分賜給擁戴她登位的功臣和貴族，其後又不斷地賞賜，總計賜贈農奴八十餘萬人。她還把伏爾加河流域和黑海北岸的肥沃土地分給俄國貴族，使當地的少數民族淪為農奴。她提拔自己的親信擔任政府要職，以鞏固其專制統治。為了維護貴族的利益，她禁止農奴向政府訴苦，並使用殘酷手段，鎮壓了普加喬夫起義。

　　在強化專制統治的同時，凱薩琳還裝出一副「開明君主」的樣子，藉以籠絡人心。她和啟蒙思想家伏爾泰通信、高價收買狄德羅的藏書，並請狄德羅前來訪問彼得堡。然而當這些啟蒙者的思想火花點燃了法國大革命的烈火時，她卻惡狠狠地咒罵法國革命者是「一群瘋子和惡棍」，威脅要派出大軍前去鎮壓。

　　凱薩琳的「開明」是以維護貴族階級利益為核心的，一旦進步思想威脅到了貴族的統治地位，凱薩琳便會撕下開明的面具，露出凶殘的本性。不少反對農奴制的文人都遭到了她的瘋狂迫害。

← 凱薩琳二世的王冠
這頂王冠總共鑲嵌了4836顆鑽石，重2858克。其中裝飾冠頂的紅天鵝絨色尖晶石，重398.72克拉，曾被列為俄羅斯七大名鑽之一。

【人文歷史百科】

凱薩琳的文字獄

凱薩琳仇視進步思想，為了鞏固政權而大興文字獄。1790年，俄國革命家和革命文學的奠基人亞·拉吉舍夫，因在《從彼得堡到莫斯科旅行記》一書中揭露了俄國農民的悲慘境況，凱薩琳便說他是「比普加喬夫更壞的叛逆者」。拉吉舍夫因此被判了十年徒刑，流放到了西伯利亞。

十七、十八世紀的日耳曼與俄羅斯

封建君主專制的加強和對外戰爭

凱薩琳二世從小便懂得權力的重要性。成為沙皇後，她更是積極加強自身的專制統治，並對中央和地方的政權機關進行了重大改革。

她把原先的二十三省按人口劃分為五十省，省下設縣。省和縣的行政機關與警察局的領導人由貴族選舉產生，建立了一套強大的官僚機構。她對邊區少數民族加強控制，取消其自治權，強制推行專制化，把俄

↑凱薩琳二世騎馬像

國逐步變成「各族人民的監獄」。

1785年，凱薩琳發布詔書給貴族，確認貴族對土地和農奴的壟斷權。她賦予一些大商人用繳納資本稅來代替人丁稅和服兵役的權利，允許他們在城市裡參加競選市長、法官等職。

凱薩琳的「功績」博得了俄國貴族的讚賞，繼彼得一世之後被授予「大帝」稱號。她和法國一些啓蒙學者通信，把自己說成是農奴制的反對者，把俄國描繪成幸福的樂園。她告訴伏爾泰：「在俄國，沒有一個農民當他想吃雞的時候卻吃不到。最近農民特別喜歡吃火雞，一天吃一隻。」她還專門組織成立了一個委員會，說要制定新法。但實際上，農奴往往像牲口一樣被貴族趕到市場上進行買賣，一名少女的售價才十盧布，不及一隻純種小狗的千分之一。

凱薩琳二世對發動侵略戰爭充滿了激情。她在位三十四年，徵兵達三十次，侵占了六十三萬平方公里的土地，使俄國的領土擴大到了一千七百多萬平方公里。

↓凱薩琳二世
凱薩琳年輕時很美麗，但就是這個看上去十分瘦弱的身體裡，卻潛藏著無盡的欲望。同時，她也具備了政治家應有的手腕。

瓜分波蘭和俄土戰爭

波蘭位於波羅的海以南，是歐洲東部大國。十八世紀中期的波蘭已日趨衰落，無法逃避挨打的命運，而俄國為了鞏固自身在波羅的海的地位，必須牢牢控制這塊地方，因此它便成為凱薩琳二世首要攻擊的目標。

凱薩琳採用循序漸進的策略，最終使整個波蘭不復存在。她首先在1763年操縱波蘭選王會議，將她的情夫波尼亞托夫斯基扶上波蘭王位。1772年，她與普魯士、奧地利第一次對波蘭進行瓜分，得到了白俄羅斯和拉托維亞的一部分。波蘭愛國人士組建的愛國黨在1791年通過了《五三憲法》，宣布廢除自由選王制和自由否決權，結果遭到俄、普兩國的聯合鎮壓。凱薩琳的軍隊攻占華沙，宣布《五三憲法》無效，並與普魯

貪得無厭的女帝

晚年的凱薩琳二世仍然念念不忘要成為世界霸主，她構想建立一個包括六個都城的俄羅斯帝國，即彼得堡、莫斯科、柏林、維也納、君士坦丁堡、亞斯特拉罕。她還想入侵波斯、中國和印度。這位日耳曼公主，兩手空空地來到了俄國，卻為俄國贏得了克里米亞和波蘭，打通了黑海出海口，使其版圖擴大了六十餘萬平方公里。

士一起簽訂了第二次瓜分波蘭的協議，得到西烏克蘭、白俄羅斯和立陶宛的一部分。在1793年波蘭的最後一次議會上，在凱薩琳軍隊的刺刀下，以「沉默表示同意」的形式通過了這個被宰割的協約。凱薩琳可能也想為她的情夫保留一個傀儡王國，但1794年波蘭救亡起義風起雲湧，在聯合普、奧兩國鎮壓了波蘭起義後，為避免夜長夢多，她決定第三次瓜分波蘭，讓這個國家徹底從地圖上消失。三次瓜分波蘭，俄國共分得四十六萬多平方公里的土地，自此使邊界從第聶伯河推進到涅曼河和布格河一線。

凱薩琳二世為了打開由黑海進入地中海的通道，於1768至1774年和1787至1791年先後與土耳其進行了兩次大規模的戰爭。兩次戰爭使土耳其喪失了大片的土地，俄國最終奪得了黑海出海口。此時，沙俄擁有波羅的海和黑海出海口，邁出了向歐洲擴張的重要一步。

十七、十八世紀的日耳曼與俄羅斯

↑ 位於聖彼得堡的凱薩琳二世雕像

203

農奴們讓著侈的貴族與龐大的軍隊榨乾了骨髓，面對西歐中產階級的興盛，經濟落後的沙俄無異於窮凶極惡的強盜。

農奴制度

俄國在十八世紀由弱國發展為東歐強國。雖然疆域廣闊，但是由於農奴制度的存在，國內社會經濟仍非常落後。

在沙俄，最大的地主便是沙皇，沙皇下面是大貴族，次為眾多小貴族，最底層的便是擔負著沉重勞役的農民。當時俄國的農民可細分為四類：即地主農民、宮廷農民、國家農民和教會農民。地主農民沒有人身自由，隨時可由地主

↓凱薩琳二世
　凱薩琳二世統治時期，俄國農奴制發展到巔峰。地主可以放逐「無禮」的農民去做苦工，但禁止農民控告地主，她還允許地主自定懲罰農奴的法規。

轉讓和處罰，地位最為悲慘，人口占俄國農民的絕大多數；宮廷農民主要服務於俄國宮廷，除了農業勞動外，還要負責皇室日常所需要的手工產品及食品的加工；國家農民一般耕作村社土地，向國家交納賦稅；教會農民則主要依附於東正教會，在教會和修道院土地上勞動為生，1764年教會土地收歸國有後轉歸經濟院管理，所以也稱經濟農民，1786年經濟院取消後與國家農民融合。這四類農民占全俄人口的九成，其餘則為所謂的地主階層。

俄國農民的人身依附關係比任何國家都厲害。在十六世紀以前，俄國農民有遷徙的自由，在地主剝削加重時，他們可以逃到別處去，或者轉移到其他地主那裡。這種情況是法律允許的。唯地主階級對這條法律很不滿意，於是在他們要求下，法律條文不斷更改，最後農民的人身自由越來越少了。

凱薩琳二世統治時期，農奴制發展到巔峰。1765年，地主獲得將農民罰作苦役的權利。1767年，沙皇規定地主有權任意買賣、贈送、懲罰農民，把農民和土地分開出賣，甚至把同一家的農民分開出賣。1785年，凱薩琳頒布《御賜詔書》，保證地主享有更多的特權。

↑普加喬夫的叛逆者被捕
普加喬夫起義是俄國史上規模最大的農民戰爭。普加喬夫（1740～1775）是頓河哥薩克人，參加過七年戰爭和1768年爆發的俄土戰爭，曾任少尉。1773年9月，普加喬夫集結了八十名哥薩克在烏拉爾河西岸的托爾卡喬夫田莊起義。1774年9月25日，普加喬夫遭叛徒出賣，翌年1月21日在莫斯科沼澤廣場被殺。

落後的經濟

俄國透過戰爭打開了通往歐洲之路後，便不斷積極參與歐洲國際事務。但是，它的參與幾乎沒有一次是支持進步的運動，而是藉以擴張自己。進入十九世紀後，它更扮演了歐洲憲兵的角色，到處插手鎮壓革命。其根源在於這個軍事力量強大的俄羅斯，仍是個思想與經濟皆落後的封建農奴制國家。農奴制的存在，嚴重地阻礙了俄國資本主義的發展。

當西歐諸國在啟蒙運動的引領下開始了日新月異的資本主義經濟時，俄國資本主義幾乎還未萌芽。俄國的農奴仍普遍使用木犁耕地，糧食產量往往只有種子的一、兩倍，收成好的年月也只有四、五倍。

俄皇大力提倡發展工商業，商業交易有了長足的發展，但工業大抵停留在家庭手工業階段，並且農奴制使新興的工商業老闆無法雇到足夠的工人。在凱薩琳二世在位期間，俄國手工廠數目有所增加，但在工廠工人中農奴工人占有很大的比例，自由工人為數很少。農奴的身體狀況及技術能力使勞動生產率極低。一直到十八世紀末，俄國的手工工廠的發展仍然遠遠落後於西歐，甚至落後於日耳曼地區。至此，農奴制的弊端日益明顯。十八世紀俄羅斯的男性公民平均身高降低了八‧五公分，這個數字說明當時的生活水準在急劇下降。

十八世紀的普加喬夫起義是俄國史上首次有組織的農民運動，也是人員職種空前廣泛的武裝抗爭，因為除了農民之外，手工廠的農奴工人也投入其中。雖然這次農民起義失敗了，但卻喚起了更多人對農奴制的反抗。落後的經濟與民眾的呼聲，使廢除農奴制勢在必行。

↓十八世紀農奴勞動的場景

066.殖民格局的變化

西班牙和葡萄牙彷彿是西歐的暴發戶，突然崛起，但其倒下的速度也如同崛起時一樣迅速。

葡萄牙和西班牙的衰落

十六世紀前期，葡萄牙和西班牙仍然是世界上最強大的殖民帝國，其殖民地遍及世界，亞洲的香料、絲綢，非洲的象牙、黃金，美洲的金屬、皮貨等物資源源不斷流入國內。然而，兩國的貴族皆認為從商是低賤的，故未將巨額的財富轉化為資本，而是從國外購買大量奢侈品，反而促使了英國、法國和荷蘭等新興資本主義國家的經濟發展。

為了爭霸，西、葡之間接連不斷發生戰爭。1580年，西班牙最終勝利，吞併了葡萄牙；雖然葡萄牙在1640年恢復獨立，但已不復當年的威勢了。到十七世紀中期，葡萄牙僅在中國澳門、南美巴西、印度的果阿和第烏島、非洲安哥拉及莫三比克等地保存著部分殖民地，勉強在面子上維持著大國的風光。

【人文歷史百科】
西班牙衰落的原因
西班牙衰落的原因很多：首先是對殖民地的限制太嚴，妨礙了當地農工業人口的增長；其次是大量掠奪來的黃金白銀未轉化為資本，反被揮霍一空；最後一點是西班牙政府對內橫徵暴斂摧殘了國內經濟，尤其是驅逐主導其工商業發展的柏柏爾人，直接造成了自身的國力不振。

十六世紀末尼德蘭革命爆發，荷蘭獨立，西班牙國力大大削弱，其霸權地位面臨英國的挑戰。1588年，英國海軍擊潰了西班牙的「無敵艦隊」，此後的半個世紀中，西班牙在英國那裡損失了三百艘戰艦，相當於國內所有的海軍力量。1655年後，確立了優勢的英國毫不費力地從西班牙手中攫取了牙買加、敦克爾克等地。在1701到1713年的王位繼承戰爭中，西班牙又把南尼德蘭和義大利的領地割給奧地利，把殖民地奴隸貿易的獨占權拱手送給了英國。

到十八世紀初期時，西班牙實際上已經失去了一個強國的地位。

荷蘭的殖民活動

尼德蘭革命後，荷蘭在短短幾

←西班牙國王腓力二世的生活
1580年在阿爾卡薩基維爾戰役中，腓力二世的軍隊擊敗葡萄牙，吞併了葡萄牙及其附屬殖民地。腓力二世統治時期，西班牙經濟瀕臨崩潰，國力日衰，民不聊生。

十年間就超越了許多歐洲國家，一度掌握了世界商業霸權。最風光時，荷蘭的商船隊擁有一萬五千艘船隻，掌握了歐洲南北各國之間的貿易。早在國家獨立前，荷蘭船隊便已在歐洲各國間經營，這些生意除了正常貿易外，還包括海盜活動。西班牙控制葡萄牙後，葡萄牙商船成為荷蘭最佳的搶劫對象。

為了獲得更多的利潤，荷蘭很快就開始進行殖民擴張活動。1602年，荷蘭政府組成了荷屬東印度公司，該公司享有荷蘭和非洲、東印度群島之間貿易的壟斷權。此後，東印度公司開始利用武力、欺騙、賄賂等手段強占殖民地，掠奪財富。

1619年，東印度公司在爪哇建立了首處殖民據點「巴達維亞」，向東陸續侵占了蘇門答臘、香料群島、摩鹿加、錫蘭、日本九州等地，還一度侵入臺灣，

↑荷蘭東印度公司的商船

但為明朝抗清英雄鄭成功驅逐。1652年，荷蘭在南非好望角建立殖民地，從此，在亞洲的殖民擴張有了中繼站。

十七世紀前期，荷蘭又成立了西印度公司，經營美洲的殖民事業。1609年，英國人亨利・哈德遜受雇於荷蘭探索新航路，沿著後來以其姓氏命名的哈德遜河，到達了阿爾巴尼，建立了新尼德蘭殖民地，並在曼哈頓島上建立新阿姆斯特丹，並陸續占領了安地列斯群島中的一些島嶼。

荷蘭在美洲的影響力不大，主要精力放在對印尼等地的控制上。荷蘭殖民者統治該地長達三個世紀，先後壟斷了胡椒、香料、棉花、絲綢、茶葉和咖啡等貿易，從中攫取了大量的財富。

法國的殖民活動

當西班牙殖民者在中南美洲進行殖

↓彼得大帝在荷蘭東印度公司碼頭，1910年油畫，現收藏於莫斯科
俄國的彼得大帝在位期間曾經隱瞞身分到荷蘭考察。

民活動時，法國人也踏上這塊土地。1535年，雅克‧卡提耶沿聖羅倫斯河而上，到達了今日的蒙特利爾。由於當時法國國內一片混亂，沒有人關心殖民地的建立，雅克無功而返。

1608年，薩姆爾‧德‧張伯倫在魁北克建立了法國第一個永久性的居留地，法國以此為中心在加拿大建立了「新法蘭西」殖民地。沿著聖羅倫斯河，法國人又建立了蒙特利爾等據點。建立殖民地後，法國人用廉價的玻璃、飾品等從當地印第安人手中換取了大量金銀和皮毛。這一生財之道很快被更多的法

國人發現，軍人和傳教士紛紛來到當地探索，沿密西西比河一直深入到墨西哥灣的森林地區，他們被稱為「跑森林的人」。

1682年，羅伯特‧德‧拉薩爾沿密西西比河順流而下，到達入海口，宣稱法國是密西西比河及其支流大片土地的擁有者，並將此地區命名為「路易斯安那」。以路易斯安那為中心，法國殖民者在魁北克經蒙特利爾，越五大湖直到密西西比河口的廣大區域設立了眾多商業據點和堡壘。然而，在路易斯安那定居的法國人並不多，相比之下，加勒比海地區更符合法國人的口味，大部分法國殖民者都選擇在海地、瓜德羅普和馬提尼克等島等地建立大種植園。在那裡，他們驅使大量的黑人奴隸進行勞動。

美洲以外，法國人首先在非洲開始了殖民活動。塞內加爾河口的殖民據點是法國人在當地建立的首處殖民地，此後東非的馬達加斯加島也被法國侵占。1664年，法屬東印度公司成立，主要以印度為侵略目標；它首先在印度南部建

立殖民據點，後逐漸向北推進，占領了孟加拉等地，並雇用印度人組成軍隊。

英國的殖民活動

十六世紀晚期，西班牙面對英國的挑戰顯得力不從心，眼睜睜地看著英國成為當時最強大的殖民國家。英國初期的海上貿易主要以一般商業活動、海盜式的搶劫和販運黑人奴隸為主。十七世紀初，英國將掠奪海外殖民地作為最大目標，特許英屬東印度公司進行海外貿易和掠奪。

英屬東印度公司於西元1600年成立，是英國發展規模最大、歷時最長的特許公司，也是英國侵占印度的開創者和組織者。公司首先在東印度群島建立了據點，當地的香料使英國人獲得了巨額利潤。幾年後，荷蘭新成立的東印度公司也將勢力擴展至此，雙方開始靠武力來爭奪該地的占有權。幾次較量後，荷蘭的海上力量究竟較強大一些，英國

英國在北美的殖民地

【人文歷史百科】

隨著越來越多的英國人在美洲大陸上定居，其活動範圍也不斷擴大。此後一百多年中，英國人共在北美建立了十三個殖民地，在西印度群島也占據了部分區域。英國殖民者在這些地區建立了許多種植園，以菸草、蔗糖等為主要產品，並大多使用黑奴來勞動。種植園的產品運到歐洲後，巨額利潤流入殖民者手中，當然，其中還夾雜著黑奴的血淚控訴。

在東印度一帶的據點全遭拔除，被迫將目標轉向印度本土。

當時，印度屬於葡萄牙的勢力範圍，但衰落的大國無法抵擋英國的砲艦，只有坐視英國在印度的擴張。英國殖民者先後獲得了蘇拉特、馬德拉斯、加爾各答和孟買等地，並採取武力和金錢並用的手段，從印度封建王公手中獲得了大量土地。到十八世紀後期，印度成為英國完全獨占的殖民地。

在亞洲進行殖民活動的同時，英國開始尋求征服北美的可能。1607年，英國維吉尼亞公司派出一百零八個人在北美建立了第一個居留地詹姆斯頓，並以此為中心發展為維吉尼亞殖民地。1620年，一群清教徒不願受斯圖亞特王朝的宗教壓迫，決定移居北美，在那裡建立了另一個殖民地麻州。

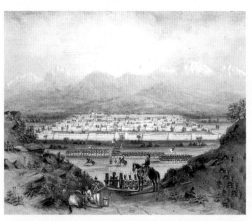

←英屬東印度公司的部隊
最初英國人主要利用東印度公司做生意，慢慢地，東印度公司成為殖民者的侵略工具。東印度公司不僅享有貿易獨立權，還有權代表政府訂立條約，並得組建軍隊、發動戰爭。

十七、十八世紀的殖民爭霸

五月花號啓航

美國建國僅有兩百多年的歷史，竟成就了今日世界唯一的超級大國，美國人自稱其中有種所謂的「美國精神」。這種精神的匯聚，應從第一批英國移民到達美洲時說起。

十七世紀中葉，英國保皇議會通過了《信奉國教法》，清教徒受到越來越殘酷的迫害。政府可不憑任何理由就逮捕清教徒，並對他們使用各種酷刑。部分無權勢背景的清教徒，儼然成為最可憐的一群人，他們被逼無奈，唯有冒險東渡荷蘭避難。

歷盡千辛萬苦後，一些清教徒終於成功地到達了阿姆斯特丹，並在呂伐等地定居。但是，寄人籬下的日子並不好

↓乘風破浪的五月花號
「五月花號」是英國的一艘三桅船，船長19.50公尺，寬7.95公尺，吃水3.35公尺，排水量180噸，1615年下水。1620年，該船承載著102名清教徒到達了北美，並在那裡建立了第一塊殖民地。

過。在看到與國教再沒有和好的希望後，流浪異鄉的人開始考慮其他事情：遠在異鄉，孩子們無法接受英國式教育，無法產生對祖國的親切感。英國人開始考慮往更遠處前進，而那時美洲海岸的維吉尼亞已接納了大量清教徒定居。

1620年，荷蘭地區的清教徒領袖布雷德福召集了當地清教徒，作為先遣者乘「快速號」和「五月花號」兩艘帆船離開了荷蘭海岸。當兩船駛向波濤洶湧的大海時，原本好好的「快速號」竟然開始漏水，即使將船上的水泵開足馬力排水也趕不上進水的速度。更奇怪的是，當「快速號」進入港灣檢修時，竟然發現不出漏水處。

大多數成員對「快速號」產生猶疑，9月16日，在眾人爭吵不定時，「五月花號」決定獨自啓程。當時，「五月花號」上共有一百零二人，對於這艘重一百八十噸、長九十英呎的木製帆船來說，確實有些擁擠，而且，這又是一年當中最糟的渡洋季節。

然而，這些飽經憂患的人們已經顧不得太多了，畢竟遠方可能有未來，可能有失去的權利和自由。

抵達美洲

大西洋永遠是不可捉摸的，暴風讓「五月花號」變得那麼弱不禁風，船上眾人互相鼓勵著度過每一天。所謂同舟共濟，用「五月花號」當時的情景來形容是最恰當不過了。

「五月花號」的船長克里斯多夫·瓊斯是位饒有經驗的航海家，他帶領全船旅客與大海、疾病、飢餓展開了奮鬥。航行過程中，最危險的事情出現了：帆船中部的橫樑被暴風無情地折斷，「五月花號」隨時都可能隨著下一個浪花消失，所有人都擔心能否見到第二天的日出。或許是上天的眷顧，「五月花號」最終沒有傾覆。

在危險的旅程中，人們逐漸掌握了應對風暴的方法。一路上，隨時都可能船毀人亡，但總算是有驚無險。1620年11月11日，「五月花號」的人們終於看到了廣闊的陸地。在這次遠征中，一○

↑清教徒在普利茅斯港登陸
1620年11月，清教徒在普利茅斯附近登陸。

二位旅行者僅有一人不幸喪生，但由於旅途中誕生了一名嬰兒，故與出發時人數一致，沒有「減員」。「五月花號」的乘客大多是虔誠的教徒，重新踏上陸地後，眾人開始向上帝表達謝意。

短暫的興奮過後，剛脫離危險的人們又有點失望了。原來由於逆風和時差等因素，這一行人並未抵達維吉尼亞，而是到達了今天北美大陸科德角的普利茅斯港。對於當時的人們來說，那還是塊陌生的土地，荒涼而孤寂，又有點深不可測，人們不敢離船太遠活動。大約過了一個月，眾人派出的偵察隊回來報告說：附近有處優良的漁場，且不遠處有山環繞，是一個適合居住的「天堂」。唯一讓偵察隊感到迷惑的是，他們在某處看到了開墾過的農田、適

↑在普利茅斯港登陸的清教徒

十七、十八世紀的殖民爭霸

合人居住的房屋，但卻不見一個人影。

不久以後眾人才知道，原來這裡曾是一個相當有規模的印第安村落，因為幾年前天花蔓延，倖存的人都已遷居至他地。這個村落彷彿是上帝專門為這些移民準備的。

← 《五月花公約》簽定，油畫
《五月花公約》內容大致為：組織公民團體；擬定公正法律、法令、規章和條例。

神聖的宣誓

「五月花號」乘客再次感謝上帝的恩賜後，決定上岸生活。為了防止以後生活產生糾紛，在登上新大陸前，移民們選出五十一個代表召開了一次會議，在眾人的權利和義務上達成了簡單的共識，並擬出了一個公約，這就是著名的《五月花公約》。

《五月花公約》規定：眾人自願結為一個民眾自治團體，在維吉尼亞北部開發第一個殖民地。自治團體將會不定期地根據人民的利益，制定並頒布最適合

且方便的法律、法規、條令、憲章和公職，全體人員必須宣誓保證遵守和服從。

當眾人在《五月花公約》上簽下自己的名字後，「五月花號」在普利茅斯港拋了錨鏈，移民們划著小艇安全地登陸。按照古老傳統，移民們登上一塊突出海面的礁石，舉行了熱烈的慶祝。後人將這塊礁石稱為「普利茅斯聖岩」，作為美洲首處永久殖民地開創的見證。

然而，此後生活並沒能按照人們設想的那樣發展，或許是上帝開始拋棄生活在普利茅斯的人們。移民們還未完成定居的準備，寒冷的冬天就到來了，大西洋上吹來的寒風和漫天的飛雪讓眾人受盡苦頭，他們不得不開始為搭建住房和尋找食物而忙碌。但是，倉促的移民們缺少必要的裝備，也缺乏在當地生活的經驗，殘酷的環境造成了大量傷亡，最初的一百零二個移民僅剩下了五十人。

印第安人的幫助

天災讓所有人感到了絕望。然而，就在一天早晨，坐

↓ 清教徒在普利茅斯的初次布道

212

↑ 首次感恩節活動
普利茅斯總督布雷德福發表感恩宣言，邀請印第安人與他們共度豐收，感謝上帝的恩惠。人們以火雞、鹿肉和南瓜餡餅歡度三天。

以待斃的人們看到了救星——一群印第安人。原來在移民進入普利茅斯不久，生活在臨近村落的印第安人就開始注意到了這群奇怪的人，一名印第安人被派往這個村子察看情況，他成為普利茅斯人接待的首位客人。

普利茅斯人向這位貴客敘述了之前的所有經歷，以及目前經受的種種苦難。幾天後，事情有了轉機，這名印第安人將酋長馬薩索德帶到了普利茅斯村，同時帶來了許多生活必需品，隨行的還有部落中最有經驗的印第安人，他們教授移民在這塊土地上生活的本領。之後，普利茅斯人學會了捕魚、狩獵、耕作以及飼養火雞等技能。

第二年秋天，由於氣候適宜，加上印第安人從旁指導，普利茅斯人種植的玉米、南瓜、筍瓜等獲得了大豐收，飼養的火雞等禽畜也逐漸多了起來。為了感謝上帝的眷顧，同時更為了感謝真正的「造世主」——印第安人，當時擔任普利茅斯總督的布雷德福決定舉行聖典，特地邀請了馬薩索德及其部落的印第安人共同慶祝。

印第安人非常高興地接受了邀請，於11月底的一天來到了普利茅斯村。當晚，桌子上擺滿了山裡的野味以及普利茅斯人自己種植的玉米、南瓜、筍瓜，而自產的火雞更是成為一大特色。印第安人與普利茅斯人舉行了各種慶祝活動，歡慶的氣氛一直持續了三天。此後，越來越多的移民遷居到普利茅斯，該地區範圍逐漸擴大，以此為中心，形成了後來的麻州。

為了紀念先民開拓的艱難，每到11月的最後一個星期四，美國人就要享受一段長達四天的「感恩節」假日。幾乎每個美國人都要回家過節，節日的餐桌上，火雞和南瓜餡餅是必備食品。在美國人心目中，感恩節是和耶誕節是同等重要的節日。

《五月花公約》的意義

《五月花公約》有著非常重要的意義，其中隱含了「政府須經被統治者同意方可實行統治」這一思想，暗合今日美國民主政治的精神。簽訂公約的人們在無意中預設了許多民主政治的理念，成為美國一直遵循的原則。《五月花公約》與維吉尼亞議會成為美國政治制度的兩塊奠基石。

【人文歷史百科】

十七、十八世紀的殖民爭霸

068.海上爭霸

為了爭奪海上霸權，英國進行了百餘年的戰爭，最後豎起了「日不落」殖民帝國的大旗。

英、荷爭奪殖民霸權

世界殖民史除了包含被殖民者的苦難和血淚外，還有殖民國家之間無盡的勾心鬥角。每個國家都希望獨占海權、原料和市場。從十七世紀開始，英國與荷、法兩國便為此展開了連年戰爭。

十七世紀時，荷蘭國內擁有一萬五千艘船隻，且以體積大、組織完善著稱，幾乎壟斷了當時的海上貿易，被稱為「海上馬車夫」。當時，荷蘭與英國保持了友好的關係，雙方一直沒有明刀明槍地開戰。不久，荷蘭人開始謀求大陸的霸權，雙方的關係立即出現了裂痕。

荷蘭的猖狂引起了英國的不滿，1651年，英國議會通過了新的《航海條例》，規定一切輸入英國的貨物必須由英國船隻載運，或由實際產地的船隻運到英國。這條明顯針對荷蘭的法令遭到了荷蘭當局的抗議，兩國從此開啟了戰爭。

↑普利茅斯海戰
這幅畫描繪的就是1652至1654年第一次英荷戰爭時的場面，荷蘭艦隊在瑞愛特的率領下迎戰英軍。

1652至1654年，英荷第一次海戰爆發，每次交戰，雙方都要出動近兩百艘艦隻、三萬名水兵參戰。最後，荷蘭在1653年夏天遭遇了連串失敗，各地商船都成為英國搶掠的目標。荷蘭不得不承認英國的《航海條例》，其頹勢逐漸顯現出來。

1666年6月，斯圖亞特王朝復辟，頒布了更為苛刻的《航海條例》，早就想要報復的荷蘭人藉機挑起戰端，雙方開始在北美、亞洲等地交戰。1667年，荷蘭再次無奈地接受了失敗的命運。

1688年，荷蘭成為英國的盟國，但雙方關係更趨緊張，兩國都要求獨占海權、原料和市場。1672年，英荷爆發了全面的戰爭，英國聯合法國從海、陸兩方面進攻荷蘭，一度迫使荷蘭自掘海堤

第二次英荷戰爭

第一次英荷戰爭後，荷蘭加強了海軍力量。第二次交戰時，荷蘭曾一度挫敗英國，甚至衝進泰晤士河，威脅倫敦。但在北美，英國幾乎攻占了全部的荷屬殖民地。最後，雙方締結了和約，英國保留了新阿姆斯特丹，荷蘭在南美取得了蘇利南，從此，荷蘭殖民勢力退出了北美。

【人文歷史百科】

淹沒國土來逼迫敵人撤退。但隨著法國撤出，英、荷無力再戰，最後簽訂《西敏寺和約》，草草結束了戰爭。

英、法爭奪殖民霸權

十七世紀中期，英國發動了「奧格斯堡同盟戰爭」和「遺產戰爭」，作戰目標都是法國。在兩次作戰中，英國奪得了直布羅陀和梅諾卡島，確立了在地中海的霸權。

印度蒙兀兒王朝到了十八世紀已是名存實亡，土邦王公不斷內訌，法國透過武力援助等方式，控制了部分地區。窺見其中好處的英國也想分一杯羹，兩者在印度的爭奪日益加劇。1744年，雙方衝突正式公開化，初期法國占據了優勢，一度大敗英國並占領了馬德拉斯。

1756年，英法進入「七年戰爭」時期，對印度的爭奪進入關鍵階段。原本占有優勢的法國因為俄國、普魯士等國際勢力的加入，逐漸落在下風。1763年戰爭結束時，法國僅保有本地治里等幾個據點，英國取得了在印度的絕對優勢。

與此同時，英、法兩國還在北美進行了另一番較量。當時英國在美洲的殖民地位於大西洋東岸沿線，西部擴張空間為阿帕拉契山脈阻隔；法國殖民地以新法蘭西和路易斯安那為主，憑藉水路優勢阻止英國向阿帕拉契山脈以西擴張。1755年，英國人分四路進攻法國據點，主力進攻杜肯堡，除一路取得勝利外，一路戰平，兩路慘敗，司令官布雷多克也在作戰中因傷重而亡。

與印度中的戰爭相似，英國在北美同樣是先敗後勝，1758年夏，英軍在新司令沃爾夫的率領下，開始在加拿大境內獲得優勢，並於1759年攻占了魁北克。到印度「七年戰爭」結束時，英國也取得了北美殖民地的統治。

經過百餘年的戰爭，英國最後確立了它的殖民霸權，成為號稱「日不落」的殖民大帝國。

沃爾夫將軍之死，油畫，1771年班傑明·韋斯特作品，加拿大渥太華國立美術館藏
詹姆斯·沃爾夫原是英國海軍陸戰隊的軍官，在對外殖民地掠奪的戰爭中屢建軍功，於1759年升任為遠征魁北克的司令官。在激烈的交戰中，沃爾夫三次負傷，他不下火線，繼續指揮戰鬥，直到城池被英軍攻克，他才默然離世。

十七、十八世紀的殖民爭霸

215

069.工業革命的背景

工業革命「是突然且猛烈的，一些偉大的發明全都是在相當短的時間內完成的」。

英國議會制度的演變

議會和國王的抗衡，在英國歷史上絕非一次、兩次。查理一世即位後，企圖透過無議會制度加大手中的權力，此舉招致了議會的強烈反抗，對峙最後導致了內戰，在這場戰役中議會大獲全勝，查理一世則被送上了斷頭臺。

隨後保障議會權威的《權利法案》頒布，限制了國王的許可權。威廉三世當政後，為減少這種摩擦的產生，規定樞密院大臣必須由議會的多數黨領袖擔任。這項規定方便了國王和大臣之間的議事。他常把樞密院幾位重量級的大臣召來議事，漸漸地內閣就形成了。內閣成員享有極高的議政權，國王不得否決內閣大臣的提議，這意味著立法權已控制在議會手中了。

等到喬治一世即位，情況又有了一些變化。這位公子哥從小生長在日耳曼地區，並非土生土長的英國人，因而對英

↑羅伯特肖像
羅伯特‧沃爾波，政治家，英國第一任首相。雖然當時內閣制還沒有建立，在法律上難以得到承認，但以羅伯特‧沃爾波在議會中的影響，足可組建一個內閣。

語一竅不通。他乾脆就不再出席主持內閣會議。內閣會議缺少主持人，不得不選出一位內閣大臣來主持，這位大臣便是後來首相的雛形。羅伯特‧沃爾波當時在內閣中聲望頗高，眾人便推舉他來主持內閣的工作。

1742年，沃爾波領導的內閣失去了議會的信任，不得不解散內閣，提出辭職。他的做法在往後成了慣例。到了1783年首相小威廉‧皮特組建內閣時，這種慣例又得到了新的補充。小威廉‧皮特組閣時所提交的內閣人員名單，遭到了議會多數黨的反對，他的做法不是辭去首相職位，而是解散議會，宣布重

←小威廉‧皮特肖像
英國歷史上最年輕的首相，就職時年僅二十四歲。

新進行選舉。結果新選出的議會支持了皮特。

　　就這樣，英國議會經過近一世紀的演變，到十八世紀末，議會制度逐漸成熟，臻於完善。

議會制度的本質

　　英國的議會分上、下兩院，上院為貴族院，下院為平民院。貴族院議員由直接從國王那裡領有土地的貴族擔任，而平民院議員則由自由土地占有者投票選舉產生。所謂的議會選舉，就是下院議員的選舉。

　　英國議會的選舉制度一直沿襲著傳統不變的選區劃分。即每個選區都規定一定的議員席位，即使此選區從繁華的城鎮變成為荒無人煙的不毛之地，或從荒村變成了高樓林立的大城，議員的席位也仍保持一成不變。

　　博塞尼原本是一處繁華的城鎮，後來變成了僅有三家農舍的小村子，但這裡的人卻可驕傲地在議會中擁有兩個席位。還有老薩勒姆也和博塞尼情況相似，但這小村子卻有兩人在議會當議員。

　　這看似荒唐的選區劃分，並非是議員們的懶惰和白癡，他們正是靠著這種方式來維持自己在議會中的地位。因為在窮鄉僻壤之地，有錢的貴族或大地主可以毫不費力地壟斷這裡的選舉。在一些新興的工業城市，如曼徹斯特、伯明罕等地，儘管高樓林立，人滿為患，在下院卻無一個席位。

　　議會對選民也有著很大的限制。在城市裡選民僅限於大商人，而在農村，選民只有大地主或莊園領主。被選舉權則有更高的條件，規定各郡的被選舉人年收入必須在六百英磅以上，城市裡的被選舉人則要求年收入在三百英磅以上。這項規定直接導致了選舉的賄賂成風，間接導致了貪污腐敗的惡習蔓延。郡議員選舉要賄賂選民，內閣保持地位要賄賂議員，而內閣大臣的行賄的錢從哪裡來，只能靠貪污，靠加緊推行圈地運動，靠國債制度，如此陷入了一種惡性循環。

【人文歷史百科】

脫離人民的英國議會

在十八世紀中葉，英國有七百二十五萬人口，選民才僅有十五萬人，而且議員們為了更長久地保持席位，想法脫離選民，他們把下院議員任期從三年延長到七年。可見，這個時期議會所代表的只是少數人的利益。

工業革命

充足的勞動力

十八世紀英國小說家哥爾德斯密斯在他的詩歌《荒村》描寫：「曾多少次，我在你那甜美迷人的景色前停留⋯⋯這片土地正遭遇著厄運，它是來勢凶猛的災難⋯⋯財富在積累，人口在凋零⋯⋯」這就是當時英國「圈地運動」的一個縮影。

這場轟轟烈烈的「圈地運動」，後來被稱為「羊吃人運動」。由於養羊需要很多土地，貴族和地主們這時紛紛行動起來，手持刀劍、木棒，氣勢洶洶地揮鞭驅趕那些向其租種土地的農民，將他們全家趕走，強行拆掉他們的房屋，挖溝圍牆，紮籬設柵，所有可以養羊的土地皆為貴族和地主們所用。一時間，在英

↑ 哥爾德斯密斯
十八世紀中葉，許多作家對資本主義工業化發展為大自然和農村傳統生活方式帶來的破壞哀怨長嘆，以大自然和情感為主題的感傷主義作品一度流行。哥爾德斯密斯的《荒村》就是其中的代表作。

國各地的鄉村到處都可看到遭貴族和地主們大片分割的土地，到處可以聽到咩咩的羊叫聲。

隨著農民大批流入城市，城市漸漸不堪重負。為了讓失去土地的農民在城市裡安身，國王曾頒布法令限制城市流浪者，規定他們如果不在規定的時間內找到工作，輕者鞭打，重則處以死刑。成為城市無產者的農民要想生活下去，不得不進入手工作坊或工廠，當起廉價的勞動力。

英國圈地運動共持續三百多年，直到十九世紀中葉才告一段落，它為工業革命提供了大批「自由」勞動力。而這

↑ 《荒村》裡描述的場面

大小農場的境況

農業資本家雇用工人，利用大農場的優勢，改進耕作技術，對土地實行深耕細作，增施有機肥料，使產量大大提高。小農場因缺乏資本，無力採用新技術，在大農場的競爭下，景況不佳，不斷破產。據估計，1740至1788年間，有四萬家小農場陷於絕境。

些勞動力的存在，正是工業革命產生所必需的。

資本的累積

　　爲了保護本國的安全並獲得更多海外利益，英國開始打造世界一流的海軍艦隊。他們裝備精良、武器先進，很快成了海上霸主，英國「日不落帝國」的名聲，就是靠海軍四處征伐才名揚天下的。英國的經濟貿易在精良強大的海軍保護下，在世界上暢通無阻。

　　英國在海上的貨物運輸、商品交易，都是靠著強大的海軍做後盾。他們從世界貿易中獲得的利潤驚人，尤其是販賣奴隸的貿易。十八世紀末，他們透過販賣奴隸每年爲國內賺取三十萬英磅的收入。

　　在海軍的掩護下，英國還加大了殖民地的擴張，甚至把觸角伸向了東方，比如侵入中國的西藏，在砲火聲中踏上了印度孟加拉省等。他們一面擴充殖民地，一面擴大了對殖民地的劫掠。英軍占領了孟加拉省後洗劫了國庫，將數億元的資產捲回國內。在半個世紀中，英國從印度掠奪了十多億英磅的資產。這些資產透過海上貿易，使英國賺得盆滿缽盈，最後成爲他們本土化的資本。

　　在英國國內，政府透過發行國債來補充戰爭的費用，國債利息爲八釐。這些國債讓大商人和大銀行家們看到了發財的捷徑，許多人大量的購入，坐享其成。這時期的英國因爲對外頻頻發動戰爭，需要不斷地加大國債來補充戰爭費用。奧地利王位繼承權問題引發戰爭時，英國的國債爲七千五百八十一萬餘英磅。到近八年的戰爭結束時，國債竟達到了一萬兩千六百七十九萬餘英磅。那些大量購買國債券的資本家們因此大發其財。

　　鄉村轟轟烈烈的圈地運動，爲英國帶來了不計其數的無產者；而殖民地的無情掠奪，以及海外貿易、國債制度，又使大量的財富流入到了少數人的手中。這一切都爲英國的工業革命創造了條件。

工業革命

↓ **英國海軍的戰艦**
英國早期的海軍與海盜關係密切。當他們搜刮財富時，海軍儼如一群海盜；而當戰爭爆發時，海盜們則搖身一變而成了保家衛國的海軍。

219

飛梭的發明

約翰·凱伊是英國蘭開夏郡的一個農民，由於英國鄉村的圈地運動，他變成了一個無產者和自由者。為了生活，他當上了紡織工人。工人紡織是用手紡機紡布，將線梭從一隻手上拋到另一隻手裡，再用腳踏一下紡車。雖然這是個簡單的重複動作，但一天工作下來，仍累得人腰酸腿疼，工作效率也不高。由於人的兩手距離的寬度有限，難以織出寬幅面的布匹來。

正在使用飛梭的工人

凱伊總想改變這種又苦又累的工作環境，他常常想，如果發明一種不用人動手的飛梭，紡織工人的工作就變得輕鬆多了。在這種想法的支持下，他在工作之餘開始研究飛梭。1733年，他終於成功地研製出飛梭。他在平常的梭子上安裝小輪，然後把梭子裝在一種滑槽上，又在左、右兩邊裝上兩個木錘，吊在橫杆上，用一根細繩把這兩個木錘緊緊連在一個柄上，織工只要拉動這個柄就能使梭子來回跑動，故稱之為「飛梭」。這種飛梭把工作效率整整提高了一倍。

但不幸的是，初始這項發明並沒有引起重視，反而遭到很多紡織工人的強烈反對，因為它的出現使許多工人丟了飯碗。氣憤的工人多次襲擊凱伊的住所，他幾乎成了人人喊打的過街老鼠。凱伊在英國實在待不下去了，就藏在羊毛袋子裡隨輪船逃往法國，最後客死異鄉。後來他的兒子繼承父志，對飛梭進行了改良，發明了上下梭箱，終使飛梭

↑約翰·凱伊

這項發明在英國紡織業中得到了廣泛的應用。

哈格里夫斯的功績

　　哈格里夫斯生活在英國的一個小鎮上，他既是紡工又是個木匠。他們一家是在圈地運動中流浪到城鎮的。妻子用手工搖紡車紡線，而他則是用飛梭織布機織布。這樣就造成了紡與織之間速度上的差距，妻子紡出來的線遠遠追不上他織布所用。這不僅是他們一家的情況，也是整個英國的困局：飛梭的發明大大提高了織布水平，一架織機織布，五、六架紡車紡紗還供應不上，全國出現了「紗荒」的局面。

　　為了改變這種不對稱狀態，英國政府曾出高價懸賞：凡是能發明一部只需一人照管，且能紡六根棉線、亞麻線或黃麻線者，獎勵五十英磅。在這種背景下，哈格里夫斯對發明紡紗機產生了濃厚的興趣。他根據做木匠的經驗，對現有手工紡紗車進行了反復改造。有一

珍妮多軸紡紗機

天，眉頭不展的哈格里夫斯正在思考如何改造紡車，不小心把身邊的紡車碰翻了，紡車仰面朝天倒在地上，輪子卻空轉個不停。這時他猛然醒悟：把錠子豎起來，在單一紡車上就可以並排放兩、三個，效率不就提高了嗎？

　　作為一個木匠，實現如此構想並不困難。他很快就製出了這樣一架紡車：在上面垂直豎立八個紗錠，旁邊裝了一個木輪。試驗的結果和預想的一樣，紡紗效率果然提高了很多倍。他用女兒的名字命名這項發明，叫它「珍妮紡紗機」。在這個紡紗車的基礎上，他又不斷的改良，最後將紗錠加到八十個，紡紗效率提高到了近一百倍。

工業革命

↑ 哈格里夫斯誕生地

【人文歷史百科】

工業革命的外部原因

十八世紀以前，很多國家的貴族和高層人士把穿著中國和印度的衣服當作一種時尚。質地低劣的英國棉織品，根本無法和這兩個國家抗衡。為了保護本國紡織業，1700年英國議會頒布法令，禁止從印度、中國和伊朗進口染色的棉織品。但在國際市場上英國要想爭得一席之地，就必須別出心裁，採用新技術同印度、中國的產品競爭。正是在這種背景下，才推動了英國紡織業的一系列新發明。

在多軸紡紗機發明後，哈格里夫斯申請了專利，開始量產出售。他的這種紡紗機很快得到了市場的認可，英國的紡紗業由此邁出了空前的一大步。

紡紗技術的革命——「騾機」

「珍妮紡紗機」用人力轉動，紡出的紗細且易斷。如何改變紗的斷線、提高紗的質量，又成了一個難題。理髮匠兼鐘錶匠阿克萊特在別人的幫助下，開始研究水力轉動的紡紗機。他經常從早晨五點工作到晚上九點，終年累月地琢磨著他的發明。在1769年，他終於成功的發明了水力轉動紡紗機。這種紡紗機在珍妮紡紗機的基礎上大幅度的改進。兩年後，他在羅姆德福選取了河水流量大而急、有暖流注入、冬季不結冰的河段，建造了第一座水力紡紗廠，工廠有幾千個紗錠卻只雇了三百個工人。

水力紡紗機紡出的紗雖然不斷線，但紗線比較粗，質量不太好。

另一個同樣生活在蘭開夏郡的工匠克朗普頓，開始研究如何將「珍妮機」和水力紡紗機巧妙地結合起來，讓紗線既細又均勻。他用了整整五年的時間，對這兩種機器進行整合。他在紡紗機上安裝了一個滑動架，然後在滑動架上安裝旋轉的錠子，滑動架可以前後移動，把紡織的紗線繃直，以蒸汽和水力做動力，可以推動三百至四百個紗錠，紡出的紗線細緻又牢固。他把這種機器命名為「騾機」，因為「騾子」是馬和驢的混種，「騾機」的意思是指它吸取了水力紡紗機和珍妮紡紗機各種的優點組合而成的。

克朗普頓的「騾機」很快在全國得到了普遍推廣，到了1812年，英國已安裝了四百萬個錠子的克朗普頓精紡機來生產棉紗，其工作效率相當於四百萬個婦女用四百萬臺手紡車不停地紡紗。

動人的篇章

由於「騾機」的發明，紡紗的生產

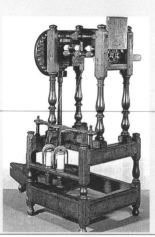

↑阿克萊特發明的水力紡紗機

效率提高了近百倍，而織
布機卻在約翰‧凱伊發
明飛梭織布機後停滯
不前，大量的紡紗湧
入市場，卻找不到足
夠的工人來紡織。牛
津大學的文學博士卡特
萊特在一次偶然的集會
中，發現了紡與織的極端
不平衡，這種不平衡讓他下定
決心要發明一種新型織布機。

↑ 卡特萊特

織布機，在全國推
廣開來，它的工作效率
比飛梭織布機整整提
高了四十倍。

　　卡特萊特在織機
發明成功後，並沒有
停止改進的步伐。1803
年，他又對織布機進行
了改進，製造出了世界上
第一臺鐵製織布機。紡紗機和
織布機經過多人的改進後，使
英國的紡織工業出現了空前的繁榮景
象。

　　卡特萊特是個極有事業心的人，在
他產生了發明新型織布機的決心後，馬
上就投入其中。他在家裡一次次地進行
試驗。因為他只是個文學博士，對機械
的原理懂得不多，於是找來了一些木匠
和鐵匠，向他們提出自己的問題，徵求
意見。經過幾年的努力，他終於製造出
了一臺用水車帶動織布機的樣品。他把
這臺樣品實際應用後，很快地就發現這
臺織布機存在著許多的缺陷。經過反復
的探索和改進，織布機的工序變得簡單
而且非常容易操作了。卡特萊特在他發
明的織布機上頗費心思，如這種織布機
只要對一些零件稍作改動，還可以根據
生產需要來織各種不同類型的紡織品。
而且這種紡織機還有著許多的優點，比
如在織布時如果出現斷線的情況，織布
機就會停下來，這樣大大方便了工人們
的操作。這種織布機很快就取代了飛梭

↓ 工人正在使用騾機工作
　　使用這種機器，一個工人可以同時看管一千個錠子。英國
使用這種機器紡製的優質細紗，得以在本國生產當時市場
上需求量很大的印度薄紗。這種機器一直沿用到1950年
代，才逐步被環錠紡紗機所取代。

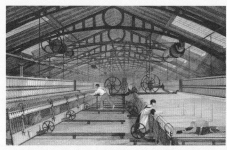

↓ 工人使用卡特萊特發明的動力織布機工作的場面

工業革命

223

071.蒸汽機的發明

蒸汽機是第一個真正國際性的發明，它帶來了歷史性的生產大躍進。

茶壺蓋振動引起的革命

蒸汽機的發明據說是從壺蓋震動得到的啟發。他的發明者詹姆斯‧瓦特，從小就注意到了這種現象。當他還是個孩子時，就常常坐在家中的火爐旁，目不轉睛地看水壺。當水壺的水燒開時，壺蓋就會一下一下地被頂起來。小瓦特坐在那裡，有時候半小時也不說一句話，癡癡地看著蒸汽由沸騰的水壺中冒出、凝結……有時候，他也會把被頂起的壺蓋來來回回地拿下來又放上去，他還會把水杯和銀匙之類的東西放到蒸汽上，看這些東西是否也會被蒸汽頂起來，家裡人都覺得他是一個「懶孩子」。

1736年1月19日，瓦特在英國倫弗魯郡格里諾克市的一個小鎮上出生，他的爺爺和叔叔都是機械工匠；父親做過造船技術工人，做過儀器製造，還做過商

→瓦特

瓦特自幼愛好技藝和幾何學，少年時即精通木工、金工、鍛工和模型製造等技術。1753年到格拉斯哥和倫敦學習儀器製造。1764年，瓦特為格拉斯哥大學修理紐可門蒸汽機模型，開始從事蒸汽機的研究和改進工作。

人，甚至還當過一段小鎮上的地方官。小瓦特就生長在這樣的環境裡，受到長輩們的耳濡目染，對機械製造有著濃厚興趣。

小瓦特從小體弱多病，沒有受過完整教育。在正規學校上學時，因為身體差，總是斷斷續續地上課。後來休學在家，他憑著對機械的興趣，動手製作了滑車、航海器械等。長大後，他到一家儀錶廠當學徒，在那裡他學會了儀錶製造原理，並養成了獨立思考的習慣和對新事物探索的興趣。

在他二十歲那年，瓦特對儀錶的製造技術已經相當精通了，並且對其他的物理儀器也頗有研究。一個偶然的機會，格拉斯哥大學的臺克教授發現了他的才能，就把他介紹到該大學做儀器修理工人。在這所高等學校裡，他有幸認識了化學家約瑟夫‧布萊克和約翰‧魯賓遜等名人，瓦特從他們那裡學到了不少物理知識。

↑瓦特的第一次實驗

紐可門蒸汽機的啓示

瓦特蒸汽機的發明，是在總結了許多前人的經驗和發明的基礎上完成的。人們對蒸汽的認識有著漫長的過程，最早可追溯到西元前二世紀，那時候古希臘人就發明了第一臺利用蒸汽原理噴射產生反作用力的發動機。到了十七世紀末期，人們對蒸汽有了進一步的認識，法國物理學家巴本在研究中發現了蒸汽對物體的推動作用，根據這種原理，他首創發明了活塞裝置。它的大致組成是：把一隻活塞裝在一個黃銅汽缸裡。當加熱裝在汽缸一端的水時，由此產生的蒸汽就推動活塞向上移動。因爲巴本只是一個物理學家，儘管他發明了活塞，卻沒有對其做進一步的設計，所以這種活塞裝置只停留在試驗室的狀態，並沒有得到實際的運用。

活塞裝置眞正應用到生產中是在八年以後，英國工程師湯瑪斯·塞維利對巴本的發明做了進一步的設計，製造出了礦井抽水的蒸汽機。但這種蒸汽機有許多的缺點，一是熱源消耗太大，二是

↑巴本像

因爲靠大氣壓力汲水，工作受到不少的限制，而且也很不安全。

時間又過去了七年，英國有一個叫湯瑪斯·紐可門的小鐵匠對塞維利的設計進行了大膽的改進，把蒸汽裝置從礦井抽水機中分離出來，在設計上作了重要革新：不讓冷卻水直接進入汽缸，而是把冷卻水通過一個細小的龍頭向汽缸內進行噴射，並引入了巴本的活塞裝置。但是紐可門的這項發明並沒有引起英國皇家學會的重視，他們甚至不承認這是紐可門發明的。

瓦特在格拉斯哥大學修理儀器時，發現了一臺紐可門蒸汽機，這臺蒸汽機後來成了他發明的基礎。

工業革命

→紐可門蒸汽機

1705年，英國鐵匠湯瑪斯·紐可門（1663～1729）發明製造了能應用於礦井排水和農田灌溉的蒸汽機，稱為「紐可門式」蒸汽機，也叫「大氣式」蒸汽機。這臺機器吸取了巴本蒸汽機和塞維利蒸汽泵的優點，它有一個帶活塞的汽缸，但蒸氣由另外的鍋爐輸入。紐可門的創造不僅加速冷凝速度，他在汽缸裡裝著的冷水噴射器，也大大提高了熱效率，並排除高壓蒸汽的危險性。

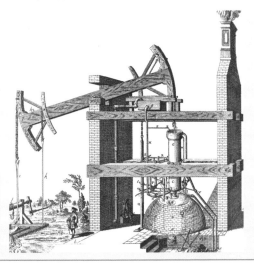

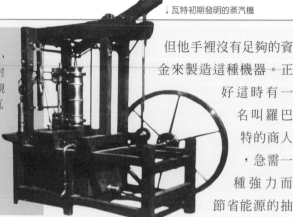

樂器製造師

瓦特的另一個身分是樂器製造師，這是1920年倫敦自然科學博物館對瓦特留下來的東西進行整理時發現的。人們至今仍不知是什麼促使瓦特當起了樂器製造師。據說，一開始是有人把壞的笛子或小提琴拿來給他修，因為瓦特擁有修理這些樂器所需的功力和工具。到1760年代，瓦特開始製造和銷售樂器，如笛子、小提琴等樂器。

偉大的發明

紐可門蒸汽機存在著明顯的缺點，最大的缺陷就是冷卻不足。從知道了紐可門蒸汽機的原理後，瓦特對蒸汽機的研究開始著了迷。

瓦特發明的靈感來自一個星期天他在郊外散步的時候，正思考如何對蒸汽機進行改進，這時候他突然有了一個很好的設想：在紐可門蒸汽機裡添加一個冷卻裝置！他匆忙跑回家後，便開始按照自己的想法設計，他把冷卻裝置設計成一個單獨的容器，這樣既不會影響蒸汽機工作，又能使機器得到冷卻。他還把用氣壓做動力改成用蒸汽做動力，消除了紐可門機器裡的諸多缺點。

根據設計好的圖紙，他製造出第一臺蒸汽機模型，經過反復實驗，機器運行良好。瓦特想把這種機器運用到實際生產中，但他手裡沒有足夠的資金來製造這種機器。正好這時有一名叫羅巴特的商人，急需一種強力而節省能源的抽水機。透過布萊克教授的牽線，雙方一拍即合：羅巴特資助瓦特研究的資金，瓦特為他提供這種抽水機。瓦特在取得專利後，成功地製造出了第一臺單動蒸汽機。

這臺機器投入使用後，雖然降低了燃料耗費，運轉速度也加快了許多，但還是有不少缺點。比如槓桿只是作反復的直線運動，應用範圍有限；機器的汽缸漏水，使內部無法形成真空狀態等。

羅巴特本希望瓦特的發明能為他解決礦井的積水問題，事實證明並沒有多少效果，後來羅巴特的礦井因為積水問題而破產，瓦特也被迫停止了蒸汽機的改造。

←瓦特
瓦特是蒸汽機的主要發明人之一。1736年1月19日生於英國蘇格蘭的格里諾克，1819年8月25日卒於謝思菲爾德。1764年開始從事蒸汽機的研究和改進，1785年被選為英國皇家學會會員，1806年獲得格拉斯哥大學法學博士，1814年被選為法蘭西科學院外籍院士。瓦特是功率單位「馬力」的提出者，國際單位制中的功率單位「瓦特」就是以他的姓氏命名的。

一博爾頓像

撼動舊世界的巨大槓桿

蒸汽機不僅成為英國工業革命撼動舊世界的巨大槓桿，而且還為以後世界各國如法、德、美的工業化提供了一個新起點。蒸汽機的發明也為人類提供了一種新的動力，引起了世界性的革命，推動人類歷史向前發展。

推動整個世界前進

羅巴特並沒有因為破產對瓦特失去信心，他仍非常看好瓦特的發明，並把瓦特介紹給有名的企業家博爾頓。博爾頓看了瓦特的發明後，也覺得非常有前途，他決定和瓦特合夥，全力支持瓦特改進這種蒸汽機，並準備向全世界推廣這種先進的機器。

從1776年到1790年的十幾年裡，瓦特一直沒有停止改進蒸汽機，他差不多每兩、三年就發明一種新機種。他先是在原來的基礎上，製造出了分體冷凝器的蒸汽發動機；兩年後又製造出了蒸汽動力抽水機，並成功地運用到生產中；五年後他又發明了齒輪，把它巧妙地運用到了蒸汽機中，使蒸汽機從往復運動變成了旋轉運動；後來他又發明了雙作用蒸汽機、離心調速器。在1790年的時候，他還發明了壓力

↑蒸汽機的應用

蒸汽機的發明使社會步入了工業化時代，整個社會由此引起了一場深遠的技術革命，而以蒸汽機車為標誌的交通運輸業也進入了新的發展階段。

錶，這使瓦特蒸汽機配套齊全，運用起來更加簡便。

到1819年瓦特去世時，他的蒸汽機已被廣泛地應用到英國的工業生產中，幾乎影響了英國的所有工業，尤其是採礦業、紡織業、鋼鐵生產及印刷業，為工業帶來了一次全新的革命。蒸汽機的發明隨後還帶動了一大批發明的完成，比如美國的道爾頓把蒸汽機裝在船上，發明了蒸汽輪船；英國的史蒂芬生把蒸汽機裝在車上，製造出了火車等。這些發明把人類從手工勞動中徹底解放了出來。後來，瓦特的蒸汽機傳遍了世界各地，被稱為「第一個真正國際性的發明」。

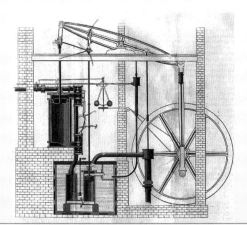

↑瓦特雙作用式蒸汽機工作示意圖

072.「車床之父」莫茲利

莫茲利發明了車床上的移動刀架，這一簡單的發明是機械技術史上的重大創造，它代表著機器製造業進入了一個嶄新的階段。

學徒出身的機械師

一說到車床，人們馬上就想到了亨利·莫茲利。他發明了車床上的移動刀架，這一發明使他贏得了「車床之父」的稱號。

▲莫茲利
莫茲利是英國機械發明家，他跟瓦特一樣，雖然不是第一個發明車床的人，但他對車床進行了創造性的改良，獲得了「車床之父」的美譽。

1771年8月22日，莫茲利生於英國肯特郡的軍人家庭，從小就沒有受到正規教育，他在十二歲那年便進入工廠做工。工廠業主要製造兵器，用於軍隊。在那裡他雖沒有真正地擺弄過機械，但那段時間卻讓他對機械產生了濃厚的興趣。

在他十四歲時，父母考慮到他的前途，就讓他辭去了製造兵器的工作，改做學徒，跟著一個木匠學做習。他不怎麼喜歡這種工作，但又不能違背父母的心願。一年後，他終於說服了父母，不再當木匠學徒。

相對而言，他更喜歡做鐵器活，於是就到離家不遠的一個鐵匠鋪裡當學徒。這是他喜歡的工作，所以幹起活來格外賣力，鐵匠也很喜歡他，不斷傳授給他一些做鐵製品的技巧。

莫茲利平時很用功，鐵匠教給他的技術很快就能學會，尤其善於使用鐵銼，兩、三年過後，他用鐵銼的功夫在附近村鎮已無人能比。

莫茲利在那家鐵匠鋪裡當了七年學徒，對打造鐵製品已經很熟了。在他十八歲那年，全國的製鎖業興盛起來，當時英國很有名的製鎖商約瑟夫·布拉默急需一名幫手。莫茲利聽到這個消息後心生嚮往，便結束了尚未到期的鐵匠學徒生涯，到布拉默那裡去報名。

布拉默對幫手的條件要求很高，經過非常嚴格的考試，莫茲利出色地完成了布拉默的各項技術考核，布拉默對他很滿意就錄用了他。

↓布拉默製造的鎖
約瑟夫·布拉默（1748～1814），英國發明家、工程師。1784年，發明了倒轉鎖，1795年發明了水壓機。

在布拉默的言傳身教下，莫茲利進步很快，不久就成爲了製鎖廠的一名優秀技師。

偉大的發明

莫茲利在布拉默那裡一待就是八年，由於熱愛機械、鐵製品的加工等，所以他對這份工作樂此不疲，工作也很積極，深得布拉默的喜歡。他從布拉默那裡學到了很多的技術，對樣樣製品都要求精益求精，表現優異，因此後來被布拉默任命爲總工長。

工作時，莫茲利常常被一些問題困擾，如有時候工廠裡訂單太多，而他們的生產速度總是跟不上。當時的車床非常簡單，有些活是人力根本無法做到的，這時候他就想，如果把機床改造成可以借助機械的力量的話，那就方便多

↑早期的莫茲利車床

了，不僅可以提高產量，還可以做一些人力根本無法做到的活。

他在工作之餘開始琢磨車床的改造和研製。他覺得首先要解決車床易動的問題，因爲機器運轉起來後，車床就會出現左右晃動的情況，如此加工出來的產品很難精細。他採用了鑄鐵製造床身，輕易地就把這問題解決了。

接下來，他開始琢磨如何把製品做得更精細。根據自己的構想，他在床身上裝了滑動刀架，讓滑座左右移動，滑動刀架上可以固定切削刀具。這種滑動刀架做得很成功，在這樣的滑動刀架上可加工任何尺寸的部件。

滑動刀架的成功，爲他帶來了更大的信心。隨後他又發明了兩樣非常有價值的東西：一種是進給箱，這是一種刀具可以自動進給的裝置（在此之前，在車床上製作小型機械零件需要自己組裝小型車床進行加工）；另一種是水壓機泵的密封裝置。

建立莫茲利工廠

莫茲利在布拉默的製鎖工廠工作了八年，這八年他爲布拉默立下了不少功

↓莫茲利製造的第一臺螺紋切削車床
　莫茲利於1797年製成第一臺螺紋切削車床，它帶有絲杆和光杆，採用滑動刀架──莫氏刀架和導軌，可車削不同螺距的螺紋。

【人文歷史百科】

標準化的基礎

莫茲利發明的進給箱，因車床和絲杆相互嚙合而達到了進給自如，加工出來的螺紋達到非常精確的程度。他還把主軸與絲杆透過齒輪連接起來，機器起動後，齒輪的轉動帶動了絲杆轉動，如此在生產規格不同、螺紋不同的螺絲時，只需更換一下齒輪即可，讓操作工序變得異常簡便。

勞，但他的薪水卻始終保持在最初的水平。在他二十六歲這年，他不得已向老闆提出加薪要求，因為他的生活很難再維持下去，但老闆布拉默卻拒絕了。在這種情況下，莫茲利無奈地辭去了工作，自己開工廠賺錢來維持家庭生計。

他很快就辦起了自己的工廠，因為他在布拉默工廠時已很有名氣，很快就有了第一批訂單。在這批訂單上，他花費了大量的心思，嚴格掌握產品的尺寸，力求產品件件達到優質。這批訂單完成後，為他帶來了良好的聲譽，隨後訂單便接連不斷，他的小工廠馬上就繁忙起來，必須多雇些工人才能完成訂貨。隨著訂單的不斷增加，他陸續添加工人、購置機器，在工廠最忙的時候，廠裡的工人曾多達八十餘名。

莫茲利工廠生產出的精密產品引起了軍方的注意，英國海軍向莫茲利訂購了一大批滑輪，這種滑輪以前沒有人生產過，而且工廠現有的設備也無法完成。莫茲利用了一年的時間來設計軍用滑輪的草稿，又用了一年的時間改造和購買製造滑輪所需的設備，在設備齊全後，製造工作十分順利，他如期把產品交給了海軍。

海軍訂製的這批滑輪產品主要用於朴資茅斯港碼頭，它們就像一塊金字招牌，讓許多到過此地的人記住了「莫茲利」這個名字。

莫茲利成了全英國最富盛名的機械工程師，當時機械工業發展迅猛，有許多優秀的機械工程師活躍其中，由於莫茲利在機械製造方面的傑出成就，被大家公認為機械業的權威人物。

後來，莫茲利為了擴大企業的規模，新吸收了一位投資者，並把工廠遷移到了蘭帕斯，他的企業很快便成了英國重要的機床生產廠家。

↑莫茲利製造的第二臺螺紋切削車床

不斷前進的莫茲利

莫茲利最偉大的發明，即是在車床上安裝了刀架。後來人們發明的刨床、鑽床、鏜床等各種機床，刀架都在其中擔當著重要的角色。這看似簡單的發明，對當時英國工業的功勞絲毫不亞於蒸汽機的發明。後來製鎖業和武器槍支的革新，也都源於這項發明。

莫茲利成為英國的名人後，仍未停止他的發明和對車床的改造，比如他設計了鍋爐鋼板的打刻機，把腳蹬變成了蒸汽機制動、把刻刀由手削變成了自動

→莫茲利工廠生產的蒸汽機

莫茲利還研究白布印花法、造幣法、砲身鏜削、青銅鑄造設備和水壓機等，改良了瓦特蒸汽機，採用十字頭直接驅動曲柄。他於1815年製成的第一臺緊湊的臺式發動機，為船用發動機製造業的濫觴。

刀削等。經過多年的摸索、改良和創新，他的工廠生產出來帶有進給箱的車床更加完善，也更加簡便耐用，生產出來的產品精密度更高。當然，只有優秀的機器而沒有優秀的人才，是無法生產出優秀產品的。

莫茲利平時非常注重培養人才，善於開發弟子們的聰明才智，比如在他發明齒輪組合體螺紋加工機過程中，就融入了弟子們的智慧，這種可以多級改變絲杠轉速的車床，最後就是由其弟子克萊梅特、惠特尼製作並組裝完成的。

他教出的弟子大多身懷絕技，從莫茲利工廠裡出來的人中，有好幾位成為英國有名的機械師，像詹姆斯‧納思密斯、約瑟夫‧惠特沃斯、約瑟夫‧克萊梅特等人，他們日後都成為了英國機械業界的菁英。

1830年，莫茲利長途跋涉看望一位患重病的法國朋友，在歸途中不幸感染了風寒。1831年2月14日，莫茲利去世，終年五十九歲。

↓納思密斯肖像

詹姆斯‧納思密斯（1808～1890），莫茲利的徒弟，英國著名的機械技師，出身於蘇格蘭一個舊貴族家庭。

工業革命

火車出現前的交通

←史蒂芬生像
史蒂芬生，英國鐵路機車發明家，1781年6月9日生於紐卡斯爾附近的維拉姆，1848年8月12日卒於賈斯特菲爾德。1814年，史蒂芬生成功製成第一臺「皮靴號」蒸汽火車，後經過不斷改進而日益完善。

在火車發明以前，人們開採煤炭資源和採石時，是用木材做成路軌，人推著車或用牲口拉著車在軌道上行走。水路運輸靠輪船，陸地運輸靠馬車，不僅運輸量小，而且十分耗時，常常造成一些地方的原料運不出去，而另一些地方則愁無材料可用的尷尬。

說來有趣，鐵軌的發明並非是和火車一起發明出來的，而是比後者早了四十七年。它的發明完全是一次偶然。1760年代，由於交通運輸的落後，許多地方出現鋼鐵生產過剩的情況，致使鐵價狂跌。有一家煉鐵工廠，廠子裡堆滿了生鐵，老闆讓工人把這些生鐵全部澆鑄成一根根長鐵條，鋪在廠裡的道路上。其目的有二：一是騰出地方，二是等鋼鐵價格好時再賣。當人們拉著車在上面走的時候，卻發現省了不少力氣還非常的平穩。就這樣，鐵軌在無意中發明出來了。

當然，從鐵條到後來的「工」字型鐵軌還有一段演變的過程。人們在圓圓的鐵條上行車不甚方便，車輪胎常常滑出。這時有人就把鐵條改造成了方形有凹槽的鐵軌。雖然它防止了輪胎打滑，但凹槽裡容易積石子之類的東西，不但讓輪胎磨損過度，鐵軌也容易斷。後來有人把鐵軌做成上下同寬、中間略窄的形態，解決了積堆石子、鐵軌易壞的問題，可是翻車的事情卻時有發生。於是，有人就把鐵軌製成了現在的「工」字形。

↑史蒂芬生使用過的火車頭

↑ 早期鐵路客運場景

劃時代的發明

史蒂芬生十四歲時到一家煤礦當蒸汽機司爐工。他很喜歡這份工作，做事很認真，經常把蒸汽機的零件拆卸下來，進行上油維護，所以很快就熟悉了蒸汽機的構造。他沒有上過學，但渴望知道關於蒸汽機的更多知識，於是晚上去上夜校。由於聰明好學，他很快就掌握了蒸汽機的原理，並學會了畫設計稿。

在學習過程中，史蒂芬生知道了特里維希克和衛維恩曾經製造出在普通道路上行走的蒸汽機車，但因為過於笨重因而先後放棄了研究。史蒂芬生對他們的發明很感興趣，就在他們的基礎上進行了多次改良，但都失敗了，機車在道路上行走緩慢的問題始終未能解決。

有一天，他看到了鐵軌，忽然有了靈感：何不把機車放在鐵軌上呢？他根據自己的設想開始研究如何讓機車在鐵軌上運行。為防止火車出軌和打滑，他還在車輪的邊上加了輪緣棘輪。

史蒂芬生的蒸汽火車終於在1814年製造成功，被命名為「皮靴號」。這個大玩意有三十多噸重，帶八節車廂，聲音很大，震動得很厲害，速度也不快。

幾年後史蒂芬生進行了改良，設計出了一輛新型火車。恰逢企業家皮斯準備建造一條從斯托克頓到達靈頓供馬車用的鐵軌，史蒂芬生就帶著自己的設計圖找到皮斯，說服了皮斯支持他把鐵軌建成火車專用。當皮斯先生把鐵路鋪好時，他的新型火車頭也出廠了，這輛火車被史蒂芬生命名為「旅行號」。

那一天，斯托克頓聚集了四萬群眾。當史蒂芬生親自駕駛著他發明的火車向這邊疾速奔來時，所有的群眾都忍不住歡呼了起來，全世界的鐵路運輸事業便從這天開始了。

畫家的奇想

電報機的發明大大方便了人們通信。但你或許不知道，它的發明者卻是一位畫家。撒母耳·摩斯是美國十九世紀中葉非常有名的畫家，他在肖像畫和歷史繪畫方面的出色成就，爲當時的人們所推崇。電報機的發明是一次旅行帶給他的靈感。

作爲美國畫家協會的主席，1832年摩斯應邀到法國講學。在乘坐輪船返回途中，爲了打發漫長旅程中的寂寞，有一名叫傑克遜的美國醫生向船上的旅客們展示了他得到的新玩意：這種叫「電

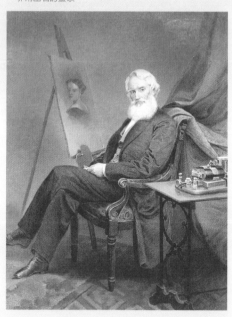

↓摩斯肖像

撒母耳·摩斯，1791年4月27日出生於麻州，1872年4月2日逝於紐約市。他不僅發明了「電報機」，而且還是一位非常出名的畫家。

磁鐵」的東西，可以在電流的作用下變成磁鐵，而電流消失後，它的磁性就沒有了。傑克遜仔細向旅客們講述這種器件的用法和原理，並告訴大家，電流可以迅速通過很長很長的線。

傑克遜的話引起了摩斯極大的興趣，也讓他產生了無邊的遐想，發明一種透過電流傳播資訊的構想油然而生。

這年摩斯四十一歲，旅行中突生的想法讓他漸離繪畫藝術，走進了一個完全陌生的領域。他當時的身分是美術院

↑摩斯的繪畫作品

的一名教授，在授課之餘開始了這種通信工具的設計。三年之後，已身陷其中的他毅然辭去教授的職務，徹底放棄了繪畫，不再寫生和創作，關起門來專注在電報裝置的研究上。

致力於通信領域的先驅們

透過電流進行通信的方法，很早以前就已有人想到了。因為電流的傳輸速度快，用它進行通信再合適不過。早在七、八十年前，有一個叫摩爾遜的人就異想天開地在半空中架了二十六根線，每根線用一個字母來表示，字母的確認主要靠靜電來完成。當某一根電線有靜電時，電線另一端的小紙球就會被吸住，彼端的人就記下這根電線所代表的字母。用這種方式進行通信，可說是電報最早的雛形。因為當時電池還未問世，靠靜電傳送的

↑伏特像
伏特，出生於一個義大利的貴族家庭，著名物理學家，電池的發明人。

距離有限，研究也只能停留在這種狀態上，並未得到廣泛的應用。

在此之後，又有人對這項發明進行了改進：把紙球改成木球，把導線由二十六根改成一根，但這種方法仍不具實用價值。

後來，伏特發明了金屬電堆，從中可以得到相對穩定的電流。隨後奧斯特又發現電流可以產生磁效應，電磁學成了一門新興的科學。這時摩斯開始研究電報機，占有許多優勢。他在前人的

工業革命

【人文歷史百科】

烽火臺
在古代，人們傳遞資訊主要靠馬匹，這種傳遞資訊方式的缺點是速度太慢，而且不安全。在邊防上運用這種傳遞方式更是行不通。為了能夠及時將敵人入侵的消息傳送出去，人們發明了烽火臺。烽火臺平時堆滿柴草，等到戰事發生才將柴草點燃，在別處駐守的人看到烽煙，便知那邊有敵情，就會及時地派人增援。

↑伏特在向拿破崙展示他的成果

235

↑摩斯電報機的按鍵

基礎上把靜電換成了恆壓電流，並用一根導線傳遞信號，這種發明才有了初步成功。

新奇的構思

摩斯從畫家轉行研究電報機，等於一切從頭開始。之前他學的是美術，對物理知識的掌握很有限。他於是一面找書籍學習，一面向別人請教。紐約大學的物理學教授蓋爾是他的朋友，他便把自己的計畫告訴了蓋爾教授，得到了對方的支持。摩斯在蓋爾的悉心指導下，四處尋找一些製造電報機所需的材料，當年的年底他就造出了第一臺發報機。可是，這種發報機只有在兩、三公尺的距離內才有效，距離一增大，信號就失靈了。

為了進一步研究，摩斯購買了大量

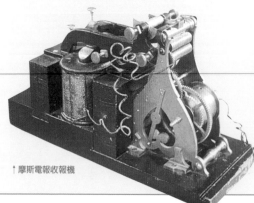

↑摩斯電報收報機

的試驗設備。他趴在實驗桌上常常一做就是一整夜，但所設計的方案一個又一個相繼失敗。上帝似乎不被他的努力打動，一年過去了，他的電報機研究絲毫不見進展。

後來，摩斯拜訪了當時著名的物理學家亨利，說出了一直困擾著他的煩惱。亨利先生建議他把電磁鐵換成絕緣導線強力磁鐵，把繼電器的每個電池串聯起來，並使用一條地線。亨利的建議讓摩斯受益匪淺，思路大為擴展，他按照亨利的建議將老電報機進行改良，才解決了傳遞距離的問題。

1836年，摩斯採用編碼傳遞資訊的試驗終於成功了。電報的原理是這樣的：把英文字母表中的字母、標點符號和空格按照出現的頻度排序，然後用點和畫的組合來代表它們，頻度最高的符號具有最短的點畫組合；「點」對應於短的電脈衝信號，「畫」對應於長的電脈衝信號；這些信號傳到對方，接收機把傳過來的長短電脈衝信號還原成「點」與「畫」，由解碼員根據這些點畫組合來譯成英文字母，進而完成通信任務。

世界爲之變小

摩斯的研究獲得了突破性的進展，但他缺乏資金來推廣研究成果。摩斯只得重操舊業，到美術院任教，將薪水全用於投資。爲了積攢經費用於研究，他盡量節省自己的伙食費，經過了一年多的努力，終於組裝了一臺電報機。1838年1月，摩斯進行了三英哩距離收發電報的試驗，結果非常成功。

1840年4月，摩斯爲這項發明申請到專利。此後，他開始四處遊說，希望人們投資生產這種電報機，但當時的人們對他的電報機並不感興趣。摩斯在國內得不到熱切回應，就轉往歐洲其他國家去遊說。這時候英國的惠斯通發明的電磁電報已運用到了實際生活中，俄國的希林也製造出了類似於惠斯通的電磁電

→經過改良的摩斯電報機
摩斯發明電報之前，在人類史上曾經有過多種電報機雛形，但都因缺乏實用價值而夭折。摩斯的貢獻在於他深入研究和總結前人經驗的基礎上，創造性地提出了只用兩根導線，靠「接通」和「斷開」電路的方法，來表示各種字母、數位和標點符號。摩斯電報的問世，開創了電爲人類通信服務的新紀元，標誌著人類進入了「電通信」的新時代。

電信時代的序幕

【人文歷史百科】

摩斯在1848年籌建了私人股分公司，1850年又籌建了電報公司，在電報的發展和普及方面貢獻良多。電報的發明，拉開了電信時代的序幕，開創了人類利用電來傳遞資訊的歷史。從此，資訊傳遞的速度大大加快了。「嘀—答」一聲響，電報便可載著人們所要傳送的資訊，繞地球走上七圈半，速度超越了以往任何一種通信工具。

報，人們對摩斯的電報機前景並不樂觀。

摩斯的電報機就這樣被擱置了。直到1842年，他的電報機才引起美國議會的重視。1842年1月，美國議會通過了他的電報技術法案，同意他的電報機在全國使用。

1844年5月24日，在美國議會大廳裡舉行了一次隆重的電報機通信實驗活動。摩斯坐在電報機前，嘀滴答答地向巴爾的摩成功地發出了第一封電報：「上帝創造了驚人的奇蹟！」他的助手很快翻譯出了這份電報的內容。

摩斯電報的發明，是世界電信史上光輝的一頁。摩斯的電報由於使用了電報編碼，更簡單而實用，很快就風靡全球。直到今天他的電報編碼仍爲人們所使用。

工業革命

工業革命在歐洲的擴展

法國的工業革命比英國要晚一些。法國在西歐曾是最發達的國家，但後來由於波旁王朝在經濟上過於保守，沿襲舊體制從事工業生產，致使經濟發展緩慢。法國的波旁王朝遭推翻後，以路易・菲力普為首的「七月王朝」在經濟上開始朝著工業化方向努力。

和英國一樣，法國最先發展的也是紡織業。1845年法國的棉花增加到了六千四百萬公斤，動力織機達到一萬臺，紗錠一百七十萬支。聰明的法國人在紡織過程中使用了氯漂白棉布的技術，還發明了織造複雜圖樣的織布機。在此期間，亞爾薩斯、諾曼第等地成為全國重要的紡織工業區。由於法國煤炭和鋼鐵

←一工業革命時期法國鑄造廠
十九世紀上半葉，一些工廠和其他的製造場所開始出現。

資源相對缺乏，鋼鐵行業發展較慢，且多是中小企業。當時以生產服裝而聞名的巴黎，雇用十個人以上的企業還不到十分之一。

與歐洲大陸各國相較，比利時工業革命的進展是首屈一指的。在拿破崙和荷蘭統治時期，它就保持著較快的速度發展。十九世紀初比利時實現獨立後，煤炭的產量一直高出法國，生產的機器在西歐地區非常暢銷。另外，比利時的交通業非常發達，透過陸地和海上運輸，可以很方便地到達西歐各地，因而成為西歐貿易的集散地。

日耳曼地區的經濟起步較晚，主要是政治因素造成的。直到1830年代，日耳曼經濟上才開始起色，很快就有了幾個經濟發展很快的工業城市，像科隆、愛北菲特、巴門等。日耳曼地區礦產資源豐富，對其工業發展十分

↑工業革命時期英國紗廠女工在工作間隙休息及用餐的場景

有利。在這個時期，日耳曼出現了開採熱，大量的礦產資源被挖了出來，尤其是煤炭。煤炭經濟的繁榮帶動了相關技術的進步，所以，日耳曼在煤炭副產品的利用上，比其他國家先進了許多。

工業革命在北美的擴展

美國不論在資源上還是地理條件上，都有著得天獨厚的優勢，因此英國工業發展對美國的影響最大。美國的工業發展比歐洲的一些國家還要早，它最先發展的也是紡織業。從1790年按照英國的式樣建立首座紡紗廠開始，到十九世紀初期，紗錠已達十三萬支，紡織業差不多紅遍了全國。鋼鐵業緊跟其後，1816年在匹茲堡建立的煉鐵廠和軋鐵廠就是冶金工業興盛的開端。1860年，美國的鐵產量近百萬噸，匹茲堡成為著名的冶金中心。鋼鐵加工業也在這時候發展起來，惠特尼在康乃狄克州建造了武器工廠，從事標準零件的生

↑ 美國出現的淘金熱

產，這項產業使美國標準零件加工走在了世界最前端。

在工業高速發展期間，美國還出現了一股淘金熱。在這種熱潮中，大量的勞動力湧向西部，造成了人力資源的相對缺乏。儘管有許多的移民進入，但勞力仍無法滿足企業發展的需要。有許多的企業因為缺少人手，不得不採用機器代替人力。如使用軋棉機進行原棉脫籽，一臺軋棉機就相當於五十個人的工作量，如此便節省了不少人力成本。

在此期間，美國人發明了很多機器，如造紙機、縫紉機、製鞋機、輪轉印刷機等。1834年，麥考密克發明收割機以後，美國人相繼創造了許多農業機械。1851年倫敦世界博覽會上，美國展出的農業機器模型數量最多。發明機器和廣泛使用機器以補勞力的不足，是美國工業革命進程中的一大特點。

【人文歷史百科】

歐洲貿易中心的轉移

隨著工業革命的進程，歐洲的商路和貿易中心逐漸從地中海轉移到了北大西洋沿岸，北大西洋世界組成了一個以英國為首的經濟體。但北大西洋沿岸一些國家如比利時、法國和美國的迅猛發展，給英國帶來了很大的壓力。日耳曼則因政治因素致使工業革命進展緩慢，其完成有待於統一之後。東歐的俄國和亞洲的日本，到十九世紀晚期才真正納入工業革命的軌道。

工業革命

大西洋上的輪船

「克萊蒙特號」試航之後的十二年，美國輪船「薩凡那號」橫渡大西洋，航行二十九天，帆和蒸汽機並用。1838年，美國的「大西洋號」輪船，單用蒸汽機推動，橫渡大西洋，僅費十五天。1840年，一個蘇格蘭人在大西洋上開辦定期輪船航班，運送旅客，來往於英國的利物浦和美國的波士頓之間。

富爾頓的蒸汽船

在工業革命以前，還沒有鐵路的時候，水路交通非常繁榮。歐美各國修挖了許多的運河。英國透過開挖的運河把許多河流連接起來，形成了一個非常便利的水路運輸網；美國開鑿的伊利運河，在五大湖和哈德遜河之間建立了一條通道，便利了中西部之間的商業運輸。

蒸汽船就是在此種背景下發明出來的，他的發明者是羅伯特‧富爾頓。富爾頓的父親是英國人，1730年移居到美國。1765年11月14日，富爾頓在一個農場裡出生。因家境不好，富爾頓十七歲就外出謀生。在費城他靠幫別人繪製車輛和機器圖稿生活，在這段日子裡他結識了著名的科學家富蘭克林和瓦特。

↑ 富爾頓
富爾頓（1765～1815），美國輪船發明家，一生共造船十七艘，1812年在抗擊英國封鎖時製造了世界上第一艘蒸汽機軍艦，稱「水上砲臺」。

是個善於鑽研的人，為了搞清楚一些機器的構造和原理，他邊工作邊自學，並先後學習了法文、德文和義大利文。

在圖稿設計過程中，富爾頓萌生了製造蒸汽船的想法。自1793年以後，他就製作了許多關於機器、槳輪和船的草圖，並研究總結了前人在製造汽船上的經驗教訓。1803年1月9日，富爾頓開始在巴黎進行蒸汽推動的模型船試驗。他製造出了第一個蒸汽船的模型，對這個模型他進行了反復的修改，把每次試驗的資料進行比較總結。如此又過了四年，他終於造出了一艘蒸汽船，命名為「克萊蒙

高超的圖稿繪製技巧為他的生活帶來了穩定的收入，後來他學習、研究和生活的費用多是透過繪製圖稿掙來的。富爾頓

↑ 富爾頓的「克萊蒙特號」

特號」。他親自駕駛這艘汽船在哈德遜河上進行試驗，速度每小時四英哩，航行非常成功。

「克萊蒙特號」的成功，為富爾頓帶來了更大的信心。此後，又造出載運客貨的渡輪「約克和傑賽號」。他在一生中共製造了汽船十七艘，讓世人從此告別了靠風行船的歷史。

←近代收割機的發明者之一麥考密克
麥考密克為美國工業家，近代收割機的發明者之一。1834年他創製的一臺收割機獲得專利，1837年開始小量製造。1847年在伊利諾州芝加哥市建立工廠，大規模生產收割機，為麥考密克收穫機公司打下了基礎。

農業技術的革新

歐洲的農業比起亞洲來要落後許多。以農具犁為例，歐洲人使用的犁一直是木犁，後來才在木犁尖上加了一塊鐵。直到十八世紀，他們才把木犁換成了鐵犁，而中國早在兩千多年前的戰國時期就開始使用鐵犁了。

歐洲的工業革命也帶動了農業的發展和農具的革新。十八世紀初，英國人塔爾發明了條播機，改變了以前遍地撒播方式。在使用中，用牲口拉著條播機播種，也改變了土壤的環境，碾碎土壤中的黏粒，更利於土壤的透氣。

以前，歐洲人耕作採用「三年一休耕」的方式。為了保持土地的肥力，他們每耕作三年後，就讓土地「休息」一年。工業革命時期，人們創造了農作物輪作的方式，就是每年在土地上種植不同的植物。這種方式既可以保持土地的肥力，又避免了土地的閒置。

在這個時期，英國人發明了打穀機，後來這種機器傳到了美國。美國人麥考密克在打穀機的基礎上，發明了收割機。收割機的發明讓農業生產又向前邁出一大步，節省了大量的農業勞動力，成為當時最重要的農業生產工具。

由於日耳曼地區的礦產資源較豐富，他們在化學領域的成就也領先其他歐洲國家。在1840年代，他們在對土壤研究時發現，植物生長所需要的氮、磷、鉀三種元素必不可少，而土壤中這三種元素遠遠不能滿足植物生長的需要。於是，他們推廣使用化學肥料，後來化肥成為了農業高產的關鍵。

工業革命

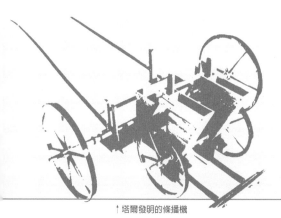

↑塔爾發明的條播機

241

076.工業革命的影響

工業革命是資本主義發展史上極為重要的轉折，是人類社會發展史上不容忽視的關鍵歷史事件。

工業革命的社會意義

工業革命的本質說白了就是機器的革命。以前歐洲人靠傳統的手工勞動來進行經濟生活，但主要還是以農業為主。工業革命的到來把這些傳統的東西都打破了，莊園領主的土地上由莊稼變成了工廠，手工業和家庭作坊在競爭中迅速崩潰。那些農民也由耕作者變成了工人，改變了他們和莊園領主之間的關係。

經濟的發展加快了城市的建設速度。一座座工業化的城市拔地而起，舊的體制全部被推翻和打破，農業不再是控制國家命脈的主體，這讓封建社會的復辟變得不再可能。

工廠多了，農民變成了工人。他們失去了土地，也就失去了最後的依賴。大批的工人便成了社會主要的勞動力，他們除了出賣勞力來生存外，別無他法。

【人文歷史百科】

世界性的革命

從手工勞動向機器生產發展，是工業革命最重要的表現特徵。在中產階級政治革命之後，這次革命讓人類有了一個根本性的改變，把人類從手工和體力勞動中解放了出來。它是資本主義制度發展史上極為重要的轉捩點，是人類社會發展史上不容忽視的重大歷史事件。

↑憲章運動
憲章運動是1830至1850年代英國發生的爭取實現人民憲章的工人運動。1838年 5月 8日，倫敦工人協會發表了爭取普選權的《人民憲章》，憲章運動由此得名。1839年、1842年和1848年運動出現了三次高潮，但都遭到政府鎮壓。1848年後，運動逐漸衰落。

成為社會主力軍的工人，為了生存，他們更加團結，思想意識也不斷提高，反抗意識不斷增強。十九世紀，歐洲各地先後爆發了憲章運動、里昂起義、巴黎公社運動、爭取八小時工作制的罷工等工人運動，他們一次又一次地為爭取自身利益而進行不懈的努力。

工業革命也讓歐洲國家的國力大

←1834年的里昂
1834年，里昂工人掀起一場以提高工價為訴求的運動。1834年 4月 9日，因政府逮捕和審判罷工領袖、發布禁止工人結社集會的法令，里昂再度爆發絲織工人起義。這兩次起義都被政府鎮壓。

242

增，它們迅速晉升世界強國，因而更有實力去侵略和擴張。這時期也是殖民面積最廣的時期，全世界有四分之一的版圖皆在他們的侵略中淪為殖民地。

↑1823年的「工業革命故鄉」曼徹斯特

工業革命的後遺症

工業革命讓人看到最明顯的是財富的迅速增長，每個工人的生產效率平均提高了二十倍，棉花、煤炭、鋼鐵比過去增加了幾十倍，甚至幾百倍，如英國從紡織、鋼鐵、煤炭、機器製造到交通運輸業，在世界貿易中都處於壟斷地位。還有便是城市數量和規模不斷擴大，城市人口的急劇增加，如1841年曼徹斯特達到三十五萬人，格拉斯哥的人口達到三十萬。

工業革命的背後是大多數的農民變得一無所有，他們成了城市裡的流浪者。城市人口的增加，對糧食需求也不斷加大。莊園領主們為了賺錢，更加積極地進行圈地運動，強行收回一些雇農的土地，並把他們趕入城市裡，使得城市人口密度再度增長。在此過程中，工業革命讓資本家和工人、莊園領主和雇

農之間的對立關係變得緊張起來，大家像撕破臉的仇人，原本那種曖昧而溫情的關係不再，取而代之的是仇視的面孔。

大機器工業也為社會帶來些無法解決的問題，最屬害的危機即是生產過剩。英國在1825年發生了第一次的過剩危機；物價下跌、工廠倒閉，大批工人失業，大量生產過剩的產品因無法處理而浪費掉和毀壞。這是工業革命帶來的致命後遺症，而且這種危機是階段性的，大約每隔十年就會爆發一次。

←關於失業的漫畫

自1825年英國第一次爆發普遍的經濟危機以來，資本主義經濟從未擺脫過經濟危機的衝擊。資本家在追逐高額利潤動機的驅使下，加強對工人的剝削，拚命擴大生產，結果造成生產供給遠超出社會需求的現象，市場上的商品找不到銷路，引爆了經濟危機。經濟危機爆發時，生產大幅度下降，企業開工不足甚至倒閉，失業工人劇增，數千人爭奪一個職位的情況時有發生。

工業革命

077.庫克船長

詹姆斯‧庫克，將以首位專事科學考察的航海家而載入史冊，連同他「殖民主義者」的身分。

發現澳洲大陸

詹姆斯‧庫克是英國的一位探險家、航海家和製圖學家，因進行了三次探險航行而聞名於世。他十八歲時為一位船主工作，隨船到波羅的海航行，為他以後的航海積累了經驗。

↑庫克船長的航海日誌

1768年8月26日，庫克以船長的身分初次航海考察。當時他乘坐的是「促進號」，目的是調查太平洋中的維納斯航道，並考察該海區的新島嶼。隨他同行的有一名天文學家、兩名植物學家和一名擅長繪描植物的畫家。

他們先向南航行，然後向西轉彎，繞過合恩角，在航行八個月後到達大溪地。庫克對維納斯航道進行了調查後，於1769年6月3日觀察到了金星凌日現象。隨後「促進號」調查船駛向紐西蘭，他們在那裡逗留了半年，詳細地考察了兩座島嶼的地理位置，並準確地標繪在海圖上。

為了達到繞地球一周的目的，庫克船長大膽決定繼續向西航行。又經過二十天的航行，他們發現了澳洲大陸，在這裡庫克船長第一次看到了袋鼠。庫克船長以英國政府的名義把澳洲東海岸命名為新南威爾斯，並宣布這塊陸地屬於英國領土。「促進號」考察船向西航行的途中，穿過澳洲和新幾內亞之間的海峽，經爪哇、印度洋，最後繞過好望角，於1771年7月12日順利返回英格蘭，這是他的第一次重要航行。

第一個闖進南極圈的人

現在人們所說的南極洲大陸，是庫克在第二次航行時發現的。本來這次航行的目的，便是驗證當時人們所說的「在太平洋南溫帶地區存在一個大陸」的說法。1772年7月，庫克從英格蘭出發，開始了他的第二次海上航行。

↑位於澳洲墨爾本的庫克船長小屋

→庫克船長的船隊到達南極圈
南極洲是地球最後一個被發現且唯一無土著居住的大陸；位於地球最南端，與其他大陸隔南大西洋相望，是地球上最偏遠寒冷、領土主權懸而未決的大陸。1772至1775年，英國的庫克船長環南極航行一周，幾次進入極圈，但最後未發現陸地。

他的航船沿大西洋非洲海岸南下，繞過好望角，穿過南極圈。庫克船長是最早探索這片大陸的探險家之一，爲後來的南極洲探險奠定了重要基礎。1772至1775年，庫克船長率領「決心號」和「冒險號」兩艘獨桅帆船，三次進入南極圈，曾一度進入了南緯74度10分、西經106度54分的海面。在那個靠木船航行的時代，沒有人敢這樣冒險，但他做到了，並把這個航海紀錄保持了五十一年。

庫克的航船在對南極圈進行考察之後，又去了紐西蘭，接著對南太平洋，包括復活節島、東加、新赫布里底、新赫里多尼亞、諾福克島以及後來以他命名的科克群島等一些島嶼進行了考察，還將復活節島和馬克薩揚群島繪製了海圖，並在南大西洋中測繪了南喬治亞島，還發現了南桑德韋奇群島。1775年7月29日，庫克再次從好望角返航到英國，完成了在南半球高緯度地區繞地球一周的航海。

這是人類歷史上第一次自西向東環繞地球的航行，庫克用事實證明了太平洋南溫帶地區所說的大陸並不存在，而是在更南邊有一個南極大陸，這個南極大陸和澳洲並不屬於同一大陸。

工業革命

【人文歷史百科】

庫克船長的小屋

1770年，庫克船長曾在英國的一棟小屋裡居住過一段時間，這棟小屋在他死後被拍賣。購買它的是英國貴族萊塞爾·格里莫韋特，後來格里莫韋特把這棟小屋送給了澳洲墨爾本市，該市為了紀念庫克對澳洲的發現，把這棟小屋的磚瓦小心地運到了墨爾本費洛伊公園內，按照原來建築結構，將小屋重新搭建，使它保持著原有的風貌，就連小屋旁邊的花草也是從英國進口來的。

↑英國海德公園內庫克船長的雕像

發現夏威夷群島

　　1776年7月，庫克開始他第三次海上航行，這也是他的最後一次航行。這次他試圖尋找一條從大西洋到太平洋的海上通道。自從哥倫布發現新大陸後，人們一直試圖尋找這條通道。早在法王法蘭西斯一世時，就曾兩次派人考察了佛羅里達以北直到紐芬蘭的北美東海岸，但都沒有尋找到想像中的那條通道。

　　庫克這次決定從太平洋出發去，期望尋找到那條通道。他率領「決心號」和「發現號」船隻繞過好望角，橫渡印度洋到達紐西蘭。然後從紐西蘭向北到達大溪地，繼續北行。一座新的島嶼很

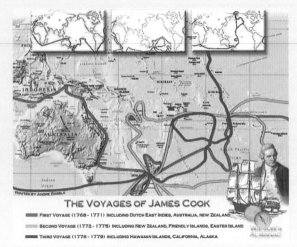

↑庫克船長的探險路線
庫克船長的探險路線—紅色代表第一次航線，綠色代表第二次航線，藍色代表著第三次航線。第一次（1768～1771）發現了紐西蘭南、北島，並對沿岸和澳洲東岸進行了測量；第二次（1772～1775）首航南極海域，發現了一些麥哲倫未曾涉足的島嶼；第三次（1776～1779）發現了夏威夷島。

↓庫克船長

快就出現在了他的視野裡，因為這天是1776年的耶誕節前夕，庫克便把這座小島命名為「聖誕島」。接下來庫克繼續向北航行，這次他發現了夏威夷群島。夏威夷群島是庫克此行最大的發現。

　　時間進入到1778年，庫克又發現了歐胡島和可愛島，並在可愛島登陸。上島後船員們用銅章和鐵釘，向當地人換取了魚、豬肉和山藥。

【人文歷史百科】
庫克船長遠航的意義
庫克船長在世界探險史上有著非常重要的地位，他的三次太平洋探險考察，使澳洲、紐西蘭、夏威夷等不為人知的地方與世界接軌。庫克的發現，讓這些地域進入了文明社會。他的探險重新改寫了世界版圖，讓人們對太平洋有更進一步的瞭解，促進以後海上交通的便利。

1778年2月，庫克到達了現在叫俄勒岡海岸的地方，他們朝北航行，穿過白令海和白令海峽進入北冰洋。後來，庫克沒有找到可以向東的行駛航道，不得不返航到夏威夷島，但沒想到的是，那裡卻成了他的喪生之地。

庫克船長之死

庫克船長率領他的船員登陸夏威夷島的時候，受到當地土著們異乎尋常的熱情歡迎，因爲在當地流傳一個傳說，他們崇拜的洛諾神就要降臨人間了，洛諾神是小個子，他出現的時候會站在桅杆形柱子上，身披一件樹皮布的斗篷。庫克在登陸夏威夷島時，他站在船板上的模樣和當地人傳說中洛諾神的形象是那樣的相似，以至於全島的人都狂歡起來，以爲他就是洛諾神。

庫克一行住在神廟裡，受到當地人無限的崇拜。當地人向他們祈禱，希望能賜福他們。但是，這樣的禮遇他們只享受了幾個星期。很快當地人就發現幸福並沒有降臨到他們的身上，於是他們對船長和船員們產生了懷疑。

災難接著就來臨了。庫克船長的一名船員生病死了，這是災難的導火線。因爲洛諾神是不會死的，船員的死就證明了他們是假的，只是一群普通人。當

↑庫克船長之死
1779年2月14日，庫克船隊與島上的土著人發生衝突，庫克船長在衝突中喪生。

地人忽然明白他們受騙了，頓生憤怒，庫克一行立即成了他們的敵人。

就這樣，雙方的關係一天天惡化起來。當地人把庫克等人趕出神廟，接下來，有一群當地人趁「發現號」船上無人時，偷走了一條救生船。這件事加劇了雙方的衝突，遠洋航行救生船是必不可少的救命工具。庫克在憤怒之中喪失了理智，他綁架了當地的酋長，試圖透過這種方法來逼迫當地人把救生船拿出來。但是庫克船長想錯了，他們的舉動引起了當地人的無比憤怒，雙方發生激烈的衝突。當地人向他們發起進攻，用木棍和石塊作武器。庫克一行則用火砲和弓箭回擊，有十七個當地人被打死。這激起了他們更大的怒火，一輪更猛烈的攻擊向庫克一行襲來。在當地人的瘋狂進攻中，庫克和四名水手在此喪生。

工業革命

247

充滿樂趣的童年

1643年1月4日，伊薩克·牛頓在英國林肯郡烏爾索普小鎮上出生。父親在牛頓出生前就去世了，原本就不富裕的家庭生活變得更加艱難。後來牛頓的母親嫁給了一個牧師，而他則被送到外祖母家裡寄住。

小牛頓是個非常淘氣的孩子，即使是十二歲入學後，淘氣性格仍沒有絲毫的改變。因為學校離家太遠，他被安排住在一個藥劑師家裡，他的頑皮常讓藥劑師頭痛不已。

牛頓從小就喜愛自己動手製造小玩具，不時創造出一些讓大家感到驚奇的東西來。藥劑師住處附近有一架風車，小牛頓放學後常到那裡看風車，後來他弄懂了風車的原理，就自己動手製造了一架小型的風車。不過他的風車並不是用風做動力，而是用老鼠。他把老鼠放在一個有輪子的踏車上，然後在老鼠可望而不可及的距離上放一些食物，老鼠想吃到食物，就不停地踏車，輪子便轉動了起來。他造出的小風車引起了當地人極大的興趣，於是他古靈精怪的名聲傳得更遠了。

上學這段時期，牛頓最喜歡鑽研數學。據記載，他在小學讀書時就研究出了「水鐘計時」和「太陽鐘」。他的水鐘是用木箱製成的，用一個容器盛水，用容器滴出的水控制時鐘的轉動，這樣他每天上學就不用擔心遲到了。

有一天他注意到自己的影子，上學時影子在左邊，而下午放學後影子跑到右邊去了。這個發現讓他很受啟發，於是又造出了「太陽鐘」，類似於「日晷」。

牛頓十四歲時，他的繼父死了。牛頓被迫輟學，回家放羊。這時候的牛頓已經深深迷上了數學，很多時候，他把羊群丟在一邊，趴在草地上研究數學問題，羊群走散了也沒察覺。

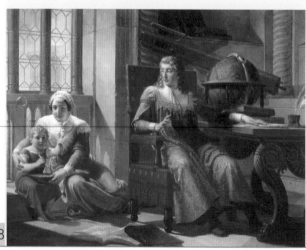

↑牛頓發現光的折射規律，布面油畫，帕拉吉約作於1827年，收藏於義大利布雷西亞

↑ 牛頓雕像

一個神經不很正常的傢伙

　　牛頓在舅父的幫助下，很快又復學了。1661年中學畢業後，牛頓考入了英國劍橋大學。因爲他在中學時數學根底好，上了大學後更是如虎添翼。他如饑似渴地讀著歐幾里德的《幾何原本》、笛卡爾的《幾何學》和《哲學原理》、克卜勒的《光學》、伽利略的《兩大世界體系對話》、胡克的《顯微圖集》等等，由於刻苦鑽研，1665年牛頓發現了微分和積分，這是高等數學中一次偉大的革命。

　　1665至1666年，劍橋發生瘟疫，學校被迫停課，牛頓又回到了家鄉。有一天，他坐在蘋果樹下，剛好一顆熟透的蘋果從樹上落了下來。這本來是件司空見慣的事情，卻引起了他極大的興趣。後來他終於得出了結論，蘋果落地，是因爲有地心引力的存在。牛頓對蘋果落地的解釋是：宇宙的定律就是質量與質量間的相互吸引。這條定律人們已知曉好幾個世紀了，引力原理不僅適用於地球，也同樣適用於整個宇宙。

↑ 專心致志的牛頓，銅雕版畫，威廉．布萊克約作於1795年，倫敦泰特美術館藏

　　1669年，牛頓在重返劍橋大學兩年後接替巴羅教授，任盧卡斯講座教授。從此，牛頓在劍橋大學從事教學和科學研究達三十年之久，他的輝煌科學成就都是在這裡取得的。爲了科學研究，他的大半時間都在實驗室裡度過，每天在此研究十七、八個小時，甚至通宵達旦。「爲他送去熱騰騰的晚餐，往往變成冷冰冰的早點才入他的嘴裡。」一個人這樣說道。即使是在外面的草地上散步，牛頓的腦子裡也不停想著他的科學研究，有時會因爲突然想到了結果而大喊大叫起來，劍橋大學圖書館長甚至說牛頓是一個神經不很正常的傢伙。

力學三大定律

　　1687年，牛頓出版了他的《自然哲學的數學原理》，這是一部力學的經典著作。這時候的他已是英國皇家學會的會員，當時皇家學會的會員有好幾位都是

工業革命

【人文歷史百科】

廢物與天才

繼父去世後，牛頓只好回家務農。他母親每星期讓他跟傭人到市場上去熟悉討價還價的本領，但是每次他都讓傭人自己到市場上去，他則躲在小樹後邊讀書。有一天，舅父跟蹤牛頓到市鎮去，發現他躺在草地上研究一個數學問題。舅父對他說：「伊薩克，還是回去念你的書吧！你要不是個無所事事的大廢物，就是個大天才，究竟是什麼，只有天曉得了！」

←**哈雷像**

哈雷（1656～1742年），英國天文學家。1705年出版《彗星天文學論說》，書中載有1337～1698年間出現的二十四顆彗星的軌道，還指出彗星回歸週期為七十五至七十六年，並預言此彗星將在1758年底再次回歸。後來此預言果然應驗，此彗星因此被命名為「哈雷彗星」。

大名鼎鼎的科學家。在會員中，牛頓和哈雷最投緣，他們努力彌補相互的不足。如在形容行星橢圓軌道問題上，哈雷比牛頓精通；而在萬有引力問題上，牛頓卻是哈雷的導師。在哈雷的鼓勵下，牛頓終於在1686年底完成了《自然哲學的數學原理》一書。但皇家學會由於經費不足，無法出版這本書。後來靠哈雷的資助，這部偉大的著作才得以呈現在世人面前。

這本書闡述了力學的三大基本定律，即慣性定律、力和運動關係的定律、作用和反作用的定律；並根據萬有引力定律，研究了太陽系裡行星、衛星和彗星的運動理論。在《自然哲學的數學原理》一書裡，牛頓還研究了潮汐問

題、流體靜力學、流體動力學的問題，還有彈性介質中波運動的速度問題，並對這些問題做了一個合理的解釋。

但是這本書出版卻受到了冷淡待遇，因為沒有幾個人能看懂它，包括一些科學家和哲學家，都覺得內容過於深奧和離奇；有些人甚至對萬有引力定律提出了尖銳的批評，認為這些定律太荒唐，從其理論裡人們看到的是一個沒有智慧和生氣的世界。即使在其後的四十年裡，這些定律仍是曲高和寡，它的信徒還「總共不到一打」。但牛頓似乎對這些並不在乎，也不對任何意見加以遷就。他只對少數人講述他的原理，「至於世上其他的人，隨他們的便吧，死光我也不在乎！」

進入政治的科學巨匠

在社會上有了名望的牛頓漸漸對政治熱中起來，開始疏遠為他帶來巨大成就的科學。

↑在做光學實驗的牛頓

↑ 1710至1725年牛頓在倫敦生活時的房子

當時正是詹姆斯二世執政時期，國王限制大學的自由，遭到了牛頓等人的強烈反對。威廉一世執政後，牛頓成為議會議員，但他並不善於演講和爭辯。他在大會辯論中幾乎沒有發過言，據說他在大會中只作過一次發言，是要求會場中的招待人員關一關窗戶。有人請求國王就政治問題徵求牛頓的意見時，國王回答說：「啊，不必了，牛頓不過是一個哲學家。」

1699年，國家鑄幣局出現了空缺，牛頓透過一些權勢人物的扶持，如願當上了鑄幣大臣。當時英國貨幣比較混亂，各個時期的錢幣混用，牛頓花了大力氣進行整治，把全國的錢幣回收，重新鑄造。

1703年，牛頓當選為英國皇家學會的會長，由於他在科學方面的巨大成就，一直到他逝世為止，他的會長位子都無人撼動。在這個時期，他對自己以前的科學研究進行了整理，出版了許多光學和數學方面的研究著作。他還利用會長的身分組織科學活動，近代的數學、物理學和天文學就是從牛頓開始創立的。

1705年，牛頓由安妮女王授封為爵士。牛頓晚年的生活可謂十分優裕，在倫敦設有自己的公館，在鄉下購置自己的莊園。此時的牛頓致力於對神學的研究，把自己的科學成就歸之於上帝。當他遇到難以解釋的天體運動時，便將之認為是神在推動著這一切，是上帝在統治著萬物。

1727年3月20日，牛頓在倫敦逝世，以國葬禮葬於倫敦西敏寺教堂。

←伊薩克·牛頓爵士，布面油畫，特倫希爾約作於1709至1712年，收藏於林肯郡

工業革命

079.大西洋沿岸的殖民地

「黑奴」——人類應該在這個辭彙面前懺悔。

從印第安人到黑奴

從哥倫布發現新大陸開始，美洲就成為冒險者的天堂，從十七世紀起，英國即在北美開拓殖民地。第一批定居美洲的英國清教徒移民，和當地的印第安人度過一段和平相處的日子。然而，此後許多軍官、傳教士受英國政府派遣或貿易公司的雇用，也來到北美這塊「處女地」，他們一手捧著聖經，一手拿著火槍，在北美搶占地盤。

北美雖大，卻大不過這些人的胃口，到十八世紀中葉，英國人在大西洋沿岸擁有了十三塊大大小小的殖民地，至於生活在這些地區的印第安人，有的被趕到了西部荒蕪地區，有的則遭到屠殺。英國殖民者在這些土地上建立了大規模的種植園，然而，印第安人在屠殺之難後，現有的青壯勞力遠遠滿足不了種植園主的需要，黑奴貿易隨之興起。

↓非洲奴隸被投擲向船外
非洲奴隸被押上船後，像牲口一樣擠在一起，在空氣污濁、缺食少水的環境裡努力地生活著。一旦哪個奴隸生病瀕臨死亡時，奴隸販子會毫不猶豫地將他拋入水中。

黑奴貿易原本是基於歐洲和非洲沿海等地對勞動力的需求而產生的，在北美發展到了極致。從西非到北美，有一條被稱為「死亡線」的航線，航線上往返的大多是運奴船。九十噸船的船艙中會裝載將近四百名黑奴，他們一個挨一個坐著，每兩個被並肩鎖在一起，手對手、腿對腿，在六到十周的航程中幾乎無法活動，吃、喝、拉、撒、睡全是同一個姿勢。糟糕的環境和飲食，讓許多奴隸到達美洲前就染病死去。奴隸商人處理屍體的方法很簡單，直接將其拋入大海，海裡的鯊魚會消滅一切痕跡。

能活著到達美洲的黑奴是幸運的，不過他們馬上要面對的是無休止的勞動。黑奴的勞動沒有任何報酬，只能得到一些維持生命的劣質食品，奴隸主人

↑查看出售的奴隸

可以任意打罵黑奴，甚至將其處死。誰能想到，正是這些牛馬不如的黑奴，創造了北美殖民地的大部分財富。

←離別
又一個人將要被奴隸販子押走，一個幸福的家庭又被拆散了。由於母子身體有恙，奴隸販子「大發慈悲」放過了他們，但絕望的母親抱著孩子呼喊道：「把我們也帶走吧！」

鯨魚和牠的浴盆

在北美十三塊殖民地中，兩塊由居民自治管理，三塊由大公司作為業主管理，其餘全歸英國王家所有。

各殖民地的最高管理者是英王任命的總督，以總督為首的參事會是當地最高權力機關：在居民自治殖民地上，總督由居民選舉產生，要想做下去必須讓居民滿意才行。至於業主殖民地總督，其權力大小全憑業主高興了。相比之下，王家殖民地總督的權力比前兩者大上許多，總督及參事會坐穩了議會上院的各個位置，不但有權否決議會通過的法案，還有任命各級官員的權力，相當於一地的皇帝。

然而，王家殖民地總督這個職位卻不是很誘人，在英國官員中，有些本事的大都不願接這個「優差」，這原因必須從北美議會說起。

當時，北美各殖民地都有議會，皆是各地移民從英國移植過來的，北美議會同樣分上、下院，分工也類似，但由於最初創建議會的多是殖民地居民，北美議會比英國更具有民主性。尤其北美居民在開發過程中養成了自由的習慣，使北美議會更具有桀驁不馴的特點。

代表北美居民利益的議會下院有著部分立法權，最重要的是徵稅、徵兵。各地總督及其參事會不得不從議會那裡獲取各種經費，有的總督甚至連薪水都要從議會支取。拿別人的錢自然要看別人顏色，尤其在議會要求取得更多權利時，總督根本沒有太多底氣說「不」。後人將總督為首的參事會描述為「一個供鯨魚遊戲的浴盆」，把習慣大海的鯨魚拘束在一個小盆子中，其後果可想而知。

在王家殖民地上，總督及其參事會一直與議會進行著權利的爭奪，雖不能說很受氣，但也處在尷尬境地，由此可看到英國政府在北美統治的薄弱。

美國獨立戰爭

↑打上烙印的奴隸

美利堅在形成

初期的北美，與其說它由十三塊殖民地組成，還不如說是一塊由十三塊殖民連成的一塊區域。這些號稱英屬的殖民地其實只服從英王的「直屬領導」，加上各殖民地性質、居民不同，彼此間可說是互不買帳的。

當時，北美居民大多是英國人，這些人用英語交流，信奉英國國教，將英國視為故土，就連殖民地的政治制度也是仿照英國建立的，因此，無論從哪方面看，北美都將發展成為英國的海外「樣本」。然而，在一百多年的發展中，

蘇格蘭、愛爾蘭、日耳曼等地區的移民以及非洲黑奴陸續加入，北美成了一個大熔爐，所有來到這裡的人大抵都能融洽地生活在一起。新的移民大多接受了新環境的生活習慣，同時也改變了殖民地既有的氛圍。

幾代後，來自英國的移民雖仍將英國視為祖國，但概念已經逐漸縹緲起來，許多人一生可見的只是腳下這片土地。隨著北美經濟的發展，各地聯繫日益密切，公路的鋪設及郵政制度更推動了這個進程，原本孤立的北美各地開始瞭解了新鄰居，這使得許多人忽略了原本的國籍和種族，在語言、生活、習俗等方面開始融合，各殖民地居民之間產生了一種模糊的共同利害的感覺，

所謂的民族，就是一個有著共同的語言、地域、經濟生活，以及表現於共同文化上到共同心理素質的穩定共同體。當北美發展到十八世紀時，我們可以看到一個新民族的影子隱約出現，這就是正在形成的美利堅民族。

【人文歷史百科】

北美郵政總代理

奧爾巴尼會議時，富蘭克林擔任北美郵政總代理，建立起一套完整的郵政系統，將北美分散的殖民地聯結為一體，這與其萌生的北美殖民地聯合的思想有著密切聯繫。

↑獨立戰爭前英國在北美的殖民地

第一次提出聯合

北美殖民地西邊是阿帕拉契山和密西西比河，英、法兩國以此為界，在東西兩側各自開闢殖民地。從1753年起，法國開始在俄亥俄河一帶修建堡壘，第二年，法國更加囂張地侵占了北美在維吉尼亞的堡壘。法國的行動也讓生活在鄰界附近的印第安人感到畏懼，開始與法國結盟。為了抵禦法國和印第安人可能的入侵，英國商務部決定在奧爾巴尼召開會議。

賓州接到指令後，派出由班傑明‧富蘭克林等人組成的使團參加會議。在路上，富蘭克林考慮起殖民地聯合的問題，經過紐約時，他根據自己的想法寫成《關於北部殖民地聯合計畫的簡短提示》（簡稱《簡短提示》）一文。

6月14日，奧爾巴尼會議召開，參加會議的有七個州的代表，會議開始不久

↓1754年奧爾巴尼會議，布面油畫，艾利‧考克斯作於1793至1794年
1754年，英國政府要求各殖民地代表到紐約的奧爾巴尼參加會議，商討如何對付日益強大的法國殖民者。

↓「蘇珊號」、「成功號」、「發現號」駛至維吉尼亞
這三艘船乘載著第一批英國移民者到達維吉尼亞

就傳來北美軍隊大敗的消息，這讓與會的代表更加感到聯合的需要，他們指派了一個委員會專門討論這個問題，富蘭克林也成為委員之一。

委員會以富蘭克林的《簡短提示》為藍本進行討論，幾次刪改後拿出了最終的草案，草案規定：英國議會在北美成立一個聯邦政府，設立整個殖民地的總督，由其管理殖民地內事務，並負責建立新殖民地，同時保持一定的自治。

這個草案看似理想，卻遭到英國議會和北美地方議會的雙方抵制：英國議會認為草案過於民主，殖民地的團結不利於其統治；地方議會則認為聯邦政府權力過大。此後，富蘭克林接連與各殖民地代表進行交流，並在歸途中拜訪了各個殖民地，最後得到一個結論：英國不應因顧及某部分人的利益而損害殖民地的利益；否則，便存在著「未來的分離之危險」。這成為富蘭克林對二十年後獨立戰爭的預言。

美國獨立戰爭

255

英國的殖民地政策

與英國在其他地區開闢的殖民地不同，北美在政治和經濟上有著一定的獨立性，其發展速度甚至有超越英國的勢頭。這一現象在一些海邊城市尤為明顯，如新英格蘭、波士頓等地，這些城市都有著優良的港口，僅捕魚業每年就能為城市賺進幾十萬美元。在捕魚業的推動下，造船業不斷採用新工藝，生產出來的船隻質好價廉，遠銷海外。依靠著優良的海船，人們開始組成船隊遠航，最遠到達南美和非洲海岸，帶動海外貿易的興盛。

然而，有人歡喜有人憂，在英國眼裡，北美遲早要成為心腹大患，尤其看到英國的貨物竟然裝在殖民地的船隻上運往海外，這種挫敗不僅僅是經濟上的。

為了獨占北美的原料和市場，英國連續頒布《列舉商品法》、《主要商品法》等法令，規定：凡是出入北美的貨物都必須經過英國許可並在英國卸貨後才准許交易。這裡的「卸貨」不僅僅是搬運貨物那樣簡單：如果貿易對英國有利，可以直接放行，否則以各種理由進行拖延或者直接將貨物打回，這就是英國打的算盤。

當時，北美仍有許多人對英國有依戀感，富蘭克林曾說：「一位明智的好母親是不會那麼做的，限制等於削弱，而削弱了孩子也就削弱了整個家庭。」然而在英國政府看來，北美不過是個外面撿到的野小子，只是指望這個兒子能承擔更多的贍養費。

↑堅決抵制英貨的北美婦女團體

1763年，英法「七年戰爭」結束後，坐穩了世界「頭把交椅」的英國加緊推行其殖民政策，陸續頒布法令，禁止北美殖民地毛織品、鐵製品、糖類、酒類等商品的交易，此後，英國透過低買高賣賺取了豐厚的利潤，而北美殖民地則負債累累，人民的不滿聲越來越高。

←宰殺下金蛋的鵝

北美為英國帶來了巨額財富，但在英國眼裡，北美所有的財富應歸英國所有。於是，兩者之間的衝突漸增，這幅漫畫十分恰當地反映了當時英、美的關係。

反對「印花稅」的抗爭

七年戰爭結束後，為了緩解國內因軍費消耗過多帶來的窘迫，英國議會於1765年通過了「印花稅」法案，規定凡是北美的印刷物，包括契約、廣告、新聞紙等，都必須繳稅並貼上印花標誌後才能公開流通。實行印花稅後，北美單是印發一張大學畢業證就要納兩英磅。

「印花稅」是英國首次不經殖民地議會同意而直接徵稅，這對北美人民來說是個很不好的信號。10月，北美九個殖民地的代表在紐約召開了一次會議，重申「沒有代表權的徵稅即是暴政」，會議通過了《殖民地人民的權利及其不滿原因的宣言》，提出了「無代表，不納稅」的口號，公開反對徵收「印花稅」。

維吉尼亞議會代表派翠克‧亨利帶頭抨擊英國政府，宣稱：凱撒有他的布魯塔斯，查理一世有他的克倫威爾，如今，英王已經失去了使臣民服從自己的一切權利。這些話在當時可說大逆不道了：布魯塔斯暗殺了古羅馬皇帝凱撒，克倫威爾則是處死查理一世的人。很明顯，激進派已經表明了立場。

←諷刺印花稅條例的漫畫
畫面繪出一位遭英國徵稅人強迫喝茶的波士頓居民。

這次會議前後，記者薩繆爾‧亞當斯領導了「自由之子」、「自由之女」等組織，將反對手工業者、工人、農民、貧民等階層團結起來，搗毀了各城市的印花稅徵收機關，驅逐了稅吏，最後北美整個社會掀起了「抵制英貨」的運動。

「抵制英貨」對英國打擊是最致命的，直接造成曼徹斯特、利物浦和布里斯托等地工業蕭條，大批工人失業。1766年3月17日，英國議會決定投票表決是否保留印花稅，這一天，下院裡擠滿了來自各地的商人和失業工人，強烈要求取消印花稅法。種種壓力下，英國議會被迫同意取消印花稅法。

美國獨立戰爭

↓送「葬」隊伍，漫畫
由北美運回的稅票成捆地堆積在英國碼頭，一隊送葬隊伍經過，他們莊嚴地抬著一個棺材，上寫「北美稅票小姐，生於1765年，卒於1766年」。

【人文歷史百科】

薩繆爾‧亞當斯
亞當斯是位記者，在反印花稅的抗爭中，他除了在民眾中宣傳，還在商人政客中進行遊說，英國總督伯爾納這樣形容：「該死的亞當斯，其筆鋒每一劃都像帶角的蛇。」

波士頓流血慘案

被迫撤銷印花稅法，英國議會心有不甘，從1767年開始，英政府繼續挑戰北美人民的承受極限，推出一系列以財政大臣唐森德命名的法案，對輸入北美的玻璃、紙張、茶、鉛等商品徵收苛刻的新稅，部分收入用於支付英國殖民官吏的薪俸。

這一法案剛實行，各地「自由之子」聯合了商人和勞工紛紛抵制英貨、抗議示威，英國見勢不妙迅速增派軍隊前往波士頓等地鎮壓。然而，這些士兵一到美國處境尷尬，當地居民更是拒絕為英軍擔任嚮導、提供住宿，並時常湊在一塊到英軍駐地前進行騷擾，兩者衝突越積越深。

1770年3月5日，駐守波士頓的英軍士兵與一名製繩工人再次發生衝突，由於這些英軍駐紮期間行為常常出軌，不是刁難行人，就是強占財物，原本就心存不滿的製繩工人聚到英軍駐地前，集體向英軍投擲雪球表示抗議，作勢要衝進軍營。慌亂中，手持毛瑟槍的英軍開始向工人開火，當場造成三人死亡、六人受傷，其中兩名傷者於第二天去世。

流血事件發生後，波士頓群眾為死者舉行了莊嚴的葬禮，隨即開始了大規模的抗議，各地群眾紛紛支援，原本有一萬七千人的波士頓，竟然出現了五萬人的遊行隊伍。英國再次陷入困境：如果取消「唐森德法案」，政府會比上次更丟面子；如果不取消，接下來的衝突可不是輕易能應付的。

最後，英國政府採取了一個折衷的辦法：取消「唐森德法案」，但保留對茶葉進口稅的徵收，以此來表明英國政府在北美仍有「權力和威信」。

↑ 波士頓流血慘案

←波士頓傾茶事件

波士頓傾茶事件

英國政府拖泥帶水的妥協並沒使北美人民滿意，1770年，亞當斯等人在波士頓組織了「茶黨」，發起了「不飲茶」運動，堅決抵制英國運進茶葉。

說來也巧，就在北美為茶葉鬧得不可開交時，英屬東印度公司因經驗不善而瀕於破產。為了緩和公司困難，也為向北美人民表示「善意」，英國政府決定將公司儲存的茶葉轉運北美，且不收一點進口稅，透過這種途徑運進北美的茶葉，甚至比走私還要便宜一半。

事情發展到這個地步，茶葉價格已不是重要問題，「茶黨」提出了「自由比便宜茶葉更重要」的口號，堅決反對東印度公司貨船駛入北美。1773年11月27日，第一艘運載茶葉的「達特默斯號」到達波士頓港口的格林芬碼頭，然而在「茶黨」的抵制下，就是不能靠岸卸貨。

按海關規定，抵港船隻超過二十天不卸貨，便將貨物公開拍賣，茶葉將名正言順地進入波士頓。「茶黨」為此多次召開集會，要求船主向總督交涉商船返回的事宜，然而卻被總督拒絕了。12月16日，當船主把消息告訴集會的群眾時，眾人開始湧向港口。當夜，「茶黨」分子化裝成印第安人，手持斧頭登上了茶船，這些人逼迫船主打開艙門，將船上三百多箱茶葉全部倒入大西洋中，把海上染成一片棕紅，一時間，眾人奔相走告，拍手稱快。

「波士頓傾茶事件」發生後，英國政府惱羞成怒，接連頒布了五項「強制法令」，派大軍開往波士頓，封鎖了波士頓港口。一時間，企業大量倒閉，工人、水手紛紛失業，城市居民大批外逃。同時，各地紛紛支援波士頓，就連遠處南卡羅萊納的居民也長途跋涉將食品、物資運到波士頓。此消彼長，一場變革即將發生。

美國獨立戰爭

259

第一屆大陸會議的召開

波士頓傾茶事件使英國朝野怒不可遏，一致認為應對其嚴懲不貸。有的聲稱：「只要砲聲一響就會把他們嚇跑，他們將能跑多快就跑多快」；有的將軍甚至揚言：「只要率領一千名正規軍就能從緬因打到喬治亞，並可將那裡所有男性的生殖器割掉」。在這些狂妄自大的吶喊下，不可一世的英國政府在1774年開始對北美施行高壓法令，他們封鎖波士頓港口，增派駐軍，並取消了麻州的自治權，強化英國對殖民地的司法權。

面對英國的高壓政策，北美人民無所膽怯。十三個殖民地的代表相聚麻州召開立法會議，並於1774年7月17日通過了代表們的決定：要求英國取消對殖民地的各種經濟限制和高壓法令的決定，中斷與英國的一切商業往來。這次會議史稱「第一屆大陸會議」，喬治亞州殖民地的代表在總督的阻撓下未能參加。由於會議代表大多是中產階級溫和派，所以會議決定以請願書的形式達到目的，並表示願意繼續效忠英國政府。

代表們雖然願意以「溫和」的態度對待英國政府，卻也深感和平並不能解決一切，一場戰爭在所難免。為此，各殖民地都展開了緊鑼密鼓的備戰活動。他們儲存彈藥，修建軍火庫，組建民兵，尤其是組建了一支號稱「一分鐘人」的民兵隊伍。這支隊伍裝備精良，反應迅速，驍勇善戰，他們可以在一分鐘內集合起來，立刻投入戰鬥。為了防止敵人的突然襲擊，各地還建立了驛馬隊與情報隊，他們是戰爭的信使，與各殖民地成立的「通訊委員會」一起組成了龐大的通信網路。

↓ 第一屆大陸會議的召開

大會向英王遞送請願書，要求英國取消對殖民地的高壓政策。與此同時，會議支持麻州商人發動的抵制英貨運動，通過了與英國斷絕貿易關係的決議案，制定《權利宣言》。但未提出獨立要求。

列克星敦的槍聲

麻州的民兵中有一名銀匠，名叫保爾·瑞維爾。他組成了一個三十人小組，專門暗中打聽英軍的活動。每天，體力充沛、騎術高超、善於應變的瑞維爾與其他人一起打探英軍情報，英軍的

祕密軍事行動都讓民兵們瞭若指掌。

在1775年4月的一天，身兼駐軍總司令的麻州總督蓋奇得到一則重要情報：在距波士頓約二十英哩的康科特小鎮，有「通訊委員會」的一個祕密軍火庫。於是，他在18日這天命令史密斯少校率八百名士兵前去搜查。為了防止消息洩露，蓋奇將軍還下令全城人不得擅自出城。

晚上十點左右，史密斯帶著士兵在夜色的掩護下悄悄出城到康科特小鎮。但這次行動還是被「通訊委員會」的偵察員掌握了，他們立刻在波士頓教堂的頂上掛起一盞紅燈，向愛國者發出信號。瑞維爾和另一名夥伴知道情況後，立刻從不同的路線縱馬飛奔，前往康拉德報信。瑞維爾在路上被史密斯的部隊俘獲，但他很快便機智地逃脫了。「快醒來，英國兵來了！」「快拿起武器！」教堂的鐘聲響了，在鐘聲的召喚下，人們迅速做好了赴戰準備。

黎明前的薄霧中，史密斯少校正帶著士兵向前行進，困倦的士兵哈欠連天。在列克星敦，突然有幾十個村民手握長槍，攔住了他們：「英軍滾回去！」史密斯少校抬頭一看，見不過是一些衣服破爛的農民，馬上鎮定下來，舉起指揮刀命令士兵開槍。經過幾分鐘的激戰，民兵悄然撤去。史密斯少校認為首戰告捷，更不把持槍的農民放在眼裡，揮軍直奔康科特。而事實上，這些農民正是「一分鐘人」。

當英軍來到康科特小鎮時，發現這裡空無一人，四處搜查卻一無所獲。史密斯頓覺不妙，急忙下令撤退。但四周喊殺聲與槍聲陡然大作，英軍已全部被包圍。這一仗英軍死傷二百四十七人，民兵只犧牲了幾十人。列克星敦打響了獨立戰爭的第一槍，拉開了美國獨立戰爭的序幕。

獨立的呼聲

列克星敦的槍聲為北美人民帶來極大鼓舞，各殖民地民兵紛紛行動起來，

有的公開攻打軍營堡壘，有的焚燒政府官員的住宅。到處是一片革命的燎原之火。

在這種形勢下，各殖民地代表於1775年5月10日召開了第二屆大陸會議。這次會議雖仍是溫和派占上風，然而卻勉強承認了武裝起義的必要性，並在六月分任命喬治·華盛頓為大陸軍總司令，指揮圍攻波士頓的人民武裝。

武裝起義在大陸會議看來，只是迫使英國對殖民地讓步的手段，華盛頓本人最初也是這樣想，一些地主出身的軍官則聲稱：「與祖國和解是每一個美洲人的衷心願望。」所以，大陸會議在1775年7月再次向英國提交請願書，表明願意和平解決的態度。

儘管殖民地大多數人不想脫離英國的統治而獨立，但是到1776年隨著其他國家的參戰，爭取獨立的可能性變大以後，要求獨立的呼聲才開始在廣大群眾中間傳播起來。在輿論宣傳中，湯瑪斯·潘恩所寫的文章發揮了極大的鼓動作用。他本是英國的一個貧民，在1774年來到北美。起初，他也希望用和平的方式爭取北美應得的利益。但後來他改變了看法，認為只有透過獨立戰爭擺脫英國的統治，北美人民才能永遠擺脫壓

迫、實現自由。1776年1月，他發表了《常識》一書，在這本小冊子裡大膽地提出了用武力擺脫英國的統治、爭取獨立的要求。他在文章結尾強烈地向大家呼籲：

「愛護人類的人們！你們不但敢於反抗暴政，而且也敢於反抗暴君。站起來吧！……自由在地球上到處遭到追逐。亞洲和非洲早就把它趕走了。歐洲人把它當作陌生人，而英國警告叫它離開。啊！接受這個亡命者吧！讓我們趕快替人類準備一個避難所吧！」

《常識》在兩個月內就銷售十二萬冊以上，幾乎所有北美人都為它而激動，於是，「爭取獨立」便成為北美殖民地人民異口同聲的要求。

劃時代的《獨立宣言》

在1776年6月7日，維吉尼亞的代表理查·亨利·李提出一項議案——各殖民地脫離英國宣布獨立。經過激烈的討論，大會終於在7月2日通過了這個議案，並指派傑佛遜、亞當斯、富蘭克林等人負責起草《獨立宣言》。兩天後，《獨立宣言》在議會中通過，並且出版向全世界公布。

《獨立宣言》反映了北美十三州人民的心聲，共分為兩部分。

第一部分闡明人人生而平等的思想，和爭取獨立的正當理由。《獨立宣言》的作者傑佛遜寫道：「所有人生來都是平等的，他們被創世主賦予某些不可割讓的權利，其中包括生命、自由和追求幸福的權利；為了保障這些權利，才要設立政府，而政府的正當權力是來自被統治者的同意；如果任何政府破壞了這些權利，那麼人民便有權改變它或廢除它，而建立新政府。」傑佛遜文中「追求幸福的權利」意義更深遠，富有濃厚的民主主義色彩。

《獨立宣言》第二部分列舉了英國政府對於北美殖民地的種種暴政，激勵民眾爭取獨立的鬥志。《獨立宣言》結尾

【人文歷史百科】

第一個人權宣言

傑佛遜在《獨立宣言》原稿中，還留下用嚴厲的口吻譴責奴隸制度及奴隸貿易的詞句：奴隸制度是「向人性本身進行的殘酷戰爭」，它侵犯了黑人「最神聖的生命和自由的權利」。《獨立宣言》在人類歷史上第一次以國家的名義宣布，人民的權利神聖不可侵犯。這個宣言比法國的「人權宣言」要早十三年，可說是「第一個人權宣言」。

莊嚴宣布：「這些聯合殖民地從此成為且名正言順地應當成為自由獨立的合眾國。它們解除對於英王的一切從屬關係，而它們與大不列顛王國之間的一切政治聯繫，也應從此完全廢止。」

《獨立宣言》發表後，北美十三州人民的革命鬥志大受鼓舞，在它的激勵下，人們熱情洋溢地奔赴戰場，鬥志昂揚地為爭取北美的獨立而戰。

美國獨立戰爭

↑起草獨立宣言，油畫，約翰·杜魯布林作品

力量懸殊的戰爭

獨立戰爭爆發初期，形勢對華盛頓相當不利。當時英國是世界上首屈一指的殖民帝國，它的海軍所向無敵，陸軍裝備優良，並且又有強大的經濟實力作後盾，它派往北美的九萬精兵對華盛頓實構成重大威脅。而北美十三州經濟落後，陸軍大部分是民兵且人數不多，海軍若有若無，1775年才把新英格蘭的漁船組織起來參戰；且軍械缺乏，給養不足，再加上北美還有數以萬計的效忠派分子搗亂，這場戰爭看似凶多吉少。

然而，北美人民並未在強大的敵人面前喪志，他們相信正義的戰爭必然勝利，並甘願為此獻出生命。在華盛頓的率領下，鬥志昂揚的北美民兵把波士頓圍得水洩不通。困守波士頓的英軍遺棄了兩百多門大砲、數千支槍及大量軍需物資，在1776年3月棄城而逃。

美軍在1775年秋圍攻波士頓時，還派另一支人馬遠征加拿大。遠征的主要目的，便是要防止英軍利用魁北克為基地奪取哈德遜河流域，另外則是要煽動加拿大的法國人民舉起反英的義旗。9月時，美軍兵分兩路，一路北上。一支由蒙哥馬利率領，渡過張伯倫湖進入加拿大，攻克了蒙特利爾。另一支由阿諾德率領，與蒙哥馬利會師，一同攻打魁北克。槍林彈雨中蒙哥馬利戰死疆場，阿諾德繼續指揮全軍戰鬥。可是，隨著英國軍艦抵達及瘟疫在軍中的流行，美軍遭到慘敗，損失五千多人。到1776年6月，美軍全部撤出加拿大，

遠征雖宣告失敗，但這次遠征卻迫使英方將重兵駐屯於加拿大，相對削弱了英軍在北美的兵力。故而可說北美內的戰爭，英、美雙方各有勝負。

美國獨立戰爭的轉捩點

1777年初，英軍已占領了紐約，於是統帥部制定了新的戰略計畫：以紐約和加拿大為據點，奪取哈德遜河流域，切斷美國北部與中、南部的聯繫。

英國當局決定派出三支縱隊，由伯高英將軍率領第一支從加拿大出發，朝張伯倫湖方向前進；第二支由列格爾中校率領，從加拿大出發向安大略湖和摩瓦克河一帶前進；第三支由克林頓將軍

↑蒙哥馬利將軍之死，約翰・杜倫巴爾作品，美國耶魯大學藝術畫廊藏

↑伯高英將軍向華盛頓將軍投降，油畫，約翰‧杜巴倫爾作品
1777年10月17日，困守中的伯高英將軍率五千英軍投降，畫面再現了伯高英將軍將自己的佩劍交給華盛頓將軍表示投降的場景。

率領，從紐約城出發，溯哈德遜河北上。最後三軍在歐爾巴尼會師。

1777年6月，英軍第一支縱隊率先從加拿大出發，一個月後攻占了提康得洛加；但是行進至距哈德遜河二十英哩處時，遭到美軍的連番襲擊，致使行動受到牽制。最後英軍費時三週才攻下愛德華要塞，但在補給上卻出現問題，伯高英將軍只得讓士兵四處掠劫來獲取食物，結果卻被當地軍民打得狼狽不堪。

英軍第二縱隊出發較晚，行進到摩瓦克河附近時，遭當地軍民阻擊，最後退回了加拿大。

當前兩支縱隊不斷受挫後，克林頓將軍才從紐約出兵。當他的隊伍來到距

歐爾巴尼六十英哩處時，伯高英的第一縱隊早就退到薩拉托加了。英軍來到薩拉托加尚未來得及安營紮寨，便被新英格蘭的「一分鐘人」包圍。武裝農民的數量是英軍的四倍。彈盡糧絕的英軍走投無路，只好在10月17日俯首投降。投降的英軍有六千多人，在他們承諾不再拿起武器後，美軍將其放歸本國。

薩拉托加大捷，徹底粉碎了英軍欲奪取哈德遜流域的計畫。重要的是，英軍控制不了此流域，便無法征服美國。另外，這次大捷還促成了法國的參戰。因此可說，薩拉托加大捷是美國獨立戰爭的轉捩點，具有深遠的意義。

反英同盟的形成

美國的獨立戰爭，使法國、西班牙、荷蘭等國也開始磨刀霍霍，躍躍欲試。因為七年戰爭中，英國奪去了這些國家的許多土地與海域，如今便靜觀時局，時刻準備報仇雪恥，收復失地。美國革命領袖更是感到要想贏得獨立，就必須爭取他們的援助，所以美國革命領袖不斷派出使者，積極尋求外援。

1776年底，能言善辯的富蘭克林抵達巴黎。他的人格魅力與舌燦蓮花的言談獲得了法國軍官的強烈共鳴，不喜窮兵黷武的路易十六也燃起了復仇的怒火。唯美軍在戰場上的初期失利，使法國政府仍有些舉棋不定。路易十六不敢正式承認美國獨立，也不敢與之締結盟約，但還是暗暗給予了美國可觀的援助。截止到1776年10月，美國代表狄安

↓華盛頓和拉法葉在弗吉谷
這幅畫描繪的是總司令華盛頓和拉法葉（馬背上）看望那些頂著風寒的士兵。

被孤立的英國

到1780年時，英、美戰爭已擴大為國際性的戰爭。對於法、西、荷等國來說，這是爭奪商業殖民霸權的戰爭，對於英國來說，這是反革命的戰爭，唯有對於美國來說，這是正義的自由之戰。在這場戰爭中，英國完全陷於孤立。

已從法國交涉到兩萬人的服裝、三萬人的武器及大量彈藥。法國還在其他方面支援美國，比如掩護美國的私掠船，在法國船塢裡為美國製造軍艦等等。為了防止英國戰勝後對法國報復，波旁王朝在英王面前表示嚴守中立。

可是，薩拉托加大捷使法國吃了定心丸。1778年2月6日法國終於與美國締結《法美同盟條約》及《通商友好條約》，承認美國獨立，承擔了軍事援助的義務，並且約定：一方不得到另一方的同意，不得與英國講和。6月17日，法國戰艦與英國戰艦在歐洲沿海發生戰鬥，英、法不宣而戰。

在法國的勸誘下，西班牙也在1779年向英國宣戰。翌年，荷蘭也參加了這場戰爭。

由於法國背叛了保持中立的承諾，英王一怒之下便在海上搜索所有中立國的船隻，如此一來便引起普魯士的抗議。普魯士不想直接捲入這場戰爭，卻慫恿俄國在1780年組成武裝中立同盟，以抵制英國對中立國的侵害；緊接著，

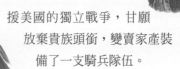

丹麥、瑞典及奧地利也加入這個同盟。於是，英國被完全孤立起來了。由此可見，把英軍趕出美國的力量不僅是華盛頓。

歐洲志願軍參加美國內戰

想要獨立的美國不僅尋求外國官方援助，而且還向歐洲各國進步人士呼籲。他們採取私人通信、現場演講、媒體宣傳等方法，爭取各國民間支持來為正義而戰；結果引發歐洲先進人士爭先恐後地組織志願軍，奔赴北美，參加這場獨立戰爭。其中較出名的有法國的拉法葉侯爵、洛艾利侯爵及未來的理想社會主義者聖西門，另外還有波蘭的普拉斯基伯爵和克修斯古等人。

當時，年方十九歲的拉法葉不顧路易十六的反對，自行出錢購買一艘戰船，滿載軍需物資，率領十幾名軍官漂洋過海來到北美，參加了華盛頓的部隊，被授予少將軍銜。年輕的洛艾利侯爵也是一位富裕的法國貴族，他為了支援美國的獨立戰爭，甘願放棄貴族頭銜，變賣家產裝備了一支騎兵隊伍。

美國獨立戰爭爆發時，波蘭革命家普拉斯基正僑居巴黎。他在狄安和富蘭克林的幫助下，欣然參加北美革命軍，為美國的獨立獻出了寶貴的生命。小貴族出身的革命家克修斯古也滿懷正義地參加了這場戰爭，他在薩拉托加戰役中英勇作戰，立下了赫赫戰功。

另外，歐洲的職業軍官也在美軍中服務，其中最出名的便是普魯士軍官斯徒本男爵。他幫助華盛頓訓練軍隊，並且在1779年為美軍起草了「紀律章程」。他把普魯士的「沒有任何藉口，絕對服從」的理念帶到了美國，後來成為美國西點軍校的校訓之一。

隨著越來越多的國際援助，美國逐漸處於有利局面。英國為了阻止法國及西班牙的進攻，不得不將大部分艦隊從北美海岸調往地中海、非洲、印度及加勒比海。如此一來分散了英國的兵力，無法封鎖北美海岸，而且也使英國在北美沿海一帶無法靈活地調動軍隊。

↓受傷的普拉斯基
普拉斯基是波蘭人，參加獨立戰爭的歐洲志願者，1779年10月9日光榮犧牲在保衛查理斯頓的戰鬥中。

美國獨立戰爭

267

085.美利堅建國

美國憲法是世界上首部成文憲法，它使美國成為擁有統一中央政權的聯邦制國家。

獨立戰爭的勝利

薩拉托加戰役過後，英軍完全放棄了奪取哈德遜河流域的戰略計畫，把戰爭的中心移往美國南部。在1778年底以前，英軍主力部隊進入喬治亞州，極其順利地占領薩凡納；鞏固了陣地後，英軍乘勝追擊，北上攻入南卡羅萊納，包圍了查理斯頓。到了1780年5月，連連取勝的英軍終於占領了查理斯頓，接著繼續北上，在坎姆登附近與美軍遭遇，將美軍打得落荒而逃。

儘管英軍在美國南部接連取勝，但卻在美國的游擊隊面前敗下陣來。英勇不屈的美國人以卡羅萊納的沼澤及山地一帶為基地，與英軍展開了靈活機動的游擊戰。他們化整為零，將隊伍分成二十人至一百人的游擊小組，英軍被游擊隊的襲擊弄得草木皆兵。他們一聽到游擊隊首領馬利翁之名，便聞風而逃。

↓討論《美英巴黎條約》的條例
1781年10月，圍困在約克鎮的八千名英軍投降。約克鎮戰役之後，英國議會被迫贊成議和，戰爭停止。1783年9月美英簽訂了《美英巴黎條約》，英國正式承認美國獨立。

↑這張地圖表明了《美英巴黎條約》簽署之後美國的疆域

1780年10月，游擊隊集中兵力，在國王山附近與佛格遜統率的英軍進行了一場大規模的決戰，英軍大敗而逃。這一年，格林將軍擔任南部美軍司令，他巧妙地讓游擊隊配合正規軍作戰，使英軍在卡羅萊納如同籠中困獸，完全處於被動的境地。

當時，另一支由康華利統率的英軍於1781年5月進攻維吉尼亞，所向披靡，在沿海一帶肆意踐踏。正當康利華率軍攻下約克鎮時，華盛頓正好從北方趕到。他率軍與拉法葉的部隊會合，一起包圍了英軍。遭圍困的康華利寄望英國海軍來解圍，但被法國派來的兩支強大艦隊切斷了聯繫。當年10月，困守的康

華利徹底絕望，宣布向美軍投降。至此，英軍主力已在整個北美大陸冰消瓦解。

1783年9月，美、英兩國在巴黎簽訂和約，英國承認美國獨立，並將阿帕拉契山脈以西、密西西比河以東的土地劃給了美國。

1787年美國憲法

獨立戰爭勝利後，美國在1787年5月召開了為期近四個月的制憲會議。會議地點在費城，出席的代表有五十五人，都是當時美國的社會菁英。這次會議的美妙成品便是美國憲法。

費城制憲會議在美國歷史上具有重要意義，它決定著美利堅這個新生國家的命運和前途。會議中五十五位社會菁英各持己見，有時甚至爭得面紅耳赤。為了避免代表們不成熟的意見引發軒然大波，身為會議主席的華盛頓提議，對會議內容嚴加保密。當時，費城獨立宮會議廳門衛森嚴，雖是在酷暑時節，但所有的門窗都關得密不透風，以防爭吵聲傳到窗外。

經過長時間的爭辯，制憲會議終於通過了聯邦共和制的憲法法案。這個法案含括了每位代表的強烈建議，又包含了大家共同的心願，意在建立一個受國內外尊重的獨立中央政府。

憲法規定，美國國會由參議院和眾議院組成。每州選舉兩名參議員，以體

↑ 簽署憲法，1940年霍華德·常德勒·克瑞斯提作品

1787年美國憲法是人類社會首部成文憲法，建構了美國政治的基本原則和制度，成為今後世界各國制憲的重要藍本。這部憲法實施二百多年來，基本內容未曾更改，僅按憲法規定的程序陸續增加了二十餘條修正案。

現大小州的平等；眾議員的人數與各州的人口成正比例，以顧及各州的大小差異。憲法還確定了「三權分立」的國家機構，意即立法權歸國會，行政權歸總統，司法權歸最高法院；如此可使立法、行政、司法三權相互制約，防止任一機構過分專權。

憲法在制憲議會通過後，便提交各州批准，到1788年7月，已有十一州批准了這部憲法。根據至少要有九個州批准憲法即可生效的規定，1789年3月4日，美國憲法正式生效。

【人文歷史百科】

先進的憲法

1787年美國憲法，使美國成為更緊密結合的聯邦制國家，促進了社會經濟的發展。它確立的共和制度較當時世界上包括歐洲在內盛行的君主制來說，可說是此時代的一大創舉，為人類幸福邁進了一大步。

美國獨立戰爭

種植園裡走出的優秀軍人

華盛頓的名字，在今日的美國仍是最響亮的；即使在全世界，他的名字仍然無人不知。人們銘記這個名字，並非僅因他是美國的國父與第一任總統，更主要的原因是他的崇高人格。

喬治·華盛頓於1732年2月22日出生於維吉尼亞，他的父親是一個種植園主。孩童時代的華盛頓砍掉父親的櫻桃樹，至今仍是個經典故事。在他十一歲時，父親便離開了人世，從小便渴望成為一名勇敢軍人的小華盛頓繼承了四千多英畝土地和十名奴隸。他十五歲時搬到同父異母兄長勞倫斯所在的維爾農山莊，開始接觸一些名門望族，懂得了英國上流社會的禮儀習俗。在那裡他學會了跳舞和騎馬，舉止文雅且彬彬有禮，有著很強的道德觀念。後來，他被任命為政府測量員，三年的測量生活，使他在艱苦的野外磨練意志，並學會了與印第安人交朋友的一些技巧。

北美十三州反抗英國高壓政策的運動，使華盛頓開始步入軍界，二十一歲時已成為英屬維吉尼亞地區的一個民兵少校副官。身材高大健壯、外貌莊嚴、沉默寡言的他，終於實現了兒時理想，成為一名勇敢且富有魅力的軍人。

在1752年底到隔年春，法國在俄亥俄河與英國發生衝突，維吉尼亞總督寫了一封措辭嚴厲的信，要求法國人放棄這塊土地。然而，送信者須經過一片人跡罕至的危險地帶，誰能夠不辱使命地

↓喬治·華盛頓，1780年約翰·杜倫巴爾作品，首都藝術博物館藏

↓衝鋒陷陣的華盛頓

把信送到？這確實需要一個勇敢機智的使者。華盛頓的一貫表現與傑出才華使他獲得了這個使命，他帶著一隊人馬歷經千難萬苦，終於成功地完成了任務，在官兵中樹立起較高的威望。

率領十三州贏得
獨立戰爭

當列克星敦的槍聲揭開美國獨立戰爭的序幕時，華盛頓心中衝突重重。他為同室操戈而心碎，卻又為幸福和平的美洲所陶醉。可是他只有一種選擇，便是為爭取美國的獨立而戰。

隨著北美人民的武裝起義，第二屆大陸會議也不得不勉強承認武力的必要。為了防止人民自發的起義無法控制，議會推選出華盛頓為義軍的總司令。就這樣，一身戎裝、年已四十三歲的華盛頓成為北美十三州最高軍事統帥。從此，他的命運便與北美人民的緊密相連。歷史的偶然與必然性，使他的命運在此轉向輝煌。

戰爭初期的失利，甚至讓仇視英國的法國也失去了信心。華盛頓帶領著衣衫襤褸、武器匱乏且未經正規訓練的義軍，在後勤補給困難到士兵五、六天都吃不到麵包的情況下，依舊進行頑強的抗戰。嚴冬沒有棉衣，行軍只能赤腳，都沒有使華盛頓失去必勝的信心。

面對裝備精良、訓練有素、後勤補給充足的英軍，美軍連連敗退，許多要塞也相繼失守。到了1777年9月，連首都費城也插上了英國的米字旗，一些意志不堅的官兵向敵軍倒戈。在這種嚴峻的形勢下，華盛頓並不氣餒，以非凡的才幹對部隊進行嚴格訓練，他讓普魯士軍官做教官，教育軍隊懂得一個士兵的職責與榮譽，終於將一支散漫、缺乏紀律和統一指揮的義軍大改頭換面，變為一支具有凝聚力而訓練有素、英勇善戰的正規軍。

正因為華盛頓擁有這樣一支軍

美國獨立戰爭

↑美法聯軍在約克鎮戰役中痛擊英軍

271

隊，才能於1781年10月在約克鎮戰役中大敗敵軍，最後迫使英軍投降，爭取到獨立戰爭的勝利。

當選美國第一任總統

美國獨立戰爭結束了，卻不是個統一的美國，而是成為十三個獨立的州。各州政府並不想完全服從於大陸議會，甚至不想擔負華盛頓所領導的美國軍的所需費用，致使官兵無法按時領到軍餉。

這使得軍人們為和平時期的生活保障擔憂，他們迫切希望有位獨攬大權的人物出現，能夠真正將十三個州統一起來。當時，有一名上校甚至寫信給華盛頓，希望他能夠成為全美國的國王。僅管華盛頓擁有的兵權足以達成此事，但他卻不想靠武力成為一國之君，且對權力不感興趣。他回覆這名上校說：「你們選中我來執行這種計畫，實在是找到

一個最不合適的人了，對此我完全格格不入。」為了消除人們對他的猜忌與疑慮，他向大陸會議多次重申，他在戰爭結束後，將卸下軍職。他不想為了一頂王冠而讓美國陷入殘酷的內戰。

在費城，他還請求財政部的審計員核查他在獨立戰爭中各種費用的開支，結果帳目清楚，毫無任何浪費及貪污的情況，甚至他還從自己的薪水中補貼了許多軍費開支。就在英國承認美國獨立的第三個月，華盛頓在安納波利斯舉行的議會上，正式宣布辭去總司令職務，並表示「從此將謝決一切公務」。然後他便解職回到自己的農場，享受恬靜的田園生活。

然而，五十多歲的華盛頓，仍以一個公民的身分去關心國事。他向當局提出《邦聯條例》「需要修改補充」的意見，努力健全美國的法律。當朋友一再要求他出面為大會添色時，他以維吉尼亞代表的身分出席了1787年在費城召開的制憲會議，結果被全體代表推選為大會主席。這次會議雖然他從未以主席的身分發表演講，但由於他的在場，保障了大會的成功。

1789年2月，華盛頓由全國代表推選為第一屆美國總統，他懷著「有生以來從未有過的惶惑與不安的心情」接受了這一職務。正式就職時，他感覺自己「像是走向刑場的囚犯」。因為美國的狀

↑華盛頓肖像，布面油畫，吉伯特·斯圖亞特作品，紐約大都會博物館藏

況是史無前例的，如何治理這個國家只能靠他的創造。

治國的棟梁

華盛頓成為總統後，他的才幹使得治國就如同管理一個軍隊那樣簡單。他任命官員不計較派別，唯才是舉；並且廣泛聽取各地區的不同觀點，力求找出一個適合所有人的法令。

他虛心接受漢密爾頓的建議創立了「合眾國銀行」；傑佛遜、麥迪遜等人提出的「人權法案」也為他所採納，寫在憲法前十條修正案裡。華盛頓的行為，成為美國歷代總統的典範。

第一屆總統任期結束後，華盛頓便宣布告老還鄉。但在人民的強烈呼聲下，他只好連任。當時歐洲的時局動盪不安，第一次反法聯盟正與法國激戰，勝負難料的戰爭使華盛頓發表了中立宣言。這份宣言使美國免於戰爭帶來的流血與窮困，還可以賣些軍火發點小財。

在第二屆總統任期即將結束時，他

→ 橫跨哈德遜河的喬治‧華盛頓橋

華盛頓雕像
華盛頓的老部下騎兵上校亨利這樣評價華盛頓：「戰爭中的第一人，和平中的第一人，他的同胞心目中的第一人。」

向全國人民宣讀了《告別演說》，他請求大家原諒他可能做錯的一些事，呼籲全國團結，莫行派別之爭，並告誡官員們不要把美國的「命運和歐洲任何一部分的命運糾纏在一起」，指出「正確的政策是避免與國外世界的任何一部分結盟」。

儘管美國人民仍強烈要求他繼續擔任總統，但是他卻不再迷戀權力，決意隱退。1797年3月3日晚上，華盛頓在莊重熱烈的告別宴會上激動地對大家說：「女士們，先生們，這是我最後一次以公僕的身分為大家的健康乾杯，我真誠祝福大家身體健康，無比幸福！」他真誠的祝福使人們惆悵哭泣，英國公使夫人也潸然淚下……

華盛頓從容歸隱鄉間，成為後世官員的楷模。1799年4月14日晚，這位備受世人崇敬的偉人病逝於維爾農山莊。

美國獨立戰爭

↑ 病榻上的華盛頓

【人文歷史百科】

華盛頓的崇拜者對他的評價
華盛頓的一位崇拜者認為：「他是克倫威爾，但沒有他的野心；他是蘇拉，但沒有他的惡行；在他以自己的努力使祖國進入獨立國家的行列以後，他自願交出了感恩戴德的民眾授予他的權力，結束了他的政治生涯。」

273

如椽巨筆撰《宣言》

美國的《獨立宣言》是人類歷史上第一個以國家名義宣布的人權宣言，他的作者便是美國民主先驅湯瑪斯·傑佛遜。

傑佛遜於1743年4月13日出生在維吉尼亞。他的父親是個菸草種植園主。由於家庭富裕，小傑佛遜五歲便開始接受家庭教師的教育，少年時代的他便讀了很多古典名著，並且通曉拉丁文與希臘文。

↑傑佛遜《獨立宣言》手稿

↓起草《獨立宣言》
傑佛遜（右）、富蘭克林（左）和約翰·亞當斯（中）討論獨立宣言的起草工作，最後傑佛遜被推舉為執筆人。

十七歲時，傑佛遜考上了威廉斯堡的威廉·瑪麗學院。在這個繁華的商業城市裡，紈褲子弟放蕩享樂成為一種風氣，血氣方剛的傑佛遜也受到了薰染，但他很快意識到：放縱使自己墮落。從此潛心讀書，常常半夜才入睡，天剛亮就起床晨讀。

知識豐富的傑佛遜在二十四歲時取得了律師資格，開始執業。淵博的知識與精深的律法知識使他很快步入政壇。1769年，他當選維吉尼亞州議員，開啓了漫長的政治生涯。

在反抗英國政府對北美殖民地的高壓政策中，傑佛遜堅定不移地站到了反英抗爭的一方。當時他只是為爭取北美應得的利益而抗爭，但是當他看到了潘恩的《常識》後，立刻受到感染，深刻認識到美國獨立的重要性。

1776年的6月11日，大陸會議指定傑佛遜、亞當斯、富蘭克林等五人組成委員會，起草一份宣布與英王決裂的文件。雖然其他人大都比傑佛遜年長，卻一致推舉他為執筆人。

從6月11日到28日，三十三歲的傑佛遜絞盡腦汁，仔細推敲，字句斟酌，經

過半個多月的時間，終於完成了《宣言》。事後其他人又對文章進行了潤色，使《宣言》在會議中順利通過。

當這個文件正式通過後，他仍對不合宜的部分做了修改，以期盡善盡美。

←傑佛遜肖像
傑佛遜總統平易近人，任何人都可去看他。他生活樸素，廉潔奉公。在他宣誓就職那天，華盛頓市長詢問傑佛遜的生日，想為他舉辦一個紀念活動。可是傑佛遜卻說：「我唯一知道的生日，便是這個國家獲得自由的那一天！」

美國第三任總統

《獨立宣言》發表以後，傑佛遜返回維吉尼亞州議會，開始忙於制定一項「宗教自由法案」。幾經周折，經過三年的不懈努力，他克服了重重阻礙，讓維吉尼亞擁有了宗教信仰自由的制度。

美國獨立戰爭勝利後，傑佛遜受國會任命為赴歐特使。他攜女兒漂洋過海來到巴黎。在巴黎的五年中，他親身經歷了法國大革命由醞釀到爆發的過程。1789年他從巴黎回國，四十六歲的他準備退隱蒙蒂塞洛，過恬靜的田園生活。但途中卻收到了華盛頓總統的信函，請他擔任聯邦政府首任國務卿。第二年春天，他來到紐約正式上任。由於他推崇共和制，與主張貴族政治的財政部長漢密爾頓產生了許多分歧和衝突，且日益

激化，他只得在1793年底辭去國務卿職務。

隨著共和派在民眾中的威信與日俱增，1800年，傑佛遜作為共和派的總統候選人在選舉中勝出，成為美國第三任總統。他上任以後，開始糾正聯邦黨留下的種種弊端，頒布了許多有益於資本主義發展的政策。他在1803年從拿破崙手中成功購得路易斯安那，使美國版圖幾乎擴大了一倍。

傑佛遜像華盛頓一樣，在連任兩屆總統期滿以後，便離開政壇去享受田園之樂。他在蒙蒂塞洛的故居以古典著作自娛，也研讀自然科學書籍，甚至還投入發明創造。為了下一代的教育，他在1818年創建了維吉尼亞大學。

1826年7月4日，傑佛遜在家人的環繞下溘然長逝。這一天，正是美國獨立五十周年紀念日。

【人文歷史百科】
傑佛遜墓碑碑文
傑佛遜安葬在蒙蒂塞洛山坡上亡妻的墓旁，墓碑上銘刻著他生前擬好的碑文：
湯瑪斯‧傑佛遜之墓
美國《獨立宣言》的起草人，
維吉尼亞宗教自由法案的作者，
維吉尼亞大學的創建人。

美國獨立戰爭

275

↑位於華盛頓特區的傑佛遜紀念館

「誠實和勤勉，應該成為你永久的伴侶。」——班傑明·富蘭克林

勤學的印刷工人

班傑明·富蘭克林出身貧寒，卻用自己的智慧成為一名富翁，他同時也是一位科學家與政治家。

1706年1月17日，這位了不起的人物出生在波士頓，其父是名收入有限的漆匠，卻生育了十個孩子。多子造成他更加窮困，使得排行第八的富蘭克林只念了兩年書，十歲時便離開學校成為父親的童工。

富蘭克林在十二歲時進入印刷所做一名徒工，他的老闆即是其兄長詹姆斯，自此他為哥哥工作了十年。由於他天資聰敏，勤奮好學，所以失學並沒有帶給他知識的匱乏。他常常從伙食費中省下錢來買書，並且利用工作之便，結識了幾家書店的學徒，將書店的書在晚間偷偷借來，通宵達旦地閱讀後，第二天清晨歸還。為了擁有更多的學習時間，富蘭克林甚至不去做禮拜。在他看來，讀書才是最快樂的事情。

1723年，十七歲的富蘭克林離開了波士頓，先後到費城和英國倫敦印刷廠當工人。他二十歲時已完全掌握了印刷知識，於是在費城獨立經營了一家印刷所，印刷發行《賓夕尼亞報》，並出版了自己撰寫的《可憐的理查曆書》。第二年秋天，他在費城和幾個青年創辦了「共讀社」，組建一個小型圖書館，幫助工人、手工業者和小職員自學。每週五晚上，大家在這裡一起討論有關哲學、政治和自然科學等問題。此時，只念了兩年小學的富蘭克林雖然還很年輕，但已成為一個學識淵博的學者和啟蒙思想家了，在北美享有不小的聲譽。

在富蘭克林的領導下，「共讀社」存在了近四十年之久，後來發展為美國哲學會，成為美國科學思想的中心。

→富蘭克林寫的《可憐的理查曆書》

→**十二歲的富蘭克林**
富蘭克林十二歲時就到一家印刷所裡當學徒，從那時起就未脫離印刷工作。

捕捉雷電的科學家

淵博的學識與不小的聲譽使富蘭克林在三十歲時當選為賓州議會祕書。第二年，他又成為費城副郵務長。富蘭克林利用業餘時間習得了法文、義大利文、西班牙文及拉丁文。此外，他還廣泛接受世界科學文化的先進成果，讓自己漸進具有從事科學研究的能力。

1746年，一位英國學者在波士頓利用玻璃管和萊頓瓶表演了電學實驗。富蘭克林觀看了他的表演後，立刻被電學這一剛興起的科學強烈地吸引住了。為了有更多的時間做研究，他把印刷所委託給別人經營，自己在家裡做起了電學實驗。

有一次，富蘭克林正在做試驗，他的妻子麗德興致勃勃地在一旁觀看，不小心碰到了萊頓瓶，隨著一團電光閃過，麗德被電擊倒，整整在家躺了一個星期才恢復過來。這起意外事件，使思

維敏捷的富蘭克林聯想到了空中的雷電。經過反復思考，他斷定雷電也是一種放電現象，它和在實驗室產生的電在本質上是一樣的。於是，他寫了篇《論天空閃電和我們的電氣相同》的論文，送給英國皇家學會。遺憾的是，富蘭克林的偉大設想卻受到許多人的譏笑，說他是「想把上帝和雷電分家的狂人」。

對此，富蘭克林決心用事實來說明一切。1752年6月，在一個烏雲密布、電閃雷鳴的日子，富蘭克林與他的兒子威廉一起拿著一個尾端連有金屬片的風箏來到一處空曠地帶。風箏隨風越飄越高，很快便飛到了空中。此時，雷電交加，雨點也飄落下來。當一道閃電從風箏上掠過時，富蘭克林用手靠近風箏線上的金屬片，一種恐怖的麻木感立刻傳遍全身。他激動地大聲呼喊：「威廉，我被電擊了！」

富蘭克林將風箏線上的電引入萊頓瓶，興奮地回到他的實驗室，用雷電進行各種電學試驗，

↓風箏實驗
富蘭克林是美國第一個在科學領域享有世界聲譽的科學家，是美國電學研究的先驅者。此外，他對氣象、地質、聲學及海洋航行等領域都有研究，並取得了不少成就。

277

終於證明自己論文中的假說是正確的。

高層建築的保護神

風箏實驗使富蘭克林成為科學界的名人，英國皇家不但為他送來金質獎章，還聘請他擔任皇家學會的會員。他的科學著作也開始暢銷海內外，被譯成了多種文字。

可是，在人們沒有徹底瞭解電時，每天與電接觸是極其危險的。但富蘭克林卻極富冒險精神，他在死亡的威脅下進行了多次試驗，終於製成了一根避雷針。他將好幾公尺長的鐵棍用絕緣材料固定在房頂上，鐵棍上綁著一根粗導線，一直通到地下。當雷電襲擊房子時，電就會沿著導線直達地面，房屋便不會被雷電劈倒了。

這個避雷針雖然構造極其簡單，然而卻對保護建築很有幫助。1754年，避雷針開始應用在許多建築物上。但有些人卻認為這是個不祥之物，因違背天意會使這一地區降雨量減少而發生旱災，於是他們便在夜裡偷偷把避雷針拆掉了。一次，當地下了一場很大的雷陣雨，電閃雷鳴中，一座大教堂突然著了火。可是一些裝有避雷針的高層建築卻安然無恙。這個事實點醒了人們雷電科學的存在。後來，英國、德國、法國也開始在建築上應用避雷針，最後普及到了全世界。

也許有人會說，富蘭克林發明了一個避雷針便成為科學家了嗎？並非如此。事實上，他對科學的貢獻不僅在靜電學，在數學、熱學、光學等領域都有很大貢獻。他曾經創造了六次和十六次幻方，這兩種幻方性質特殊，變化極其複雜，至今仍為許多學者所稱道。他還發明了專為老年人使用的雙焦距眼鏡，這種眼鏡不但可以看清近處的東西，還可看清遠處的東西，為視力減弱的老人們帶來不少方便。他還發明了「富蘭克林爐」，這種取暖爐可以節省四分之三的燃料。他曾和劍橋大學的哈特萊共同進行研究，利用醚的蒸發得到零下25℃的低溫，創造出蒸發製冷的理論。

↑富蘭克林發明的雙焦距眼鏡

【人文歷史百科】

關於雷電的迷信說法

在十八世紀以前，人們還不能正確地認識雷電到底是什麼。當時人們普遍相信雷電是上帝發怒的說法。一些不信上帝的有識之士曾試圖解釋雷電的起因，但都未獲成功。學術界較流行的看法，乃認為雷電是「氣體爆炸」的觀點。

偉大的政治家

　　富蘭克林雖然喜歡看書，卻沒有變成一個書呆子；富蘭克林雖然喜歡做實驗研究，卻沒有把自己整天關在實驗室裡。他一生花費許多時間從事社會活動，是一位傑出的社會活動家。

　　富蘭克林特別重視教育，他興辦圖書館、組織和創立多個協會都是為了提高各階層人的文化素質。

　　當北美人民掀起獨立運動的熱潮時，富蘭克林毅然放下了手中的實驗，積極投身於爭取自由的運動中。他利用自身名聲與人格魅力，機智幽默的口才，多次擔任北美殖民地的代表到歐洲各國談判。從1757年到1775年，他曾到英國為提高北美人民的利益而談判。獨立戰爭爆發後，他成為第二屆大陸會議的代表，並參與了《獨立宣言》的起草

工作。1776年，七十歲高齡的富蘭克林不顧旅途勞頓，漂洋過海來到法國，為贏得法國和歐洲人民對美國獨立戰爭的支援而費盡口舌。1787年，他身為全美五十五位社會菁英之一參加了美國憲法的制定工作，會議中他據理力爭，為制定最完美的憲法與人唇槍舌戰。另外，他還組織了反對奴役黑人的運動。

　　富蘭克林的去世也很傳奇，似乎他早已預知上帝招喚的時刻。1790年4月17日，臥病在床的富蘭克林忽然離榻下地，請人們幫他整理床鋪，以便讓他死得有模有樣。就在那天夜裡十一點，這位偉人溘然逝去。

　　儘管整個歐洲都為他哀悼，他的政敵也為他默哀，然而他的墓碑上卻只刻著「印刷工人富蘭克林」幾個字。八十四個春秋，留給世人講不完的故事。他的名字，至今仍然不朽。

↑富蘭克林在法國宮廷

起草1787年美國憲法

漢密爾頓雖非總統，但由於善於理財且廉潔奉公，使他的名聲僅次於華盛頓。他的畫像被懸掛在紐約市政廳，哈佛大學等院校也爭相授予他名譽學位。

西印度群島是漢密爾頓的故鄉，父母早亡的他在這裡度過了艱辛而孤獨的童年。他十一歲時便開始了打工生涯，在一位商人那裡當薄記員。幸運的是，由於他的聰敏好學博得了老闆賞識，使他擁有了足夠的經費重返校園，完成了中學和大學的課程。北美獨立戰爭爆發後，漢密爾頓參加了大陸軍，由於作戰英勇，他很快成為海軍陸戰隊的中校，接著又被華盛頓任命為自己的祕書與副官。1780年，二十五歲的漢密爾頓才華出眾，博得了伊利莎白小姐的青睞，不久便與這位將軍之女結為夫婦。她的父親舒勒將軍是紐約最顯赫的望族，漢密爾頓因為這椿婚事而躋身於上層社會。

美國獨立後，漢密爾頓依據自己所長繼續深入研究法律，並開辦

←漢密爾頓像，約翰·杜倫巴爾作品，紐約歷史學會藏

了一家律師事務所。他是美國憲法的主要起草人之一，在1787年的制憲會議上，他與華盛頓等人克服各種阻礙，終使這部最完美的憲法得以通過。為了使美國各州都能貫徹執行這部憲法，他與美國首任大法官傑伊、第四任總統麥迪遜聯合起來，三人以「普布利烏斯」為筆名，接連發表了八十五篇重要文章，大力宣揚「三權分立」的必要性。其中有五十篇出自漢密爾頓之手。這些文章後來被集成一冊出版，書名為《聯邦黨人文集》。

漢密爾頓以自己是「聯邦黨人」為榮，但他強烈的聯邦主義，卻與主張民主的傑佛遜等人發生了激烈衝突。不

←漢密爾頓的士兵形象
美國獨立戰爭期間，漢密爾頓擔任華盛頓的軍事祕書，先後參加了長島戰役、白平原戰役，且是約克鎮戰役的指揮員之一。

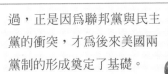

過，正是因為聯邦黨與民主黨的衝突，才為後來美國兩黨制的形成奠定了基礎。

最後的決鬥

　　精通法律的漢密爾頓不僅是著名政治活動家，也是一位才華橫溢的理財家。尤其是他在1789到1795年出任財政部長時，使美國在短短十餘年便完成了初步金融改革，對美國日後的工業化和現代化產生了不可低估的影響。以至於對漢密爾頓的改革深惡痛絕的傑佛遜就任總統後，也不得不承認「永遠擺脫不了他的財政制度。」但是，一場決鬥不僅使漢密爾頓留下了大筆債務，還奪取了他的生命。

　　與漢密爾頓決鬥的人叫伯爾，他在1800年的總統選舉中與傑佛遜獲得了相同的票數。根據美國憲法，只有再透過眾議院的投票選舉以決定誰為總統。這

←漢密爾頓雕像
漢密爾頓任財政部長期間，曾擁有七百五十美元的銀行股票。錢雖不多，但善於理財的漢密爾頓自然十分清楚它的複合利息隨著年月會變為不小的一個數目。但是為了避嫌，他托人將股票賣掉。由於受託人將其拖延了數月，結果使其增加了三百美元的利息。這是漢密爾頓從自己的改革中得到的最大財富。

最後的角逐極其激烈，眾議院一連舉行了三十五次無記名投票，卻依然毫無結果。漢密爾頓雖然與傑佛遜政見不和，但卻佩服傑佛遜的品質與人格，而伯爾是個品行不端的人。為了讓美國誕生一個好總統，漢密爾頓說服了一些聯邦黨人，對伯爾投下空白票，使傑佛遜在選舉中獲勝。功虧一簣的伯爾從此便與漢密爾頓結下了深仇大恨。

　　1804年伯爾競選紐約州長，並企圖讓紐約州脫離聯邦。漢密爾頓揭露了伯爾的險惡用心，一舉挫敗伯爾。於是，新仇舊恨使伯爾惱羞成怒，他提出了與漢密爾頓決鬥的挑釁。

　　雖然決鬥是當時美國法律所不允許，而漢密爾頓本人也認為決鬥並非體面之舉，但中年氣盛的他還是接受了挑戰。

　　1804年7月11日凌晨，在流經紐約的哈德遜河邊，伯爾那飽含邪惡與憤怒的子彈穿透了漢密爾頓的胸膛。經受三十多個小時的痛苦折磨後，一代英傑與世長辭。

↑漢密爾頓與伯爾的決鬥

090.總統們的恩怨

亞當斯是美國第二任總統,被尊稱為「革命建築師」;傑佛遜是美國第三任總統,被尊稱為「民主巨擘」。

志同道合的戰友

約翰·亞當斯與傑佛遜是一對很有趣的人物。他們都是一代名流,亞當斯是美國第一位副總統和第二任總統;傑佛遜是美國第一任國務卿、第二位副總統和第三任總統。他們的政見就像出生地一樣南轅北轍,亞當斯出生於北方的麻州,主張菁英治國;傑佛遜出生在南方的維吉尼亞州,主張民主治國。巧合的是,他們都參與了《獨立宣言》的起草,並在《宣言》發表五十周年紀念日這天同時離開人世。他倆的友誼,則經歷了一個先好後壞最終和解的過程。

在第二屆大陸會議上,亞當斯與傑佛遜初次結識。當時,資格較老的亞當斯對年輕的傑佛遜印象很好,認為他

↑亞當斯總統的出生地

「隨身帶來了文學、科學及寫作方面的榮譽」。「雖然在會議上是一個沉默寡言的成員,但是……他是那麼思維敏捷、談吐坦率、直爽……因此不久他就抓住了我的心靈。」

1776年6月,亞當斯和傑佛遜同時獲推選為《獨立宣言》五人起草委員會的成員。當時,富蘭克林七十歲、謝爾曼五十五歲、亞當斯四十一歲、傑佛遜三十三歲、利文斯頓三十歲。相對來說,傑佛遜在這些人的資格就像他的年齡一樣,但是亞當斯卻極力推薦傑佛遜為《獨立宣言》的主筆人。

五人先確定了宣言的基本內容,然後讓傑佛遜與亞當斯兩人正式起草。傑佛遜讓亞當斯執筆,亞當斯卻推辭說:「第一因為您是維吉尼亞人,應該在這項工作中領頭;第二因為我是個令人討厭、受人懷疑的人;第三因為您的文筆比我高明十倍。」

最後傑佛遜同意執筆,完成這篇美國史上最重要的文獻。獨立戰爭勝利後,華盛頓成為首任總統,亞當斯成為

↑《獨立宣言》起草委員會

282

首任副總統，傑佛遜則成爲首任國務卿，他們一同創立了人類歷史上第一個聯邦制國家，成爲志同道合的戰友。

不可調和的衝突

然而，在治國政見上，兩人很快有了分歧。因爲亞當斯認爲新政府應當加強中央政府的權力，主張菁英治國，並反對法國的大革命；傑佛遜則認爲權力應當屬於各州政府和人民，主張民主治國，對法國大革命則採取讚揚態度。

由於華盛頓決意歸隱林下，不再連任總統職務。亞當斯於是在1796年當選爲總統，傑佛遜則當選爲副總統。然而由於兩人政見不合，在內政與外交上兩人截然相反，甚至針鋒相對。亞當斯見傑佛遜處處與自己作對，心中的惱怒與日俱增，而傑佛遜對亞當斯的專權也越來越感到不滿；於是，他們之間的友誼便因此而受到了損害，開始逐漸破裂。

在1798年，亞當斯爲了進一步強化中央政府的權力與地位，利用聯邦主義者在美國國會人數眾多的優勢，通過了《外僑及懲治叛亂法》。傑佛遜卻認爲這部法律背叛了美國憲法中宣揚的自由平等。於是，他發動並策劃民主主義者一起抗議

← 美國第三任總統傑佛遜

這部法律，使《外僑及懲治叛亂法》在州級政府中不獲承認。兩年後，亞當斯任期結束，展開了新的總統大選工作。此時，亞當斯和傑佛遜的決裂已完全公開，兩人形成勢同水火的對立派。在大選中，傑佛遜的民主思想受到更多人的擁護，因而在大選中獲得較多的選票。敗北的亞當斯不得不拱手讓位。

傑佛遜上臺後，開始了美國歷史上著名的「傑佛遜民主時代」。1801年3月4日，傑佛遜正式宣誓任職。他在就職演說中，向亞當斯一方的聯邦派發出和解的訊息，他激動地說：「我們都是聯邦黨人，我們也都是共和黨人。」

然而，亞當斯卻聽不到傑佛遜的演說。因爲此時，他正孤獨地坐在馬車上，在顛簸中朝北方昆西小鎮駛進。他沒有心情出席繼任總統的就職典禮，因爲傑佛遜的治國之道，

← 美國第二任總統亞當斯

約翰‧亞當斯竭力贊成十三州宣布獨立，並積極參與起草和領導辯論而通過《獨立宣言》，公眾尊稱他爲「獨立擎天柱」、「革命建築師」。

與亞當斯是格格不入的。

從此，傑佛遜忙於政務，亞當斯在歸隱中醞釀著自己的自傳。兩人雖都在美國卻不再來往。

拉什的奇妙之夢

不同的政見使兩位朋友成為政敵，當兩人不在同一政壇上角逐後，流逝的歲月便逐漸褪去了彼此的怨恨，而使油然而生的懷念越顯濃烈。當然，如果不是班傑明・拉什的從中調解，這兩位彼此懷念的朋友依然形同陌路。

身為醫學教授的拉什，由於是亞當斯和傑佛遜兩人共同的朋友，便成為了最好的調解者。1809年，拉什寫了一封信給亞當斯，信中描繪出一個奇妙的夢：他夢到亞當斯寫信給傑佛遜，祝賀他終於能夠從公職上退休；傑佛遜回了一封充滿善意的信；然後亞當斯和傑佛遜相互通信，各自承認自己的錯誤，恢復了他們眾所周知的友誼。他甚至夢到了他們的死亡：倆人都受到人民的無限讚美，且雙雙沉入墳墓。

亞當斯給拉什回信說，這只不過是個夢，他不打算照夢裡那樣去做。拉什又把自己的夢境寫信告訴了傑佛遜，並勸進傑佛遜採取主動。可是傑佛遜與亞當斯的態度一樣。轉眼間，兩年過去了，備受懷思侵襲的亞當斯沉不住氣，向來訪的一位友人表達了自己對傑佛遜

↑班傑明・拉什像，查理斯・威爾遜・皮爾作品，國家獨立歷史公園藏

的懷念，道出他與傑佛遜間的衝突只存在於政治。身有同感的傑佛遜聞訊後，立即寫信給拉什，表達了他對亞當斯以往政治判斷力的敬佩。

新的一年開始了，亞當斯終於在新春之際寄出了一封信給傑佛遜，說是要把兩塊「自家織的土布」作為禮物寄送過去。傑佛遜收到的禮物，卻是亞當斯的兒子約翰・昆西剛出版的兩卷著作。

拉什知道兩人恢復了友誼，心裡極其興奮，立刻寫信給亞當斯表示祝賀：「我非常高興您和您的老友終於盡棄前嫌。我認為你們兩位，就如同是美國革命的南極和北極。」亞當斯在回信中開玩笑地說：「您的夢實現了……您創造了一個奇蹟！」

然而，亞當斯沒有料到的是，拉什竟連他們的死亡也預言得極其準確。

不可思議的巧合

從此，在美國北方麻州的海濱小鎮昆西，與南方維吉尼亞的傑佛遜莊園之間，開始了炳耀美國史冊的著名通信。這兩位開國功臣、觀點不同的政治家、辭職後的總統，在美國的南北兩地，用書信回顧了他們那一代革命者的功績與經歷。這種友誼持續了十四年，直到他們去世。

亞當斯在信裡說，在我們未把自己的思想交代清楚以前，絕對不能去世。他們回顧了美國獨立後的各件重大歷史及決策，虔誠地分析得失功過；對各自不同的政治見解，也進行了心平氣和的討論。他們的闡述，成為美國政治制度的寶貴遺產。

歲月催人老，老一輩革命家先後辭世，這兩位老人幾乎成為「僅存的碩果」。傑佛遜在信中無限感慨地說，回首一生，「就如同回顧一個戰場，所有的人都死了，而我們孤零零地活著，活在新一代中間。我們不瞭解他們，他們也不瞭解我們。」在最後的歲月，他們的友誼化作相互的慰藉。臨近國慶五十周年的日子近了，維吉尼亞與麻州兩州正在為慶典忙碌著，他們分別向兩位老人發出邀請，可是漸衰的身體卻不允許他們來到公眾場合。

→ 傑佛遜雕像
湯瑪斯‧傑佛遜參與起草《獨立宣言》，當選總統之後，堅信個人權力和自由，把民主政治向前推進一大步，公眾尊稱他為「革命鬥士」、「民主巨擘」。

傑佛遜硬撐著虛弱的身子，費了幾天的時間，為報紙寫下了他對建國五十周年的總結，依然堅信他的民主觀念：「大眾不是生來就背著鞍子、讓一小群穿靴子的人驅使的」。在昆西小鎮，衰老的亞當斯也為慶祝國慶而建議，為美國永遠獨立而乾杯！

1826年7月3日傍晚，傑佛遜躺在床上進入昏迷狀態，他當時最關心的，便是問身邊的醫生與家人：「今天是四號嗎？」似乎他有意要等到這個永遠值得紀念的日子才離開人世，第二天午後，這位偉人終於停止了呼吸。幾乎就在同時，昆西小鎮的亞當斯坐在椅子上突然中風而失去了知覺，在下午悄然而逝，與傑佛遜相隔不到五小時。

美國獨立戰爭

↑ 手持書卷的亞當斯總統

路易斯安那的易主

當《獨立宣言》在1776年發表時，尚未獨立的北美十三州殖民地只有八十三萬餘平方公里，是處狹長地帶。到1783年美國真正獨立時，美國國土已有兩百零五萬平方公里；到了1803年，竟一躍達四百多萬平方公里，轉瞬間翻了一倍！此與傑佛遜和拿破崙的一筆交易有關，這個令美國占了不少便宜的交易史稱「路易斯安那購買」。

路易斯安那本是一片荒無人煙的地區，當年印第安人常常在這裡架鷹牽犬，追捕野獸。不過對歐洲人來說，這片遼闊的土地卻是物產豐富的一塊寶地。由於境內有密西西比河流過，且瀕臨墨西哥灣，這裡擁有便利的水上交通，因而成為歐洲列強爭奪的一塊肥肉。

十六世紀時，西班牙探險家便發現

路易斯安那的命名
1682年，法國探險家拉薩爾到達這塊地方，並以當時法王路易十四的名字將其命名為「路易斯安那」。

了這裡，也許是嫌這個地方過於荒涼，因而未把這裡圈為西班牙的殖民地。近百年後，法國探險家沿著密西西比河南下，航行到了紐奧良以南的河岸，這裡便被圈為法國的一塊殖民地。為了表示對太陽王路易十四的敬意，這塊土地被命名為路易斯安那，意思是「路易的土地」。從1731年開始，這裡正式接受法國的統治。當時，法國在北美的殖民地還包括加拿大在內的新法蘭西，只有阿帕拉契脈以東的十三塊殖民地歸屬英國。1756至1763年的七年戰爭中，英法兩國在北美與印度展開了激烈的爭奪，雖然當時法國與西班牙結為盟國，但最終還是被大英日不落帝國打敗，失去了北美的大片殖民地。西班牙在這場戰爭中失去了佛羅里達半島，法國為了補償盟國的損失，便將密西西比河以西的路易斯安那送給了西班牙。從此，路易斯安那成為西班牙的一塊殖民地。

↑不斷變化的印第安人房屋

「路易斯安那購買」的開始

　　拿破崙發動霧月政變後，成為法國的第一執政，野心勃勃地想在美洲大陸建立一個遼闊的殖民地。他並未以武力奪取路易斯安那，而是運用高超的外交手腕，用義大利北部的托斯卡尼與西班牙進行交換。

　　路易斯安那是個糧食生產基地，西班牙自然不想輕易轉手，但面對逞暴恃強的拿破崙也實在是有些膽怯。於是在1802年，西班牙國王不得不把這塊「肥肉」交給拿破崙，並一再囑託千萬不要將其轉讓給第三國。言外之意便是如果法國不要，自己還想再次擁有。法國則承諾在任何情況下也不會將其轉讓，言外之意很明顯，自然是想一直擁有。

　　路易斯安那的土地雖可種植不少作物，但由於大部分地區沒有開發，所以當時最大的經濟來源是紐奧良市的港口。墨西哥灣和密西西比河的大港口都在這裡，而無論哪國商船經過這裡，都要交過境費，可說是一筆取之不盡的財富。而通過這個港口最多的正是美國商船，美國南部的農產品必須經過水路運到紐奧良，再從紐奧良裝船運到歐洲各國。所以，這裡是美國做夢都想得到的地方。

　　當時的美國總統是傑佛遜，他最為憂慮的便是路易斯安那對美國構成的威脅。因為不可一世的拿破崙可能從此紮根於密西西比河和紐奧良，阻礙美國在此地區的活動。傑佛遜對美國駐法大使利文斯說：「我國八分之三的農產品要經過紐奧良港運往歐洲各地，法國控制著這個門戶收取過境費，是對我們採取挑釁的態度。」在美國國會上他說：「當對我國西部貿易具有至關重要的地區仍然屬於外國管轄時，我們的和平將永遠面臨危險。」

　　為了美國有更大的發展，在經濟上不受法國的箝制，傑佛遜指示駐法大使同法國的拿破崙談判，商討購買紐奧良的事宜。同時，指派在美國西部威望最高、人氣最旺的門羅為特使，前往法國促成這筆交易。

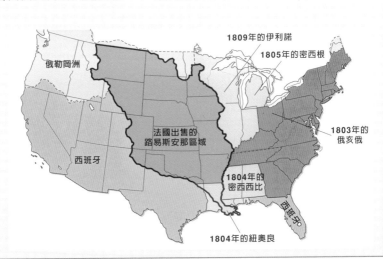

↑法國出售路易斯安那地區

美國獨立戰爭

拿破崙態度的變化

想要一統歐洲的拿破崙怎麼會把土地賣掉呢？他非常堅決地拒絕了美國的請求。然而，真是天助美國，1803年在拉丁美洲爆發的海地獨立運動使拿破崙徹底改變了態度。

海地獨立之父杜桑用兵如神，打得法國軍隊全無還手之力，雖然拿破崙用計擒獲了杜桑，但他的部下與戰友繼續揭竿而起，依然把法軍打得狼狽不堪。到後來，拿破崙的妹夫也因黃熱病而命喪黃泉，他派去的幾萬精兵沒有一個生還（八千名殘兵歸國途中被英國海軍俘獲）。在這種情況下，拿破崙一邊大罵著「該死的糖！該死的咖啡！該死的殖民地！」不得不放棄對海地的控制。

而此時拿破崙正在歐洲戰場上和第二次反法同盟激戰，無法分身顧及美洲。於是為了不讓西班牙搶去路易斯安那，同時也為了打擊英國的海上貿易，拿破崙便不再信守承諾，決意將路易斯安那出售給美國，以換取一些軍費。

拿破崙的做法使他的兩個兄弟非常氣憤。一天，拿破崙正在灑有香水的沐盆裡洗熱水澡，約瑟夫與呂西安走了進來。呂西安說，「立法機構總不會同意這種出賣領土的行為。」拿破崙一聽勃然大怒，挖苦他的弟弟說，「你大可為此事舉哀戴孝，但這件事必須付諸實

施。」約瑟夫說：「如果你堅持這樣做，我就在議會上帶頭反對你。」拿破崙大發雷霆，一下從沐盆中站了起來，又倒了進去，洗澡水濺了約瑟夫一身。呂西安最後表示，如果拿破崙不是他的哥哥，就會與他為敵。拿破崙聽後大聲說：「那麼，我就會像砸爛這只煙盒一樣對待你！」邊說邊把鼻煙盒摔在了地上。

1803年4月，拿破崙對外交部長塔列朗說：「我不要路易斯安那了。我要放棄的不僅僅是紐奧良，我要毫無保留地放棄那塊殖民地。」並命令塔列朗負責與美國談判，商討出賣路易斯安那的事宜。

巧取豪奪的擴張

為了出賣路易斯安那，塔列朗與美國駐法大使利文斯進行會晤。一陣寒暄過後，塔

→杜桑·盧維杜爾
海地革命領袖，生於海地北部海地角附近的黑人奴隸家庭。1791年10月，杜桑·盧維杜爾帶領一千餘名奴隸起義，展開游擊活動。1801年統一整個海地島，被推舉為終身總統。

288

列朗突然一語驚人地直入主題：「貴國是否願購賣整個路易斯安那？」

利文斯頓時嚇住了。因為傑佛遜總統的指示，只是讓他與法國交涉購買紐奧良市，出價一千萬美元。可是近兩百萬平方公里的路易斯安那，得花費多少錢啊？！不料塔列朗接著提出條件：要麼一起接受，要麼一起拒絕！

↑紐奧良升起美國國旗

震驚的利文斯顯然無法給塔列朗一個滿意的答覆，他只得要求再考慮考慮。1803年4月12日，美國的特使門羅來到了巴黎。利文斯和門羅經過反復商量，權衡利弊，最後終於接受了法國的條件——購買路易斯安那。兩人認為，雖然沒有得到政府的指令，但路易斯安那畢竟是一塊令人垂涎的土地，它的面積相當於那時的美國。他們怕時間一長拿破崙會收回主意，便急忙找塔列朗進行談判。經過一番討價還價後，在1803

年4月底，雙方終於達成協定，美國以一千五百萬美元的價錢買下了遼闊的路易斯安那。這可真是讓美國占盡便宜的買賣，多花了原來二分之一的價錢，竟使國土增加了一倍！

1803年12月20日，美國在紐奧良市舉行接收儀式，正式將路易斯安那地區劃入美國的版圖。後來，美國透過一連串巧取豪奪，使國土面積進一步擴大：在1810年吞併了西佛羅里達，1819年「購買」了佛羅里達，1845年得到德克薩斯，1846至1847年的墨西哥戰爭中奪取了加利福尼亞、亞利桑那和新墨西哥等大片領土，1846年迫使英國放棄北緯49度以南的奧勒岡地區，1867年又從俄國手中購賣了阿拉斯加。於是，到十九世紀中期，美國領土已從1783年以前的二○五萬平方公里擴大為七七七萬平方公里，接近原國土面積的四倍。

美國獨立戰爭

↓國會大廈壁飾
描繪了1803年法國大使與美國大使在紐奧良第三次簽署路易斯安那協議的場面。

【人文歷史百科】

最划算的交易

「路易斯安那購買」是美國史上最大的也是最有利的一筆土地交易。它東臨密西西比河，西倚洛磯山脈，北起加拿大，南到墨西哥灣，面積二一四萬多平方公里，包括今天的阿肯色、愛荷華州、密蘇里、內布拉斯加和路易斯安那等十二個州。一夜之間，美國的領土面積增加一倍，得到了密西西比河以西的未開發土地，為美國向西部拓展開闢了廣闊的前景。而每英畝價格僅有四美分！這大概也是人類歷史上最便宜的一筆買賣。甚至塔列朗也說：「你們為自己掙得了一筆最划算的大交易。」

289

092.「不務正業」的王子

身為王子卻學習修鎖的手藝，娶了妻子還情竇難開。路易十五看著這個不成器的繼承人，有點無可奈何。

鎖匠國王

路易十六是一個優秀的鎖匠，不幸的是——他生在帝王之家。

小路易十一歲喪父，十三歲喪母，成為不幸的孤兒。他看不慣祖父整日與煙花女子放縱情欲，看不慣濃妝豔抹的妓女在宮中扭來扭去，但他又不敢指責身為國王的祖父，一種羞恥之心使他很少與人接觸。

為小路易講課的老師，一般不是主教便是修道院長之類的高級僧侶，「國王權力至高無上」的思想或多或少地影響著他。可是他對政治不感興趣，他喜歡研究鎖。他把巴黎最著名的鎖匠加曼找來，關上門，虛心求教。他可以打開各種牢固的鎖，也可以製造出更為巧妙的鎖。如果他是一個貧民家的孩子，這個技術會很有用處，他甚至可以做一個優秀的竊賊——因為什麼鎖也擋不住他。大概他有一個幼稚的想法：想打開鎖著的各種祕密，又想把一種祕密永遠

地鎖起來。成為皇帝後，他仍然有拆裝鐵鎖的癖好，所以得了個「鎖匠國王」的外號。

小路易除了對鎖執著外，他的第二嗜好便是縱馬牽犬，行獵於山林之間。在他的那本日記裡，內容最多的便是何處打獵及獵取何物，在沒打獵的日子裡，往往寫的是「無事可記」。如果在狩獵中沒捕獲到獵物，他便會是認為最大的損失，並會因此悶悶不樂，暗自傷心，每當捕到獵物回來，他就會食量大增。鮮美的野味與劇烈的運動，造就他健壯有力的體格，甚至顯得有些胖。打

↑路易十六，布面油畫，1788年普雷沃作品，凡爾賽宮藏

獵也許對於他來說是一種宣洩，不過他並未因此養成殘暴凶狠的性格。一直到1789年大革命爆發，他射殺了近十九萬頭獵物，但他卻不願意下令處死一個人。

美麗的奧國小公主

對於已屆十六歲的路易來說，娶妻不是件難事，因為他的爺爺早就給他訂了親，未過門的新娘就是奧國的小公主瑪麗‧安東尼，她的母親便是大名鼎鼎的奧地利女皇泰瑞莎。

瑪麗是奧國女皇最小的女兒，她聰明伶俐，嫵媚俏麗，一雙藍寶石般的眼睛十分惹人喜愛。為了使她能夠成為法蘭西最尊貴的皇后，泰瑞莎女皇對這個小女兒進行了全方位的教育。聰明的小公主也不負眾望：她能說一口流利的義大利語；能用鋼琴彈奏出許多動聽的樂曲；翩翩起舞時，姿態優雅曼妙。美中不足的是，小公主怎麼也沒學會捲舌音太多的法語，儘管她的老師是巴黎最好

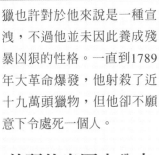

↑瑪麗‧安東尼

的語言博士。由於這一缺點，法國朝野一直將她稱為「奧地利女人」。

當路易十五派人來奧地利商議娶親之事時，奧國女皇雖對年僅十五歲的小女兒有些割捨不下，但由於早有婚約，也只得為女兒準備嫁妝。千叮嚀萬囑咐後，小公主來到了法國。

1770年5月，小路易與小公主舉行了成親大典。場面極盡奢華，然而小路易卻沒有欣喜之色，他對楚楚動人的小公主無動於衷。而小公主因驚奇於凡爾賽宮的富麗堂皇，也沒太在意小路易的冷漠。

日子一天天過去，由於小公主也對路易十五的情婦看不慣，所以這一對小夫妻成了好朋友。可是，小路易仍然癡迷於修鎖與打獵，似乎情竇難開。這引起路易十五及一班大臣的焦慮與猜疑，於是一些回春有術的御醫，紛紛前來為小路易的幸福做貢獻，可小路易卻左躲右閃，始終不承認自己有毛病。

至此，路易十五對小路易徹底絕望了，如果不是有了這樁婚事，他肯定會選擇路易十六的弟弟來繼承王位。路易十五那句「我死後哪管洪水滔天」的名言，大概也是因此而發。

↑路易十六時期的陳設

憂鬱的新國王

路易十六不想當國王，他真希望他的祖父路易十五能夠永遠活在世上。可是在他二十歲的這一年，令他擔心的事情還是發生了。

當路易十五氣若游絲地躺在病榻上，如一盞快要熄滅的油燈時，路易十六只能滿懷著焦慮在自己的屋裡走來走去。他不能接受這個殘酷的現實，因為害怕祖父太早離他而去，雖然祖父並不怎麼看好他。

1774年5月10日，路易十五到了彌留之際。由於他得的是一種傳染病，因此親人與大臣們只能圍在屋外守候著。視窗一點隨風搖曳的燭光，便是御醫給予人們的暗號——燭光如果熄滅，則意味著國王已進入天國。

眾人都緊張地盯著那昏黃的燭光，隔壁房間的路易十六更是焦躁不安，他對年輕的妻子說：「我現在感到整個宇

↓路易十五遊獵圖

路易十五在位時，為岳父贏得了洛林，促使奧地利與土耳其走上了談判桌，自己在歐洲的聲望達到頂點，但他拈花惹草的本性及戰爭上的失利，則使他名譽掃地。他為路易十六留下了一個千瘡百孔的法國。

宙正向我的身上壓過來。」燭火熄滅了，山呼海嘯般的聲音傳遍天宇——「國王萬歲！」眾人呼喊著來朝見新國王與王后，可是一進門卻看到新國王與王后正雙雙跪倒在地，新國王正泣不成聲地祈禱著：「上帝啊！請保佑我們吧，現在我們還太年輕啊！」

路易十五晚年的揮霍與寵妓使他名譽受損，所以他的葬禮是在夜間舉行的。他留給路易十六的只是一個外表浮華、實際上千瘡百孔的法國。對於只會

浮華的巴黎

從表面上看，法國不管是首都還是縣城，都建起了豪華的宅邸，修起了寬闊的街道。尤其是巴黎，曲折的林蔭小道、優美的跨河長橋、寬闊的街心廣場，使巴黎成為歐洲最美麗的城市；家具擺設、住房樣式、衣著款式、脂粉香水不斷翻新，花樣百出，主領著世界新潮流。而實際上卻是朝中官員腐化，百姓貧富懸殊，財政赤字龐大，朝廷每年還債的利息便有一億鋰。

修鎖與打獵的路易十六來說，確實是沒有回天之力，更何況他性格中還有一些害羞與懦弱。所以登上王位後，路易十六更是不開心。

路易十六解難題

路易十六知道祖父留給自己不少難題，但他決心以一個帝王的身分去面對。他首先任用一些開明人士爲重臣，並獨具慧眼地任用杜爾哥爲財政總監。杜爾哥是重農學派的經濟學家，參與過《百科全書》的編寫工作，在中產階級中享有盛譽；可是他的改革卻得罪了貴族，當一場自然災害使法國出現了「麵粉戰爭」的暴動時，杜爾哥只得在貴族們的口誅筆伐中讓出位子。

路易十六隨後任命內克爾擔當此任。內克爾出身於貧民，然而卻善於理財，是瑞士的一名銀行家。初入朝廷，他以自己的身分借得一筆國債，暫時紓解了國家財政。可是王室與貴族揮金如土，幾筆國債如同杯水車薪。這時，美國獨立戰爭爆發了。雖然路易十六不喜歡窮兵黷武，但如果參與美國獨立戰爭，或有可能奪回七年戰爭中失去的領土。於是在法國革命哲學家的支持下，路易十六同意向英國宣戰。但

這卻是極其危險的：他向美國援助了二億四千萬美元、一支法國艦隊和一支法國陸軍，幫助華盛頓打贏了這場戰爭，卻讓法國自身瀕臨破產的邊緣。尤其美國「獨立宣言」的精神，更是徹底摧毀了法國的封建統治。

面對各種難題，路易十六總是很努力，但卻都沒有找出正確的答案。而有一道難題，卻是他的大舅子幫他解開的——這便是路易生理上的一個小問題。原來路易十六並非對美麗的小公主無動於衷，而是由於他的包皮太緊。一個小小的包皮手術，竟使他猶豫了七年！他在約瑟夫二世這位大舅子的勸說下，才終於在術後享受到了男女之間的甜蜜，並且在一年後有了愛情的結晶。

路易十六還攻克了一個機械方面的難題——改良了斷頭機的刀刃，不過他當時肯定不會想到：受到這種恩惠的竟是自己。

法國大革命

「赤字夫人」的不白之冤

路易十六也許因將王后冷落了七年而深感愧疚，於是對王后顯得百依百順，過分地縱容與寵愛。

王后好賭成性卻手氣欠佳，常常將自己的年薪輸光，甚至欠下不少外債，以致落個「赤字夫人」的稱號。對此，路易十六不曾有絲毫責怪，總是慷慨解囊幫助王后償還債務。

王后不單好賭，還有著很強的虛榮心。她年輕貌美，喜愛打扮。在所有社交場合中，穿著最華麗的、舞姿最優美的、性情最開朗的，肯定是這位王后。所以一些輕佻的貴族男人，免不了對王后大獻殷勤，甚至一些名聲極壞的淫蕩之徒，也急於想獲得王后的好感。

王后對所有人一視同仁，熱情而豁達，然而卻招致一些閒言碎語。以致1778年「項鍊事件」的桃色新聞流傳於街頭巷尾時，王后卻仍被蒙在鼓裡。

原來，有一位拉莫特伯爵夫人，總想著能夠發跡。這天她突發奇想，一人跑去拜見紅衣主教羅昂。她故作神祕，叫主教摒退左右，說有要事相商。當只有他們倆人時，拉莫特夫人果然說出了一件令紅衣主教凡心大動的事情：她說主教大人只要給王后買一條特別的項鍊，便可以得到王后的垂愛。當王后美麗的身影浮現在腦海時，紅衣主教頭重腳輕地感到這是件十分划算的事——雖然暫時破費，但最終定可人財雙收。他賒購了那條價值一百六十萬鋰的項鍊，讓拉莫特伯爵夫人轉交王后。接下來，在拉莫特夫人的安排下，紅衣主教果然在月夜下的凡爾賽樹林邊多次與「王后」幽會。後來主教花盡了積蓄，因還不了珠寶商的錢而惹上了官司。法庭上，主教只得如實招供，法官一看牽扯到了王后，便只得大事化小，小事化了，將拉莫特夫人入獄，宣告主教無罪釋放。

而事實上，與主教幽會的根本不是

↑瑪麗·安東尼，林布蘭作品，凡爾賽宮藏

王后。不過法官這麼一弄，讓王后跳進黃河也洗不清了。從此，王后在民眾中的聲譽便越來越壞了。

捉襟見肘的財政

也許人們不理解國王與王后為什麼結婚八年後才有了孩子，所以王后的「醜聞」才如此花樣百出。「項鍊事件」後，一家鑄幣廠竟在所鑄金幣的國王頭像上添了一隻角。另外在大街小巷散發的小冊子上，將他諷刺為一隻烏龜，將皇后說成是一名妓女，說她的孩子是私生子。但路易十六並未禁止小冊子的傳播，他的大度超出了人們的想像。

當然，國王無法顧及一些瑣碎的小事情，因為當前最大的危機是國庫空虛，如果再不想出一個有效的辦法來，國家就要破產了。

1781年，備受貴族抨擊的內克爾不得不讓位，接替他的是王后保舉的卡倫。面對王室的揮霍與貴族們的鋪張，身為貴族且有王后撐腰的卡倫也回天乏力。最後，他狠下心腸，在1787年定下

一項「土地特徵稅」，要求貴族與平民一律交稅。並特地召開了一個「顯貴會議」，以求助顯貴們能夠解囊救助國家的財政危機。可是貴族們

↑卡倫像
在王后瑪麗‧安東尼的舉薦下，1783年卡倫接替內克爾，繼任財政大臣。為了籠絡王公貴族，卡倫一度採取與內克爾相悖的政策，為宮廷人員償還賭債等。

卻沒那麼多善心，個個心想：我們如果納稅，那還叫特權階級嗎？會議沒有成功，卡倫也只得退讓。接替他的是圖盧茲大主教布里埃納，他也認為唯有取消貴族特權，才能解決財政危機。但貴族們不想放棄特權，紛紛宣稱絕不納稅。萬般無奈的國王只得召開三級會議——向第三階級尋求援助。

貴族們也支持國王召開三級會議。原來，法國封建階級森嚴：第一階級為教士，用禱告為國王服務；第二階級是貴族，用寶劍為國王服務；第三階級是農民、工人、城市平民和中產階級，用財產為國王服務。而三級會議的表決方式是各階級分別開會、分別表決，如此僧侶與貴族的特權階級便可占有二比一的優勢，最終得以操縱會場，保住自己的利益。

295

094.事與願違的三級會議

求助第三階級

為了加強專制統治，法國已有一百七十五年沒有召開過三級會議了。可是面對嚴重的財政危機，路易十六不得已在1788年8月發布一道命令，讓全國的貴族、牧師及平民選出自己的代表，翌年到凡爾賽參與三級會議，並且還讓這些代表們將本地區與本階層的要求與困難、補救建議及改革方法寫一份報告，送到國王這裡。

為了緩解眼前的危機，國王不得不再次起用內克爾，因為內克爾可以借到國債。內克爾上任後，果然為國家借到了七千五百萬鋰。內克爾這回為了能夠實現自己的改革願望，要求將第三階級的代表人數增加一倍，國王也想讓貴族與僧侶納稅，於是便欣然同意。

接下來，全國出現了轟轟烈烈的選舉代表活動。街頭巷尾、俱樂部、沙龍及各種社團，隨處可以看到演講者及傾聽演講的人群。在第三階級的代表選舉中，新興中產階級走上了政治舞臺。他們用雄厚的經濟作後盾，拉攏文人為自己寫演講稿，用小恩小惠拉選票，並且印刷各種小冊子大造輿論。第三階級的人們把這些中產階級當作救世主，以至於第三階級的代表幾乎全是這些中產階級。

在召開三級會議的這一年，法國又出現了嚴重的自然災害。首先，一次嚴重的旱災阻礙了農作物的生長；接著一場大冰雹，蹂躪了從諾曼第至香檳之間的肥沃土地；冬天又出現了奇寒，成千的果樹被凍死；到了1789年，水災開始不斷氾濫。這些自然災害嚴重威脅著人們的生命。在農村，人們像野人一樣為爭奪玉米而戰；在城市，僅巴黎地區就出現了八萬多名失業工人，工人的工資也下降了三分之一。整個法國籠罩在貧困與飢餓之中。

在這樣的情況下，想給第三階級增加新稅顯然不太現實，而貴族們又不想納稅。這一切，註定三級會議不會讓國王的滿意。

事與願違

從1789年初起，有一本《第三階級是什麼》的小冊子廣為流傳，裡面寫著「第三階級是什麼？是一切！但直到現

↑ 諷刺法國階級的漫畫

←西哀耶斯像

三級會議──網球場會議

1789年的三級會議中，第三階級代表和一些自由派貴族違背國王的初衷，把矛頭指向專制制度。他們在6月17日自行宣布為國民議會，接著開始為法國制定憲法；三天後，路易十六下令關閉了第三階級代表的會議廳。代表們逐集合在一個室內網球場，宣誓不制訂出憲法絕不散會。國王被迫讓步，7月9日，國民議會進而改稱制憲議會。

↑三級會議的召開　1789年5月5日，三級會議在凡爾賽召開。

在，他們在政治上怎樣呢？毫無地位。」「沒有特權階級，事事將會更順利。」「貴族正是國家的累贅。」

這些說詞在法國民眾中傳來傳去，深得民心。而這本小冊子，卻出自一位特權階級──修道院長西哀耶斯之手。他生於官宦之家，早年受教於耶穌會修道院，後來當了神父，晉升到院長之職。他天資聰敏，博覽群書，尤其喜愛研讀啓蒙思想家的著作。此時的他已四十出頭，雖為修道院長，卻與神職人員格格不入，認為神學是使人精神墮落的封建迷信，特權階級正是法國的禍根。在選舉代表期間，他一共寫了四本小冊子來增加自身影響力，最終成為第三階級的重要代表。

1789年5月5日，三級會議如期在凡爾賽召開。與會的代表一共有一千一百三十九人。會場外面圍著歡欣鼓舞的群眾，有些人甚至流下了激動的淚水。會議上，國王威風凜凜、躊躇滿志，王后雍容華貴、驕矜傲岸；群臣官服整齊，滿臉虔誠；眾僧侶紫袍裹身，外套白色教服，道貌岸然；貴族們錦衣華服，捲邊帽上插著白羽毛，挺胸疊肚。而第三階級卻身穿黑色外套，帽無羽、衣無飾，略顯寒酸，不過他們精神振奮，早已準備好一場拚搏。

國王首先致開幕詞，並說明開會目的，可是接下來眾人所討論的，卻超出了預定的內容。第三階級不同意以前的表決方式，提出要按總投票數通過表決；特權階級不同意，於是便開始了激烈的舌戰。6月17日，第三階級宣布自己的會議為國民會議，是代表全國人民的利益；三天後，又宣布要為法國制定憲法。國王沒想到第三階級會用制憲來削弱自己的權力，不得不調用軍隊來保住王權，卻因此引起了大革命的爆發。

法國大革命

↑網球場的宣誓，油畫，雅克‧路易‧大衛作品，巴黎歷史博物館藏

297

「到巴士底去！」

第三階級組成的國民議會，得到了一些自由主義貴族的支援，而僧侶中的下級神父也加入了這一組織。國民議會還向其他貴族與僧侶們發出邀請，以證明自己的會議是代表全國人民的利益。尤其是奧爾良公爵也帶兵加入了國民議會，這使國民議會勢力強大起來。這位奧爾良公爵主張自由主義，與王室素來不和，他多次出遊英國，並且寵愛著一位英國情婦。

國王為了保住君權，不得不從國外招來傭軍，卻反而引起了民眾憤怒。1789年7月12日，在離皇宮不遠的街道上，一名耶穌會派的畢業生拔出手槍跳上一張桌子，對周圍群眾說：「公民們，不能遲疑了！今晚，那些雇來的瑞士兵和德國兵就要來殺我們啦！我們只有一條生路，就是拿起武器！」

↑ 1789年巴士底獄風暴

「對，拿起武器！」市民齊聲高呼起來，他們用綠色帽章作為裝飾，在大街上遊行。後來，當他們知道國王弟弟的衛隊服裝便是綠色時，便又改為紅、白、藍三色的帽章。街上的店鋪紛紛關門，銀行家也關閉了證券交易所；中產階級組成了自己的義勇軍，而一些大資本家則以金錢資助這些民眾，並且成功地策反法國衛隊放棄對國王的效忠。於是，很多法國軍人也加入了浩浩蕩蕩的遊行隊伍。7月13日，他們攻入退役軍人的醫院，在那裡搶到了兩萬八千支步槍和一些大砲。

「到巴士底去！」7月14日凌晨，起義隊伍呼喊著衝向了巴士底獄。巴士底獄建造於十二世紀，當時是一座軍事城堡。後來巴黎市區不斷擴大，巴士底要塞失去了它的作用，成為專門關押政治犯的地方。起義隊伍用大砲擊毀了巴士底獄的圍牆，占領了巴士底獄。

←正在演講的巴伊

1789年 6月，路易十六做最後一次嘗試。他來到代表中間，並宣布他們的行為是違法的，再次命令分別開會。國民大會主席巴伊回答道：「集會的民族是不接受命令的！」

→ 巴伊像

【人文歷史百科】

巴黎的革命

從巴黎開始的革命很快遍及全國，封建體制被徹底摧垮，法國瞬間變成了一個市府化的聯邦國。並且，巴黎革命的成功，還增強了歐洲各國推翻封建統治的信心。

爲了紀念這一重大歷史事件，法國人把這一天作爲國慶日。諷刺的是，在路易十六流水帳式的日記中卻寫著：「十四日，星期二，無事。」

叛亂還是革命

起義隊伍爲什麼要攻占巴士底獄？這是歷史課上常常會提出的一個問題。

巴士底獄是一座國家高級監獄，裡面的犯人可以享受到極其優惠的生活所需，它是平民的天堂，貴族的地獄，所以它不會引起第三階級的憎恨。路易十六很少逮捕政治犯，當時巴士底獄只關押著七名犯人，所以攻占巴士底獄不存在政治因素。然而巴士底卻是一座軍事要塞，它是巴黎的制高點，所以占領巴士底具有軍事意義。那麼誰會有這麼高的戰略眼光呢？這便是歷史上最大的謎題，因爲三級會議引發的暴亂，應當是幕後有人操縱的。現在有人懷疑是國王的親戚奧爾良公爵，也有人懷疑是在美國獨立戰爭中成名的拉法葉，也有人說是幾個辦報紙的主筆……但至今這個謎仍是無法揭開。

可是，路易十六並沒有感覺到問題的嚴重性。7月14日夜裡，

↑ 攻占巴士底獄

1789年5月5日，路易十六在凡爾賽宮召開三級會議，企圖對第三階級增稅，以解救政府財政危機。第三階級代表則要求制定憲法，限制王權，實行改革。6月17日第三階級代表宣布成立國民議會，7月9日改稱「制憲議會」。路易十六調集軍隊企圖解散議會，激起巴黎人民的武裝起義。7月14日群眾攻克象徵封建統治的巴士底獄。

他帶著疑惑詢問身邊的昂古爾公爵：「這是一場叛亂嗎？」昂古爾伯爵對他說：「不，陛下，這是一場革命！。」

這確實是一場革命，它瓦解了波旁王朝的封建統治。7月15日，巴伊被選爲巴黎市長，拉法葉被選爲國民軍總司令，「制憲議會」成爲國家最高立法機關，國王不再擁有最高權力。路易十六害怕了，急忙解散凡爾賽與巴黎的瑞士、普魯士傭軍。當王后及貴族勸國王隨著離境的軍隊離開法國時，路易十六卻做了一個極其錯誤的決定——他發誓「絕不由我的命令再流一滴法國人的血」，並未離開法國。國王的弟弟阿圖瓦伯爵，則帶著妻妾及一大批移民離開了法國。此時的路易十六還沒有預料到等待他的，將是何等強烈的暴風驟雨！

法國大革命

299

↑ 攻占巴士底獄紀念碑

勢在必行的「八月法令」

巴黎的革命運動迅速蔓延到外省，農民暴動席捲法國農村，使整個法國處於混亂的無政府狀態。

老百姓們在六個月中獲得四十萬枝槍械，他們拿著毛瑟槍、草耙、大鐮刀，衝進領主的城堡，叫城堡主人交出地契與契約書，然後予以燒毀；如果堡主不交出地契與契約書，他們便將城堡付之一炬。農民們還衝進修道院，把修道院的財物搶劫一空。許多貴族或富商在這場浩劫中被殺死，倖存者不得不向國外尋找避難所，開始了第二次移民浪潮。

農民的革命行動不僅衝擊了貴族的傳統權利，也觸犯了城市資產階級的利益。因為新興資產階級也擁有大量的土地，土地的稅收是他們經濟來源之一。資產階級為了保護自己的利益，便與貴族這個原先的敵人結盟，共同鎮壓「失

↑ 1789年8月4日夜召開的國民大會通過了《八月法令》

去理智」的農民。但由於匱乏與飢餓，農民起義依然是此起彼伏，接連不斷。

在農民運動的強大壓力下，制憲會議不得不放下正在起草的憲法，開始討論農民問題。當時有一位富有的男爵做了一項驚人的自白：「人民終於可以擺脫束縛他們好幾個世紀的枷鎖了，雖然他們的暴亂是值得譴責的，但他們想要得到自己的權利是無可非議的。」這位男爵的話得到了自由主義貴族的支持，大家紛紛發言，提出減輕農民負擔的辦法。最後，在1789年8月11日的制憲會議上，宣布廢除一切不合理的封建特權和賦稅，取消什一稅和封建徭役，通過了著名的「八月法令」。這項法令共取消了一百五十多種貴族領主們的特權。

《人權宣言》

人道主義情操的浪潮，使制憲議會頒布了一份具有里程碑意義的文件——《人權與公民權利宣言》，簡稱《人權宣

↑ 反映法國平民階層覺醒的漫畫

言》。這份文件從根本上剷除了舊制度的所有特權，取而代之的是人權與法治。這份「宣言」後來成爲憲法的重要組成部分。

　　這是拉法葉侯爵從美國帶回來的先進理念。拉法葉在法國向英國宣戰的兩年前，便自己組織一支軍隊，到美洲參加了獨立戰爭。戰爭結束後，他的這支正義之師帶回了美國的進步思想，成爲反封建專制的主力軍。拉法葉極其推崇美國的《獨立宣言》，想把法國封建專制改造成「第二美國議會」。作爲制憲議會的重要代表，他把美國《獨立宣言》提交制憲議會，作爲藍本擬定法國的《人

↓人權與公民權利宣言
《人權與公民權利宣言》是十八世紀法國中產階級革命的政治綱領，作爲序言被列入1791年憲法中。全文除序言外，共十七條。認爲法律爲公共意志的體現，公民在法律面前人人平等，人人有權直接或間接參加立法。承認法律不溯既往和無罪推定原則。

權宣言》。他的主張得到了制憲議會另一重要代表米拉波伯爵的支持。米拉波伯爵曾因負債而被父親趕出家門，流浪歐洲。他寫過許多抨擊封建制度的文章，成爲法國革命中重要的一支「筆桿子」。另外，制憲議會中一些年輕貴族也支持拉法葉的主張，他們苦於長子繼承特權，所以支持「人人平等」的觀念。而一些中產階級更是看不慣貴族們唯我獨

法國大革命

《人權宣言》

【人文歷史百科】

《人權宣言》的第一條便是「人天生具有自由平等的權利」，可是這裡面的「人」主要代表的卻是中產階級與貴族。《人權宣言》中允許加勒比海殖民地繼續實行農奴制，並且規定演員、新教徒與猶太人不能享受全部的公民權利。《人權宣言》的最後一條還規定：「財產是神聖不可侵犯的權利」，助長了資本主義的發展。

301

尊地壟斷市場與軍政大權。尤其是啓蒙思想此時已經深入人心，因此宣揚人人平等的《人權宣言》得到了代表們的普遍支持。

就這樣，在1789年8月26日，制憲議會通過了這部具有劃時代意義的《人權宣言》。

國王被軟禁

《人權宣言》得到了人們的普遍擁護，然而路易十六卻無法對它產生好感——因爲它使君王失去了權力。

當時，一些逃到國外的法國貴族，聚集在萊茵河岸的一些德國城市，準備依靠歐洲封建君主的武力奪回失去的「天堂」；制憲議會也分成了左右兩派，支持封建君權的代表坐在會議大廳的右邊，成爲右派；路易十六也招回了忠誠於他的佛蘭德軍團。

在這種形勢下，馬拉在報紙上發表言論，要求將革命進行到底，將矛頭直指制憲議會與封建君王。他還與盧斯塔洛等新聞記者聯合起來，要求人民將皇室與制憲議會移至巴黎，以得到全巴黎人民的監視。

1789年10月5日，兩萬多名飢寒交迫的平民在婦女的帶動下向凡爾賽進軍。當時的宣傳小冊子誇張地描述了這一場面，並下了極其幽默的標題：我們將召回麵包師傅與麵包師傅的妻子。她們到達凡爾賽時，正下著傾盆大雨。人群整齊地聚集在皇宮前，要求晉見國王。他們選出了一位美麗的女性作爲代表來到皇宮，這位女性見到國王時，激動得只喊了一聲「痛」就昏了過去。當她醒來時，路易說了一句經典的話：「麵包會有的，大家都會有。」當這位女性想以一個僕人的身分親吻國王的手時，國王像父親一樣擁抱了她。

當天深夜十一點，拉法葉帶著一萬五千名國家衛隊來到了凡爾賽。他見到國王後，說明保護國王的誠意，並勸告國王接受人民的要求。第二天，國王走上陽臺，告訴人們他同意遷回巴黎。後來王后出現，人群中舉起了一枝瞄準她的滑膛槍，但槍被周圍的人打落了。人民高呼著「國王萬歲！」「皇后萬歲！」

中午，大隊人馬簇擁著國王向巴黎行進。有的婦女坐在大砲上，有些男人用長矛挑著皇宮衛士的頭顱。人們個個喜氣洋洋，而國王與王后心裡非常明白——他們已萬般無奈地成爲了籠中鳥。

↑ 逃跑的路易十六被抓獲

出逃未遂

　　路易十六返回巴黎後，一些貴族展開第三次大遷移，紛紛離開法國。回到巴黎的國王失去了權力，而且隨時會有危險。也許由於王后執意要走，總之，國王終於演出了那則全世界都知道的出逃故事。

　　1791年6月21日凌晨零點，在夜幕的掩護下，國王與王后帶著他們的孩子與僕人，悄悄離開了王宮，乘上一輛事先準備好的馬車飛馳而去。國王與王后化名為考爾夫先生與太太，準備前往位於荷蘭的奧地利軍營——奧地利是王后的娘家。可是天不遂人願，就在他們接近法國邊境時，卻在瓦朗納斯鎮被一個小酒館的老闆認出，當地的國民軍將「考爾夫先生與太太」關押了起來。在遭到前所未有的猜疑和羞辱後，路易十六和王后被押回巴黎。

　　制憲議會為了避免外國干涉，並未對出逃的國王與王后進行制裁。而參與國王出逃計畫的正是制憲議會的重要代表拉法葉與米拉波伯爵，米拉波伯爵在國王出逃前便離開了人世；拉法葉現在名聲毀滅，並且回到前線，隨時準備逃離法國。

　　1791年9月30日，制憲議會頒布了法國第一部憲法，宣布法國是一個君主立憲制國家。最高行政權歸世襲的國王所有，他有權任命大臣，有否決權，但他從屬於憲法，要對憲法宣誓。憲法規定有一定財產的人為「積極公民」，具有選舉權；沒有財產的人為「消極公民」，不具有選舉權。如此，大資產家成為時代的寵兒，成為天下的主人了。

　　路易十六感激制憲議會對他的「緩刑」，以被征服者的姿態到制憲議會簽署新憲法。然後回到王宮，淚流滿面地癱倒在王后面前，懇求她寬恕自己為她帶來的不幸。

　　而制憲議會完成了它的工作後，宣布解散。取代它的是根據憲法選舉出來的立法議會。

對立的派別

立法議會代表的選舉，受到了新聞記者的普遍關注與監督。當時巴黎地區已有一百三十三份雜誌，這些雜誌是時代的喉舌，各種勢力都需要它擴大聲勢，製造輿論。所以一些雜誌的主辦者，也成為了立法議會的重要代表。

1791年10月1日，根據憲法選舉出來的立法會議開幕。而被選出的代表已不見僧侶與貴族，全是中產階級，而這些中產階級議員也分成了左、中、右三派。

在議會大廳的右邊，坐著的是二百六十四名以大資產階級為代表的君主立憲派，屬於保守分子（右派）。大廳左邊，坐著的是一百三十六名雅各賓黨人，由於他們的座位較高，所以也稱為山嶽黨。在大廳的中央，坐著的是三百五十五名不承認自己是任何黨派的中立派。在七百五十五名代表中，有三百五十五名是律師，他們代替往昔的僧侶控制著這個國家。

值得說明的是，此時的雅各賓黨與後來專政的「雅各賓派」不屬於同一類別。雅各賓黨起源於制憲會議，當時一些大資產階級成立雅各賓俱樂部以商討有關憲法的問題。後來隨著會費的降低，一些中產階級也加入了這個俱樂部。但隨著政治意見的不同，雅各賓黨又分裂成了斐揚派、吉倫特派和雅各賓派等派別。

歷史學家最頭痛的有可能就是法國大革命，因為相關的資料儘管汗牛充棟，但是混亂的派別之爭讓人難以理出頭緒，甚至使人無從判別當時的是是非非。不過有一點是很

←凡爾賽宮內部一景

凡爾賽宮位於巴黎西南郊的凡爾賽。路易十四時開始興建，1661年動工，1685年大規模地興建宮殿和園林，1689年落成。建築面積十一萬平方公尺，園林面積一百萬平方公尺。大殿小廳共五百間，皆金碧輝煌，並各有獨特風格，裡面陳列著珍寶的飾品。無論建築、雕刻、繪畫還是園林藝術，它都稱得上法國文化藝術的瑰寶，西方古典主義建築的典範。然在1789年法國大革命爆發後，凡爾賽宮遭到廢棄。

←吉倫特派領導人韋尼奧

明白的，大資產家想保住自己的利益，中產階級想奪取更多的利益，這便是立法議會各大派別的衝突焦點。

吉倫特派浮出水面

在立法議會中，本來沒有這麼一個派別。可是在眾議員中，卻有很多人與法國啓蒙思想家孟德斯鳩是老鄉。雖然此時孟德斯鳩已離開人世幾十年，但他還是爲鄉親們帶來了凝聚力。屬於吉倫特派的議員們團結起來，在立法議會裡開始占有重要地位。

這些吉倫特派的議員大部分屬於雅各賓俱樂部的成員，他們支持雅各賓黨人反對君主專政和教會的特權，但他們不想讓人民管理國家，參與政事。這一衝突點，終使吉倫特派最終與雅各賓派走向分裂。

吉倫特派不是一個有組織的黨，他們既不屬於山嶽黨，也不屬於保守黨，將他們稱爲「老鄉黨」較爲合適，因其成員多數來自吉倫特郡。吉倫特派代表著工商階層的利益，他們本身也是工商業的受益者，控制著國家的對外貿易。該派主要活動家有布里索、佩蒂翁、韋尼奧、孔多塞、羅蘭夫婦等，成員主要是與西部和南部的工商業資產階級有較密切聯繫的知識分子和律師。

布里索利用自己的雜誌作爲宣傳工具，在民眾中獲得較大的影響力。他富有冒險精神，曾抽樣調查歐洲與美國的職業、氣候與道德規範等，但因抨擊封建統治而被短期監禁於巴士底獄。他在1788年成立黑奴協會，是一位熱心的奴隸解放工作者。他在立法議會中屬於主戰派，強烈要求

→吉倫特派領導人布里索
布里索是法國大革命期間吉倫特派領袖，生於1754年1月15日。早年當過律師事務所職員，曾因出版反對專制政體的小冊子而被囚禁，後去英國旅行，在英國曾爲《歐洲通訊》編輯部撰稿。1788年2月創立黑人之友社，主張有色人種權利平等。同年5月赴美。1789年回國後辦《法蘭西愛國者》報。後參加雅各賓俱樂部，被選入立法議會和國民公會。

法國大革命

305

向反法聯盟宣戰。

　　保護工商業階層的吉倫特派隨著時勢浮出水面，一場戰爭使他們掌握了國家政權。

奧地利出兵救御妹

　　約瑟夫二世或許是因妹妹的處境而悲痛欲絕，在路易十六與王后最危難的時刻，他離開了人世。他的弟弟利奧波德二世在1790年繼承王位後，不知是想得到法國的土地，還是想拯救危難中的妹妹，他在1791年8月與普魯士發布《皮爾尼茲宣言》，邀請歐洲其他封建君主為「恢復法國秩序」而戰。

　　奧地利皇帝攻打法國的理由應該說是很充足的：法國拘捕了出逃的國王與

↑利奧波德二世

王后，這不是造反嗎？身為王后的哥哥，怎麼能不管呢！

　　普魯士的腓特烈大帝主張軍國主義，所以他入侵哪個國家不需要理由。

　　歐洲其他封建君主看不慣法國也很自然：巴黎的革命，使歐洲各國革命勢力紛紛回應，他們急需毀滅這個濫觴之地。

　　1792年2月7日，奧地利與普魯士結成聯盟，各出兵兩萬，向法國挺進。唯利奧波德二世出師未遂身先死，在3月1日突然離開了人世——他的遺願只得由其子弗蘭西斯二世來完成了。

　　面對普奧聯軍，吉倫特派堅決主張反擊。4月20日立法議會正式向普奧聯軍宣戰。布里索向全國人民呼籲：「為了不做亡國奴，眾人民，請拿起你們的武器，加入這場聖戰！」在他的號召下，全國立即掀起了聲勢浩大的愛國熱潮。人們組成義勇軍從各地開赴巴黎，又從巴黎開赴東部邊境。馬賽城由五百人組成的義勇軍一邊高唱《萊茵軍進行曲》，一邊開赴前線，這首歌即是後來法國的國歌《馬賽曲》。

　　不過，激戰並沒有馬上發生。儘管法國東部邊境有十萬法軍，而普奧聯軍只有四萬多人，但由於法軍軍官都是舊制度時期的軍官，他們並不想抗擊普奧聯軍。當法國將軍一再要求他們出

↓1792年排演《馬賽曲》的場景

《馬賽曲》原名為《萊茵軍進行曲》，1792年4月24日，由德・利爾在斯特拉斯堡首次演奏，不久就傳遍了全國。三個月以後，法國第二大城馬賽的工人革命隊伍高唱這首歌曲，浩浩蕩蕩地前進巴黎；馬賽的俱樂部每次召開會議，開始和結束時都必定演奏這支歌曲；馬賽人在行軍路上也高唱這支歌。《馬賽曲》因此得名。

↑進攻王宮
1792年8月10日，巴黎人起義了，近萬人帶著步槍、長矛、利劍和大砲，衝向王宮。

戰時，有些軍官甚至帶著士兵投降敵軍，也有的軍官宣布辭職，拉法葉也趁機逃到了敵方。

國王被關進監獄

當普奧聯軍屯兵法國邊境，立法議會中有些人甚至想與聯軍妥協，恢復國王的所有權力。而吉倫特派與雅各賓黨是主張抗戰的，於是他們起草了一份聲明，要設立一個圍繞巴黎的軍營，並且停止向不忠於立法議會的牧師與修女發放薪水。

路易十六拒絕簽署這個文件。當這件事被所有巴黎人知道時，路易十六正期待著普奧聯軍來到巴黎，結束這場浩劫，他沒有想到一場大風暴正向他襲來。

1792年6月20日，一群激動的男女衝進杜勒里伊宮，一邊高聲辱罵，一邊高聲要求見到「否決權先生與夫人」。路易讓他們選代表進來，最後五十名代表來到了國王面前，他們手中拿著武器，威脅國王說，「我要求法令許可打擊教士……批准，否則你將死亡！」他們還將一頂紅色無邊帽給國王戴上，最後他們高喊著「國家萬歲！」「自由萬歲！」「國王萬歲！」離開了王宮。

7月25日，普奧聯軍司令布倫瑞克公爵發表宣言：誰敢抵抗聯軍，馬上就地正法；誰敢觸動路易十六頭上一根毫毛，就血洗巴黎城。巴黎人民被激怒了，當然不排除這或許是馬拉和羅伯斯比等人的煽風點火和幕後指揮。8月10日，巴黎人發動起義，近萬人帶著步槍、長矛、利劍和大砲，衝向王宮。

國王允許他們進入庭院，並阻止衛兵向群眾開槍。但是當群眾衝向國王的寢室時，衛兵與群眾發生了激戰，大多數衛兵被殺死，其餘的被逮捕，國王與家人則成了階下囚。而立法議會的一些代表想衝進來要保護國王，也遭群眾殺害。最後，國王被禁閉在丹普爾監獄，對著他早生白髮的妻子和生病的兒女不住哀嘆，等待著末日來臨。

↑被挾持的路易十六

最高領袖丹頓

歷史上，往往將1789年7月14日至1792年8月10日稱爲革命的第一階段；將1792年8月10日至1793年6月2日稱爲革命的第二階段，也就是說將吉倫特派統治時期稱爲革命的第二階段。

在巴黎起義的日子裡，立法議會的右派議員都離開了議會，到了1792年8月10日，議會裡只剩二百八十五名代表。在選舉臨時行政議會議員時，丹頓以最高票數當選爲司法部長，掌握暫時行使國王權利的行政議會。羅蘭爲內政部長，塞爾旺爲陸軍部長……在行政議會的六名部長中，除了丹頓，其餘全是吉倫特派人士。而之所以選舉丹頓爲最高領導者，主要是想借助他的名氣平息巴黎的平民暴亂。

丹頓長得很醜陋，他的嘴唇與鼻子在幼年時因一次意外事故而變形。他的皮膚生有天花，說話的聲音也很粗暴，但是他的明智與果斷卻使他得到普遍的好感與擁護。他本是一個很好的律師，但卻更願意和底層的工人們居住在一起；他拿國王的薪水卻爲勞動階層工作；他曾經

↑丹頓
丹頓是法國大革命領袖，山嶽派領導人之一。1759年10月26日出生，1784丹頓在蘭斯獲法學學位，1785年在巴黎高等法院任律師，後任樞密院律師。法國大革命開始後參加雅各賓俱樂部。1790年組織科德利埃俱樂部，宣傳民主、自由思想。1792年8月10日巴黎人民起義後，在吉倫特派掌權的臨時政府任司法部長。

受過很多教育，大革命前卻身無分文；他犧牲一切保護革命不受侵害；他願意與任何人交往，羅伯斯比、馬拉、國王、吉倫特黨人和平民，都是他願意交往的人；他爲革命而戰，卻幫助貴族逃出法國；他發起戰爭卻又是和平的談判者。

其實他就像是個投機的政治家，儘管他說「我今年三十五歲，但我願爲革命在三十五歲犧牲」。他革命前還一貧如洗，但是革命後卻擁有了大量的金錢與地產，當然

↑丹頓雕像

還包括無盡的享樂，比如賭博與美麗的女人。所以羅伯斯比妒忌他，馬拉批評他，國王也不信任他，吉倫特黨人則害怕他的面孔與聲音，甚至會在他的怒吼中顫抖。

←一個典型的無套褲漢，朱利·利奧波德·保雷作品
「無套褲漢」原是貴族對平民的謔稱，但不久成為革命者的同義語。「無套褲漢」的成員主要是小手工業者、小商販、小店主和勞動者等，也包括一些富人。他們是城市革命的主力軍，是大革命中幾次武裝起義的參加者。

但他卻是平民階層的崇拜者，因為他自己就曾是個貧民，並且也一直保護著平民。馬拉與羅伯斯比懂得借助民眾的力量，不知是否也是受到了丹頓的啟發。

穿長褲的「無褲黨」

路易十六被關押起來後，法國出現了兩個政府，即除了立法議會選出的「臨時行政議會」外，還有「無褲黨」組成的「巴黎市府」。

「無褲黨」早期稱為「無套褲漢」，是貴族對貧民的貶意稱呼。當時法國貴族上身穿燕尾服，下身穿長至膝蓋的馬褲，馬褲下面是很長的襪子。而貧民上身則穿著寬大的無袖上衣，下身是肥大的燈籠褲，頭戴高尖的紅帽子。這種燈籠褲不是有身分的人在公共場所應穿的服飾，所以穿「短褲」的貴族譏笑穿「長褲」的貧民「沒穿褲子」。

在法國大革命中，「無褲黨」一詞開始含有政治色彩，成為平民組織的代名詞。他們從攻占巴士底獄開始，一直到逮捕國王，都充當了革命的主力軍。「無褲黨」在巴黎有自己的領導機關，由

巴黎四十八個區的工人、小手工業者、小店主及平民群眾選出的二百八十名代表組成。當然，「無褲黨」並非是自發組織起來的，不過他們的幕後操縱者是馬拉或是奧爾良公爵，撲朔迷離的法國革命史至今也沒有給出答案。

「無褲黨」將巴黎市政牢握在自己手裡，改組了國民自衛軍自行指揮。他們宣布市府不受省府的管轄，也不聽從中央政府的命令，除非這些命令是正確的。他們認為自己的責任就是保衛革命，推進革命，將革命進行到底。

當普奧聯軍在9月1日占領了法國的大門凡爾登時，吉倫特派害怕了，他們準備逃往法國的南部。而「無褲黨」再次挺身而出，他們把整個巴黎人動員起來，掘塹壕、築工事，積極備戰。為了

↑無褲黨在1792年9月進行的屠殺

與封建勢力徹底決裂，達到背水一戰的目的，他們屠殺了被關押的近一千四百名犯人。這場殘酷的屠殺，使所有革命者徹底放棄了與封建勢力妥協的念頭，幾萬平民加入法國軍隊開赴前線，與普奧聯軍展開了殊死搏鬥。

↑法國貴族形象

第一共和國

在「無褲黨」人的抗戰熱潮下，立法議會也開始支持「無褲黨」人的行動。當然，立法議會的許多議員都是革命的受益者，他們用較低的價格收買了流亡貴族的土地與財產，自然不想讓那些貴族重新掌握政權。所以1792年9月的大屠殺可以說是所有革命者的心願，「無褲黨」不過是執行者。

為了與當前的形勢相適應，9月2日這天，立法議會決定舉辦全國性選舉，成立國民公會來擬定適合戰爭形勢的新憲法。這次選舉與以往不同的是，所有成年男子都擁有選舉權。

9月20日，立法會議結束它最後一次會議。這一天，法國還擊敗了普奧聯軍。總之，法軍的這一次勝利有著重要歷史意義，用歌德的話說便是：「從今天開始了世界歷史的新紀元。」

9月21日，國民公會成立了，其中的代表主要有丹頓、羅伯斯比、馬拉、布里索、羅蘭、孔多塞等，另外，還有幾位代表是外國人。值得一提的是，奧爾良公爵此時的身分是法國公民，他已改名為艾加里特，成為巴黎激進派區域選出的代表。此時，一百八十名有組織、受過良好教育並口齒伶俐的吉倫特派仍是最有勢力的一派。他們為了防止激進派大肆沒收土地與財產，首先宣布私有財產的神聖。就在隔日，國民公會正式宣布法蘭西第一共和國成立，並用大革命的「共和曆」替代了原來的基督曆法。

吉倫特派贊成私有財產、共和政體和消滅教會勢力。他們指責丹頓的不法收入，並要求他出示擔任司法部長期間的經費收支記錄，解釋他在巴黎與近郊購買的三棟房產的經濟來源。丹頓無法解釋自己豪華生活的經濟來源，他責備質問者

← 恐怖活動中的無套褲漢
無套褲漢在法國大革命中扮演了重要角色，在推翻王政、建立共和國以及推動雅各賓派實行恐怖統治、抗擊外國武裝干涉等方面發揮了極大作用。

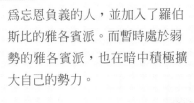

為忘恩負義的人，並加入了羅伯斯比的雅各賓派。而暫時處於弱勢的雅各賓派，也在暗中積極擴大自己的勢力。

三人同盟

在法國民眾心中，羅伯斯比的威望僅次於丹頓。而在國民公會中，他與丹頓的人緣都不太好。在國民公會選舉主席的投票中，羅蘭獲得二百三十五票，而羅伯斯比只得了六票。國民公會占領導地位的是吉倫特派，而羅伯斯比、丹頓和馬拉則被吉倫特派指責為「三人同盟」，在搞小團體。而事實上，這三個人的政見是相當不一致的。

羅伯斯比1758年出生在阿拉斯，他自幼失去父母成為孤兒，由親戚扶養大，並因贏得路易學院的獎學金而得到了法學學位。從三級會議開始，他一直用激烈的演說戰鬥在革命的前列。他貌不驚人，面孔扁平並留有天花，身高只有五·三英呎，但是他的品德卻得到普遍的認同。整日戴著淺藍色眼鏡的他雖然穿著貴族的服飾，卻過著極為簡樸的生活，且不受金錢與禮物的收買，因此而有「不被收買的革命者」之稱。他與吉倫特派的政見相似，都是代表資產階級的利益，不

過羅伯斯比提議徵收遺產稅和其他稅收，損害了大資產階級的利益。

而馬拉則是全力支持勞動階級的。他1743年5月24日出生於瑞士的納沙泰爾，曾經是一名獸醫，並寫過科學方面的論文。他一生崇拜著盧梭，如果他不抨擊牛頓的話，幾乎可以成為科學院的會員。大革命中，馬拉是一名記者，自行主辦著一份刊物。他僅有五英呎高，兩隻眼睛一高一低；因患有嚴重的皮膚炎，他更喜歡坐在浴盆中寫字。馬拉可說是最徹底的革命者，他經常用小冊子與演講煽動「無褲黨」進行暴動，以至於國民公會要以謀反罪來逮捕他。不過他有強大的「無褲黨」撐腰，所以他在國民公會裡儘管孤獨，卻很安全。

丹頓如前所述，是一個革命暴發戶，因此這三個人註定難以成為一家人，但他們都想推翻吉倫特派，所以最後在雅各賓旗幟下聯合。

↑馬拉

099.押向斷頭臺的路易十六

吉倫特派始料不及的是，路易十六走向斷頭臺後，接下來的受刑者竟是自己。

國王被處決

法蘭西第一共和國成立後，法國軍隊開始連連取勝。法軍不但奪回了被普奧聯軍占領的土地，甚至還占領了周圍的一些小邦國。

戰爭的勝利使吉倫特派更強大了，可是吉倫特派卻不想處決國王，因為這樣會使法國在歐洲樹敵太多。而雅各賓派則一再向議會提議，要求審判路易十六。對此，吉倫特派則盡量拖延審判的日期。

到了1792年11月20日，吉倫特派再也保不住國王了，因為從王宮的鐵櫃裡發現了國王賣國通敵的確鑿證據。吉倫特派不想背上反革命的罪名，只得對國

↑瑪麗·安東尼
路易十六遭處決不久，瑪麗也被處決。

王進行審判。1793年1月16日，當議員們正在商議該怎樣判決國王時，街上突然發生了暴動，人們高呼要將國王處以死刑，並對任何贊成其他判決的人做出性命威脅。於是，曾經發誓不將國王處以死刑的代表，因考慮到自身安全，同意了死刑。而國王的堂兄奧爾良公爵，因為可以接替國王的位子，所以始終贊成死刑。雅各賓派的丹頓與羅伯斯比雖然不贊同死刑，但也屈服了。

1月21日，年僅三十九歲的路易十六被送上了設在大革命廣場的斷頭臺。臨刑前他曾對群眾說：「法國人民，我無罪而死；我從這裡接近上帝，但我寬恕我的敵人。」一位目擊者回憶說：「那天，人們步伐緩慢，並且不敢彼此相望。」九個月後，三十八歲的王后也被送上了斷頭臺，據說當時她不小心踩了劊子手的腳，馬上習慣性地道歉：「真對不起，先生。」

國王的死刑，對吉倫特派

↑路易十六被送上斷頭臺

是個不小的打擊。而更大的打擊則是來自於歐洲諸國的討伐——雅各賓派則利用戰爭的恐慌，發動平民起義，徹底摧毀了吉倫特派的統治。

吉倫特派的末日

路易十六被砍頭的事件震撼了整個歐洲。英國人為他舉哀，奧地利為他傷心，反法聯盟迅速擴大。英國、西班牙、荷蘭、義大利、日耳曼各邦諸侯紛紛出兵，對法國進行討伐。

而現在的法國卻因貧窮與飢餓而失去了戰鬥力。法國軍隊衣著破爛而臃腫不堪，人數也由原來的四十萬降至二十二萬。所以在反法聯軍的強大攻勢下，法軍節節敗退；並且有一千多名將領投奔到路易十六的老丈人家——奧地利。

法國國內也發生了各種形式的暴亂活動。有反對天主教的平民暴動，有保王黨分子及一些貴族想推翻共和國的叛亂，還有為爭奪食物而發生的暴亂。

吉倫特派面對內外夾擊，驚慌失措。而雅各賓派則在這緊要關頭挺身而出，並將矛頭直指代表資產階級利益的吉倫特派，並要求把吉倫特派趕出國民議會。他們鼓勵「無褲黨」成立革命委員會，逮捕嫌疑犯，實行恐怖統治；組成一萬兩千人的軍團，鎮壓各地叛亂，向資產者徵收兩百萬鋰作為軍需；控制糧食最高價格，保證糧食供應。馬拉由於不斷對吉倫特派進行攻擊，遭到國民議會的審判，但在「無褲黨」的保護下，他最後無罪釋放。

1793年4月6日，國民公會解除了吉倫特派指揮作戰的職責，並成立了救國委員會，丹頓再次成為最高領袖。他說服布倫瑞克公爵停止進攻，又成功與瑞典結為同盟。他還想為吉倫特派與雅各賓派調解衝突，但由於兩派仇深似海，任誰也無能為力。

5月31日與6月2日，雅各賓派和「無褲黨」組織了兩次起義，強迫國民議會逮捕吉倫特派的代表。有二十二名吉倫特派的代表被軟禁於巴黎，其他人則躲過守衛與群眾，逃到其他各省。至此，吉倫特派徹底垮臺，革命第二階段也宣告結束。

← 法國宮廷化妝舞會
法國宮廷舞會反映了王室的奢華，而這些卻建立在壓榨平民的基礎上。法國大革命的砲聲打亂了舞會的節奏，長期的動盪不安隨之而來。吉倫特派的上臺及下臺，其實就像舞會上葡萄酒泛起的浮光掠影一般，轉瞬即逝，但那殘留的酒香值得細細回味。

法國大革命

馬拉之死

雅各賓派執政使革命進入第三階段，這段時間從1793年6月2日開始，僅有一年又一個多月的時間。

此時，法國軍隊在所有邊境上節節敗退；英國、奧地利和普魯士軍隊從北部和東部侵入法國領土，英國海軍還封鎖了法國所有的港口；西班牙人從西南部越過庇里牛斯山，向法國本土挺進；義大利人從東南部推進到薩伏依。在法國國內，貴族叛亂從旺代開始，蔓延了西北部十個郡。而吉倫特派的暴動更爲

↑刺殺馬拉的科黛

嚴重——達六十個郡。

吉倫特派的一些代表四處演講，抨擊雅各賓派的政府與「無褲黨」的野蠻，特別指出馬拉是一切罪惡的罪魁禍首。卡昂的科黛是一個最爲熱忱的聽眾，她出生於一個有爵位但窮困的保皇黨家族，受過良好的教育並做過兩年修女。國王遭處死的消息使她震驚，馬拉抨擊吉倫特派的行爲，讓她覺得忍無可忍。於是她乘著馬車來到巴黎，帶著一把六英吋長的匕首來見馬拉，但碰上馬拉正在洗澡，所以被拒絕進入。

1793年7月13日的晚上，她再次登門造訪，又遭門衛拒絕。馬拉聽到了她的聲音，便把她邀請到房中。馬拉向她詢問卡昂方面的情況，科黛說：「來自國民公會的十八名代表與省府官員，腐化地統治著那裡。」

「他們是哪些人？」馬拉問。

科黛說出他們的名字，馬拉逐一記下，然後說：「他們很快將被斬首。」就在這時，科黛抽出利刃刺入馬拉的胸中……

馬拉就這樣離開了人世，後世對他的評價褒貶不一。但他至少算是一個較正派的革命者，因爲他死後的遺產，僅有一些科學文稿與二十五個銅幣。

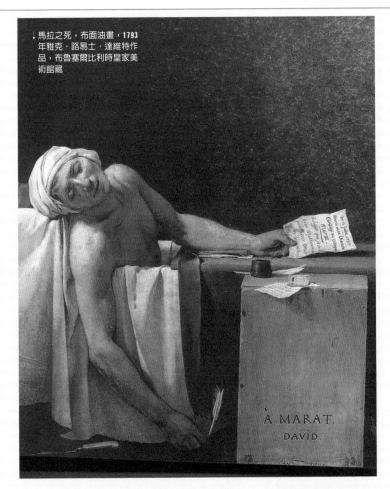

馬拉之死，布面油畫，1793年雅克·路易士·達維特作品，布魯塞爾比利時皇家美術館藏

地從斷頭臺迎接上帝，然而隨之而來的卻是一場浩大的恐怖運動——吉倫特派代表在這場浩劫中紛紛走向斷頭臺，封建殘餘勢力亦受到毀滅性的打擊，一些受冤屈的好人也無法倖免於難。

首先，左右逢源的丹頓遭到免職，羅伯斯比被推選爲國民公會主席。8月23日國民公會通過了全國總動員令：青年人去前線打仗，已婚者製造武器和運輸糧食；婦女製作帳篷、衣服和在醫院中服務；兒童將舊布改成綳帶；老年人到廣場上作宣傳，激發對國王的仇恨。

9月17日，國民公會頒布「嫌疑犯法」，一切敵視革命的人一律予以逮捕。返國移民、移民親屬、停職的公務人員及吉倫特派代表，隨時有被審問、逮捕和殺害的危險。

對科黛的審判過程很短，她承認所做的，但不承認自己有罪；她說她僅僅是爲九月大屠殺的受難者復仇。宣判幾個小時後，她被處決於大革命廣場。她死時大概不會明白：她的行爲將使吉倫特派遭受毀滅性的打擊。

恐怖統治

二十五歲的科黛小姐不帶一絲遺憾

接著，10月10日國民公會發布一項命令：法蘭西政府直到和平為止是一個革命的政府。也就是說，憲法暫時停止了作用，政府開始實行專政。

恐怖統治開始了。王后以通外國罪遭處死；吉倫特派的許多代表如布里索、羅蘭夫人等也被處死，羅蘭得到妻子的死訊後在異國自殺；孔多塞服毒自盡⋯⋯旺代和里昂是吉倫特派暴亂的中心，那裡流血最多。所有的房屋都被摧毀，處決叛亂時斷頭機不夠用，便用集體槍殺和大砲轟炸執行死刑，死亡人數達三、四萬。

在執行恐怖統治的同時，雅各賓派積極抗擊反法聯盟。到1793年秋天，法國軍隊已超過百萬人。這些軍隊由卡諾指揮，由「無褲黨」人的軍政部長布碩特輔佐。經過一個冬天的激戰，終於迎來了一個和平的春天。1794年春，法國國土全部光復了，國內的暴動也得到平息。

革命勝利了，羅伯斯比成了共和國的頭號功臣。但是由於他的雙手沾滿了鮮

↑獄中的科黛，油畫

血，等待他的唯有末日的審判。

熱月政變

為了鞏固革命政權，羅伯斯比繼續實行恐怖統治。他首先將「無褲黨」的領導人艾貝爾與蕭美特等人逮捕並處決，然後解散了三十多個人民團體。至此，雅各賓派的政權進一步集中，可是他卻失去了人民群眾的信任與支持。

尤其是他把有挪

→丹頓被送上斷頭臺
1794年3月30日夜，丹頓與德穆蘭等人被救國委員會逮捕，4月5日以「陰謀恢復君主制顛覆共和國」罪被送上斷頭臺。

316

用公款之嫌的丹頓處死後，羅伯斯比的處境就更為不妙——資產家開始與他為敵，人民也覺得他是一個暴君。

5月23日，雅各賓黨人捕獲一名企圖暗殺羅伯斯比的年輕人。國民公會認為這是外國人的陰謀，因此又開始了一場大恐怖運動。在這場運動中巴黎監獄關押了大約八千名嫌疑犯。6月10日羅伯斯比強行發布一條法令：取消預審，被告直接送交革命法庭，法官可以不根據人證和物證，而根據所謂「自由心證」來定罪，判刑只有一種——死刑。

於是，從這一天至7月27日，不到七週的時間，就有一千三百七十六人遭到斬首，斬首機前落下的人頭就如同屋頂落瓦一樣。人們不敢走出家門，盡量待

↑ 羅伯斯比被押上囚車

在家裡，不敢多說一句話；酒店與妓院幾乎無人問津；國民公會形同虛設，從原來的七百五十名代表減少到一百一十七名，許多代表不再投票，唯恐會招致殺身之禍。

1794年7月26日，羅伯斯比在國民公會發表演說，表示「國民公會中還有尚未肅清的議員」，但是他沒有說出要肅清者的名字。議員們極其恐慌，人人自危，於是謀劃起了一場政變。

第二天，羅伯斯比正在國民公會發表講話，結果卻被議長打斷發言，臺下接連不斷地響起一片「打倒暴君」的狂呼聲，聲音越來越大，使他無法發言。接著，更可怕的事情發生了，一群人衝上了講臺，極其粗魯地把羅伯斯比逮捕了。第二天，羅伯斯比及他的同黨被送上斷頭臺。接著，雅各賓派開始遭到瘋狂的捕殺，革命的第三階段因此宣告結束。

←熱月政變
1794年初革命形勢已大抵穩定，但羅伯斯比卻不善於分清敵友，因勢利導，反繼續實行恐怖政策，雅各賓派內部矛盾日益。1794年7月27日，國民公會中各種反羅伯斯比的力量聯合發動熱月政變，推翻雅各賓派專政。7月28日，羅伯斯比及其戰友聖鞠斯特、庫東等被送上斷頭臺。

法國大革命

國家圖書館出版品預行編目資料

圖解世界史—近代卷（上）／郭豫斌主編.——二版.
——臺中市：好讀，2014.03
面： 公分，——（圖說歷史；4）

ISBN 978-986-178-286-7（上冊：平裝）

1. 世界史　2. 近代史

712.4　　　　　　　　　　　　　　102005318

好讀出版

圖說歷史　04

圖解世界史—近代卷（上）

主　　編／郭豫斌
總 編 輯／鄧茵茵
文字編輯／林碧瑩、葉孟慈
美術編輯／林姿秀
行銷企畫／劉恩綺
發 行 所／好讀出版有限公司
　　　　　　407台中市西屯區工業區30路1號
　　　　　　407台中市西屯區大有街13號（編輯部）
TEL:04-23157795　FAX:04-23144188　http://howdo.morningstar.com.tw
（如對本書編輯或內容有意見，請來電或上網告訴我們）
法律顧問／陳思成律師

總 經 銷／知己圖書股份有限公司
106台北市大安區辛亥路一段30號9樓
TEL:02-23672044／23672047　FAX: 02-23635741
407台中市西屯區工業30路1號1樓
TEL: 04-23595819　FAX: 04-23595493
E-mail:service@morningstar.com.tw
網路書店 http://www.morningstar.com.tw
讀者專線：04-23595819 # 230
郵政劃撥：15060393（知己圖書股份有限公司）

印　　刷／上好印刷股份有限公司　TEL:04-23150280
初　　版／西元 2007 年 4 月 15 日
二版四刷／西元 2018 年 4 月 30 日
定　　價：339 元
如有破損或裝訂錯誤，請寄回台中市 407 工業區 30 路 1 號更換（好讀倉儲部收）

Published by How-Do Publishing Co., Ltd.
2018 Printed in Taiwan
ISBN 978-986-178-286-7

話說世界・近代卷（上）
郭豫斌／主編
© 2006 Beijing Zito Books Co., Ltd.

北京紫圖圖書有限公司
授權出版發行中文繁體字版

讀者回函

只要寄回本回函，就能不定時收到晨星出版集團最新電子報及相關優惠活動訊息，並有機會參加抽獎，獲得贈書。因此有電子信箱的讀者，千萬別吝於寫上你的信箱地址

書名：圖解世界史—近代卷（上）

姓名：＿＿＿＿＿＿＿＿　性別：□男 □女　生日：＿＿＿年＿＿＿月＿＿＿日

教育程度：＿＿＿＿＿＿＿＿＿＿＿＿

職業：□學生 □教師 □一般職員 □企業主管
　　　□家庭主婦 □自由業 □醫護 □軍警 □其他＿＿＿＿＿＿＿＿＿＿

電子郵件信箱（e-mail）：＿＿＿＿＿＿＿＿＿＿　電話：＿＿＿＿＿＿＿

聯絡地址：□□□＿＿＿＿＿＿＿＿＿＿＿＿＿＿＿＿＿＿＿＿＿＿

你怎麼發現這本書的？

□書店 □網路書店（哪一個？）＿＿＿＿＿＿＿＿ □朋友推薦 □學校選書
□報章雜誌報導 □其他＿＿＿＿＿＿＿＿＿＿＿＿＿＿＿＿＿＿＿

買這本書的原因是：＿＿＿＿＿＿＿＿＿＿＿＿＿＿＿＿＿＿＿＿

□內容題材深得我心 □價格便宜 □封面與內頁設計很優 □其他＿＿＿＿＿

你對這本書還有其他意見嗎？請通通告訴我們：

＿＿＿＿＿＿＿＿＿＿＿＿＿＿＿＿＿＿＿＿＿＿＿＿＿＿＿＿＿＿＿＿

＿＿＿＿＿＿＿＿＿＿＿＿＿＿＿＿＿＿＿＿＿＿＿＿＿＿＿＿＿＿＿＿

你買過幾本好讀的書？（不包括現在這一本）

□沒買過 □1～5本 □6～10本 □11～20本 □太多了，請叫我好讀忠實讀者

你希望能如何得到更多好讀的出版訊息？

□常寄電子報 □網站常常更新 □常在報章雜誌上看到好讀新書消息
□我有更棒的想法＿＿＿＿＿＿＿＿＿＿＿＿＿＿＿＿＿＿＿＿＿

最後請推薦五個閱讀同好的姓名與E-mail，讓他們也能收到好讀的近期書訊：

1.＿＿＿＿＿＿＿＿＿＿＿＿＿＿＿＿＿＿＿＿＿＿＿＿＿＿＿＿＿

2.＿＿＿＿＿＿＿＿＿＿＿＿＿＿＿＿＿＿＿＿＿＿＿＿＿＿＿＿＿

3.＿＿＿＿＿＿＿＿＿＿＿＿＿＿＿＿＿＿＿＿＿＿＿＿＿＿＿＿＿

4.＿＿＿＿＿＿＿＿＿＿＿＿＿＿＿＿＿＿＿＿＿＿＿＿＿＿＿＿＿

5.＿＿＿＿＿＿＿＿＿＿＿＿＿＿＿＿＿＿＿＿＿＿＿＿＿＿＿＿＿

我們確實接收到你對好讀的心意了，再次感謝你抽空填寫這份回函

請有空時上網或來信與我們交換意見，好讀出版有限公司編輯部同仁感謝你！

好讀的部落格：http://howdo.morningstar.com.tw/

好讀出版有限公司　編輯部收

407 臺中市西屯區何厝里大有街13號
電話：04-23157795-6　傳眞：04-23144188

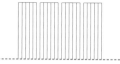

—— 沿虛線對折 ——

購買好讀出版書籍的方法：

一、先請你上晨星網路書店http://www.morningstar.com.tw檢索書目或
　　直接在網上購買

二、以郵政劃撥購書：帳號15060393　戶名：知己圖書股份有限公司
　　並在通信欄中註明你想買的書名與數量。

三、大量訂購者可直接以客服專線洽詢，有專人爲您服務：
　　客服專線：04-23595819轉230　傳眞：04-23597123

四、客服信箱：service@morningstar.com.tw